# "神话学文库"学术支持

上海交通大学文学人类学研究中心

上海交通大学神话学研究院

中国社会科学院比较文学研究中心

陕西师范大学人文社会科学高等研究院

上海市社会科学创新研究基地——中华创世神话研究

“十二五”“十三五”国家重点图书出版规划项目

第五届、第八届中华优秀出版物奖获奖作品

神话学文库

叶舒宪主编

凯尔特神话传说

MYTHS & LEGENDS OF THE CELTIC RACE

［爱尔兰］托马斯·威廉·黑曾·罗尔斯顿

（Thomas William Hazen Rolleston）◎著

西安外国语大学神话学翻译小组◎译

黄　悦　王　倩◎校译

陕西师范大学出版总社

图书代号　SK23N1130

本书译自 Thomas William Hazen Rolleston, Myths & Legends of the Celtic Race, London：G. G. Harrap & Co. ，1927

**图书在版编目(CIP)数据**

凯尔特神话传说／(爱尔兰)托马斯·威廉·黑曾·罗尔斯顿著；西安外国语大学神话学翻译小组译；黄悦，王倩校译. —西安：陕西师范大学出版总社有限公司，2023.10
(神话学文库／叶舒宪主编)
ISBN 978 - 7 - 5695 - 3687 - 4

Ⅰ.①凯…　Ⅱ.①托…　②西…　③黄…　④王…
Ⅲ.①克尔特人—民族历史—通俗读物　Ⅳ.①K560.8

中国国家版本馆 CIP 数据核字(2023)第 113617 号

**凯尔特神话传说**
KAIERTE SHENHUA CHUANSHUO
[爱尔兰]托马斯·威廉·黑曾·罗尔斯顿　著
西安外国语大学神话学翻译小组　译
黄　悦　王　倩　校译

出 版 人　刘东风
责任编辑　王丽敏
责任校对　张旭升
出版发行　陕西师范大学出版总社
　　　　　(西安市长安南路 199 号　邮编710062)
网　　址　http：//www. snupg. com
印　　刷　中煤地西安地图制印有限公司
开　　本　720 mm×1020 mm　1/16
印　　张　20.75
插　　页　4
字　　数　322 千
版　　次　2023 年 10 月第 1 版
印　　次　2023 年 10 月第 1 次印刷
书　　号　ISBN 978 - 7 - 5695 - 3687 - 4
定　　价　125.00 元

读者购书、书店添货或发现印刷装订问题，请与本公司营销部联系、调换。
电话:(029)85307864　85303635　传真:(029)85303879

# "神话学文库"总序

叶舒宪

　　神话是文学和文化的源头，也是人类群体的梦。

　　神话学是研究神话的新兴边缘学科，近一个世纪以来，获得了长足发展，并与哲学、文学、美学、民俗学、文化人类学、宗教学、心理学、精神分析、文化创意产业等领域形成了密切的互动关系。当代思想家中精研神话学知识的学者，如詹姆斯·乔治·弗雷泽、爱德华·泰勒、西格蒙德·弗洛伊德、卡尔·古斯塔夫·荣格、恩斯特·卡西尔、克劳德·列维－斯特劳斯、罗兰·巴特、约瑟夫·坎贝尔等，都对20世纪以来的世界人文学术产生了巨大影响，其研究著述给现代读者带来了深刻的启迪。

　　进入21世纪，自然资源逐渐枯竭，环境危机日益加剧，人类生活和思想正面临前所未有的大转型。在全球知识精英寻求转变发展方式的探索中，对文化资本的认识和开发正在形成一种国际新潮流。作为文化资本的神话思维和神话题材，成为当今的学术研究和文化产业共同关注的热点。经过《指环王》《哈利·波特》《达·芬奇密码》《纳尼亚传奇》《阿凡达》等一系列新神话作品的"洗礼"，越来越多的当代作家、编剧和导演意识到神话原型的巨大文化号召力和影响力。我们从学术上给这一方兴未艾的创作潮流起名叫"新神话主义"，将其思想背景概括为全球"文化寻根运动"。目前，"新神话主义"和"文化寻根运动"已经成为当代生活中不可缺少的内容，影响到文学艺术、影视、动漫、网络游戏、主题公园、品牌策划、物语营销等各个方面。现代人终于重新发现：在前现代乃至原始时代所产生的神话，原来就是人类生存不可或缺的文化之根和精神本源，是人之所以为人的独特遗产。

可以预期的是，神话在未来社会中还将发挥日益明显的积极作用。大体上讲，在学术价值之外，神话有两大方面的社会作用：

一是让精神紧张、心灵困顿的现代人重新体验灵性的召唤和幻想飞扬的奇妙乐趣；二是为符号经济时代的到来提供深层的文化资本矿藏。

前一方面的作用，可由约瑟夫·坎贝尔一部书的名字精辟概括——"我们赖以生存的神话"（Myths to live by）；后一方面的作用，可以套用布迪厄的一个书名，称为"文化炼金术"。

在21世纪迎接神话复兴大潮，首先需要了解世界范围神话学的发展及优秀成果，参悟神话资源在新的知识经济浪潮中所起到的重要符号催化剂作用。在这方面，现行的教育体制和教学内容并没有提供及时的系统知识。本着建设和发展中国神话学的初衷，以及引进神话学著述，拓展中国神话研究视野和领域，传承学术精品，积累丰富的文化成果之目标，上海交通大学文学人类学研究中心、中国社会科学院比较文学研究中心、中国民间文艺家协会神话学专业委员会（简称"中国神话学会"）、中国比较文学学会，与陕西师范大学出版总社达成合作意向，共同编辑出版"神话学文库"。

本文库内容包括：译介国际著名神话学研究成果（包括修订再版者）；推出中国神话学研究的新成果。尤其注重具有跨学科视角的前沿性神话学探索，希望给过去一个世纪中大体局限在民间文学范畴的中国神话研究带来变革和拓展，鼓励将神话作为思想资源和文化的原型编码，促进研究格局的转变，即从寻找和界定"中国神话"，到重新认识和解读"神话中国"的学术范式转变。同时让文献记载之外的材料，如考古文物的图像叙事和民间活态神话传承等，发挥重要作用。

本文库的编辑出版得到编委会同人的鼎力协助，也得到上述机构的大力支持，谨在此鸣谢。

是为序。

# 重访凯尔特神话历史（中译本序）

　　和很多曾经辉煌后来失落的文明一样,关于凯尔特人的话题引人入胜而又充满神秘气息。然而，与那些留下丰富遗物的古文明不同的是，这个名字始终被传说层层笼罩，唯其如此，就更显得模糊而又迷人。在各种传说中，他们一方面被描述为野蛮好战，同时又浪漫唯美且充满艺术气质，他们有惊人的学习和创造能力，又有愚蠢天真的一面。关于凯尔特人的传说来自各种与他们有接触的群体，这些讲述者中既有征服者，也有战败者，难免显得众口不一。在罗马作家的笔下，他们都是野蛮人，穿着动物的皮毛或者光着身子，实行一夫多妻制。罗马人把他们称为"皮克茨"（Picts），意即"有文身的民族"。但同时他们也承认凯尔特人英勇好战，相貌堂堂。这些看似矛盾的特点，构成了独特的凯尔特文化，甚至成了他们独特的魅力所在。有趣的是，充满神秘色彩的凯尔特文化元素恰恰呼应了当代的文化潮流，甚至成了热门的文化消费品。众多带有魔幻和仙界特征的作品都共同指向曾经被边缘化的凯尔特文化，今天，无论是热衷于《魔戒》《哈利·波特》等文学作品的各国读者，还是沉迷于《魔兽世界》等热门游戏的网络玩家，都开始关注被尘封已久的神话，甚至在那个与现代理性世界截然不同的魔幻世界中乐不思蜀。这些游戏的热衷者或许没有意识到，这些文化产品只不过刚刚揭开了凯尔特文化的一角，而那个"失落世界"远非简单的虚构，而是代代相传的集体记忆，其原型密码早已写入了人类的文化基因之中。

　　关于凯尔特人，有很多似是而非的说法。根据今天历史学家的普遍看法，他们是印欧人的一支，曾经盛极一时，大约公元前 5 世纪到公元前 4 世纪在中欧地区占据了文化和军事上的绝对优势，对整个欧洲的文化版图的划定产生了重要影响。他们曾经和希腊人结盟，和罗马人交战，以其浪漫诗意的文化基调和勇猛善战给对手留下深刻印象。从今天欧洲的地名、大量精美的出土文物、民间流传的神话，甚至日常的语言习惯中，我们都能辨别出这一文化的遗存。然而今天关于凯尔特人的文化和历史的认识都是来自各种碎片式资料。甚至有学者认为凯尔特人就是一个被构建的神话，他们本身并不是一个具有显著特征的族群，而仅仅是一种语言和文化意义上的存在。①的确，凯尔特人没有自主创造过一部结构宏大的文学著作，也没有建立过一个稳定显赫的国家政权。造成这种情况的最重要原因是：这个族群中的知识精英一直坚守着那种在今天看来似乎有些古怪的信仰——拒绝以文字的形式记录各种知识。当时垄断文化的德鲁伊特教祭司们拥有丰富的知识和预言能力，但他们相信口耳相传的东西是神圣的，而一旦记载下来，就是对神圣知识的亵渎。因此，今天见诸文献的凯尔特神话主要有三个来源。第一是曾经与凯尔特人接触的民族的零星记录，比如罗马人的记录；第二是民间口头传统的记录；第三是基督教传教士们的收集和记录。除此之外，专家们的研究主要参照三个方面的证据：语言、考古和神话。而其中神话正是将这几重证据联系在一起，拼成一个完整的文化版图的深层背景和内在线索。这本书中梳理了以几位英雄人物为中心的神话与传说，从这些曲折、优美、悲情而激昂的故事中不难看出一个充满英雄气概的传奇民族的缩影。

虽然西方学界对于凯尔特人的争论从来就没有停止，但国内对于凯尔特人的研究较少，现有成果也主要是从历史学的角度出发。而这部著作更多的是关注凯尔特文化，特别是这一传统在爱尔兰的流传演变情况。无论历史上的凯尔特人是不是一个边界清晰、特征明显的种群，他们独特的文化传统以及他们对于爱尔兰文化乃至整个欧洲的影响都不可小视。本书作者罗尔斯顿（1857—1920）是一位醉心于凯尔特文化的学者和诗人，本书是他的代表作之一，其作品还有《芬恩的英雄事迹》（*High Deeds of Finn*）、《平行线：生物、伦理和艺术的研究》（*Parallel Paths: A Study in Biology，Ethics and Art*）、《埃皮克提图的哲学》（*The Teaching of Epictetus*）、《莱辛传》（*A Life of Lessing*）等，此外他还和斯托普 A. 布鲁克牧师（Rev. Stopford A. Brooke）合编了《爱尔兰诗歌宝库》。通过这些著作不难看出，作为一个充满诗人气质的研究者，罗尔斯顿的宏大抱负

----

① 这方面的研究主要集中在 20 世纪后期以来，如马尔科姆·查普曼（Malcolm Chapman）《凯尔特人：一个神话的建构》（*The Celts： The Construction of A Myth*，1994）一书。他在书中指出，所谓的凯尔特人只是一个语言和文化意义上存在的名称，并不是一个有着区别于其他民族的显著特性的群体。西门·詹姆斯（Simon James）在其《海岛凯尔特人：古代民族还是现代臆造》（*The Atlantic Celtic: Ancient People or Modern Invention*）中也指出，并没有证据表明铁器时代不列颠岛和爱尔兰岛的民族与欧洲大陆上被称为凯尔特人的民族之间有着直接的关系。

在于借助神话和诗歌来重塑爱尔兰文化传统，以此强化爱尔兰的文化身份，而他认为这种传统的根源就在于古老的凯尔特文化。罗尔斯顿坚信，神话是一个民族最初形成的核心动力之一。正如他在本书中一再表明的那样，"希望这个民族能从中发现对欧洲文化总库作出贡献而值得被铭记的事情，最重要的是作为凯尔特民族血统、天资和才智的继承人，他们能将这些事情深深地记在脑海"。作为一个爱尔兰人，罗尔斯顿想要强调的是：文化的认同和集体记忆对于任何一个民族都十分重要。本书作者对本民族文化的热情或许对中国读者还有更深一层的启示。

凯尔特人在欧洲大陆上曾经分布很广，在今天的法国、西班牙的部分地区以及意大利、巴尔干半岛等都留下了他们的印迹。但今天看起来凯尔特文化的版图却与爱尔兰联系最为紧密，这又是何故？这一点与爱尔兰本身的历史发展有关。爱尔兰的历史就是由一次次的被入侵和征服所构成，被称为《入侵书》的古老文献讲述了这段历史。自从入主爱尔兰岛，凯尔特文化就成了抵御侵略和殖民的精神支柱，特别是在与英格兰的斗争中发挥了重要的作用。近代以来，尽管很早爱尔兰就成了英国的殖民地，但爱尔兰文化始终以其顽强的生命力证明着自身的价值，其中文学艺术堪称翘楚，而神话遗产正是这种文化传统的灵感源泉。爱尔兰著名作家叶芝就深知爱尔兰的神话、传奇和民间文学中凝聚了深层的民族经验和民族精神。在他所生活的年代，反对英国殖民统治的呼声日益高涨，文学家们相信到古代英雄传奇和民间传说中去，能消除身上的殖民烙印。充满神奇魅力的凯尔特文化正是在这种信念的影响之下才被代代相传，并被塑造为爱尔兰人愿意认同的文化之根。由此可见凯尔特文化在爱尔兰的复兴与当代的民族国家观念息息相关，这正如马克斯·韦伯所说："我们提供给后人的，并不是人类的和平和幸福，而是为保持和塑造我们民族性格而进行的永恒斗争。"因为一种独特的民族传统就是民族国家的合法性根源，同时也意味着一个群体的生存空间和自由范围。因此对于爱尔兰人来说，关于他们祖先——凯尔特人——的神话和传说，正是他们自我认同以及保持集体记忆的重要依据。从书中所叙述的神话中也不难看出，在过去的几百年中曾经屡遭入侵和殖民的爱尔兰人如何为建构自己的文化身份而努力，正如本书作者罗尔斯顿所说，"一股民族生命的历史之流正从久远神秘的源头奔向未来，而这个未来在很大程度上由人类的整体潮流所决定，同样也是勇气、爱国、知识和理性之结晶"。对神话的讲述是为了塑造未来，而其折射出来的则是特定族群的凝聚力和希望。

这种寻根热潮影响巨大。19世纪以来，至少在文学艺术领域，凯尔特文化

童话动物木雕，德国科隆

宝藏焕发出惊人的能量，除了催生出叶芝这样疾呼复兴爱尔兰文化并身体力行的文学巨匠，还有人们耳熟能详的奥斯卡·王尔德、詹姆斯·乔伊斯和塞缪尔·贝克特等，构成了从现代主义到后现代的文学群星。今天享有全球性声誉并获得巨大商业成功的 J. K. 罗琳也坦承自己受到了凯尔特文化传统的滋养。事实上要真正读懂托尔金的《魔戒》一书，不了解凯尔特文化也是难得要领的。爱尔兰文学艺术何以具有如此的魅力？古老的传说提供了一些线索：罗尔斯顿在书中表明，从公元 500 年到公元 900 年四个世纪中，爱尔兰都是半个欧洲学问的港湾、文艺和哲学的源泉。在凯尔特人的传统中，由于一切知识都依赖于训练有素的记忆力，甚至国王也不得不在诗人们的权威面前有所顾忌，因此诗人和诗歌具有崇高的地位。可以说，这个没有发达书面记载的民族将口传文学视为诗性的历史。凯尔特的诗歌形式极有可能决定了所有现代诗歌的结构，由此可见，这种繁荣绝非偶然。当然，凯尔特人的这种文化寻根的意识并非只表现在文学领域，除了当代西方十分流行的新时代运动（New Age Movement）格外推崇凯尔特文化之外，今天在 NBA 和欧洲的职业足球赛中仍然有凯尔特人这样的队名，大概正是因为推崇凯尔特人自由奔放、勇敢热情、崇尚荣誉、热爱冒险的精神。今天，以凯尔特文化传统打造的成功文化商品更是不计其数。爱尔兰歌手恩雅（Enya Brennan）的歌声被视为现代荒原之上的天籁，那种仿佛具有仙界气质的旋律也与凯尔特文化直接有关，她的名字甚至就来源于凯尔特神话中的同名女神 Ethlinn。恩雅很多歌曲背后都有一个美丽的凯尔特神话故事，有的甚至被专门印制在歌曲的介绍中，以便为听者提供接受的背景。红遍全球的爱尔兰踢踏舞《大河之舞》，表现的就是爱尔兰人的祖先们的故事。魔幻小说《哈利·波特》背后也是深厚的凯尔特文化。在那个传统之中，德鲁伊特教巫师是一个独立而享有较高地位的阶层，人们可以通过专门的学习进入这个行列。这个巫师阶层掌握特定的知识，不仅拥有神奇的预言能力，而且可以用魔法改变世界。同样的角色，在印度被称为婆罗门，在伊朗被称为 rathaestar，在罗马被称为祭司，他们共同代表印欧文化的传统。读罢本书再看《哈利·波特》，我们难免会想，当时那些专门培养德鲁伊特巫师的学校，教授学生魔法、咒语以及相关的神圣事务，这或许正是令人神往的霍格沃兹学校的原型所在吧。

当然，历史从来都是由胜利者书写，神话的讲述也遵从同样的规则。从本书中不难看出，当战胜的罗马人复述凯尔特人的神话时，他们用罗马的神名来代替凯尔特的神，而当基督教教士们书写这些充满异教色彩的神话时，显然也做了不少有利于基督教观点的改动。因此，对凯尔特神话的研究与其说是要恢复其原貌，不如说是要看清各种不同的社会历史因素在其流传构成中所留下的痕迹，并且从这些痕迹中解读出更为丰富的文化内涵。因此，比起单纯的凭吊和复古，本书作者的研究思路显然更值得借鉴。这种叙事暗含着一种观念的变化，即突破了将神话局限于虚构故事的看法，或者对神话的本质化理解，而将其整体及变化视为文化传统的组成部分。这同时也提示着一个事实，即我们所面对的神话并不简单，它们经过其流传过程中各种观念的洗礼，叠加着层层的历史文化信息。比如在本书中关于莪相的故事，最后就提到他遇到在爱尔兰传教的圣帕特里克，并且有后者劝说莪相皈依基督教的情节，这显然都是后来的基督教教士们在记录的过程中加工改写的结果。教士们用神话的方式表达信仰，同样也会用这种方式来记录曾经发生过的事情以及他们的理解。从这种异教文化与基督教文明之间的斗争可以看出，对于在民间影响巨大的神圣话

木雕：红色乳泉，巴黎奥赛美术馆

语资源的重述和改写往往都掺杂了叙述者本身的倾向和立场。实际上，作为一个处在具体历史情境之中的认知主体，叙述者很难把自身固有观念中的想象、愿望与事实截然分开。这本书所展示的是神奇瑰丽而激荡人心的凯尔特神话世界，也揭示了神话的生成变化过程，即一个神话体系如何代替另一个传统成为主导性叙事模式。这一点正是所有神话历史的通则，也是造成我们今天看到的凯尔特神话混乱杂糅的根本原因。

对于一个虔诚的基督教徒来说，《圣经》中的种种神迹不是神话而是事实，同样，对于在特殊场合讲述神话的人来说，那些关于祖先和神灵的故事也并非臆造，而是维系族群的集体记忆。因此，神话绝非仅仅是远古之人的奇思妙想或者白日梦呓，它们不仅书写了我们童年的幻象，还支配着我们如何看待世界、如何看待自己。

本书打开了一扇通往瑰丽的凯尔特神话世界的大门，面对这样一个神奇而迷人的世界，译者们踌躇满志又诚惶诚恐，希望能准确地传达其中妙处。但凯尔特神话本来就是一个庞大而复杂的系统，牵涉到的时间范围长、空间跨度大，本书作者又旁征博引，用到很多古代语言，对此译者们已经尽力查证，但恐难免有不妥之处。不当之处敬请读者不吝指正。本书由西安外国语大学神话学翻译小组合力译出，具体分工情况如下（页码为原文页码）。前言及第一章：黄莉萍（14—50）；第二章：仇国林、丁小超、王珍珍（51—93）；第三章：崔璨、周嗣美（94—145）；第四章：黄悦（146—177）；第五章：王洁（178—196）、刘志新（196—214）、谢长菊（214—231）、王作伟（232—251）；第六章：刘晓英（252—281）、王育红（281—308）；第七章：任富楠（309—325）、黄悦（326—331）；第八章：冯启迪（332—373）、马创（373—395）、闫嵩（395—419）。全书由北京语言大学黄悦统稿校译，淮北师范大学王倩终稿校正。由于国内对于凯尔特神话的译介资料有限，本书译名多为音译，也有一些依循成例，为方便读者阅读，全文后附有译名对照表，敬请参照。

黄　悦

2011 年 7 月于北京学院路

# 前　言

过去可能会被遗忘,却永远不会消亡。那些在杳渺的过去就开始构成一个民族的要素,经历着历史的考验,也塑造着历史,为人们的性格和才智打上烙印。

因此,总有人有兴趣也很重视去思考和检验这些因素,并尽可能认识它们构成了一个民族生活的方方面面。这些人相信现在是过去的继承,未来是现在的延伸;他们不会把自己、亲人和周围的人仅当成飘忽即逝,在黑暗中穿梭的幻影,并且知道有一股民族生命的历史之流正从久远的神秘源头奔向未来,而这个未来在很大程度上由人类的整体潮流所决定,同样也是勇气、爱国、知识和理性之结晶。

那些居住在英伦三岛上的凯尔特民族,以那里为中心征服了地球上广阔的领地。他们对历史、文学和艺术具有举足轻重的影响。然而由于现代人把英国人称为"盎格鲁-撒克逊"民族,这种渊源在大众思维中已经变得很模糊。从历史角度来讲,这个名称很容易误导人。如果我们想暗示英国人的族群特点来自两个德国低地部落,这个名称也是不合适的。这一名称的误用所导致的荒谬后果正类似于笔者最近发现的奇怪现象。教皇把一个爱尔兰主教升为红衣主教的提议,被一家英国报纸说成英国天主教教皇对"盎格鲁-撒克逊"民族的恭维。

英伦三岛上的人们和北美人数最多的民族的真正称谓不是盎格鲁-撒克逊,而是盎格鲁-凯尔特。正是这种盎格鲁民族和凯尔特人性情的融合才使英国人与众不同,也正是这种融合赋予了这个民族热情和锐气以及在文学与艺术上独树一帜的风格、色彩和生动性。这些是德国的土地不常哺育的。它使该民族对古代因袭下来的法律和习惯有着细致而深刻的认识、虔诚而畏惧的敬仰,同时又对个体自由充满激情,这在南欧拉丁语国家是不常见的,但英伦三岛上的民族却毫不陌生!但愿这些精神气质在英伦三岛上常青,也希望岛上这种凯尔特气质不会被认为完全是或绝大部分是"边缘凯尔特民族"的贡献。现在,民族学者都认为撒克逊人未能完全消灭凯尔特人或凯尔特化了的人们，后者仍拥有不列颠地区。牛津大学图书馆馆员 E. W. B. 尼克尔逊（E. W. B. Nicholson）在其重要著作《凯尔特研究》（*Keltic Researches*，1904）中写道：

> 不是特意提出用来描述一个民族的名字不能用来作为民族的证据，而只能是该群体语言或政治组织的证据。我们把一个说英语，住在英格兰，取典型英国人名字（比如弗里曼①、牛顿）的人称为英国人。然而根据"相对变黑论"提供的数据，我们有理由相信兰开夏（英格兰西北部之州）、西约克郡、斯坦福郡、伍斯特郡、沃里克郡、莱斯特郡、拉特兰郡、剑桥郡、威尔特郡、萨默塞特郡，与苏塞克斯部分和佩思郡及北芒斯特一样居住的都是凯尔特人；柴郡、什罗普郡、赫里福郡、蒙默思郡、格洛彻斯特郡、德文郡、多塞特郡、北安普敦郡、亨廷登郡和贝德福德郡更是如此，与北威尔士和伦斯特省一样；而白金汉郡和赫特福德郡更是如此，与南威尔士和乌尔斯特（原为爱尔兰一地区，今为北爱尔兰及爱尔兰共和国所分割）相当。

本书关于凯尔特民族早期历史、宗教和神秘浪漫文学是为盎格鲁－凯尔特人而不是"盎格鲁－撒克逊"人写的。希望这个民族能从中发现对欧洲文化总库作出贡献而值得被铭记的事情，最重要的是作为凯尔特民族血统、天资和才智的继承人，他们能将这些事情深深地记在脑海。

---

① 在提到"弗里曼"这个名字时，尼克尔逊先生补充说："没有人能比那个叫弗里曼的历史学家更像一个英国人，也可能没有人比他听起来更像威尔士后裔，而我遇到过一个和他长得很像的威尔士农民（名叫埃文斯），他住在普尔黑利附近。"

# 目　录

## 第三章　有关爱尔兰入侵的神话

## 第六章　莪相神话故事群

## 第七章　梅尔顿之旅

## 第八章 威尔士人的神话传说

# 第一章　远古时期的凯尔特人

## 最早的记录

基督纪元前约 500 年，在古希腊民族的编年史上经常提到这一族人，他们有时候出现在和平时期，有时候出现在战火岁月，很明显他们在中欧的净土地区具有强大的力量和影响力。这族人被希腊人称为北方净土之民或凯尔特人，凯尔特人之称最早见于约公元前 500 年前的地理学家赫卡泰俄斯(Hecataeus)的记载中。[①]

在大约半个世纪后，希罗多德（Herodotus）说"凯尔特人居住在赫拉克勒斯之柱以外"，即西班牙和多瑙河的那一边。

亚里士多德认为凯尔特人居住在"西班牙的那一边"，他们占领了罗马，并储备着强大的军事力量。关于凯尔特人的记录，除了在地理志上有，也偶尔见于早期作家的笔下。在公元前 5 世纪，莱斯博斯岛（Lesbos）的一位历史学家赫兰尼科斯（Hellanicus）描写凯尔特人是正义之人。大约在公元前 350 年，埃弗鲁斯（Ephorus）有过三行叙述凯尔特人的诗，说他们"和希腊人有相同的风俗习惯"。不管这个说法是否有其他意思，暂且把它看成友好的表达，说凯尔特人和希腊人建立了友谊。然而，柏拉图在其《法律篇》中把凯尔特人归为酗酒好斗的民族，而

兽足陶盆，慕尼黑皇家博物馆

---

[①] 他提到"尼拉克斯（Nyrax），一个凯尔特城市"和"马赛，凯尔特领土上利古里亚区的一个城市"（《希腊历史残篇》）。

史前石雕人头像，匈牙利国家博物馆

兽头陶器，慕尼黑皇家博物馆

他们在公元前273年入侵希腊，洗劫德尔斐则体现了他们的野蛮。他们在此前一个世纪袭击罗马，并将这个城市洗劫一空，此举成了古代历史的里程碑。

对这个民族作为中欧霸主的辉煌历史，我们只能从一些零散的记载和与他们打过交道的那些希腊人与罗马人的只言片语中去推断与重构，正如同动物学家能从一些骨化石中推断出史前怪兽的形象。我们无从得到任何他们自己的编年史或建筑遗迹，只有零星的硬币、饰品和一些彩饰的或雕镂着精美图案的青铜武器，以及从欧克辛斯海（Euxine）到英伦三岛，他们曾居住过的地方所保留至今的一些奇怪的地名是这个曾经盛极一时的民族留给我们的可见的文化和统治痕迹。然而从这些痕迹以及古典作家的记述中，我们可以准确地推知很多东西，也可以有根据地去想象很多东西。很遗憾，伟大的凯尔特学者阿布亚（M. d' Arbois de Jubainville）已经去世。他根据已有材料列出了被恺撒征服前凯尔特历史的一份可信提纲①，此后他们才真正进入了历史记载之中。

## 真正的凯尔特民族

我们必须从一开始摒弃那种认为凯尔特人是一个单一民族的观点。

在这一点上，我们可以参考 T. 赖斯·霍姆斯博士（Dr. T. Rice Holmes）的观点②：

---

① 参见阿布亚：《欧洲原住民》，第 2 卷。
② 《恺撒征服高卢记》，第 251—327 页。

古人不善于观察人的长相，他们将凯尔特人描述成和德国人一样。赖斯·霍姆斯博士认为德国人和凯尔特人的区别在于德国人的皮肤是白中带黄，而凯尔特人是白中带红。在本书中有一段有趣的内容（第315页），霍姆斯博士说："假设凯尔特人和其他民族的人通婚，后代肯定与原来的凯尔特人或者说是入侵该岛的凯尔特人有不同，但让我们惊讶的是，使用凯尔特语的臣民中，有一种人，人数很多，与布列塔尼（英国人的殖民地）和高卢入侵者聚集地以及凯尔特侵略者占多数的意大利北部这些地区的人相似；而在一个普通人或科学家看来，即使他们中那些肤色偏黄的人都和那时候的纯种德国人差别很大。丹尼尔·威尔逊（Daniel Wilson）就说，著名画像《阅读滑铁卢报摘》（Reading of the Waterloo Gazette）就说明了这两种人的区别。让一个佩思郡（英国苏格兰原郡名）高地人和一个苏塞克斯农民站在一起，他们看起来都很白，但苏格兰人的红头发和红胡须与英国人的金黄色的头发是明显不同的，而且他们的面貌相差更大。我记得在一列从因弗内斯（Inverness，苏格兰北部一自治市）开往莱瑞（Lairey）的火车车厢内曾见过两个猎场看守员。这两个白人，身材高大，体格健壮，明显属于斯堪的纳维亚一类人。按贝多博士（Dr. Beddoe）的说法，这类人在苏格兰很北的地方很常见，但他们的肤色和长相等基本特征与我在佩思郡看到的高大、白皙的高地人是完全不一样的。他们的头发没有一点红色，长胡须一律为黄色。那些使用凯尔特语的人普遍肤色白中带红，这一点我觉得是最为突出的特征，我们发现每一百个人中就有十一个人头发全部都是红色的，就是在那些黑色或深棕色人种中也能找到这样的发色。"

认真考察、周密推理并有公认文物证明的结论是：真正的凯尔特人身材高大，肤色白皙，专横好战，从多瑙河的发源地而来（据我们最远能推算的），通过战争及和平渗透征服了中欧①、高卢、西班牙和大不列颠群岛。他们没有灭绝这些地区的史前原住民——旧石器和新石器时代的民族、史前墓石牌坊建筑工人和青铜器工匠，只是强迫他们学习凯尔特语言、艺术和传统习俗，并从他们身上学习了不少宗教知识。在这些民族中，凯尔特人是贵族和统治阶级。在高卢、西班牙、大不列颠和爱尔兰以及与外国军事侵略者斗争的前线，凯尔特人都是

---

① 参见雷普利（Ripley）：《欧洲种族》（Races of Europe），第318页，比较黑色变化图。然而在法国，布列塔尼人与其他人比起来并不算一个肤色黑的民族。他们中一部分是古代高卢民族，一部分是被撒克逊侵略者赶出去的威尔士人。

处于领导地位。他们拥有发动战争、没收财产、驱逐流放的权力。他们英勇可嘉，却不够强大和团结来获得绝对优势，他们以损失更多同伴性命的代价征服了当地原住民族，他们的式微还和与当地人通婚有关，这些混血后代延续了他们高尚的品格以及充沛的精力。因此今天那些被称作凯尔特人，那些继承了凯尔特传统和语言的人，他们的性格特点在某些方面和那些古代历史时期的凯尔特人以及那些创造了古爱尔兰文学和艺术的凯尔特人是很不一样的，不过在其他方面却是惊人的相似。从身体相貌特征上来看，今天在大不列颠岛上聚居的凯尔特人的重要特点就是面部、头发等其他部位都比较黑。颜色不是很深，但比其他英国人要黑。然而真正的凯尔特人肯定是肤色白皙的，据吉拉尔杜斯（Giraldus Cambrensis）的描述，即使是 12 世纪的爱尔兰凯尔特人也是白种人。

## 凯尔特史上的黄金时期

但是要想了解我们期待中的事情，就必须回到凯尔特历史的源头。天文学家通过能直接观测到的行星轨迹之微小变化推测出一颗未知行星的存在，同样我们能推断在公元前 5 世纪或 4 世纪有过一个强大的政权，它面前挡着一块面纱，至今不为人所知。这正是凯尔特王朝在欧洲大陆史上的黄金时期，此间凯尔特人发动了三场大战，并都取得了胜利，对南欧历史的发展产生了很大的影响。约公元前 500 年，他们从迦太基人手里夺取了西班牙，我们发现，一个世纪后，他们又从伊特鲁斯堪人手里抢占了意大利北部地区。之后，他们在阿尔卑斯高卢定居，这个地方又被后人叫做米兰（Milan）、阿达（Adda）、维都诺（Verduno）、克雷默那（Cremona）①。这段历史可以从著名的拉丁诗人维吉尔（Vergil）②那里找到证据，他的作品似乎透露出他的祖先就是凯尔特人。在公元 4 世纪末，他们又打败潘诺尼亚，征服了伊利里亚。

---

① 参见霍尔德（Holder）：《早期凯尔特语词汇》（*Altceltischer Sprachschatz*）。

② "Vergil" 是一个常见的专有名词，意思是"聪明、杰出"。Ver 在高卢语中（像 Vercingetorix, Vercassivellasimus 等），是个含义很多的前缀，与现代爱尔兰语中的 for 类似。维吉尔出生的村庄叫 Andes［即现在的皮特拉（Pietola）］，是凯尔特式的。他热爱大自然，认为其充满着神秘色彩，对装饰美有强烈的感情。

## 与希腊人结盟

在这个时期，凯尔特人和希腊人关系友好，所有战争都是和希腊人一起发动的。与迦太基人一战，打破了其与英国人在锡矿以及与西班牙矿工在银矿生意上的垄断，除此之外从法国往英国的陆路通道也成为希腊人做生意的工具，为了这条通道，福西亚人曾在公元前600年修建了马赛海港。在这一时期，希腊人和凯尔特人结盟一起对付腓尼基人和波斯人。薛西斯一世在萨拉米斯被击败那一年，阿米尔卡雷在希米拉和西西里岛两次败给杰隆。在这些战争中，迦太基人从很多国家雇佣军人，但迦太基的军官中没有一个是凯尔特人，凯尔特人防备的只是迦太基人帮助波斯人对付自己和希腊。这些事实表明，凯尔特人在维护希腊文明不受东方专制统治的吞噬，使自由和人道主义的种子在欧洲生根发芽方面起到了举足轻重的作用。

## 亚历山大大帝[1]

我们发现，在亚历山大大帝领导希腊对抗这股东方势力时，凯尔特人又一次发挥了重要作用。

公元前4世纪，马其顿王国被色雷斯和伊利里亚游牧民族入侵，并险些亡国。国王阿敏塔斯二世（Amyntas II）战败逃亡，他的儿子帕迪卡斯二世（Perdiccas II）阵亡。当帕迪卡斯的弟弟菲利普（Philip）和他的子孙回来重振这个破败的、摇摇欲坠的王朝时，凯尔特人征服了多瑙河和波河流域，给菲利普抗击伊利里亚人提供了强大的支持。这种联盟一直持续到亚历山大时期，并变得更加正式。公元前334年，亚历山人率军攻打亚洲，临行前首先与居住在爱奥尼亚半岛的凯尔特人签下合约，确保在其离开时能继续保持在希腊的统治地位。这段插曲在托勒密（Ptolemy Soter）写的亚历山大战争史中就提到过。[2]托勒密写得很生动，有种历史的真实感，阿布亚也证实了这种真实性。传说当凯尔特使节完成使命

---

① 语言和韵律都明显带有凯尔特特征。丁尼生说他"热爱山水，讲上帝的语言"，都与这个有关。
② 托勒密是亚历山大的朋友，而且很可能是他一个同母异父或同父异母的兄弟，毫无疑问在这件事发生的时候就在场。他的作品没有流传下来，但被阿里安（Arrian）和其他历史学家引用。

和亚历山大国王一起饮酒时，国王问他们凯尔特人最怕什么，这些傲慢高大的使节回答说："我们不怕人，我们只怕天塌下来压在我们身上；但是我们最珍惜的是和您的友谊。"亚历山大起身送别他们，回头和他的贵族们轻声说："这些凯尔特人真自负！"使节们的回答，虽然明显是在炫耀他们凯尔特的繁荣，同时也不乏自尊和礼貌。说天塌似乎与某种原始信仰或神话有关联，但其意义已无从考证了。[①]凯尔特人在与亚历山大订立盟约时立的国誓是值得注意的。他们说："如果我们不守诺言，就让天塌下来压碎我们，让地球开裂吞噬我们，让海水突发淹没我们。"阿布亚在《伦斯特省志》（*The Book of Leinster*）[②]中从《古奥里劫牛记》（*Tain Bo Cuailgne*）中恰如其分地引了一段。当国王希望他们留下来迎接下一场战争时，爱尔兰英雄对国王发誓说："天在上，地在下，海水绕四方。除非天塌星落砸倒我们的帐篷，或者地动山摇无法安营，或者海水汹涌吞没这个世界，否则我们决不退缩。"[③]这种独特誓言形式历经了千年，首次是被中欧的凯尔特人在一个爱尔兰神话传奇中使用。它的再次出现，着实让人觉得奇怪。这个誓言和我们以后要提的其他事实一起，强有力地证明了凯尔特群体和凯尔特文化的存在。[④]

## 洗劫罗马

前面提到过欧洲大陆上凯尔特人的两场战争，现在我们要说的是第三场，与伊特鲁斯堪人的战争。这场战争引发了凯尔特人与欧洲异教徒的冲突，并最终以洗劫罗马成就了其军事史上最辉煌的战绩。大约在公元前400年，凯尔特帝国达到权力的巅峰。在国王李维·阿姆比卡图斯（Livy Ambicatus）的治理下，凯尔特人政治空前统一，政策稳定。李维·阿姆比卡图斯是一个在军事联邦中占统治地位部落的首领，相当于当今德国皇帝。为了得到意大利北部的肥沃土地，凯尔特人跨过阿尔卑斯山脉，击败伊特鲁斯堪居民，最终霸占了他们的土地。此时，罗马人正从背面对伊特鲁斯堪人施压，他们与凯尔特人结成坚实的同盟。但

---

[①] 这让人想起一个关于母鸡彭妮（Henny Penny）的民间传说，故事中说她告诉国王天塌了。

[②]《伦斯特省志》（*The Book of Leinster*）是12世纪的手稿，"Tain"版很可能源于8世纪。参见阿布亚（de Jubainville）：《欧洲原住民》（*Premiers Habitants de l'Europe*），第2卷，第316页。

[③] 道格拉斯·海德博士（Dr. Douglas Hyde）在他的《爱尔兰文学历史》（*Literary History of Ireland*）（第7页）译文稍有不同。

[④] 这也证明了托勒密叙述的准确性。

罗马人小看了北方野蛮武士，于公元前 391 年，轻率地去围攻克鲁西姆（Clusium），一个被罗马人视为拉丁姆境内抵御北方侵略的壁垒。对前来的罗马人，凯尔特人把他们当成敌军使节，态度傲慢。我们今天所听到的故事中，对接下来发生的事情的记载掺杂了传奇的成分，但其中表现出来的那种真实的凯尔特民族特点却戏剧般的精准传神。据载，他们告诉罗马人，他们对使节的叛变很满意，而这里的使节正是将军费比乌斯的三个儿子。罗马人拒绝听取凯尔特人的宣言，第二年推选法比（Fabii）为军事领袖。

凯尔特武士盔甲，苏黎世博物馆

于是凯尔特人放弃克鲁西姆之围，挥兵直指罗马。凯尔特人军纪严明，他们沿路并没有肆意掠夺和破坏，没有攻击一座城市或城堡。他们对地方城镇城门守卫喊"我们要去罗马"，守卫又惊又怕地为他们开了城门，让他们浩浩荡荡一直开到了南方。最后他们来到了阿里亚（Allia）河畔，这里距罗马只有几公里，整个城市的军队已经整装在等候他们。战争在公元前 390 年 7 月 18 日打响。凯尔特人牵制了罗马军队的两翼，一举战胜了罗马。这场战争是罗马共和国史上的奇耻大辱。三天后，凯尔特人抵达罗马，掌控这个废墟城市达一年之久，直到他们在这里索取了大量罚款，并雪洗了克鲁西姆的背信之辱。之后，凯尔特人和罗马人达成协议，他们之间的和平维持了一个世纪。直到后来某些凯尔特部落和宿敌伊特鲁斯堪人结盟将和平打破，在与萨姆尼人的第三场战争中，凯尔特帝国宣告分裂。①

在我们离开这段历史序曲部分前，有两个问题必须考虑。首先，凯尔特政权在这一时期向中欧蔓延的证据是什么？其次，日耳曼民族在哪里，他们相对凯尔特人处在什么位置？

---

① 罗马历史在这一时段讲了很多与凯尔特人的冲突，但阿布亚表示这些记叙都是神话性的，无证可考。参见阿布亚：《欧洲原住民》（*Premiers Habitants de l'Europe*），第 2 卷，第 318—323 页。

# 欧洲的凯尔特地名

为了本书的目的，要全面回答这些问题，我们必须对语言学的问题深入研究。这一点只有凯尔特学者能充分认识到。证据在阿布亚的著作里有很多，我们在前面已经引证过。对欧洲地名的研究是论证的基础。以凯尔特人名Noviomagus为例。Noviomagus 包含两个凯尔特词，形容词的意思是"新的"，magos（爱尔兰语为 magh）意为"田野"或"平原"。①以这个名字命名的地方在古书中记载有九个，六个在法国，其中三处现为奥伊斯河畔的拿永（Noyon）、孚日山脉的尼约（Nijon）以及德龙省（Drome）的尼昂斯（Nyons）。另外三处不在法国，分别为荷兰的奈梅亨（Nimegue）、莱茵兰的诺伊马根（Neumagen）、帕拉廷（Palatinate）的斯派尔（Speyer）。

Dunum 一词经常在当今盖尔语地名中出现（如 Dundalk，Dunrobin 等），意为要塞或城堡，这是另一个典型的欧洲地名中的凯尔特元素。这个词频繁出现在法国，比如 Lug-dunum（Lyons），Viro-dunum（Verdun）。瑞士也有，比如 Minno-dunum（Moudon），Eburo-dunum（Yverdon）。在荷兰，名城莱顿的凯尔特语就是 Lug-dunum。在不列颠，dunum 被简单译为 castra，所以 Camulo-dunum 就成了 Colchester，Brano-dunum 是 Brancaster。在西班牙和葡萄牙，有八个带 dunum 的人名在古典作家笔下出现过。在德国，现代名字 Kempton，Karnberg，Liegnitz 在凯尔特语中则是 Cambo-dunum，Carro-dunum，Lugi-dunum。我们还发现 Singi-dunum 即现在塞尔维亚的 Belgrade（贝尔格莱德），Novi-dunum 就是罗马尼亚的 Isaktscha（伊撒喀查）。俄罗斯南部有个 Carro-dunum，在德涅斯特河附近，另一个地方在克罗地亚，现在叫 Pitsmeza（彼斯门查）。Sego-dunum，即现在法国的罗德兹（Rodez），也出现在巴伐利亚维尔茨堡（Wurzburg）和英格兰 Sege-dunum（现诺森伯兰郡的沃尔森德）。Sego-dunum 的前一部分 sego 也见于西班牙的 Segorbe（Sego-briga）。Briga 就是一个凯尔特词，是德语词 burg 的词源，意思也相当于 dunum。

还有一个例子是单词 magos。magos 的意思是平原，常作为爱尔兰地名一部分出现，也常见于法国，以及昔日属于凯尔特的瑞士（Uro-magus，现普罗马森斯，即 Promasens）、莱茵兰（布律马特的 Broco-magus），上文提过的位于荷兰

---

① 比如: Moymell（magh-meala），意为"甜蜜平原"，凯尔特人眼中的乐园，还有其他很多地名。

的奈梅亨（Nimegue），在伦巴底和奥地利也有。

这方面的例子还有很多，远不止以上给出的几个。这些例子证明了凯尔特人在欧洲分布广泛，他们在这片土地上留下了语言痕迹。[①]

## 早期的凯尔特艺术

古代凯尔特艺术品遗物也证明了凯尔特文化的悠久历史。1846 年，一处古罗马大墓地在奥地利萨尔茨堡（Salzburg）城市附近的哈尔施塔特（Hallstatt）被发掘。亚瑟·伊文斯博士（Dr. Arthur Evans）认为，墓中有的遗物可以追溯到公元前 750 年至公元前 400 年，说明了凯尔特高度发达的文明和商业文化。遗物中有波罗的海的琥珀、腓尼基的玻璃制品以及具有东方工艺特色的金箔，还有把手与刀鞘上镶满黄金、象牙和琥珀的铁剑。

哈尔施塔特出土的遗物代表的凯尔特文化后来发展为拉坦诺（La Tene）文化。拉坦诺是纳沙泰尔湖（Neucha-tel）东北方向的一个居民区，自 1858 年首次被发掘以来，发现了很多具有重要意义的文物。伊文斯博士认为，这些文物代表了高卢文明的巅峰时期，可以上溯到公元前 3 世纪。要欣赏这一类型的艺术品必须借鉴罗米力·艾伦先生（Mr.Rom-ily Allen）所著的《凯尔特艺术》（Celtic Art）第 13 页中的观点：

理解凯尔特艺术的发展史最大的困难在于，凯尔特人似乎从没有新的发明，但他们有种非凡的能力，善于从曾经是战敌或商业伙伴的民族中吸收

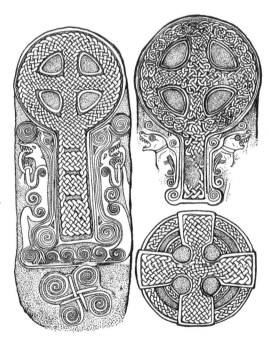

凯尔特圣十字与双护卫犬雕像，Kirk Conchan

---

[①]关于这些及其他更多的例子，参见阿布亚：《欧洲原住民》（Premiers Habitants de l' Europe），第 2 卷，第 225 页。

史前铜饰品，匈牙利国家博物馆

点子。而这些思想一旦被吸收，他们就能给它们深深打上凯尔特印记，让它们面目全新，甚至都无法看到一点原来的痕迹。

从欧洲大陆上发展为高峰的拉坦诺文明中，凯尔特人学到的是一些原先应用于希腊饰品的原始纹饰，主要为棕叶饰和回纹波形饰。但凯尔特艺术的特点是，避免了对动植物自然形式的模仿或接近，让万物成为一种纯装饰。在装饰艺术创造过程中，他们喜欢用集中能量的封闭螺旋或浮雕来与长而大的弧线和波纹间隔交替。通过这些简单却意味深远的线条，他们发明了一套美观、细腻且富于变化的装饰系统，并把它应用于武器、饰品、织物以及各种金、铜、木、石料的盥洗和家庭用具。金属器装饰的一个美观特点似乎就完全起源于凯尔特。早期古希腊人并不知道怎么上釉，直到后来他们才从凯尔特人那里学到。就是在公元3世纪末，他们对上釉术仍然很陌生，这一点可以从斐洛斯特拉图斯（Philostratus）的记载中知道：

他们说海那边的野蛮人（大不列颠人）把颜料泼在加热的青铜上，颜料黏附在上面，凝固，变硬，并把图案留在青铜上。

J.安德森博士（Dr. J. Anderson）在《苏格兰古董商协会学报》中写道：

同为凯尔特人后代的高卢人和大不列颠人在罗马入侵前就做过搪瓷釉制品。布拉克特（Bibracte）的搪瓷釉车间，连同车间里的火炉、坩埚、模具、打磨石，以及不同阶段的还未加工的搪瓷品，最近都在这个曾被恺撒和他的军队毁灭的城市的废墟中挖掘出来了。但布拉克特的搪瓷品比起不列颠的搪瓷品来就很原始了。搪瓷艺术起源于不列颠，那里的搪瓷品无论是从式样，还是从附属物来看，都能

捷克出土凯尔特青铜兽面，公元前300年

肯定说明这项艺术在和罗马文化接触前就在本土发展到了巅峰。[1]

都柏林国家博物馆藏有很多上等的金、铜和搪瓷类制品，集中体现了爱尔兰装饰艺术。据罗米力·艾伦先生称，这些艺术品呈现出强烈的凯尔特风格，和哈尔施塔特（Hallstatt）或拉坦诺（La Tene）出土的文物一样都很明显。

因此，一切都说明了这个自古被称为凯尔特的民族，他们的文化和民族性格曾在这片广袤的土地上扎根。

## 凯尔特人和德国人

但是，正如前文所说，这片土地上居住的远不是只有凯尔特人。我们特别要问的是，那些最终取代凯尔特人成为古希腊文明北方最大威胁的条顿－雷特族

①罗米力·艾伦：《凯尔特艺术》，第136页。

群，他们是什么人？又定居在哪里呢？

约公元前 300 年，希腊著名旅行家和地理学家皮西亚斯（Pytheas）曾提到过这些德国人。但在他们到达意大利之前，没有关于他们的历史记载。他们在意大利被称为辛布里人或条顿人，后来在公元前 2 世纪末被马里厄斯消灭。在皮西亚斯之前的古希腊地理学家对他们一无所知。他们认为这些德国人的地盘上居住的是凯尔特各部落。

阿布亚基于语言材料的解释是：德国人是臣民，地位相当于高卢和古爱尔兰的"不自由部落"。他们受凯尔特人统治，没有独立的政治地位。阿布亚发现在凯尔特语和条顿语中所有与法律、政府和战争有关的词，都是条顿人从凯尔特语中借用过来的。借词主要有现代德语中的 Reich（帝国），Amt（办公室），以及 reiks（国王，哥特语），这些都毫无疑问是来自凯尔特语。阿布亚还列举了其他一些借词，其中有来自凯尔特语的，如 Bann（命令），Frei（自由），Geisel（人质），Erbe（遗产），Werth（价值），Weih（神圣的），Magus（奴隶，哥特语），Wini（妻子，古高地德语），Skalks 或 Schalk（奴隶，哥特语），Hathu（战役，古德语），Helith 或 Held（英雄，与词 Celt 同词根），Heer（军队，凯尔特语为 choris），Sieg（胜利），Beute（战利品），Burg（城堡），等等。

有些借词的词源历史很有意思。比如，在现代德国行政用语中很重要的词 Amt，源自古凯尔特词 ambhactos。ambhactos 是个合成词，ambi 表示大约（about），actos 是源自凯尔特词根 AG 的一个过去分词，意为行动（to act）。现在的 ambi 从印欧语词 mbhi 演变而来。在原先的 mbhi 中，m 是个元音字母，后来在梵语中变成 a。在直接从原始印欧语发展而来的德语中，元音 m 变成了 n。单词 amt 在早期德语中的形式是 ambaht，很显然是从凯尔特词 ambhactos 演变而来的。

同样，Frei 早期德语形式是 asfrijo-s，直接来自原始印欧语 prijo-s。这个词在此并不表示"自由"，它的意思是"心爱的"（梵语 priya-s）。在凯尔特语中，我们发现一个明显特点，在发音时，prijos 丢下了 p-a；按照常规，它改 j 为 dd，因此在现代威尔士语中 rhydd 就意为 free（自由的）。爱神 Freia 在印欧语中的意思在德语中还是保留了下来，如 Freund（朋友），Friede（和平）。这个词在民事权利用语的含义源自凯尔特语，因而也是一个借词。

德语词 Beute（战利品；劫掠物）语源很有启发意义。高卢语有词 bodi，出现在地名 Segobodium（Seveux，斯维克斯）和其他不同的人名和部落名字中，包括 Boudicca，即我们熟悉的布狄卡——"英国武士女王"。这个词在古代的含义是"胜利"。胜利的果实就是战利品，在这个物质意义上该词被德语、法语、挪威语和威尔士语所吸收，分别成为 beute，butin，byte 和 budd。在另一方面，这个词的褒义在爱尔兰语中保留了。在将《欧洲原住民》第 2 卷第 29 章译成爱尔兰语时，原文是拉丁文 "Tua est，Domine，magnificentia et potentia et gloria et victoria"（大意为：主是高尚的、强大的、光荣的、胜利的），其中 victoria（胜利）被译成 buaidh。阿布亚评论说，"ce n'est pas de butin qu'il s'agit"（大意为：词义没有全部丧失）。他还说："幸而有文学作品的强势力量，Buaidh 保留了它在高卢贵族语中的褒义。Buaidh 的物质意义仅在下层阶级中使用，德语、法语和威尔士语保留了这些下层阶级的传统。"[1]

然而凯尔特人有两样东西不能或不会强加在德国臣民头上，那就是他们的语言和宗教。民族认同和自豪感最终导致德国人起义，并推翻了凯尔特专制政权。德国的神的名字和凯尔特神不一样，他们的葬礼习俗与原始民族最深刻的宗教思想联系在一起，也是与凯尔特不同的。凯尔特人，至少是他们中的统治阶层认为葬礼上用火是一种羞辱，因为只有在焚烧犯人或奴隶时才这样，他们认为这样残酷的人祭方式是当地文化的污点。而德国人则像早期的希腊人一样，是火葬光辉的死者。如果柴堆不够，就焚烧身体的高贵部位，比如头或双臂，其他部分则埋葬。

## 凯尔特帝国的衰落

德国人起义时具体发生了什么，我们永远不可能知道，但有一点可以肯定，从公元前 300 年开始，凯尔特人丧失了政治凝聚力，没有了共同的奋斗目标。强大的地下组织把凯尔特人打回支离破碎的原貌，各个部落纷纷像熔岩流一样向老家的南部、东部和西部撤退。有的部落撤到了希腊北部，在那里他们洗劫了德尔斐神殿（约公元前 273 年），引起了昔日的好友兼盟友的强烈不满。其他部落又再次和罗马开战，更为不幸的是，在森提乌姆（Sentinum）（公元前 295 年）和瓦迪莫（Vadimo）湖畔（公元前 283 年），他们受到了重创，大部分人马覆亡。一个小分队逃到了小亚细亚，在那里建立了凯尔特加拉提亚国。哲罗姆（St. Jerome）证实，在公元 4 世纪小亚细亚还有凯尔特方言。其他人在迦太基当雇佣

---

[1] 阿布亚：《欧洲原住民》（*Premiers Habitants de l'Europe*），第 2 卷，第 355 页、第 356 页。

兵，与德国那些零散部落或其他引起移民和征服潮的凯尔特人，在整个中欧、高卢和英国展开了纷争。

当这一切都平息下来后，高卢和不列颠岛几乎成了凯尔特帝国唯一的遗迹，也是唯一延续凯尔特法律和领导制度的国家。到公元元年，高卢和不列颠被罗马统治，他们完全被罗马化就只是时间的问题了。

## 爱尔兰独特的历史地位

外人不曾登陆过爱尔兰，爱尔兰也不曾被罗马军团征服过。爱尔兰在独立名义上保持到了 12 世纪末，而事实上还可以多算 300 年。

因此，爱尔兰在这点上有着独特的吸引力。那里保留着原汁原味的凯尔特文明、凯尔特制度、艺术和文学，以及凯尔特最原始的语言。[①]相隔一条鸿沟，这边是古代和异教，那边是现代和基督教，而现在它们正呈现在现代历史和目光的聚光灯之下。

## 凯尔特性格

在古典作家笔下，凯尔特人的道德和体格特点一样鲜明而且一致。尽管如我们所料，描述的大部分和其他原始的未开化的民族没有什么两样，但仍有足以体现他们与其他民族不同的内容。听到这番描述的人，即使没有受过现代历史教育，想必也会毫不犹豫地听出讲述的对象是凯尔特人。

有人曾引过此类描述的部分内容，不管证据是源自柏拉图、埃弗鲁斯

---

①爱尔兰语很可能是比威尔士语还古老的凯尔特语言。这一点可以从爱尔兰语的很多语言上的独特之处看出来，这里将简要介绍其中最有趣的一点。依常理，戈伊德尔族或盖尔人首先占领了不列颠岛，后来屡遭欧洲同族人的袭击，被迫退到最西部，他们对字母 P 的发音有种奇怪的厌恶感。因此在希腊语中为 napa 的印欧小品词 pare，近似成了早期凯尔特语中的 are，例如人名 Are-morici（住在海边的阿莫里凯人），Are-dunum（Ardin，位于法国）、Clota（Clyde，克莱德）附近现为敦巴顿的 Are-cluta，德国的 Are-taunon（离陶努斯山不远）等。如果这个字母不能简单舍弃，人们通常就把它变成 c（k，g）。但到了公元前 6 世纪，欧洲凯尔特人的语言发生了一个明显的变化。他们突然变得喜欢 P 音，甚至把已有的 C 音都换成了 P 音，因此原来的 Cretanis 成了 Pretanis（不列颠），数词 qetuares（四）成了 petuares，等等。西班牙的凯尔特语地名表明，这个变化是在凯尔特侵占这个国家，即公元前 500 年前发生的。

（Ephorus），还是阿里安（Arrian），我们都没有必要重复。

通过对很多爱尔兰语和威尔士词语的对比，可以很清楚地发现爱尔兰人总是避免发 P 音，而威尔士人则对此没有反感。下面就是一些例子：

| 爱尔兰语 | 威尔士语 | 英语 |
|---|---|---|
| crann | prenn | tree（树） |
| mac | map | son（儿子） |
| cenn | pen | head（头） |
| clumh（cluv） | pluv | feather（羽毛） |
| cuig | pimp | five（五） |

从上面的例子可以很清楚地看出爱尔兰语是更古老的凯尔特语。值得注意的是，就是到了近代，爱尔兰人仍然保持讨厌发 P 音的习惯。因此，他们把拉丁文 Pascha（东方）读成 Casg，把 purpur（紫色的）读成 corcair，把 pulsaio（原来为法语词 pouls）读成 cuise。但是，必须指出，尼克尔逊在其《凯尔特研究》中试图说明的印欧音 P，即没有和其他辅音在一起的 P 音，在早期的戈伊德尔凯尔特语中出现过。这个问题很难说就很清楚了。

但卡托（M. Porcius Cato）对高卢人的评论可以引证一下，他说："高卢人对两样东西很热衷，一是打仗的技术，一是语言的艺术。"

## 恺撒的记录

恺撒在高卢认识凯尔特人，对他们进行过详尽而批判性的记录。他说，凯尔特人好战，但一旦战败就容易一蹶不振。他们还非常迷信，一切公事私事都喜欢求助祭司。他们认为被逐出教会或禁止参加宗教仪式是最残酷的惩罚：

那些因不遵从祭司判决而行为受到限制的人被认为是卑鄙邪恶的。所有人都避免与他们来往和说话，唯恐受到牵连；他们不允许打官司，也不能担任任何职务……祭司一般都不用服兵役，也不用和其他人一样纳税……受这些好处的诱惑，很多人自愿或者被亲戚、朋友送来祭司学校学习。据说他们是来这里熟记大量诗歌的，有些人还一学就是二十年；尽管几乎在所有公开交易和私人账户上他们都使用希腊文字，但法律没有规定要把祭司的知识写成文字。

高卢人渴望知道外面的事情，总是围着商人和游客听他们天南地北地说。[①]
他们很容易受到影响，一会儿对未来充满希望，一会儿又是满腹怀疑，立场不
坚定，总是动摇自己的看法。与此同时，他们非常精明，看到对他们有用的发
明，一学就会。尤其让恺撒钦佩的是凯尔特人反罗马军队围攻战略表现出来的
聪明才智。对他们的勇气，他的尊重之情溢于言表，并在某种程度上，把他们
对死亡的不屑一顾归结为对灵魂不死的坚定信念。[②]这个民族早期曾多次打败罗
马军队，后来还洗劫了罗马，一直被恺撒视为最大的威胁和让罗马人寝食难安
的人，不管他们的宗教信仰或宗教行为是什么，这些行为表明他们绝不是懦弱
鼠辈。恺撒对敌人的敬佩并不是感情用事，凯尔特人在阿瓦利肯（Avaricum）之
围表现出的勇气让他震惊之余印象深刻。在这次战役中，罗马人在城外搭起木
制工事或土堆，企图翻墙进入城内。城池固若金汤，历来用破城槌是攻不破的。
高卢人计划火烧罗马人的工事。为了防止罗马人把火扑灭，一个高卢人爬上了
墙头，朝下面的土堆不停地扔同伴从城内递给他的动物脂和松脂。很快罗马人
用石弩弹过来的飞弹把他打下去了。但马上就有人出现在他倒下的地方，接替
他未完的工作。第二个人也倒下了，但很快又有第三个、第四个站了出来。他
的位置始终没有离人，直到最后罗马人的军队把火扑灭，迫使守城部队退回城
内。第二天，高卢人的城池陷落。

## 斯特拉波笔下的凯尔特人

地理学家和旅行家斯特拉波（Strabo）逝于公元 24 年，稍晚于恺撒，写了
很多关于凯尔特人的文字。据他记载，他们（这里是指高卢人）的国家人口众
多，农业发达，充分利用自然资源。女人多产、贤惠。男人尚武、富有激情、好
辩、易怒，但慷慨大方、不多疑，且没有谋略。凯尔特人热衷文化，希腊文字
和科学迅速从马塞利亚传遍凯尔特，他们在城里建立了公共教育机构。他们的
骑兵强于步兵，在斯特拉波时代形成了罗马骑兵之精英。他们住在拱形木房子

①埃德蒙·斯宾塞（Edmund Spenser）在其《爱尔兰现状观》（*View of the Present State of Ireland*）
中说："爱尔兰人经常四处打听新的消息。在路上碰到人，第二句话就会问有新消息没有。"

② 可以对比斯宾塞所说的："我曾听过几个勇士说，他们在国外劫掠乡村时，从未见过有比爱
尔兰男人更英俊的骑兵，也没有见过比爱尔兰人更勇敢的人。他们英勇顽强，寒冷、劳累、饥饿，
所有的苦都难不倒他们。他们身手敏捷，强健有力。做事很警惕，慎重周到，遇到危险不退缩，对
死亡毫不畏惧。"

里，房子很大，墙壁是柳条编成的，上面肯定还覆上了黏土和石灰，屋顶上盖有厚厚的茅草。这种房子在爱尔兰很普遍。在高卢发现有重要地位的城镇，恺撒觉得他们的墙用石头和木材筑成，很结实。恺撒和斯特拉波都一致认为在凯尔特，贵族、牧师和受过教育的人与普通百姓是有森严的等级区别的，百姓是绝对臣服的。这种社会等级区别大概是与种族分别一致的，真正的凯尔特人统治土著居民。恺撒说祭司教育凯尔特人相信灵魂的不朽，斯特拉波补充说他们还相信物质不灭，在一定意义上说明了物质世界的神威。

凯尔特武士喜欢炫耀。生活中一切耀眼的、戏剧化的东西，他们都喜欢。他们的武器缀满了装饰品，马具是铜的并涂有瓷漆，图案跟迈锡尼或克里特艺术一样精美，衣服上有金丝的绣花。在与罗马人一战中，在阿列西亚（Alesia）失守，战斗接近尾声时，韦辛德托里克斯（Vercingetorix）投降的壮举充分展现了凯尔特式的骑士精神和沉着的罗马人幼稚的自吹自擂。①当韦辛德托里克斯看到即将战败时，他召开了一个部落会议。会上他对参会的部落首领说，这场他领导的光辉战役虽然失败了，他愿意为他忠实的部落牺牲自己。他们可以把他的头砍下送给恺撒，或者他自动投降来换取对凯尔特百姓优惠些的条件。最终他们选择的是第二个方案。韦辛德托里克斯随后带上了最华丽的武器，给马装上最贵的马具，出发来到了罗马营地。绕营地三周后，他来到了恺撒面前，把剑放在他的脚上。这剑是高卢人最后一次维护独立的象征。恺撒把他押回了罗马，关了六个月，后来在庆祝胜利时把他处死。

历史学家想象中的凯尔特战士②

但是凯尔特人对辉煌和艺术的追求也掺杂着野蛮的成分。据斯特拉波叙述，

① 恺撒没有记录韦辛德托里克斯投降的一幕，但普卢塔克和历史学家佛罗鲁斯（Florus）的记载都被学者们——如莫姆森（Mommsen）、朗（Long）等人——所接受，认为符合历史事实。

②本图来自戴维·理查兹：《差异的面纱：文学、人类学及艺术中的文化表现》，如一等译，辽宁教育出版社2003年版。

凯尔特战士凯旋时，都会在马脖子上挂上败敌的人头，就像爱尔兰传说中的乌尔斯特英雄库丘林（Cuchulain）一样。库丘林进攻康纳希特（Connacht）取得胜利，返回艾曼尼亚（Emania）时，车周围就挂着敌寇首领的头颅。凯尔特人的内部分工也是很粗暴的，男人躺在地上睡觉或坐在草凳上休息，女人却在田里劳作。

## 波利比奥斯

波利比奥斯·斯克勒斯（Polybius）记录了克拉斯提迪奥（Clastidium）之战（公元前 222 年）中独特的一幕。他写道，吉萨特（Gaesati）①在凯尔特军队中打头阵。他们赤着上身，露出强健的体格和白皙的皮肤，戴着凯尔特人喜欢的金项圈和手镯。他们这副模样让罗马军队不寒而栗。但战争结束时，这些金首饰都被一车车载往罗马用来装饰罗马主神殿了。波利比奥斯对凯尔特人性格的最

四头鹰：黄金镶宝石圆牌，慕尼黑皇家博物馆

后评价是："我不是说总是，但凯尔特人做事经常是凭一股热情，而不是遵循理性原则。"可以想象，德国人善良的一面直到现代才被认为是凯尔特性格。

## 狄奥多罗斯

狄奥多罗斯（Diodorus Siculus）是和裘利斯·恺撒（Julius Caesar）以及奥古斯都（Augustus）同时代的人。

①吉萨特（Gaesati）是一个部落，名字来源自 gasum，凯尔特一种主要武器标枪。弯曲的金项圈是著名雕像垂死的高卢人［即通常所称《垂死的格斗者》（The Dying Gladiator）］所戴的装饰品。都柏林国家博物馆里藏有很多此类金项圈。

狄奥多罗斯曾经去过高卢地区,证实了恺撒和斯特拉波的记录大体上是符合史实的,但狄奥多罗斯补充了一些有趣的细节。他尤其注意到高卢人喜欢金子,甚至他们的胸甲都是金的。这是凯尔特爱尔兰地区的一个突出特点,在那里挖出的史前遗物大部分都是金的,还有很多丢失了。波西东尼斯(Posidonius)和狄奥多罗斯都认为,在寺庙和其他圣地满是没有设防的金贡品,这些贡品没有人摸过。狄奥多罗斯提到了凯尔特人对吟游诗人的尊敬。他也和加图(Cato)一样,注意到受过教育的高卢人使用奇特的语言:"他们不是一个健谈的民族,但喜欢用谜一般深奥的语言来表达自己,因此听者只能靠猜测来推断他们的意思。"这正好解释了简略而隐晦的古爱尔兰文学语言。祭司被认为是沟通上帝和人的中介——没有他的帮助,谁都不能从事宗教活动。

## 阿米亚努斯·玛尔塞努斯

阿米亚努斯·玛尔塞努斯(Ammianus Marcellinus)记录的时间要晚很多。在公元 4 世纪后半期他去了高卢,那时的高卢很大程度上被罗马化了。和之前的作家一样,他也说高卢武士很高大,皮肤白皙,桀骜不驯。他还说,高卢人衣着非常干净得体,没有人穿得很破烂,尤其在阿基坦这一点很突出。高卢女人体态修长,眼睛湛蓝,非常漂亮。在他充满敬意的词句中掺有一丝畏惧,他说和高卢男人打架是很危险的,如果他老婆上来助阵,挥着雪白的巨臂,像弹弓一样压过来时,就更糟糕了。人们会不由自主地想到那一群健壮、独立和无情的女人,像美伊芙(Maeve)、葛拉妮雅(Grania)、芬德白(Findabair)、迪尔德丽(Deirdre),还有出现在不列颠历史和神话中的布狄卡(Boadicea)。

## 赖斯·霍姆斯笔下的高卢人

下面一段文字是从赖斯·霍姆斯(Rice Holmes)《恺撒征服高卢记》(Caesar's Conquest of Gaul)中摘选的,也许可以作为公元前凯尔特人社会面貌的出色总结,而且它也正好与我们所知道的本地爱尔兰文明吻合。

高卢人很早就摆脱了野蛮状态,内地的凯尔特人在罗马人的影响下,也达到了一定的文明程度,甚至还生活得比较奢侈。他们因为穿裤子而被外省人称为穿长裤的高卢人，他们五彩斑斓的格子呢短裙和披风让侵略者惊讶不已。部落领袖戴金戒指、金手镯和金项链；奔赴战场时，这些高大的金发武士头戴猛兽头颅般的头盔，上面插着长羽，威风凛凛，身披铁甲，拿着长盾和叮当作响的巨剑，样子煞是威猛。数不清的山上立着高墙围绕的城镇或大型村庄，它们是各部落的要塞，非常醒目。平原上点缀着数十个村落，木头和柳枝扎的房子很大，上面还盖着茅草。夏天，田里一眼望去都是金黄的玉米。城市之间阡陌交通。河上架着简陋的桥梁，水面上漂着装满商品的驳船。船虽然笨重，却比人们在地中海地区见过的任何船都要大，它们在比斯开湾的暴风雨中疾驰，装着货物在布列塔尼半岛的港口和不列颠海岸间穿梭。通过水路运送的货物都要交税，这是贵族们财富的主要来源。每个部落都有自己的货币制度，也不只是大祭司才会写希腊和罗马文字。阿伊端（Aeduan）人很熟悉炼造铜锡合金。阿基坦（Aquitaine）、奥弗涅（Auvergne）以及贝里（Berri）的矿工很擅长此项技术。确实，自从高卢人和罗马接触以来，他们的生活得到了很大改善。[①]

## 凯尔特政策的薄弱之处

尽管当地凯尔特文明在很多方面都很吸引人，很具生机，但也明显存在一些缺陷和不足。这使得凯尔特人既不能责怪希腊—罗马文明，也不能归咎于条顿民族的原始和粗暴。下面我们将细述这些不足。

---

①赖斯·霍姆斯：《恺撒征服高卢记》（*Caesar's Conquest of Gaul*），第2卷，第10页。需要补充的是凯尔特贵族和条顿人一样，头都很大。这一点可以从马恩河盆地发现的遗骨看出，那里曾住着很多凯尔特贵族。有一次还发现一具高卢武士的骸骨，高大的骨架上还留有战争盔甲、铁头盔和剑。目前这具骸骨保存在日耳曼博物馆。不列颠岛上的居民一律都是长脑袋，阿尔卑斯式的圆头很少。现代法国人的头都是圆的。然而，头的形状在现在看来绝不是一个不变的种族特征，它是随环境的改变而变化的，这一点可以从美国移民的后代身上得到证明。参见哈顿（Haddon）教授1910年11月3日在《自然》杂志上发表的一篇文章。

# 一个古典国度

古典国家的兴盛，根本原因在于树立了文明社会的理念，即共和的观念。这是一个神圣的整体、人民福祉的基础，虽因古老而可敬，又在一代又一代的年轻人手里重获青春。人们都愿意投身其中，他们知道即使不能青史留名，但自己的忠诚也一定能超越有限的个体生命，在未来提升祖国或所在城市的生命。在这种精神的指引下，当苏格拉底的朋友们力劝他越狱以逃避死刑的时候，苏格拉底还是责怪他们引诱自己背叛国家的法律。他说，人之国比父母更神圣更值得尊敬，在这里生活的人都必须毫无怨言地遵守它制定的法律，否则他会招来同胞们和地狱刑法的愤怒，最终在这些面前，他将为自己的行为在人间付出代价。在某种程度上，正是由于有了这种被提升的国家概念，生活在这个古老国度里的人们或多或少地形成了一种实践性的宗教信仰，正是这种信仰让这个国家得以凝聚力量，经受考验，不断进步。

## 条顿人的忠诚

条顿人惊人的凝聚力背后还有另一个世俗动因，这个动因注定要和市民社会结合在一起，形成一种更优的动力，即欧洲国家诞生的主要政治因素。

这个动因就是德国人说的忠诚（Treue），对领导所表现出来的个人忠诚。这种忠诚在早期造就了一个王朝，在条顿人的内心中深深扎根，并成为任何其他人性都无法比拟的促成自我牺牲的情感根源。

## 凯尔特宗教

没有任何一种人类影响因素是单一的、不掺杂质的。古希腊民族不懂什么是个人忠诚。爱国情操在条顿民族中发展缓慢，但最终在那里形成风气。凯尔特人既不懂忠诚，也不懂爱国，但他们有另一个超过这两种情感的动力，让他们获得政治鼓舞和民族向心力，这跟古希腊民族的爱国和条顿人的忠诚所起的作用是一样的。这就是宗教，或者更准确地说是建立在祭司制度上的宗教。这种宗教变成了信条，由祭司阶级掌控。祭司们是凯尔特真正的统治者，这些我们已经从恺撒的记录中知道，并被斯特拉波和爱尔兰传说证实。[①]一切公事私事都在他们的权威管治之下。任何对他们权威不敬的举动都会被他们处以惩罚。虽然他们倚仗的仅仅是公众的迷信，但是他们仍能和中世纪的天主教教会作出的禁令一样，足够镇压这些骄傲的灵魂。

这正是凯尔特政治组织的薄弱之处。一个国家如果被祭司统治，靠超自然的惩罚来获得权威，是不可能取得真正进步的，这个规律早已被历史反复证明过了。自由、健康的尘世生活和思想之流在本质上是和祭司治国不能协调的。无论基于何种宗教信仰，不管是德鲁伊特教、伊斯兰教、犹太教还是基督教或者物神崇拜，只要祭司的权威以超尘世惩罚介入尘世事务，就一定会阻碍言论自由、新思潮产生，以及世俗思想和人文与理性的发展，而这些正是国家发展的基本要素。

## 塔拉的诅咒

关于这个事实，可以从凯尔特早期历史中找到非凡和令人信服的例证。公元6世纪，爱尔兰的守护帕特里克宣扬基督教一百多年后，德莫特·迈克沃（Dermot Mackerval）国王开始统治爱尔兰。他是诸侯王或是国家的最高领袖，首都定在米斯郡的塔拉。他代表的政府，无论在名义上还是法律上，都是高于五省领袖的，是他领导着爱尔兰人民向着一个真正统一的国家迈进。显然统一的前提条件是建立有效的中央集权。前面我们说过，最高领袖德莫特·迈克沃在理论上就是权力的代表。现在他手下的一个官员在执行他的命令时被另一个长官休·盖里（Hugh Guairy）杀了。

---

① 比如在《古奥里劫牛记》中，在首席祭司卡斯伯德（Cathbad）没有问使节话之前，乌尔斯特国王是不能和使节说话的。这让人想起爱尔兰史诗、萨缪尔·弗格森（Samuel Ferguson）的《康歌》（*Congal*）中的句子：
　　　　自从大祭司，
　　　　在深海淤泥杀死乌斯纳克的儿子们，
　　　　克里弗洛血门上的咒语，
　　　　就一直在惩罚被祭司控制的国王。

休·盖里是罗拉（Lorrha）的圣瑞丹（St. Ruadan）主教养子的兄弟。当德莫特国王下令捉拿凶手时，牧师们把他藏了起来。德莫特下令搜，硬是把盖里从瑞丹家里搜了出来，并把他带到塔拉审讯。牧师们不甘心，马上组织爱尔兰所有的牧师一起抗议这位不顾神权尊严的世俗君王。他们聚集在塔拉绝食示威①，并诅咒他和他的政府。在这里，记录者告诉我们，德莫特的妻子做了一个预示未来的梦："在塔拉的森林里，十一个奴隶在砍一棵枝繁叶茂的树。他们刚砍下去，砍下的部分就长出来。直到最后，出现一个人，他只一击，树就倒下了。"②

这棵大树就是爱尔兰君主政权，十二个砍伐者就是爱尔兰十二个圣徒或传道者，那个把树击倒的人就是瑞丹。看到国家岌岌可危，国王热切恳求。这一段爱尔兰记录者也有生动记录：

> 他说："你们这么反抗我是多么邪恶呀！难道你们没有看到我这样做是为了爱尔兰的福祉，是为了维护爱尔兰的国家纪律和王权。他是个杀人犯，你们竭力保护他是在扰乱爱尔兰的宁静啊！"

但瑞丹说："让塔拉成为永远的废墟吧！"他的咒语吓坏了众人。罪犯被正法，塔拉被遗弃了。没过多久，布赖恩·勃鲁（Brian Boru）谋反。他很强悍，最终夺取了政权。直到这时，爱尔兰才终于有了实实在在的政府。在这段史实的最后，让我们引用德莫特绝望的呼声："让灾难降临到他和一切参战的牧师身上吧！"

描述这件不平凡的事占据了较长的篇幅，因为它是影响从恺撒到现今凯尔特历史的一个典型因素。它是从哪里，什么时候引起的，我们后面会谈到，在这里我们对它稍加注意就可以了。正是这个因素阻碍了凯尔特人、希腊人或者条顿人的发展。

## 凯尔特人对欧洲人的贡献

然而由于这个原因就认为凯尔特人对欧洲人没有任何影响是完全错误的。凯

---

①这种做法在印度也有。如果有人被当权者冤屈，或者认为他被冤屈，其他人会在这个权力者家门前静坐绝食，直到恢复正判。在爱尔兰，这种示威仪式有种神奇的力量，除非另一方也绝食，魔法的威力才会转移。参见 S. H. 欧格兰狄（S. H. O'Grady）：《席尔瓦盖尔语歌谣》（*Silva Gadelica*），第 73 页。

②此处引用出自 1814 年利斯莫尔城堡（Lismore Castle）中发现的 15 世纪的皮纸文书手稿，S. H. 欧格兰狄在其《席尔瓦盖尔语歌谣》中的翻译。这段叙述是德莫特朝廷的一个官员做的。

尔特人对西方世界的文化贡献很大。从公元 500 年到公元 900 年四个世纪中，爱尔兰都是半个欧洲学问的港湾以及文艺和哲学的源泉。凯尔特的诗歌形式极有可能决定了所有现代诗歌的结构。盖尔人与吉姆里克人（Gymric）的神话和传说点燃了很多欧洲诗人想象的火花。的确，凯尔特人没有创造过一部结构宏大的文学著作，正如他们没有建立过一个稳定显赫的国家政权。他们的思维和感觉是丰富而具体的，生活中的事物都能给他们留下深刻的印象。他们敏感，极易被外界影响，但没有远见。他们没有建立政权，缺乏制定规则的天赋，但他们一直都是反抗暴政、反对冷酷无用的制度的不可缺少的力量，一直都是人性的最忠实的捍卫者。忠君爱国很容易成为空洞的套话，从而束缚而不是解放灵魂，但凯尔特人从来都是腐败政权的叛乱者，是任何形式的压迫的反叛者。毋庸置疑，凯尔特人是心浮气躁的，来不及为丰收做耐心而长久的准备就想享受生活的果实，但他们终究会用自己的行动向现代社会证明生命真正的果实是精神实体，没有一番痛苦和挣扎，是不会轻易在物质文明中褪色或消失的。

# 第二章　凯尔特民族的宗教

## 爱尔兰和凯尔特宗教

我们之前说过,凯尔特民族中的爱尔兰人把其本土的凯尔特文明诸多因素引入了现代历史研究的视野。然而,有一样东西是他们从来不曾带出爱尔兰岛的,那就是他们的宗教。正是这宗教把我们隔离在古老的凯尔特世界以外。

事实上,凯尔特人的宗教信仰在历史的长河中不仅仅改变过。不单如此,他们更将自己的信仰彻底抛给过去,以至现在没有任何相关记录可考。爱尔兰先知圣帕特里克本人就是凯尔特人,公元5世纪时他在爱尔兰传播基督教信仰。他留下了有关自己传教史的自传式记述,这记述广受关注,也是现存最早的有关大不列颠基督教的记录。即使如此,这段记述只字未提他用基督教信仰取代了的凯尔特宗教。有意思的是,我们从恺撒大帝那里倒可以获取更多有关凯尔特人宗教信仰的信息。恺撒从另一个角度接近过这种宗教。于7世纪至12世纪爱尔兰成形的传奇文学,可谓浩如烟海,尽管其源头经常被追溯到基督教以前,但它向我们揭示的,却不仅是人们对巫术的笃信,也超过对宗教仪式或骑士精神的膜拜。实际上,它与宗教制度毫无相像之处,甚至与道德制度也不沾边。史料告诉我们,曾有一些当权者和吟游诗人自发地长期抵制当时的基督教信仰,而这种抵制最终发展到针对6世纪莫伊拉斯(Moyrath)战争的仲裁。然而,我们从赛尔休斯(Celsus)和奥利金(Origen,希腊的基督教传教士)的论战记录中发现,在两种信仰共存、巨变和冲突的时期,并没有大规模的思想的争论与教义冲突发生。古爱尔兰文献,如我们所见,包含了众多的古代神话。神话人物留下了清晰的历史印记,可以断定这些人物就是某一历史时期的神灵或自然力。但这一切都被清空了宗教意义而转向浪漫和唯美。但是,恺撒说过,在高卢人中有一套高度发达的宗教系统,我们也是从恺撒这里得知,大不列颠诸岛就是这个系统的权力中心。可以这么说,大不列颠诸岛曾是凯尔特宗教的罗马圣地。

凯尔特人的宗教到底是怎样的呢？现在，我们把凯尔特宗教看做其神话传说的引子，因为这些神话和传说或多或少是由宗教发展而成。

# 凯尔特民间宗教

　　首先我们要指出，凯尔特宗教绝不简单，也不可以简单地归结为我们现在所称的德鲁伊特教（Druidism）。在官方宗教之外，还有大量流行的迷信和仪式，它们从比德鲁伊特教更深厚古老的源头发展而来，并且注定远远比德鲁伊特教更有生命力。事实上，它们直到今天还没有消亡。

中世纪人鱼浮雕，匈牙利国家博物馆

中世纪人鱼双身浮雕，匈牙利国家博物馆

◀人鱼塑像，巴黎

▼人鱼之飞，阿姆斯特丹热带博物馆

# 巨石部族

原始人的宗教大多与埋葬死者的仪式和习惯紧密联系。最早在凯尔特领地上定居的是一个没有名字和历史记录的民族。我们只能靠他们的墓碑了解他们。很多墓碑现在仍然存在，因此我们可以通过这些墓碑尽可能多地了解他们。他们被称为"巨石部族"（Megalithic People）[①]——巨石墓、石板墓和地下墓葬的建造者。单是在法国，就已经发现有三千处。巨石墓的发现地，从斯堪的纳维亚半岛向南，到欧洲西部的广袤大陆，再到直布罗陀海峡，并环绕西班牙地中海沿岸分布。在地中海西部的岛屿以及希腊也分布有巨石墓。在希腊的迈锡尼（Mycenae），一座年代久远的巨石墓至今仍矗立在阿忒德（Atreide）宏伟的墓葬神殿旁。如果从郎河河口往北画线到瓦朗厄尔峡湾（Varanger Fiord），我们发现，除了在地中海地区有些例外，欧洲所有的巨石墓都在这条线以西。在这条线以东的地区，直到亚洲才有发现。事实上，巨石墓的分布带穿越直布罗陀海峡，在北非海岸线上延伸，然后向东到达阿拉伯半岛及印度，最远直到日本。

## 巨石墓、石板墓及地下墓葬

在这里，我们不妨把巨石墓解释为一种房子。它由竖立的上部削尖的石头围成，通常以一块大石头封顶。一般巨石墓都刻意建成楔形，经常可以发现门廊和前厅的痕迹。建造巨石墓的用意是让它代表死者的住所。石板墓（在日常语言中常与支石墓混淆）是把竖起的石头

法国卡尔纳克地区的巨石阵，亚瑟·贝尔（Arthur G. Bell）拍摄

---

① 来自希腊单词 megas 与 lithos 的组合。megas，意为"大的"；lithos，意为"石头"。

精心排列成圆圈，通常中间为一个巨石墓。有人相信，大多数（即使不是所有）现在裸露在外的巨石墓最初是被厚厚的土墩或是小些的石块完全覆盖的。正如我们给出的关于法国西北部城市布列塔尼（Brittany）的卡尔纳克（Carnac）巨石遗迹的插图所示，有时，宽大的街道或队列是由很多竖立的石块组成的，其意图，毫无疑问与所在地区流行的崇拜仪式紧密相关。晚期的巨型石碑，就像巨石阵（Stonehenge），也许是用修饰过的石头建成的，但是就所有的巨型石碑而言，其粗犷的造型、雕刻的缺失（表面刻的图案和符号除外），还有明显地利用巨型石头的绝对力量营造强大感觉的目的，以及稍后将谈到的一些设计上的附带特点，赋予了这些巨型石碑一种神秘的家族相似感，并把它们和早期希腊、埃及以及其他更发达民族的地下墓葬区别开来。巨石墓最后被更大的表面隆起或不隆起的土葬墓（chambered mounds or tumuli）所代替，就像位于爱尔兰首都都柏林的纽格兰治（New Grange）地区的那座史前陵墓，我们认为它同样是巨石部族的创造。它们是巨石墓发展的自然结果。早期的巨石墓建造者处于新石器文化阶段，以打磨后的石头为武器。但是在地下墓葬里，除了石头，还出土有铜器甚至铁器。这些器具显然最初是舶来品，后来就是当地制造了。

## 巨石人的起源

关于巨石人的语言，我们只能通过凯尔特人来了解，因为后者征服了前者，于是前者语言在后者身上留下了些许线索。不过，巨石部族所建石碑的分布图毋庸置疑地说明其建造者发源于北非。起初他们并不习惯穿越海洋远途跋涉，他们沿北非一路向西迁移，穿越地中海区区几公里宽的直布罗陀海峡进入欧洲，然后在包括大不列颠诸岛的欧洲西部四散开来，同时他们往东方行进，穿过阿拉伯半岛到达亚洲。但是，必须牢记在心的

爱尔兰 Proleak 地区的巨石墓，以英国文物研究及博物学者波拉斯（1695—1772）的名字命名

是，尽管巨石部族无疑是特色鲜明的人种，但巨石部族最终代表的是一种文化，而并非一个人种。这些墓葬中出土的人类遗骸，其头盖骨的形状有不小的区别，清楚地证明了这一点。①这些及其他遗物证实，巨石墓的建造者总体上代表了一个杰出的、高度发达的人群，他们熟悉并从事农业、畜牧业且在一定范围内涉足航海。这些尺寸惊人的石碑中隐含着丰富的寓意以及有组织的集体劳作。毫无疑问，这展示了这一时期的巨石部族对葬礼仪式的热衷以及管理人们集体协作的祭司体系。他们的死者，按照规定，不可焚烧，而要完整地埋葬。大型的石碑，毫无疑问，是显贵墓葬的标志，而埋葬普通人的坟墓，则没有留下任何痕迹。

## 平原上的凯尔特人

法国历史学家阿布亚在有关早期凯尔特人历史的叙述中，只考虑到两个主要的群体——凯尔特人和巨石部族。但是法国考古学家伯特兰（A. Bertrand，1820—1902）在其极具价值的著作《高卢人的宗教》（*La Religion des Gaulois*）中又把凯尔特人分成了两支。他们就是除了巨石部族之外的低地凯尔特人与高地凯尔特人。伯特兰认为，低地凯尔特人发源于多瑙河，大约在公元前 1200 年进入高

---

① 参见英国文物研究及博物学者波拉斯（全名 William Borlase，1695—1772）所著的《爱尔兰的支石墓》（*Dolmens of Ireland*）第 605 页及第 606 页就此问题的讨论。

卢。他们在瑞士、多瑙河河谷以及爱尔兰建立定居区依湖而居。他们掌握了使用金属的技能，曾使用过金、锡、铜，并在其历史末期使用过铁。与巨石部族不同，他们说一种凯尔特语言[①]，然而，伯特兰怀疑低地凯尔特人与真正凯尔特人在种族上的相关性。或许他们并不是凯尔特人，只是被凯尔特化了而已。低地凯尔特人不好战，是一群安静的牧人、农夫和技师。他们不埋葬，而是焚烧死者。在阿尔卑斯山南高卢(Cisalpine Gaul)，意大利北部小镇戈拉塞卡(Golasecca)一处较大的低地凯尔特人聚居地，人们发现了 6000 处墓葬。每个墓葬中的尸体都是被焚烧过的，没有一个例外。

按照伯特兰的观点，这些人不是作为征服者进入高卢的，而是通过逐渐的渗透逐步占据沿溪谷和平原行进时发现的空地。他们以多瑙河上游的家乡为起点，沿阿尔卑斯山一路走来。希腊历史学家希罗多德曾说："多瑙河上游的故乡见证了凯尔特人的兴起。"他们在巨石部落居住下来，与他们平静地融合，从来不曾发展出任何发达的政治体系，因为政治体系只有依靠战争才能发展起来。事实上，他们很可能为德鲁伊特宗教体系和吟游诗人的诗歌的发展作出了极大贡献。

## 山地上的凯尔特人

最后，我们谈到第三群人，也就是真正的凯尔特人。他们紧随第二群人，于 6 世纪初叶在莱茵河的左岸正式出现。伯特兰把第二群人称作凯尔特人，把第三群人称作 Galatic，借以认同希腊人所称的盖拉塔埃及罗马人所称的盖利和贝尔盖。

我们已经谈到过的第二群人是生活在平原上的凯尔特人。第三群人是山地上的凯尔特人。我们已知山地凯尔特人最早的家在巴尔干（Balkans）和喀尔巴阡山（Carpathians）。其社会形态是军事贵族政治——他们在受制人的头上作威作福，依靠百姓的贡品和搜刮民财为生。山地凯尔特人是古代历史上好战的凯尔特人。他们当中曾有人从罗马和希腊古都德尔斐抢掠财物，是不折不扣的强盗；也有人在北非城邦迦太基和稍后的罗马部队中充当雇佣兵，为获得军饷和战利品而浴血奋战，堪称勇敢忠义的战士。山地凯尔特人鄙视农业和其他产业，由女人耕种土地。在掌权贵族的统治下，普通百姓承受被剥削的命运，几乎到受

---

① 详见 1908 年英国协会报告（Report of the Brit. Assoc. for 1908）。里奇韦教授（Professor Ridgeway）认为巨石人讲一种雅利安语言，否则，他们的语言应该会影响凯尔特语言并在后种语言中留下种种线索。但其自身的权威性以及人们现在拥有的直接证据与其观点相左。

苦役的地步，就像恺撒说的"人们几乎像奴隶"（plebs poene servorum habetur loco）。只有爱尔兰在一定程度上避开了这种军事贵族统治的压迫。它尖锐的等级划分，在高卢人中也可以发现。我们也看到，在这样的强制统治下，很多看似自由或已被剥夺自由的部落都遭到了压迫并且不得不缴纳苛捐杂税。

然而，尽管这个占据统治地位的种族有着种种恶习，全身充斥着未驯化的野蛮气息，他们同时也具有许多高贵的品质，闪耀着人性的光辉。他们大胆而勇敢，拥有令人惊异的侠义风度，对诗歌、音乐以及新的思想热心而敏感。古希腊集哲学家、历史学家及地理学家等身份于一身的波西东尼斯发现，公元前100年，游牧机制在凯尔特人中十分兴旺。在那以前200年前，来自阿布德拉（Abdera）的古希腊学者赫卡泰曾描述在一个西部的岛屿上（很可能是今天的大不列颠）凯尔特人祭拜太阳神阿波罗/卢赫（Apollo/Lugh）①时美妙的音乐仪式。他们是雅利安人中的雅利安人，血液中流淌着伟大的、充满野心的民族性情。但是德鲁伊特教，其哲学和科学的一面没有问题，而其隶属教皇政治结构（ecclesiastico-political organization）的特性却成为致命的缺陷。降服在这样的政治体制下成为他们致命的弱点。

高地凯尔特人的文化与低地凯尔特人有着显著不同。他们处于铁的时代，而并非铜的时代。他们不焚烧死者（焚烧在他们看来是耻辱的），而是选择埋葬。

他们借助武力占据的领土有瑞士、法国东南的勃艮第（Burgundy）、德国巴拉丁（Palatinate）领地、法国北部、大不列颠的西部、伊利里亚（Illyria）和小亚细亚东部的加拉提亚（Galatia）。但是他们当中的一小部分穿行并四散至整个凯尔特领地，并在所到之处占据统治地位。

恺撒说，当他开始征服列国时，在高卢居住有三种人，"他们所说的语言不同，习俗不同，法律也不同"。他把他们分别命名为"比利其人"（Belgae）、"凯尔塔埃"（Celtae）和"阿启塔阶人"（Aquitani）。他大致给他们定位为：北边和东边是比利其人，中间是凯尔特人，南边和西边是阿启塔阶人。比利其人就是伯特兰所说的盖拉塔埃；凯尔塔埃是凯尔特人，而阿启塔阶人是巨石部落。他们当然都或多或少地受到了凯尔特文化的影响。恺撒留意到他们之间的语言差异其实并不是特别大，不过仍然值得关注，而且和伯特兰的观点甚为一致的是，古希腊地理学家斯特拉波说阿启塔阶人与其他居民有明显的不同，但却类似于

①参见霍尔德（Holder）：《早期凯尔特语词汇》（*Altceltischer Sprachschatz*）词条"Hyperboreoi"下的内容。

古欧洲西南，今西班牙和葡萄牙的伊比利亚人（Iberians）。他还清清楚楚地补充说，其他高卢人的语言，只是同一种语言的不同方言。

## 巫术宗教

上面的这种三分法在不同程度上适用于所有的凯尔特国家，所以当我们谈到凯尔特民族的思想和宗教，试图估量凯尔特人对欧洲文化的贡献时，要牢记这一点。凯尔特民族的神话文学以及艺术基本上来源于伯特兰所称的低地凯尔特人（Lowland Celts）。这种包含了诗歌和英雄传奇故事的文学是伴随以下两种情况产生的。一是游牧阶层对享乐孜孜不倦的追求；二是骄傲好战而又富于骑士精神的统治阶级为了维护其统治而需要用一种思想控制人民。由此看来，它不可避免地是用统治阶级的思想塑造的。但是，巨石部族的宗教信仰及宗教仪式也以其深远的影响力为凯尔特民族的文学艺术增添了光彩，遗憾的是，巨石部族的信仰此刻正在日渐扩大的现代科学的阴影中慢慢消失。这信仰可以用一个词来概括，那就是巫术（Magic）。这个巫术宗教的本质有力地构成了我们稍后要谈及的神话传奇的主体，所以我们现在简单地讨论一下。而且，正如伯里（Bury）教授1903年在剑桥大学的就职演讲中讲到的：

> 为了调查所有研究中最难的民族问题、不同民族在人类发展中所起的作用以及民族融合的影响，必须牢记，凯尔特民族的世界是进入神秘的前雅利安世界的主要入口之一。我们当代欧洲人从凯尔特人那里继承而来的远远超过我们的想象。

巫术一词的来源尚不明确。大概来自"东方三贤"（Magi）或者前雅利安时代和前闪人时代（pre-Semitic times）的卡尔迪亚王国（Chaldea，古巴比伦人的一个王国）和伊朗西北部的古米底亚（Media）王国的祭司。这些祭司极好地证明了这种思想体系如此奇怪地混合了迷信、哲学以及科学观测。巫术的基本概念即一切自然物具有灵性的生命力。这种属灵的生命力与多神论不同，我们不认为它拥有鲜明又神圣的特性就可以独立于自然以外。实际上，它含蓄地内在于自然之中；含糊、不明确，充满了一种绝对力量的诡异。这种绝对力量的极限和本性包裹在一种不可理解的神秘之中。正如很多事实所揭示的，它的本源无疑与祭拜死者联系在一起。当时，死亡被看做重返自然，利用一种模糊但却不能被他人控制的特权为以后做积蓄。这是一种灵命的力量，但在这种力量出现之前，人首先是具体而有限、可控而具备人性的肉身。然而，这些力量并不是全部可以控制的。人类的控制欲以及种种借以获得控制权的冥思苦想，很可能由最早的医治活动发展而来。药在某种程度上讲是人类最早的必需品之一。一些天然物质（矿物或植物），具备神奇的治愈肢体和精神的效力。这种效果让当时的人非常吃惊，于是药效很自然地被看做宇宙"神奇莫测"的标志性证据。[①]最早的巫师是那些获得了医学知识或了解有毒药草的人。然而"巫术的特性"在一定程度上是所有自然物及现象的本性；它可以被理解为一种神奇的科学；它是真正的调查研究所追寻的，具有诗般想象力和祭司的技巧；它会及时出现，并被编成法典的仪式和规则。它依附于特别的地域和物品，由象征符号代表。这个话题罗马作家及自然哲学家普林尼（Pliny）曾以很大的篇幅全面论述过。笔者以为值得长篇引用。

## 普林尼对巫术宗教的看法

巫术是为数不多的需要详细讨论的东西之一。因为在所有艺术形态中唯独它最使人迷惑，并且一直以来在各地被很多人充分信赖并广为颂赞。对于它深广的影响力，我们不应感到吃惊，因为它汇集了三种艺术，它们对人类的精神拥有最强有力的影响。由药而生，这是毋庸置疑的事实。在关心我们健康的外在表现形式下，药滑入了我们的头脑，并呈现出另一种药的形态，更神圣也更深刻。其次，它以自身承载的最具诱惑和讨人喜欢的承诺（治愈病痛），具备了成为宗教受人膜拜的主题条件。就这个主题而言，即使在今天来讲，人类还处于黑暗之中。巫术也曾借鉴占星术（Astrology）。每个人都渴望了解未来并且愿意相信未来就在天堂。由此，巫术紧紧抓住了笃信三重结合的人类意识，把自己的影响扩展到很多民族。在东方，历代君王都笃信巫术。

> 在东方，毫无疑问，它是在东方——在波斯由伊朗宗教改革家琐罗亚斯德（Zoroaster）发明的。[②]所有专家都相信这一点。但是历史上真的只有一位琐罗亚斯德吗？……我留意到，在古时候，并且几乎一直是这样，人们发现自己在巫术科学里寻求文学荣誉的巅峰——至少有希腊

---

① 因此，希腊语中的单词 pharmakon，意为"药、毒药或魔力"。笔者还被告知，中非语言中表示巫术或魔力的词叫 mankwala，意思也同样是"药"。

② 如果普林尼的意思是在这里首次编成法典，他或许是对的。但是巫术得以产生的意识基础实际上是有普遍性的，这种意识基础太古老，现在无法考证。

的哲学家和数学家毕达哥拉斯，哲学家、政治家、诗人和生理学家恩培多克勒，哲学家德谟克利特及柏拉图漂洋过海，背井离乡，绝不是走马观花，而是真正地在这个过程中学习。当回到他们的祖国，他们高呼巫术的大名并且遵守其神秘的教条。……在拉丁美洲的国家有早期记录，就像我在之前的书里说过的我们的罗马立法机关"十二桌法令"（Laws of the Twelve Tables）①及其他纪念碑。事实上，直到公元657年罗马帝国在科尼利厄斯·郎图路斯·克拉苏（Cornelius Lentulus Crassus）在位时建立，元老院的决议才禁止用活人做祭。证明在这之前，可怕的活人祭祀的确发生过。高卢人沉迷于活人祭祀，甚至延续到今天。古罗马第二代皇帝提比略王（Tiberius）镇压了德鲁伊特教徒以及所有的先知和懂药物之人。可是，对足以穿越海洋，渗透至大自然边缘的艺术形态横加禁止，又有什么用呢？（*Hist. Nat.* xxx.）

普林尼还提到，他可以确定，第一个就这个主题写作的是波斯人奥赛尼斯（Osthanes），奥赛尼斯是苏格拉底之前的哲学家，希腊哲学家德谟克利特的老师。他曾追随波斯王艾克萨斯（Xerxes）参与对希腊人的战争，并在他所到的欧洲各地传播"他伟大艺术的根源"。

在普林尼看来，巫术并非希腊或意大利本土所有，它在英伦故土如此丰富，拥有相当完美的仪式。所以普林尼说，看起来应该是英伦之人把巫术教给了波斯人，而并非相反。

# 巨石纪念碑中的巫术遗迹

巨石部族留下的祭祀遗物雄伟壮观，留下许多关于其宗教信仰的信息。比如，法国西北布列塔尼地区令人叹为观止的Mane-er-H'oeck古墓。这座有纪念意义的坟墓是由雷内·加勒（Rene Galles）先生于1864年发现的。据他描述，这座坟墓保存完好如初——地表不曾遭到破坏，一切正如完工时的样子。②在矩形墓葬的入口处有一块厚石板，表面雕刻有神秘符号，看似统治者的图腾。一进

---

① 公元前451年确立。古罗马历史学家李维（Livy）称它们是"一切公共及个人权利的源泉"（the fountain of all public and private right）。它们在公会所（Forum）矗立，直到公元3世纪，不过现在已经消失，只有各式各样的纪事碎片尚有保存。

② 参见《Rene Galles的发掘》（*Fouilles de Rene Galles*），载法语期刊《考古期刊》（*Revue Archeologique*）1865年第8期。

入墓穴里，首先看到一块美丽的碧玉挂件，有鸡蛋大小。在墓穴中心的地面上是非常奇怪的组合，包括一个大的翡翠环，形状近似椭圆。还有华丽的斧头状翡翠雕饰，尖端靠在环上。众所周知，斧子是权力或神性的标志，在青铜时代的石刻以及埃及象形文字和地中海克里特岛米诺斯文明及其他文明里非常多见。在稍远的地方放置有两个大的碧玉挂件，然后是一把白玉的斧子头，以及另一个碧玉挂件。[①]这些物品的放置者特意隔出独立单元，组成一条直线，刚好与墓室西北到东南的这条对角线重合。在墓室的一角发现有 101 件斧子头，它们由玉、翡翠及硅线石制成。墓室里没有骨头或灰烬残留，也没有骨灰瓮。墓葬的结构就是一座衣冠冢。"我们来到这里，"伯特兰说，"就仿佛亲临巫术活动现场一般。"

## 嘉里尼斯的手相术

　　法国国家古文物观察员阿尔伯特·马特（Albert Maitre）先生在对嘉里尼斯（Gavr'inis）大墓碑的研究过程中获得了一些有趣的发现。人们发现，这里如同位于爱尔兰和苏格兰的其他巨石墓碑一样，在为数众多的石碑上雕刻着风格相似的线条，这些线条有波浪线和同心圆。如果人们用放大镜观察人的手指头和手指根部的纹路，就会发现这些纹路和巨石碑上所雕刻的线条具有惊人的相似性，可以说二者几乎一致。众所周知，人类手指上的纹路因人而异，独一无二，长久以来被用来作为确认罪犯的一种手段。二者之间的相似难道只是一种巧合吗？除了

法国布列塔尼省的石碑，上面雕刻有足印、轴线以及指纹等等

---

① 在传统的欧洲地区从未发现玉器，只有中国才有。

在这些石碑上找到这种与指纹特别相似的线条之外，人们在其他地方都没有发现类似的符号。在此，我们不难想到手相术。作为一种神奇的艺术，手相术在古代非常盛行，时至今日，仍然显示着其生命力。作为权力的一种象征，手掌以其神奇的象征意义而闻名，甚至在基督教的象征符号中都多有涉及。例如，位于莫那斯特博伊斯（Monasterboice）的修道院内爱尔兰最古老的十字架（The Cross of Muiredach）下面雕刻的巨大手掌。

## 打有孔洞的石头

关于石碑，另外一种广泛存在而又无法解释的特征是，在一间石头砌成的墓室里，总会有一块石板，上面开凿有一个小小的孔洞。这一特征在西欧和印度的很多墓室的石板上都可以找到。开凿这样一个孔洞是为死去的灵魂着想，还是为了贡献祭品？或者表示死去的灵魂通过这一通道找到牧师或者术士？抑或这一孔洞一并具有上述所有的功能？这些打有孔洞的石头不仅大量存在于古代祭祀场所的遗址，即使时至今日，仍然被用于有关怀孕的祭祀中。然而，在此我们仍不能十分肯定将其理解为一种性象征符号。

法国 Trie 地区的史前墓石牌坊

印度南部德干高原的史前墓石牌坊

## 石头崇拜

除了天体之外，我们发现，河流、树木、山峦以及石头等都是原始人类的崇拜对象。而对石头的崇拜虽说非常普遍，但和那些与运动特性及活力有直接关联的崇拜物体相比，对石头的崇拜更难加以解释。对这些未经雕琢的巨大石头的崇拜，人们可以在一些人工建造的史前墓石牌坊和环形列石①上找到解释。世界上没有哪一种迷信比它更为长久。我们发现，公元前452年的亚尔会议，声讨那些"崇拜树木、井以及石头的人"，查理曼大帝（Charlemagne，742—814）也同样开展过这种声讨活动，在近代，宗教大会或教会中也不时有类似的声音。然而，基督教的祭司机制实际上已经渗透进这种远古异教的仪式当中。根据亚瑟·贝尔所言，神职人员们很不情愿参与这些活动，然而迫于当地人们的压力，而不得不参与其中。如今在爱尔兰，人们仍然相信一些圣井中的井水可以治愈疾病，法国卢尔德市（Lourdes）对水域的祭仪，尽管已被教堂祭祀所吸收利用，对于欧洲大陆的神学研究仍然具有很大价值。

北欧的人形石祖

## 杯－环印记

巨石碑上还经常出现另外一种常见的符号，人们对于这种符号还没有太多的认识。本页图中即为这种符号。在石碑表面上雕刻有杯状孔洞，孔洞周围则雕刻有若干同心圆环，而从中心的孔洞，又会雕刻一条沟槽，

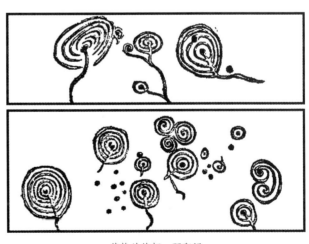

苏格兰的杯－环印记

① 不过，体积较小的石头、水晶以及宝石也同样是人们的崇拜对象。著名的 Pergamos 黑色之石于第二次布匿战争（the Second Punic War）中由罗马的一名大使带入该城，西拉比预言书（SibyllineBooks）预言，黑色之石的拥有者将会获得胜利。黑色之石于公元 20 年传入，当时人们欢欣无比。传说此石大小与人的拳头相当，可能为一块陨石。在赫西俄德（Hesiod）诗选中，希腊神话中泰坦巨人的领袖克兰诺斯（Kronos）吞下一块石头，心想这块石头是他的后代宙斯（Zeus），可能从那时起，人们就将石块误认为一个神。

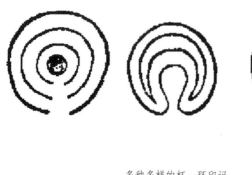

沟槽延伸到同心圆环边缘之外。有时候，这些伸出圆环的沟槽将若干杯－环印记连到一起，但通常情况下，它们只是伸出最边缘的圆环之外。这些奇

多种多样的杯－环印记

特的印记可以在英国、爱尔兰、法国布列塔尼以及印度的很多地方找到。在印度，人们把这种杯－环印记称为玛查迪欧（machadeos）[1]。我在杜帕克斯（Dupaix）的《新西班牙的纪念碑》（*Monuments of New Spain*）一书中，也发现了一个有趣的例子。在金柏拉郡主（Lord Kingsborough）所出版的《墨西哥的古代遗迹》（*Antiquities of Mexico*）一书第四册中，又重现了这一印记。在一块名为"凯旋之石"（Triumphal Stone）的圆形碑顶上，雕刻有一个中心杯形孔洞，在孔洞周围，则刻有九个同心圆，一条沟槽从中心孔洞出发，径直穿过九个同心圆环，直至石碑边缘。且不说石碑上其他精美的装饰以及刻印，上面所描述的印记与欧洲典型的杯－环印记非常相似。毫无疑问，这些印记都蕴涵有一定的意义，而且含义可能相同。然而，究竟是什么内涵，对于古文物研究者们来说仍然是一个不解之谜。一种大胆的猜测认为这些印记是巨石坟墓的图标或者平面图。中间的孔洞代表实际的埋葬地点，周围的同心圆环是坟墓周围通常立起的石头、坑壕以及壁垒，而贯穿同心圆环的那条沟槽则是通往埋葬地点的地下通道。本页图中的多个杯－环印记图示引自辛普森（Simpson）的《古代雕刻》（*Archaic Sculpturings*）一书，图示显示了沟槽明显的"指路"特性。同时，坟墓作为一个场所或者神祀，出现一种代表坟墓的神圣的雕刻印记，也就不足为奇了。从其象征意义来看，这也显示坟墓为一个圣地。然而，对于这种说法是否可以用来解释位于墨西哥的图例，我还无法确定。

---

① 详见辛普森（Simpson）：《古代雕刻》（*Archaic Sculpturings*），1867 年。

# 纽格兰治古墓

欧洲最负盛名及雕刻艺术最为引人注目的巨石纪念碑是位于爱尔兰博因河（Boyne）北和纽格兰治的仓式古墓。这个仓式古墓与其附近的其他古墓，在爱尔兰古代神话文学中具有两种不同的特征，二者的结合具有非常重要的意义。一方面，古墓被认为是希族（Sidhe）的栖息之地。希族代表古爱尔兰神话中的精灵。同时，一直以来，人们认为这里埋葬着异教的古爱尔兰凯尔特国王们。在此，有这样一个关于康马克（Cormac）国王的墓葬故事。[1]据说，在圣帕特里克在爱尔兰传播基督教信仰以前很久，康马克国王就听说过基督教。他下令，自己死后不安葬在博因河附近的皇家墓园，理由是这一墓园与异教祭仪有关，他认为皇家墓园涉及的不仅仅是皇室成员的安葬问题，而且涉及异教祭仪。不幸的是，这些古墓没有完好地保留下来，它们于公元9世纪遭到丹麦人的洗劫。然而，现存的遗迹足以证明其墓园的最初特性，并与某种原始宗教祭仪有一定的联系。人们对墓园中最为重要的古墓——纽格兰治千年古墓，进行了详细全面的研究。爱尔兰都柏林国家博物馆负责收集凯尔特人文物的乔治·考菲（George Coffey）先生这样描述纽格兰治千年古墓[2]：从外部看，古墓好似一个土墩，或者小山，上面灌木丛生。最宽处直径约280英尺，高度约44英尺。原本在古墓周围立有一圈石头，数目约为35块。在石头圆环内为一条沟槽和壁垒，在壁垒的顶上边缘布有一圈长度为8到10英尺的石头，这一圈石头内为一堆松散的乱石，现在上面已是杂草和灌木丛生。古墓的真正秘密则存在于这一堆乱石之中。17世纪末，一些工匠想从古墓获得一些修路的石料。他们穿过通向古墓内部的通道，发现古墓下面的界石上面雕刻有丰富的螺旋状和菱形标记。古墓入口面朝正东南方向。通道由粗糙的直立石板构成，通道顶部材料同样为石板，高度从5英尺到7英尺、10英尺不等，通道大约3英尺宽，长度约为62英尺，径直通向乱石堆中心，直至一个十字形的房间位置。房间大约20英尺高，房顶呈圆形，由大块的石板组成，石块相互交错，逐渐向中心靠拢，到达最顶端时，被

---

① 相关史料收录于《四王志》（*Annals of the Four Masters*）一书，861年，以及《乌尔斯特志》（*Annals of Ulser*）一书，862年。

② 详见《爱尔兰皇家学会会刊》（*Transactions of the Royal Irish Academy*），1892年第30期，以及乔治·考菲《纽格兰治》（*New Grange*）一书，1912年。

一块巨大的石板覆盖。在十字形房间内的三个凹进处，都立有一个巨大的石制水池，或者一具粗糙的石棺。然而如今，已经找不到任何墓葬的遗迹。

## 纽格兰治充满象征意味的雕刻品

这些石块都未经雕琢，没有任何印记，都从河床及其附近收集而来。这些石块从采石场上一块块剥离下来，在其平坦的表面上，人们发现了一些特殊的雕刻印记，这些雕刻印记恰恰是这一奇特纪念碑的特殊所在。除了一块雕刻有螺旋印记的石块以及另一块位于石堆入口的石块以外，人们雕刻这些印记的目的好像并非出于装饰，除非是以一种极其粗鲁和原始的方式。他们并不打算用适合于特定对象大小和形状的装饰物来覆盖其表面。这些印记散布在石墙上的任意位置。[1]在这些印记中，以螺旋形印记为主。这些印记与嘉里尼斯石碑上的指纹印记的相似度是惊人的。此外，人们还发现了双螺旋印记、三螺旋印记，以及菱形和之字形印记。在房间西边的凹进处，还发现了状如棕榈树树枝或蕨类植物叶子的印记。这些印记显示出自然主义风格，而且很难理解其真正含义。乔治·考菲先生认为这些印记不过是些箭尾形标记。[2]而在位于爱尔兰米斯郡拉夫克鲁（Meach Lo-ughcrew）的道斯附近的古墓中，墓室中央轴线两侧凸肋拱处的右角上，人们同样发现了相似的棕榈树叶印记。此外，在法国比利牛斯地区的一个小型圣坛的十字标记上，同样发现了

纽格兰治千年古墓入口，R. Welch 拍摄

①然而，人们发现，在一些场所，或者说所有场所，石头上所有的装饰都在石头被放进相应位置之前就已完成。嘉里尼斯的石碑同样如此。

②乔治·考菲在其最新出版的《纽格兰治》一书中修正了这一观点。

伯特兰所描述的关于太阳的印记。

## 纽格兰治的船形标志

在爱尔兰,另一种奇特而具有特别意义的印记则是刻于纽格兰治古墓室内西边壁龛的印记。很多学者对其有不同的解释,如理解为泥瓦匠的标记、腓尼基人的文字、一组数字等等。最后,乔治·考菲先生将其解释为一艘载有人的扬帆而行的船,而这一解释无疑是正确的。可以非常明显地看到印记上方有一个小的圆圈,显然这是印记的一部分。人们在道斯古墓发现了另外一个例证。

我们认为这一符号具有十分重要的意义。人们发现在法国布列塔尼省的洛克玛希克(Locmariaker)古墓中的一些石块上,也有若干相似的符号,其中一块石块上圆圈雕刻的位置与纽格兰治古墓相关印记的位置相似。在这块石头上还有一个斧头的符号。斧头在埃及象形文字中象征着神性,同样也是著名的神圣标志。在奥斯卡·蒙特留斯(Oscar Montelius)博士关于瑞典石刻的一个小册子中[1],我们发现一个石刻印记图示(在 Du Chaillu 所著《维京时代》一书中也有相关图例),图中显示有若干载有人类的船只,其中一艘船上方有一个圆圈,圆圈内被一个十字架划分。显然,这一圆圈为太阳的标志。这些船只符号与先前提到的爱尔兰船只符号相似。通常这些符号图案都非常简单,没人能说清其含义,因为在此之前,没有关于船只符号的说明及解释。在我看来,这些船只上方的太阳标志不仅仅纯粹出于装饰作用或仅仅为了取乐而做。在巨石雕刻时代,作为宗教信仰的关键体现,墓碑上面的刻印不会只是一些无意义或者空洞的印记。正如 J. 辛普森先生所说:"一直以来,人类都将神圣的事物与墓葬

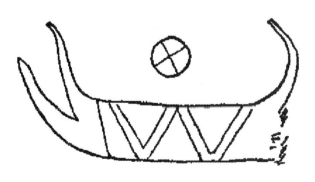

瑞典哈兰的太阳船,奥斯卡·蒙特留斯

---

① 参见《爱尔兰皇家学会会刊》(*Transactions of the Royal Irish Academy*),1863 年第 8 期,第 400 页。乔治·考菲(G. Coffey):《纽格兰治》,第 30 页、第 60 页。《瑞典岩石雕刻》(*Les Sculptures de Rochers de la Suede*),斯德哥尔摩,史前国会,1874 年。

相关联。"大多数情况下，这些墓碑上的刻印也不可能只是出于装饰的意图才雕刻上去的。如果这些刻印具有象征意义，那么，它们到底象征些什么呢？

我认为，在此，我们已经进入一个比巫术更高一级别的观念系统中。我提出的观点将可能比较大胆。当然，我们也将看到关于巨石文化其他调查研究的结果。如果我提出的观点能得到认同，那么，关于巨石部族与北非之间的关系，我们将有更为清晰的认识，同时，也会对德鲁伊特教的起源以及该教相关的教义有更明朗化的认识。我认为，出现在瑞典、爱尔兰、法国布列塔尼省等地的船形－太阳符号不是一个巧合。比如，人们在观看上述哈兰德古墓的船形－太阳符号时，不会怀疑二者是刻意联系到一起的。

## 埃及的船形符号

现在，这些船形符号，不管带不带有太阳符号，在埃及墓葬文化中都是非常古老而常见的符号。这与人们对拉（Ra，意为太阳神）的崇拜有关。对拉的崇拜在公元前 4000 年达到顶峰。作为埃及的一种标志，其含义可谓众所周知。符号中的船只被称作太阳之舟（the Boat of the Sun），是太阳神用来航行的船。太阳神乘坐此船，从黑夜航行至另一个世界的海岸，随船还载有受到祈福的亡灵。太阳神拉有时由一个圆盘表示，有时候由其他符号所体现，通常出现在船形符号上方或者就出现在船形符号上面。任何人在参观大英博物馆内陈列的石棺时，都会在石棺上所画或所雕刻的印记上找到大量的例子。有时人们会发现太阳神拉会散发出给予生命的光芒，照射在船只及船上的人们身上。在瑞典巴卡（Backa）地区出现的一处船形石刻中，一艘满载人的船上方有一个圆盘，圆盘有三条向下的射线，在圆盘上方，又有一个船形符号，不过在这个船形符号上出现的圆盘只有两条射线。而位于纽格兰治古墓附近，并与纽格兰治属于同一时期、同一特征的道斯古墓，也有大量带有射线或中间被十字形划分开的太阳形圆盘符号。此外，在爱尔兰拉夫克鲁以及其他地区，也发现了大量类似的符号。在道斯古墓，还发现了另

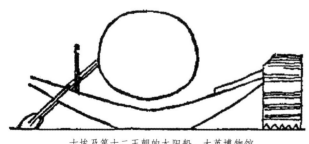

古埃及第十二王朝的太阳船，大英博物馆

外一种形式的船形符号。

埃及的船形－太阳符号有时候只由太阳图形显示，有时包含一个大神与众多随从神，有时还有代表人类灵魂的人群，有时包含棺材里的一具尸体。巨石印记有时会有太阳符号，有时则没有；船上有时会有若干人，有时则什么都没有。一个符号一旦被人们接受或了解，会出现很多与其相关的常规或主要陈述。我认为，巨石标记从整体上来说，主要是一艘载人的船以及其上方的太阳标记。假定以下的解释都正确，这些人物可能都是去往另外一个世界的亡灵。他们不可能是神仙，因为对于巨石时代的人们来讲，他们对人神同形知之甚少。即使在凯尔特人到来之后，情况依然如此。第一次人神同形的情况是在罗马人的影响下出现在高卢人中。如果这些人物代表的是死去的人，那么我们就可以很清楚地判定这些是凯尔特人永生观念的源头。目前还不太清楚的是前凯尔特时期的石刻。在一些没有经受凯尔特人影响的地区可以找到这些石刻。然而，这些石刻表面，自恺撒时代以后，关于另一个世界的教义就与凯尔特人的德鲁伊特教联系到一起，而且这一教义具有鲜明的埃及特色。

## 船形符号

关于这个题目，我想引用 W. C. 波拉斯（W. C. Borlase）先生的理论，即爱尔兰史前墓石牌坊的典型设计的初衷是表示一艘船。在西班牙米诺卡（Minorca）有很多相似的结构，人们通常把这些结构称为船，与之前所举的船形符号例子相似度是如此之高。然而，波拉斯先生又说道："在我知道洞穴与米诺卡的船形结构之前，我

人蛇合体建筑装饰，荷兰莱顿，叶舒宪拍摄

就有这样一种看法，即我早前经常所说的，在史前墓石牌坊上经常出现的'楔

子形'实际上源自船的理念。我们得知，从斯堪的纳维亚的墓穴出土了若干真正的船只。在石器时代的斯堪的纳维亚，船只被人们当做墓葬的一种场所。"[①]如果波拉斯先生的观点是正确的，那么我们在此坚信这些符号具有象征意味，我将之归于巨石部落的船形雕刻作品。

## 巴比伦的船形符号

可以说，船形符号的历史可以追溯至公元前 4000 年前的巴比伦。在当时的巴比伦，各路神仙都有自己的特殊之船（比如，罪恶之神的船称为光明之船），其塑像置于一堆状如船形的杂物之上。加斯特罗（Jastrow）认为，巴比伦圣城位于波斯湾，而且当时的宗教仪式通常都在水上举行。[②]

## 脚印

然而，确实有理由相信其中的一些符号比我们已知的神话出现得还早，而且可以说，这些符号在被同民族阐释为不同的神话传说，而这些神话产生的源头，现在对我们来说已经不得而知了。一个比较有特色的例子就是"双足符号"。在埃及神话中，奥西里斯（Osiris）的身体被分割成不同的部分，他的双脚作为其中的一部分被认为是神灵附身或神灵现身的象征。《亡灵书》第 17 章写道："我是图姆（Tmu）。我来到人间，以我的双足作为显圣。"现在，在世界许多地方都发现了双足符号或脚印符号。在印度，那被认为是佛陀的脚印[③]；在布列塔尼半岛[④]的史前墓石牌坊上也雕刻着这类符号；在斯堪的纳维亚半岛[⑤]的石刻上亦然。在爱尔兰，这类符号被看做圣帕特里克或圣高隆巴（St. Columba）的脚印。最神奇的是，在墨西哥[⑥]竟然也能找到此类符号。泰勒（Tyler）在他的著作《原始

---

① 《爱尔兰史前墓石牌坊》（Dolmens of Ireland），第 701—704 页。
② 《巴比伦尼亚与亚述的宗教》（The Religion of Babylonia and Assyria）。
③ 根据伯特兰的说法，在阿摩罗跋胝（Amaravati）可以找到这样一个脚印。
④ 赛吉：《地中海民族》，第 313 页。
⑤ 在布胡斯兰省（Bohuslan）的洛克伯杰（Lokeberget）。
⑥ 参见金斯葆罗夫（Kingsborough）的《墨西哥的古代文物》，及洪堡德的一些关于墨西哥的画作《原始人的符号和象征》。

文化》（第 2 章，第 197 页）中曾记述："在阿兹特克人为太阳神泰兹查里波查（Tezcatlipoca）举行的庆典上，他们在太阳神的圣殿前撒下玉米粉，圣殿的最高牧师注视着这一切，当他看到神圣的脚印时就向众人大声宣布'我们伟大的神来了'。"

## 巨石雕刻上的十字架

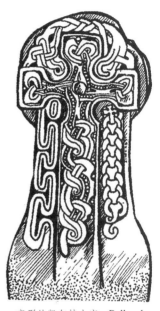

有很多证据证明巨石民族和北非有紧密的联系。因此，就像塞吉（Sergi）所指出的，弗林德斯·皮特里（Flinders Petrie）在纳伽达（Naqada）墓地的象牙板上发现的许多符号（或许数不清的符号）都与欧洲大陆上史前墓石牌坊上的符号一致。后来的一些埃及象形符号，包括著名的十字架，还有"有柄的十字"（crux ansata），即生命和再生的象征，在欧洲的巨石石刻上也能找到。[①]基于以上这些关联，勒图尔诺（Letourneau）得出结论："巨石纪念碑的建造者来自南方，而且和北非各民族有联系。"[②]

变形的凯尔特十字，Ballaugh

## 语言证据

从语言学角度来看待这个问题，莱斯（Rhys）和布莱莫尔·琼斯（Brynmor Jones）认为非洲人种和不列颠及爱尔兰的原住民是有一定联系的。他们认为凯尔特语言在句法上保留了哈姆族语的特征，尤其是埃及的特征。[③]

① 参见赛吉：《地中海民族》，第 290 页，关于法国巨石民族的巨石雕刻。
② 《人类学简报》，巴黎，1893 年 4 月。
③ 《威尔士民族》，第 616—664 页，在这部分的附录里，莫里斯·琼斯（J. Morris Jones）教授充分讨论了这一问题。"在威尔士和爱尔兰至今还存在的雅利安早期谚语发源于一种和埃及语、伯伯尔语有关联的语言。"

# 埃及人和凯尔特人的永生观念

我认为,现存的证据不足以从理论上证明西欧的墓石建造者和创造发达文明与宗教的古埃及人有确凿的历史联系。但当我们看到所有的证据都指向同一方向时,似乎很清楚地说明,两者之间确实有这样一种联系。埃及是宗教象征主义集大成之地。它把最美、最流行的宗教象征符号注入欧洲,其中就包括圣母和圣子。[1]我相信埃及也为西欧原始居民引入航海精神的深远象征,即由光明之神引导,驶入死亡之地。

埃及的宗教,自古以来便相信来生。巨大宏伟的陵墓,复杂的宗教仪式,壮丽的神话传说,神职等级所带来的巨大荣耀感,所有这些埃及文化的特点都与他们灵魂不灭的信念密切相关。

对埃及人来说,脱离肉体的游魂绝不是模糊的幻影,因为这个古老民族相信来生是今世的延续。当一个正义之人死后灵魂脱离肉体时,他会看到已经过世的亲戚、朋友、同事,他们像以前在尘世上一样工作、娱乐。而作恶多端者死后面临毁灭,他们会被一种叫做"死亡食者"的怪物吞噬。

当埃及这个古老民族最初把目光投向凯尔特民族的文化时,最使他们震惊的是凯尔特民族关于永生的观念:高卢人认为"信仰德鲁伊特教即可得永生"。埃及这个古老民族相信永生,但是,在"希腊人的圣经"——《荷马史诗》中,却把人死后的灵魂描绘成丧失人性、道德败坏、本性沦丧的怪物!举例来说,那些被奥德修斯屠杀的请愿者的灵魂被赫尔墨斯引导走向阴间的描述:

> 现在这些死者的灵魂被赫尔墨斯召唤……
>
> 被赫尔墨斯的魔杖碰触后,这些死灵即苏醒,顺从地跟随赫尔墨斯,尖声长叫着,蝙蝠在黑暗幽深、神秘莫测的洞穴中紧贴着,聚集在一起,倒挂在悬石上,当它们掉落下来时四处扑腾、尖叫着。聚集在赫尔墨斯身后的亡灵们也尖叫着,跟随着赫尔墨斯穿过阴冷腐烂的通道走向冥界。[2]

古典派作家认为凯尔特民族关于永生的观点总体上来说和此种观点有所不

---

① 弗林德斯·皮特里(Flinder Petrie):《埃及和以色列》,第137页、第899页。
② 摘自 H. B. 科特里尔(Cotterill)先生的六步诗。

同。凯尔特民族的观点是更高尚而现实的，它保留了人在世时的所有人际关系。这些作家惊讶地发现凯尔特人甚至会在借给人钱时，写一张在阴间偿还的期票。[1] 这恰恰符合了埃及人的观点。这种相似性在狄奥多罗斯关于凯尔特人的永生观点的著作中也出现过，他似乎对埃及的一切无所不知。[2]

## 灵魂转世说

很多古代作家断言凯尔特民族关于永生的观点体现了东方的灵魂转世说。为了解释这一观点，他们提出了一个假设，即：凯尔特人接受了古希腊哲学家毕达哥拉斯的学说，而他曾在古迹中展示这种学说。因此恺撒认为："德鲁伊特教的主要教旨是灵魂不灭，人死之后灵魂从一个身体转移到另一个身体上。" 狄奥多罗斯认为："在所有这些观点中，毕达哥拉斯的学说最盛行，他认为人的灵魂是不朽的，在一段时间后会重生，获得一个新的身体。"现在这种观点在爱尔兰的神话中也出现了。例如历史人物摩根，他曾是爱尔兰首领，死于公元 625 年，据说他曾和人打赌确认弗萨德王（Fothad）去世的地方，弗萨德王在 3 世纪时，在和神话传说中的英雄人物库之子芬恩（Finn mac Cumhal）进行的一场战斗中战死。他召唤他的助手——冥界亡灵基塔（Keelta），帮他确定位置，基塔就是杀死弗萨德王的凶手，他准确地描述了坟墓的位置和里面的东西。传说中他对摩根说："我们在这儿呢。"然后转向众人继续说，"我们和芬恩一起，来自阿尔巴（Alba）……" "嘘！"摩根说，"你不能透露秘密。"当然，秘密就是摩根

双格里芬木雕，安特卫普人类学博物馆

---

[1] 罗马历史家马西穆斯（Valerius Maximus，公元 30 年左右）和其他古典派作家提到过这种方式。
[2] 狄奥多罗斯，《历史书简》，第五册。Diodorus Siculus, *Bibliotheca Historica*, book V。

是芬恩的转世化身。[①]但是，总体上这些证据表明，凯尔特人并没有像毕达哥拉斯和东方人那样坚守这一观点。对他们来说，转世并不是事物发展中的一部分。也许它会发生，但总的说来不会。被已死者的灵魂附着的新身体是在另一世界显现，而不是在现实世界中。而且迄今为止，我们参照古代专家学者的专著，并没有发现与这种形式的转世相关的灵魂轮回的说法。转世说并不是信仰的问题，而是一个困扰人想象力的问题，也许就像摩根所说的，是不应该予以澄清的。

尽管一直以来，人们以为凯尔特德鲁伊特教[②]的基础就是信仰永生，其实不然。恺撒清楚地表明：其实德鲁伊特教一直宣扬的灵魂永生的信条并不是纯粹的宗教原因，更大程度上是为了鼓舞士气。

像凯尔特人那种对冥界的坚定信念，是神职人员最强有力的支撑，因为神职人员手中握着通往另一世界的钥匙。现在德鲁伊特教分布在英国、高卢，事实上，迄今为止，在有建造史前墓石传统的人群当中，只要有凯尔特民族，就存在德鲁伊特教。在阿尔卑斯山南侧有凯尔特人生存，但在那里没有史前巨石墓，也没有德鲁伊特教。[③]事实上，当凯尔特人最初来到西欧时，他们发现当地有很强的宗教信仰、复杂的宗教仪式和壮丽宏伟的宗教纪念碑，当地人非常崇拜巫术和神秘主义，深信冥界的存在。由此可看出，德鲁伊特教本质上受早期的西欧巨石民族影响，其感染了凯尔特民族的丰富想象力和灵敏的感知力，因为德鲁伊特教本身就是特别善于学习新事物的。然而，正因如此，它和古埃及在宗教文化方面的一些历史联系是我们所不能完全理解的。关于这一问题至今仍有许多费解之处，或许永远也解答不了，但如果这些问题确实有意义的话，就会把巨石民族从神秘中带出，同时也显示出这些问题在西欧宗教发展上的重要作用及其为基督教迅速发展所起的奠基作用。

伯特兰在他著作中的"爱尔兰的凯尔特族"（L'Irlande Celtique）一章里指出，在爱尔兰转信基督教之后不久，爱尔兰遍地都是修道院，似乎是德鲁伊特

---

① 阿布亚：《爱尔兰神话故事群》，第 191 页。

② "德鲁伊特"的词源不再是个难解的问题。据说，这一词的后半部与雅利安词根 VID 有关联，这个词根在拉丁语中是智慧的意思。图尔内森（Thurneysen）指出，这一词根和加强语气的冠词 dru 产生了 dru-vids 这个词，在高卢语中是 draoi，代表德鲁伊特，而另一个加强语气的词 su 和 vid 一起，在高卢语中就变成了 saoi，即圣人的意思。

③ 参见赖斯·霍姆斯：《恺撒征服高卢记》，第 15 页、第 532—536 页。莱斯认为德鲁伊特教是"从波罗的海到直布罗陀海峡"的西欧土著居民信奉的宗教。见《英国的凯尔特人》，第 73 页。但是我们只知道"从波罗的海到直布罗陀海峡"是凯尔特人和有建造巨石墓碑习俗的民族融合的地方。恺撒认为德国人不信奉德鲁伊特教，并且也没有人祭传统。

教学院大规模的转变后形成的。恺撒描述了当时在高卢的这些修道院的情况。它们为数众多。尽管修道院的纪律和学习都很严格、艰苦，人们还是趋之若鹜，他们是为了德鲁伊特教的权势和其教民身份所享有的民事豁免权而来的。在修道院里，他们学习艺术、科学，以及大量的歌颂德鲁伊特教教义的诗歌。这些都非常像爱尔兰从前的德鲁伊特教。这种宗教组织过渡到爱尔兰的那种基督教组织非常容易。对神话仪式的信仰使早期爱尔兰的基督教得以生存，基督教大量的歌颂记载神迹的传记显示出，当时的基督教就像早期德鲁伊特教一样，充满了神话观念，而关于灵魂永生的信念仍然是中心教义。总之，教会的权力没有被削弱，依然高于世俗王权，就像迪昂·克里索托姆（Dion Chrysostom）以前形容德鲁伊特教的情形一样，在基督教里情况仍然如此，"是教会决定一切，而头戴金冠、住在豪华宫殿里的国王，只不过是执行他们意志的仆人或臣属而已"[①]。

## 恺撒关于德鲁伊特教文化的记述

恺撒高度赞扬德鲁伊特教统治下的科学、哲学和宗教文化："他们探讨并向年轻人传授有关星象的知识，有关宇宙和地球范围的知识，万事万物的本质，及神的能力和伟大。"（bk. vi. 14）关于这些内容的一些细节我们应该知道，尽管德鲁伊特教徒擅长文学，但还是严格遵守其关于写作的禁令。这是一项极其精明的规定，因为这样不仅可以使他们的传教笼罩着神秘气氛，此神秘气氛正是对人们思想的最大吸引力，而且可以确保他们的教义不被驳倒。

## 高卢的人祭

然而与恺撒的溢美之词非常不和谐的是凯尔特人中盛行的万恶的人祭习俗。每次都会有几个犯人或罪犯，甚至是无辜的成人或孩子，被装入巨大的编织笼里，活活烧死，以赢得神的庇佑。当然，人祭的传统不是德鲁伊特教特有的，无论是在欧洲大陆还是美洲大陆，在文化发展的某一阶段都会发生人祭。无疑，这

---

[①] 引自伯特兰：《高卢人的宗教》（*La Religion des Gaulois*），第279页。

是巨石民族时期的遗留物，然而在文明和宗教相对较发达的凯尔特族还保留着人祭，以及在墨西哥和迦太基发生的同种状况，都是由于祭司制对社会的绝对统治造成的。

## 爱尔兰的人祭

伯特兰竭力想证明德鲁伊特教与人祭没有关系，他说在爱尔兰没有任何"痕迹"可以说明德鲁伊特教实行人祭，尽管在凯尔特，德鲁伊特教盛极一时。但是在历史上，人祭在爱尔兰确实盛行一时。有一本非常古老的小册子《伦斯特省志》记载着有关事实，它记载着在"崇拜平原"（Moyslaught）上，住着一位伟大的神——残忍的新月神（Crom Cruach）。当盖尔人祈祷风调雨顺、五谷丰登时，就会用孩子来祭祀他。"他们用自己的孩子来交换牛奶和谷物——他们的恐惧和痛苦是如此深重！"[①]

## 埃及的人祭

由于埃及的民族性格就是极其友善，爱好美好事物，不盲信放纵，在埃及我们找不到有关这种残忍仪式的记录。我们在碑刻和壁画上找到的大量信息都是关于埃及人的生活习性和宗教特征的。事实上，从埃及历史学家马内托（Manetho）在公元前3世纪的著作中我们可以得知，埃及的人祭直到公元前1600年，埃及第十八朝之初，才被阿美西斯王（Amasis）一世废除。[②]

但由于在历史遗迹中找不到其他证据，所以即便我们相信马内托的话，在埃及历史上确实存在人祭的话，那也一定是稀有的，而且是不得人心的。

---

① 阿布亚：《爱尔兰神话故事群》，第61页。在爱尔兰的异教徒文献中找不到恶龙克劳姆·克里奇（Crom Cruach）那样的角色，在圣帕特里克的作品中也找不到。我想有可能在圣帕特里克的时期，人祭也已经是传说中的事了。

② 最近在古埃塞俄比亚的首都麦罗埃（Meroe）的太阳神神庙中发现了人祭的表述。

# 凯尔特众神的名字

　　凯尔特众神的名字和特征是什么？我们一无所知。巨石民族没有赋予他们的众神以具体的个性特征。石头、河流、水井、树木，以及其他自然物对他们来说就是神的充分象征或半象征符号，即他们崇拜的超自然力的半化身。但想象力丰富的雅利安－凯尔特人对此并不满足。从恺撒那里我们知道有着独立名称和鲜明特征的个体神的存在，恺撒把他们和罗马万神殿里的诸神等同起来——墨丘利神、阿波罗、马尔斯，等等。路坎（Lucan）提到了一组神：阿依苏斯（Aesus）、陶塔特斯（Teutates）和塔拉纳斯（Taranus）。值得注意的是，一提到这三个名字，仿佛我们就看到了真正的凯尔特人，那就是有雅利安传统的凯尔特人。所以阿依苏斯（Aesus）是由贝娄盖（Belloguet）变化而来，由雅利安词根 as 演变的，意思是"成为"。这个词波斯人叫做阿苏拉－马斯达（Asura-masda），翁布里亚人叫做阿依逊（Aesun），斯堪的纳维亚人叫阿撒（Asa，意即神圣的存在）。陶塔特斯（Teutates）来自凯尔特词根，意思是"勇敢的"、"尚武的"，它代表的神相当于战神马尔斯。据阿布亚的说法，塔拉纳斯（Taranus 或 Thor）是

神羊雕塑，慕尼黑皇家博物馆

石雕狮子，德国科隆，日耳曼－罗马博物馆

三头兽，现代雕塑，海牙美术馆

雷电之神（taran 在威尔士、康沃尔和法国布里多尼是"雷电"的意思）。①在高卢和英国可以找到关于这些神的碑铭。其他的一些碑铭和石刻可以证明高卢的一些本地小神的存在，对于他们中的大部分，我们只知道他们的名字，甚至一些连名字我们都不知道。我们的这些观念显然受罗马的影响，那些神像雕刻是对罗马宗教艺术的复制而已。但是在其中我们又找到了一些更狂野而陌生的因素——长着三面脸的神，额头长着两支鹿角的神，长着扁脑袋的大毒蛇，还有一些我们现在无法理解的古老信仰符号。值得注意的还有在东方及墨西哥宗教艺术中反复出现的盘腿打坐的佛的形象，以及众所周知的埃及人把神分成三个一组的表述旨趣。

## 恺撒论凯尔特诸神

恺撒一直尝试把高卢人的宗教信仰纳入罗马人的神话体系中去。这也正是高

---

① "你们这些冷血的凯尔特人，为了安抚冷酷无情的陶塔特斯（Teutates）、阿依苏斯（Aesus），以及残忍的塔拉纳斯（Taranus）"而杀害了那些无辜的俘虏。参见路坎：《法撒利亚》（Pharsalia），第 444 页。在巴黎发现了祭祀阿依苏斯的祭坛。

卢人在战胜之后一直努力的方向。他们把墨丘利看做众神之首，认为他创造了艺术，掌管商业，是商旅的保护神。无论是对高卢人还是罗马人，他都是很特殊的，他也被认为是指引死者走向阴间的冥使。许多源于高卢的墨丘利铜像还保存着。许多高卢地名也可以证明这个说法。①阿波罗被认为是医药与治疗之神，密涅瓦是艺术与工艺的传授者，丘比特掌管天空，战神马尔斯掌控战争。无疑，恺撒在这里将高卢众神按照罗马名字分成了五类。

## 冥界之神

按照恺撒的说法，高卢最著名的一个神就是帝斯（Dis，按罗马命名法），或者说普鲁托（Pluto）就是冥界之神。所有高卢人都自认为是他的后裔，正因如此，恺撒说，他们计算一天的二十四小时是以夜晚来临时开始计算的。②阿布亚认为，这个神和阿依苏斯、陶塔特斯、塔拉纳斯与爱尔兰神话中的弗魔族（Fomorians）国王巴洛尔（Balor）相对应，他是黑暗、死亡和邪恶力量的代表。由此，凯尔特神话被认为是普遍存在的太阳神话的变体，体现了白天与黑夜的永恒对立。

## 光明之神

光明之神在高卢和爱尔兰名为太阳神卢赫（Lugh 或 Lugus），在许多地名中也可以看出来，如莱顿（Lug-dunum）（荷兰都市名）、里昂（法国都市）等等。卢赫在爱尔兰神话中有典型的太阳特征。据爱尔兰传说记载，当他在与弗魔族大战之前，与他的军队会师时，人们感觉似乎看见太阳升起。同时他也是冥界之神，这是由于他母亲的缘故，他的母亲恩雅（Ethlinn）是巴洛尔——黑暗之神的女儿。

---

① 墨丘利山（Mercure，Mercoirey，Mercoeur），蒙马特高地（Montmartre）。
② 至今在法国许多地方的农民还使用类如 annuit，o'ne，anneue 等词，这些词都是"今天晚上"的意思，代表"今天"。参见伯特兰：《高卢人的宗教》（*La Raligion des Gaulois*），第 356 页。

# 凯尔特人关于死亡的概念

英格兰石雕像：洛基神被绑下阴间

如前所述，凯尔特人关于阴间的概念和希腊人、罗马人截然不同，和埃及宗教的观点非常相似。阴间不代表阴暗与痛苦，而是光明和自由。太阳神在阴间和在阳间都是神明。毫无疑问，在那里也有邪恶、黑暗和痛苦，而且这些原则都体现在爱尔兰的凯尔特人关于巴洛尔和弗魔族的神话中，这些神话在下面我们会谈到。但我认为他们关于死亡的观念是错误的，尽管和埃及人的观念相似，但却是建立在错误类推的基础上的。和欧洲的雅利安人的观念相比，凯尔特人的观念更接近于北非和亚洲的观念。在历史上，凯尔特人曾经从中欧帝国脱离，形成了雅利安人和非雅利安人特点的混合性格。只有了解这段历史，我们才能真正明白凯尔特人对欧洲历史的贡献和对欧洲文化的影响。

## 古代凯尔特文化的五要素

一言以蔽之，凯尔特文化在希腊古典文化与基督教文化渗入凯尔特大陆前，就已经在宗教与智性文化中扎根，我们可以总结出其五个显著因素。第一，我们可以看到大量盛行的迷信和巫术仪式，包括人祭。这些仪式根据地点的不同多少会有些不同，主要是由当地特点所决定的，依据地域不同体现了神圣或残忍的力量。第二，凯尔特人确实存在一种成熟的、富有哲理的信条，以崇拜太阳为中心，认为太阳是神力和持久的象征，而其中心教义即是灵魂永生。第三，崇拜人格化的神灵，如阿依苏斯、陶塔特斯、太阳神卢赫和其他神灵，他们被认为是代表自然力的神灵或社会法则的捍卫者。第四，德鲁伊特教关于自然现象和宇宙构成的准科学的解释给罗马人留下了深刻印象，而关于这些方面的细节恰巧是我们不了解的。第五，祭司制盛行。祭司①制统治整个宗教体系和世俗文学、教育。这必然导致教育偏向特权阶级，而因此造成的文化垄断和与其伴随的宗教敬畏氛围成为至高无上的力量，在社会、政治、宗教各个方面，在每一个凯尔特国家都是如此。我已经说过这些因素很突出，我们能够在思想上区别它们，但在实际中它们还是无法避免地纠缠在一起，德鲁伊特教遍及各个凯尔特国家，统治一切。或许有人会问，我们现在能够区分哪些起源于凯尔特人，哪些起源于前凯尔特人，哪些起源于非雅利安人？这个问题实在是太难了，但是看看它们之间的相似性和可能性，我想如果把这些教义、仪式、德鲁伊特教的祭司制都归为巨石民族，把人性化的众神归为凯尔特人对学习和思索的强烈兴趣的话，是不会错的。而那些盛行的各式各样的迷信只是各个地区人们观念的不同所致。

## 今天的凯尔特人

不可否认，今天的凯尔特人已经融合了各个民族的特征。有人说，这一族群划分已与任何民族事实无关。当年在高卢和恺撒作战的凯尔特人，在爱尔兰和英国人作战的凯尔特人，据说已经在从阿列西亚（Alesia）到博因河的一路征战中灭亡。这个古老的民族已经消亡。根据这种观点，真正的凯尔特人只存在于身材高大、面色红润的佩思郡苏格兰高地人中，存在于苏格兰西北部及爱尔兰和威尔士幸存的一些古老民族的家族里。必须承认此话有理。但不应忘记的是，当今巨石民族的后裔，从生理上来讲，流着凯尔特人的血，从精神层面上来说，他们有着凯尔特的传统和理想。而且，在探讨民族性格和民族起源的问题上，分析一个民族的性格绝不能像分析化合物那样，一次就弄清所有的成分，并得出未来发展方向。民族性格，虽然深远持久，但并不是一成不变的。它可塑性强，是充满生命力的。它的潜在力量随时都可能被激发，而原因可能是和一种相异却又并非截然不同的文化的交融、吸收，或从另一方面说，采取了一种新的宗教和社会形态。

---

① 古代爱尔兰诗人或专业诗人，是德鲁伊特社会阶级中的一支。

我个人确信一件事，那就是应该致力于所谓的欧洲"边缘凯尔特人"的民族、社会及文化发展，以带动凯尔特的复兴，保留凯尔特的传统、文学和语言。这个混合的民族已经是凯尔特凝聚力唯一的继承人和守护者。为复兴凯尔特民族，这些人应该行动起来，因为丰收总是光顾那些有勇气、有信念并积极行动的人。从另一方面来说，如果这件事情想成功的话，就不能持有教条、狭隘、偏执的观念，绝不能仅仅因为凯尔特民族精神曾经消亡，就对其一概抛弃。不能忘记在中世纪早期，从爱尔兰来的凯尔特人是最著名的探险者，是欧洲的宗教、科学及思辨方面最优秀的先锋。[①]当代调查者已经辗转大半个欧洲，发现爱尔兰学校当时挤满了无处求学的外国学生。凯尔特精神在当时世界上真正发挥着无可匹敌的作用。凯尔特遗产应当被珍惜，但不应放在博物馆里满足大家的好奇心。最违背凯尔特自由、勇敢、冒险精神的莫过于让凯尔特遗产在宣称继承它的人手中变成僵死的传说。

## 神话文学

在介绍完这些梗概及前章的凯尔特早期历史及其成因后，我们现在要介绍一下凯尔特的神话与传奇文学，这些文学作品真实地体现了凯尔特光辉的民族精神。对非凯尔特文学作品，我们在这里暂且不谈。对那些源于凯尔特，但经过其他民族改造过的神话传说——例如亚瑟王的故事，我们这里也不谈，因为没人能说清里面究竟有多少凯尔特成分。而且对于此类故事，最后的改动往往才是真正有价值和重要的。所以无论我们在这里给出什么样的故事，都是未经添加和改动的。当然，其中有些故事只是概要，但都是直接来自凯尔特思想，或者是以凯尔特语的变体——盖尔语或威尔士语讲述的。

---

① 例如，5 世纪的伯拉纠（Pelagius），6 世纪的哥伦巴（Columba）、哥伦巴努斯（Columbanus）、及圣高勒（St. Gall），7 世纪被命名为旅行者的弗里道林（Fridolin）及弗撒（Fursa），8 世纪萨尔茨堡的维吉尔（Virgilius / Feargal），9 世纪的地理学家帝库里（Dicuil）、伟大思想家约翰尼斯·斯考特·埃里格纳（Johannes Scotus Erigena）。

# 第三章　有关爱尔兰入侵的神话

## 凯尔特人的宇宙起源论

　　恺撒告诉我们，德鲁伊特教禁止人们把有关万物本质的神秘教义用纸笔记录下来。那么，他们究竟有没有讨论过宇宙的起源呢？到底有没有关于世界和人的本源的记录呢？肯定是有的。因为若是全世界其他所有的种族都有创世神话，而只有凯尔特人没有，岂不是咄咄怪事？宇宙之大，气象万千，天上人间，到处充满了神奇，有能力的人一定对其充满了想象，更有能力的还一定会推测原因。所以凯尔特人也一定在这两方面进行了很多活动，但除了斯特拉波传给我们的一个关于世界的"不可毁灭性"的短语，我们对早期他们的想象或猜测一无所知。爱尔兰有着丰富的传说记录。无疑所有这些都保留了自基督教时期起的形式，然而既然有很多重要的异教徒的信仰和实践都被保留了下来，那么如果由于那些古代文献中关于创世的观念是非基督教的，所以便被基督教销毁得一干二净的话，甚至基督教的编辑和传播者连这些观念是否存在的一丝一毫的提示都没有留下，这难道不奇怪吗？然而事实的确如此，即使在作为凯尔特最古老的文献盖尔文献中也找不到任何痕迹。相形之下，巴比伦有开辟混沌的故事，古斯堪的纳维亚神话有如何用巨人始祖（Ymir）的尸体创世（Midgard）的神话，埃及有用道之神透特（Thoth）的原初之水创世的故事，甚至几乎在每一个原始部落的原始神话都可

英格兰 10 世纪抄本插
图：攀爬宇宙轴

以找到类似的观念。毫无疑问，德鲁伊教派的祭司们必定对此有所解释。但是，他们起初就严格地作出限制，禁止所有人思考此事，这样人们的直觉受到了限制，有关"宇宙起源"的神话就无法产生。祭司们就确保了当他们自己毁灭时，不管他们的教义是怎样的，都将和他们一起长埋地下。

因此，我们发现在早期爱尔兰有关万物初始的记录中，叙述者并不是从创世开始讲述的，而是从他们拥有自己的国家——爱尔兰开始的。通常做法是将《圣经》有关创世造人的记录置于这些早期入侵和殖民的记录之前的，因此这一反常规的做法表明当时必定有某种要求，但前基督教时期《圣经》里到底记录了些什么，我们不知道，不幸的是，今后可能也无从得知了。

## 爱尔兰传说的故事群

我们现在所存的最古老的爱尔兰神话及传说文献，可分为四大类。我们将在本书中主要讲述这四大类。它们依次为：神话故事群，也叫入侵故事群；乌托尼恩或克纳瑞恩（Ultonian/Conorian）故事群；莪相或芬妮亚（Ossianic/Fenian）故事群；大量难以归入任何历史时期的故事和传说。

## 神话故事群

神话故事群包括以下几部分：

1. 帕特兰（Partholan）来到爱尔兰。
2. 诺曼德（Nemed）来到爱尔兰。
3. 弗伯格人（Firbolgs）来到爱尔兰。
4. 达纳神族（Tuatha De Danann）的入侵。
5. 来自西班牙的米莱西安人（Milesians）的入侵及他们对达纳神族臣民的征服。

从米莱西安人起我们开始接触到类似的历史——爱尔兰传说，他们代表凯尔特民族；也从他们开始，爱尔兰的王室开始走向衰落。达纳神族很显然也是神。那些之前的居住者或入侵者们则是一些巨大的鬼影一样的形象。他们只能在传统的迷雾中隐隐呈现，几乎没有确定的特性表述，关于他们的记述繁杂矛盾，因此我们在此就只给出一些相对比较古老的表述。

## 帕特兰的到来

恺撒告诉我们，凯尔特人认为他们自己是冥府之神（The God of the Underworld），即死神（The God of the Dead）的后代。帕特兰据说从西方来到爱尔兰，那是在辽阔的无人能横渡的大西洋另一边的爱尔兰仙境，"活人"居住的地方，即那些快乐的死者们所住的地方。他父亲名叫萨拉（Sara）。随他同来的还有他的王后达尔妮（Dalny）①和一群男女同伴。爱尔兰（我们这样叫是为了表明爱尔兰的历史极为久远）就自然地理来说，那是一个与今天完全不同的国家，那时爱尔兰岛上仅有三个湖、九条河，唯一一块平原，其余的是在被帕特兰统治时逐渐多起来的。其中一个叫如碧（Ruby）的湖，据说是在帕特兰的儿子如瑞（Rury）挖掘坟墓时突然出现的。

## 弗魔族

帕特兰一族，据说被迫和一个叫做弗魔族（Fomorians）的奇特种族发生过战争，关于后者我们会在本书后面的部分多次谈到。他们巨大丑陋，生性暴烈残忍，我们认为，他们代表着邪恶的力量。他们其中一个姓森柯（Cencho），意思是无脚者，由此看来与维特拉（Vitra）有联系，维特拉是吠檀多（Vedantic）神话中的邪恶之神，无手无脚。帕特兰和这群恶魔展开恶战，争夺爱尔兰的统治权，并最终将他们赶到了北海，后来他们还会时不时来爱尔兰掠夺一番。

帕特兰族的结局是他们不幸患上瘟疫，不得不聚集在森马克老平原以便掩埋死者，后来他们就全灭亡了。爱尔兰再次空无一人，等待着下一次被占领。

## 凯瑞之子端的传说

到底是谁讲述了这个故事呢？说到此我们不得不提到一个非常稀奇又有趣的

①Dealgnaid。为了使一些爱尔兰人名的发音符合英语的发音习惯，在此处以及偶尔其他一些地方，我对人名作了修改。

传奇——正是许多这样的传奇将我们今天知道的神话时期的故事保留了下来。这个传奇发现于《奶牛邓恩之书》（*Book of the Dun Cow*）的手稿中（大约写于公元 1100 年），标题为"凯瑞之子端的传说"（The Legend of Tuan mac Carell）。

圣菲楠（St. Finnen）是大约生活在公元 6 世纪的一位爱尔兰男修道院院长，他的修道院建在柯多尼格的莫维勒（Movillem，Co. Donegal）。据说有一天他去向一位名叫端·麦克·凯瑞的酋长讨施舍，酋长就住在离他的修道院不远的地方。端将他拒之门外，于是这位圣人便坐在他家门口整个星期拒绝进食。[①]最后，一个想必是异教武士的人受到感动，为他打开了门。于是双方从此建立了友好关系，圣人便回去了。[②]

"端是个杰出的人才，"他对僧侣们说，"他会来看你们，安慰你们，并给你们讲述爱尔兰的故事。"

由此可以看出，富有人情味是爱尔兰古老神话传说的一个特色，这一特色如同早期爱尔兰基督教文献一样令人心旷神怡。

端很快便来回访圣人，并邀请他和他的徒弟们来自己的城堡做客。聊到端和他的家族时，端的回答很令人吃惊。"我是北爱尔兰人，"他说，"我是凯瑞之子端。[③]我的曾用名还有斯塔恩之子端（Tuan son of Stara）、塞拉之子端（son of Sera），我的父亲斯塔恩是帕特兰的兄弟。"

圣菲楠要求道："和我们讲讲爱尔兰的历史吧。"于是端便开始讲述。帕特兰是第一个定居在爱尔兰的人。在那场可怕的瘟疫过去之后，唯独端活了下来。"只要有屠杀，必定有人活下来讲述发生的故事。"端独自从一个空城堡流浪到另一个空城堡，从一块岩石到另一块岩石，寻找掩蔽处以抵抗狼的攻击。就这样，二十二年里他一人独行，屈居于废墟中直到年老体衰。

"然后安格诺曼的儿子诺曼德统治了爱尔兰。安格诺曼是我父亲的兄弟。我从悬崖上看见了他，但避免让他见到我。因为我头发蓬乱，指甲污秽，身体虚弱，浑身脏兮兮又赤裸着，看起来可怜悲惨极了。有一天晚上我睡着了，第二天早上醒来，变成了一只雄鹿，我又年轻了，心里愉快极了。然后我就为诺曼德和他的族人的到来歌唱，为我自己的变形歌唱：'我换上新装，皮毛光又亮。

---

① 参见本书第一章中"塔拉的诅咒"第一处注释。

② 这段故事是根据 R. I. Best 的《爱尔兰神话故事群》（*Irish Mythological Cycle*）编写的。其作品翻译自阿布亚的同名作品。

③ 麦克是按 mac 译过来的中文，意思是"某人的儿子"，本书中以意译为主。——译者注

刚才还体弱无力抵抗，现在胜利的喜悦对我来说易如反掌。'"

端从此成为爱尔兰所有鹿的国王，诺曼德和他的族人统治时一直如此。

他还讲诺曼德及其族人航海来爱尔兰的故事，他们乘坐三十二只小船，每只船上坐三十人。在海上他们偏离航道一年半多，大多数都死于饥饿、干渴或船只失事，只有九人幸免于难——诺曼德自己和四男四女。这些人在爱尔兰登陆并且随着时间推移逐渐繁衍，直到后来达到 8060 人，最后所有人都神秘地死亡了。

年老体弱又一次降临到端身上，但是还有一次变形等着他。"一次我站在我的洞穴口，我仍然记得这件事，我知道自己又变了个模样。我变成了一头野猪，因此我又作歌一首：'今天我变成了一头野猪。当时我正在一次聚会上，大家共聚，歌颂帕特兰。人们以歌言志，人人心欢喜。我言辞华美，旋律多么迷人。俊俏的姑娘们听了多沉醉！我的马车行走在大道上，高贵威严、溢彩又流光。我的声音深沉悦耳，战场上我步履如飞又坚强。我英气逼人，满脸荣光。今天，哦，黑色野猪是我的新模样。'"

"这就是我的故事。是的，千真万确我变成了一头野猪。我又青春焕发了，真是高兴。我成了爱尔兰整个猪群之王。以后这成了惯例，每当我年老体衰之际，我就回到北爱尔兰我的住所周围。因为在那里我总是再次变形，因此我要回到那里再次等到恢复青春。"

端接着讲斯塔瑞特（Stariat）之子——西蒙（Semion）在爱尔兰定居的故事。从他开始，弗伯格人开始衰落，另外两个部落进入了历史。端又变老了，软弱无力，然后他又一次变形，这次他变成了"一只伟大的海之鹰"，再一次为重焕青春与活力而高兴。他接着讲达纳神族到来的故事。之后又来了迈尔德的子孙们，他们打败了达纳神族。这段时间端一直是只海鹰。某天他发现自己又要变形了，就九天九夜不吃东西。"然后我昏昏欲睡，醒来后就变成了一只大马哈鱼。"他为自己的重生非常高兴，以后很多年又逃过了渔夫的渔网，直到有一天他被逮住了，被送给国家的首领之妻。"她特别喜欢我，就把我整个吃了下去，于是我就钻进她的子宫。"他又获得重生，成为首领凯瑞的儿子。但他先前的记忆仍在，他的前世、变形，他所目睹的从帕特兰起的爱尔兰的历史，他都记得清清楚楚。于是他就把这些事情都告诉了基督教的修士，他们就把这一切仔细记录了下来。

这个离奇的故事，带有远古的色彩，又有童话的奇幻，使我们想起了威尔士的塔利森（Taliessin）的变形记，他也变成了一只鹰。我们从中也可看出凯尔特人的幻想中一直有灵魂转世的教义。

下面我们要稍作停顿，为端给我们描述的爱尔兰殖民史的简图中添加一些细节。

## 诺曼德人

据说，诺曼德人住在毗邻帕特兰族的地方。他们都来自死者居住的神秘区域，后来的爱尔兰传说却将这一神话事件与基督教混在一起，他们变成了《圣经》中主教的后代，原本居住在西班牙或塞西亚等地。他们两族常与弗魔族交战。后世的传说认为弗魔族是渡海而来的海盗，但他们无疑是代表黑暗和邪恶势力的神。因为没有任何有关他们如何来到爱尔兰的传说，而且任何时代中也没有将他们看做当时人口的正常组成部分。他们是创世时代的人物。诺曼德曾在四次大战中战胜过他们，但随后不久他就死于一场瘟疫，这场瘟疫还带走了他的两千子民。因此，弗魔族得以在爱尔兰建立了暴政。当时他们有两位国王——摩尔（More）和柯南（Conann）。他们的大本营建立在托利（Tory）岛上，位于面对大西洋的德尼格（Donegal）海岸边，那里有着高耸的悬崖峭壁——对于这个神秘又荣耀的种族来说是一个十分合适的家。他们向爱尔兰人榨取高额的贡物——岛上三分之二的牛奶和孩子都要归他们所有。最后诺曼德人爆发了起义，由三位领袖领导，他们登上托利岛，占领了柯南的堡垒，柯南自己落入了诺曼德人的首领——弗格斯（Fergus）之手。但这时摩尔率领一支大军杀来，很快击溃了诺曼德人，将他们杀得只剩下三十人。

> 弗魔族杀来后，
> 爱尔兰人也齐上阵；
> 击溃敌人投进海，
> 最后只剩三十人。

——伊克奇·奥佛兰（Eochy O'Flann），作于公元 960 年

这三十名幸存者怀着绝望的心情离开了爱尔兰。根据最古老的传说，他们全都悲惨地死去了，没有后裔。但是后来又有记述，试图拨开所有神话的迷雾，给人们一段清楚的历史，这记述表明其中有一个氏族，即首领为不列颠的氏族，在大不列颠定居下来，并以他们的名字命名了这个国家，而另外两个氏族回到爱尔兰，辗转流浪之后，成了弗伯格人和达纳人。

# 弗伯格人的到来

弗伯格人是谁？他们在爱尔兰传说当中代表着什么？名字的字面意思似乎是"袋人"，后人用神话来解释他们。据说他们在希腊定居后，受到当地人的压迫，被迫将土从肥沃的山谷背到遍布岩石的山坡，以便当地土壤宜于耕种。他们用皮袋子背土。但后来，压迫越来越重，他们就把袋子做成小船或圆艇，远航回爱尔兰了。但是南尼斯（Nennius）认为他们来自西班牙，因为他认为居住在爱尔兰岛上的所有种族最初都来自西班牙；"西班牙"一词是对凯尔特此种称呼死者之地的词的理性翻译。[①]他们来时有三个种族：弗－伯格（the Fir-Bolg）、弗－多南（the Fir-Domnan）和噶利欣（the Galioin），统称为弗伯格人。在爱尔兰的神话历史中，他们不是什么重要的角色，通常认为他们性格唯唯诺诺，带有自卑情结。

他们的一个国王，尤奇[②]（Eochy）娶了塔尔提（Taltiu 或 Telta）为妻。她是大平原（Great Plain）即逝者之地国王的女儿。塔尔提拥有一座宫殿，后世以她的名字命名了其宫殿所在地，即塔尔提（正确地方当是特尔亭 Teltin）。她后来在那里去世，以后每年那里都会举行一个大型的集会来纪念她，即使在中世纪的爱尔兰也是如此。

# 达纳神族的到来

下面我们要讲述的是爱尔兰神话中最有趣也是最重要的侵入者和殖民者——达纳神族。他们的名字是 Tuatha De Danann，字面意思是"达纳女神后裔的臣民"。达纳有时还有另外一个名字——布瑞吉特（Brigit）。布瑞吉特还是位极受爱尔兰异教徒崇拜的女神的名字，传说她的很多事迹被移植到了基督教中生活于 6 世纪的圣布瑞吉特身上。她的名字也出现在高卢人的铭文上，名为"布瑞吉多"（Brigindo），在不列颠岛的一些铭文上也有，为"布瑞甘希亚"（Bringantia）。她是达纳子民们至高无上的首领——达格达（Dagda，意为神）的女儿。她有三

---

① 阿布亚：《爱尔兰神话故事群》，第 75 页。
② 念作 "Yeo'hee"。

个儿子，也有人说只有一个，名为厄克纳（Ecne），意思是"知识"或"诗歌。"①厄克纳是达纳女神的儿子，也是一位神，那么他的种族，由达纳女神以她的名字命名，是我们在爱尔兰神话中找到的光明以及知识的力量的最明显代表。在所有这些神话种族中，凯瑞之子端将达纳神族称为神。然而在流传至今的爱尔兰神话中，他们并不以神的形象示人。基督教的影响将他们降到了仙人一级或视为落入凡间的天使。他们被迈尔森人打败过。迈尔森人被想象成纯粹的人类种族，和达纳神族直到晚近的时代都关系复杂，爱恨交织。达纳神族虽然战败，但即使在晚期的传说中也被赋予了光辉高大的形象，使人回忆起他们被废黜前的崇高地位。

## 民间与吟游诗人的观念

另外我们也要注意到，民间流传的对达纳神族的看法可能一直以来都不同于吟游诗人和德鲁伊特教巫师的看法，或者说学者们的看法。后者认为他们是掌管科学和诗学的神灵。这种看法并不属于民间观念，因为它只不过是凯尔特人和雅利安人极其超群的幻想产物罢了。普通人更相信他们的神是大地力量之神——特瑞尼（Terreni），在公元 8 世纪的《阿马书》（*Book of Armagh*）②中他们明确地这样称呼——表明他们的神并不掌管科学和诗学，而是掌管着农业、土地和水的繁殖力，住在山上、河流和湖泊里。在吟游诗人的叙述中，占优势地位的是雅利安人的观点；许多民间传说和广泛流传的仪式中占主导地位的则多数是普通百姓的看法。当然每一种传说中两者在很大程度上都有重合——它们之间在古代没有明显的界限，现在也是如此。

## 达纳神族的宝物

凯瑞说达纳神族是从"天国"来到爱尔兰的。后来人们逐渐把他们的到来演变成了故事，讲述他们如何离开四座名字有着传奇神话色彩的城市。这四座城市分别叫做法利亚斯（Falias）、格瑞亚斯（Gorias）、斐尼亚斯（Finias）和穆瑞

---

① 如我们所见，德鲁伊特的知识是以诗歌形式记录的，专业的诗人是德鲁伊特阶层中的一支。
② 梅捷（Meyer）、纳特（Nutt）：《布隆的旅程》（*Voyage of Bran*），第 2 卷，第 197 页。

亚斯（Murias），由四位圣人分别掌管。达纳神族在那里向伟大的圣人们学习科学和工艺，离开时还从每个城里带走了一件神奇的宝物。从法利亚斯城带出了名叫利阿法尔（Lia Fail）的石头，也叫命运之石。爱尔兰的君主登基时就站在上面，接受臣民的欢呼，证明所选出的是顺应民心的君主。事实上从很古老的时候起这块用于君主登基的石头就存在于塔拉了，然后6世纪早期它被送到苏格兰，供厄尔克（Erc）之子——弗格斯大帝（Fergus the Great）登基之用。他是向他的哥哥爱尔兰国王厄尔克之子穆塔（Murtagh mac Erc）借来这块石头的。一个古老的预言说这块石头在哪里，那么苏格兰族的国王（即 Irish-Milesian）就将统治哪里。这就是有名的斯康石（Stone of Scone）。它自从被借走后就再也没有回到过爱尔兰，而是由爱德华一世于1297年移到了英格兰，现在它是威斯敏斯特大教堂里的加冕石。这个预言应该不是伪造的，因为从斯图加特王朝到厄尔克之子弗格斯（Fergus mac Erc），英国皇室的血统是可以追溯到历史上爱尔兰还被称作米莱西安（Milesian Ireland）时的国王们的。达纳神族的第二件宝物是长臂卢赫（Lugh of the Long Arm）的战无不胜之剑。这个人物以后我们将会了解。这把剑出自格瑞亚斯城。还有来自斐尼亚斯城的神奇长矛，穆瑞亚斯城的达格达锅，据说它可以源源不断地供给食物。

据《入侵书》（*Book of Invasions*）记载，达纳神族就是带着这些宝物，来到了爱尔兰。

## 达纳神族和弗伯格人

达纳神族是裹在一片神奇的云彩里面随风飘来的，在西康纳希特着陆。当云朵散去，弗伯格人在莫伊恩（Moyrein）的一片营地里发现了他们。

十是弗伯格人派遣他们的一名武士——斯瑞恩（Sreng）去拜访神秘的来客，达纳神族也派一名叫布莱斯（Bres）的武士去代表他们会面。这两位使者饶有兴趣地检查了彼此的武器。达纳神族的长矛又轻又利，而弗伯格人的则又沉又钝。显而易见这里神话想将知识的力量和蛮力相比。这使我们想起了希腊神话里奥林匹亚众神和提坦神的斗争。

布莱斯向弗伯格人建议两族应当均分爱尔兰，并肩抵御将来的入侵者，然后他们互换了武器，返回各自的阵营。

# 第一次摩伊图拉战争

然而弗伯格人对达纳神族的优势不以为然，驳回了他们的提议。于是双方在科马尤（Co. Mayo）南部的摩伊图拉①（Moytura）平原交战，科马尤离今天一个叫做空（Cong）的地方很近。弗伯格人由他们的国王厄尔克之子（Mac Erc）领导，而达纳神族由银手努瓦达（Nuada）领导。努瓦达是由此次交战得名的。据说，他的一只手在这次战斗中被砍掉了，而达纳神族中素有能工巧匠，于是一个技艺精湛的工匠用银子给他做了一只新手。达纳神族作战神出鬼没，医疗手段又神奇无比，于是最终赢得了战争。弗伯格人的国王被俘了。但这两族最终达成了一个合理的协议：康纳希特省归弗伯格人所有，是他们的领地，其余地盘都归达纳神族所有。所以在17世纪一位名叫马克·菲比斯（Mac Firbis）的编年史作者发现在康纳希特有许多人竟与弗伯格人血统相同。可能他们确实是一族人，他们与达纳神族的斗争也是真的，只不过其中添加了一些神话的因素罢了。

# 布莱斯王被驱逐

银手努瓦达本应成为达纳神族的领袖，但是由于他少了一只手，就不能当国王了，因为一个有缺陷的人不能成为爱尔兰国王。于是布莱斯被选为王。他的母亲是一位名叫艾瑞的达纳族女人，但父亲身份不明。这不是当时那个作为使者和弗伯格人谈判后来在摩伊图拉一战中被俘的那个布莱斯。现如今的这位，尽管看上去强壮英俊，但根本没有治国的天分。他不仅允许爱尔兰的敌人——弗魔族重新压迫爱尔兰并征税，他自己也向臣民征收重税；他还很小气，从不热情款待领袖、贵族和竖琴师。作为爱尔兰王子，最招人厌恶的恶习就是既不慷慨大度又不热情好客。据说某天有一个名叫柯普瑞（Corpry）的诗人来到他的王宫，却被安排住在一间又小又黑而且简陋的没有家具也不生火的房间，过了好久，才有人给他送来三个干瘪的蛋糕，根本没有酒。为了报复，他给那吝啬的主人作了一首讽刺诗：

快上食物！没有！

---

① "摩伊图拉"的意思是"竖满了塔的平原"，塔此处其实是指死者坟前的纪念碑。

> 快上牛奶！没有！
>
> 寒冷夜晚里的温暖居室，没有！
>
> 吟游诗人想要的热情款待，更没有！
>
> 这就是布莱斯国王的待客之道。

在爱尔兰据说讽刺诗具有魔力。国王们特别痛恨它，因为连耗子也能被它消灭。[1]柯普瑞的这首诗得到人民广泛热烈的传颂，不久布莱斯便被赶下了宝座。据说这也是爱尔兰第一首讽刺诗。同时，由于努瓦达的医生迪安森特（Diancecht）技艺精湛，努瓦达得到了他做的银手。有些传说还说迪安森特的儿子医术更加高明，能让残肢又长出一只真正的手，于是努瓦达被选为国王，取代了布莱斯。

布莱斯现在将气完全撒在他母亲身上，要她告诉自己该怎么办，并说出他的身世。于是艾瑞告诉他，他父亲是弗魔族的一位国王，名叫伊拉萨（Elatha）。当初曾漂洋过海来秘密幽会，临别时送了她一枚戒指，嘱咐她，除非有人戴上合适，否则绝不要将戒指送给任何人。

她拿出戒指，布莱斯戴上正合适。于是他就和母亲一起从当年那位弗魔族情人登陆的海滩出发，远航去找他父亲去了。

## 弗魔族的残暴统治

伊拉萨认出了戒指，就给他儿子一支军队去征服爱尔兰，还送他去向最强大的弗魔族国王巴洛尔寻求援助。巴洛尔被称为"邪恶之眼"，因为他只要瞪起一只眼，眼神就能像霹雳一样杀死他怒视的人。但是现在他年老体衰，那双死神般锐利的眼睛完全被下垂的眼睑覆盖住了，当他要怒视敌人时，非得要侍从用绳子和滑轮把眼睑吊起来不可。布莱斯在位时，树敌太多，所以现在努瓦达登基后不得不面临许多敌人。爱尔兰被弗魔族统治，处于水深火热之中，期待着一位英雄救世主的诞生。

## 卢赫的到来

现在神话里要出现一位新人物——凯恩之子卢赫，他是太阳神送给凯尔特人

---

[1] 莎士比亚曾在《皆大欢喜》（*As You Like It*）中提到这一点。"我可从来没被写进诗里，"罗瑟琳（Rosalind）说，"自毕达哥拉斯（Pythagorean）那时起，我就是只爱尔兰老鼠——我都快想不起来了。"

的使者。我们在大陆上很多历史遗迹中仍能见到这个名字。①要描述他的相貌我们必须暂时抛开古代手稿，因为那些是不完整的，必须补充一个民间传说——还好，这个一直口头相传的故事一直到19世纪才被伟大的爱尔兰古董收藏家欧德诺万（O'Donovan）发现。②在这个传说中，巴洛尔和他的女儿恩雅（Ethlinn，后来写作Ethnea）以及其他神话人物的名字还一起被保留着，但是卢赫父亲的名字却有很大变化——麦克肯尼里（Mackineely），卢赫自己的名字则被遗忘了，而且对巴洛尔死因的描述和古代神话不符。我这里所讲的故事保留了原先古老的名字和神话故事的主要情节，同时省去了和神话不符的、后来添加的现代色彩，然后根据民间传说又进行了补充。下面是故事的梗概。

弗魔族的国王巴洛尔听一位德鲁伊特教的预言家说他将被他自己的外孙杀死。他只有一个女儿，当时还是婴孩，名叫恩雅。像希腊神话中达那厄的父亲阿克里西俄斯（Acrisios）一样，为了避免厄运，他专门在托利岛托墺（Tor Mor）的陡峭海角上建造了一座高塔囚禁她。他还安排十二名女看守，严禁恩雅看见男人的脸，甚至还要避免她知道有异性的存在。在这种与世隔绝的环境下，恩雅长大了——像所有被囚禁的公主一样，她出落成一个绝世佳人。

当时不列颠岛上有三兄弟，分别叫凯恩·史密斯（Kian Smith）、萨万·史密斯（Sawan Smith）和葛班·史密斯（Goban Smith）。葛班·史密斯是爱尔兰神话中的能工巧匠，擅长制造兵器，相当于德国传说里的维兰德·史密斯（Wayland Smith）。凯恩有一头神奇的母牛，可以源源不断地产奶，所以每个人都想得到它，于是凯恩必须严密保护它。然而巴洛尔却想霸占这头奶牛。一天凯恩和萨万来到城堡，想用带来的好钢打一些兵器。凯恩进了城堡，嘱咐萨万看管好母牛。这时巴洛尔出现了，乔装成一个红头发的小男孩，骗萨万说城里他的兄弟打算用好钢给自己造剑，而给他只用普通的金属。萨万听了火冒三丈，把牵牛的缰绳交给男孩，就急急忙忙冲进城堡去制止这个"邪恶"的阴谋了。巴洛尔立即把牛牵走，渡海回到了托利岛。

凯恩知道后决定向巴洛尔复仇，于是他先向一位名叫碧茹格（Birog）的女巫师寻求建议，然后乔装成女人，用魔杖渡海来到托利岛。碧茹格陪他一起去，

---

① 法国的里昂（Leon）、荷兰的莱顿（Leyden），以及拉昂（Laon），在古代都叫Lug-Dunum，意思是"卢赫的城堡"。Luguvallum是一座建于罗马统治时期的塔的名字，位于哈德良长城（Hadrian's Wall）附近。

② 这个故事被欧德诺万记载在《四王志》（*Annals of the Four Masters*）一书第1卷第18页的注释里，后来还被阿希亚重新创作。

然后对恩雅的看守说她们是两位贵族夫人，刚刚逃出绑架者的魔爪，在沙滩上迷路了，希望能得到保护。于是看守让她们进了城堡，碧茹格用魔杖让那些女看守都沉沉睡去，凯恩则设法找到了公主。等到那些看守们醒过来时，凯恩和女巫师早就离开了，而且凯恩已获得恩雅的爱。很快看守们发现恩雅怀孕了。她们害怕巴洛尔发怒，就劝恩雅说这不过是一场梦，千万不要说出去。但是恩雅还是如期生了三个男孩。

消息最终传到了巴洛尔那里，他怒火中烧，又感到恐惧，于是下令将三个孩子从爱尔兰海滩扔到大海里淹死。接到命令的人将孩子裹在被单里，但在路上夹床单的别针松了，一个孩子掉了出来，落在一个小海湾里而得救。今天这个海湾就被叫做波特纳·德里格（Portna Delig），即别针港的意思。按照命令，那侍从将另外两个孩子淹死了，之后报告任务完成了。

掉到海湾里的那个孩子得到了女巫师的保护，被送到他父亲凯恩的家，凯恩以养子的名义将他送给了他的铁匠兄弟。经过养父的言传身教，这个孩子学会了各种工艺技术并且样样精通。这个孩子就是卢赫。当他成年时，达纳神族让他管理杜阿赫（Duach）地区，称他为"黑暗"（the Dark），即大平原（Great Plain，仙境或生者之地，也叫做逝者之地）的国王，他在那儿一直待到成年。自然卢赫就是达纳神族的救世主，将要带他们摆脱奴役。人们把他的到来编成了一个故事，将他描述成像阿波罗一样无所不能，主宰着所有人类知识、工艺和医学技术的神。据说开始他来是为了给银手努瓦达服务。当皇家宫殿塔拉的守门人问他会什么时，他回答自己是一名木匠。"我们不需要木匠，我们已经有位来自卢克塔的巧木匠，他叫卢卡德。""我也能干铁匠活。""我们也有铁匠师傅了。""我还能当战士。""我们不需要，我们也不缺打仗的。"卢赫接着列举了他能想到的任何职业或手艺——他能当诗人、竖琴师、学者、医生等等，可是答复总是努瓦达的皇宫里已经有这样那样的人才了。"那么问问国王，"卢赫最后急了，"如果他有一个行行都精通的人才，那我绝不待在这儿，也绝不会再想进入他的皇宫。"因此卢赫被留下来了，赐姓伊达纳赫（Ildanach），意思是"全能艺人，无所不知的王子"，当然他还有另外一个平常用的名字，即卢赫·拉姆法答（Lugh Lamfada），或长腿卢赫。这使我们想到了高卢人的神，正如阿布亚所指出的，恺撒将他们看做墨丘利（罗马神话中为众神传信并掌管商业、道路等的神）——"所有艺术的发明家"，十分尊重他们。爱尔兰神话补充了这点，并告诉我们这个神的凯尔特名字。当卢赫离开生者之地时，他还带了许多神奇的宝贝。有玛那南（Mananan）之舟，可以跨越陆地和海洋的玛那南马，能看穿人心思且哪里都可以到达的海神李尔(Lir)之子，还有一把名叫弗拉格拉赫（Frag-arach）的削铁如泥的宝剑（即应答者）。带着这些法宝，一天他拦住一群达纳首领，这些人正要去向压迫他们的弗魔族使者交纳贡奉，但是他们一看到卢赫，就仿佛看见了炎炎夏日一轮冉冉升起的太阳。于是在卢赫的带领下，他们没有交贡奉，而是向弗魔族发起了进攻，最后几乎将其全部剿灭，只剩下九个人。这些人被打发回去告诉巴洛尔，达纳族不再受他指挥了，从今以后也再不会向他交纳任何贡奉。巴洛尔决定开战，他要求将领们制服达纳人之后，用锚链把小岛紧紧拴在船上，然后向北拖到弗魔族阴暗寒冷的领地，永远地消灭他们。

## 托瑞恩之子的探险

卢赫同时也在为决战作准备，但是为了确保胜利，他还需要几件神奇的工具，这些工具他最终都得到了。寻找这些宝贝的故事在爱尔兰传说中算是最宝贵也是最不同寻常的故事之一，甚至还成了神话故事三题诗中的一首，被视为爱尔兰传奇文学奇葩。①同时这个故事也告诉我们卢赫的父亲——凯恩（Kian）的死因。

在这个故事中，凯恩按照卢赫的指示向北走，去召集在北爱尔兰的达纳族战士，以壮大队伍对抗弗魔族。当他正穿过敦多克（Dundalk）附近的摩尔提尼（Murthemney）平原时，碰见了布兰恩、卢卡尔和卢卡巴三兄弟，他们是托瑞恩（Turenn）的儿子。不幸的是托瑞恩和凯恩的家族有世仇，所以凯恩必须避免和他们见面。于是他就变成一头猪，躲进正在地上拱食的猪群里。但三兄弟还是认出了他，布兰恩向他投出长矛，他被扎中了。凯恩知道自己必死无疑，便恳求在死之前变回人形。"和杀猪相比，我更喜欢杀人。"作为三兄弟的首领，布兰恩发话了。然后凯恩就在他们面前变回人形，他胸前被布兰恩长矛扎中的地方正汩汩地淌出鲜血。"你们都上当了，"凯恩最后喊道，"如果你们杀的是头猪，你们就只要偿还猪血就行了。现在你们要还的是人血，你们用来杀我的武器将

---

① 另外两个故事是《李尔孩子们的命运》（The Fate of the Children of Lir）以及《乌斯纳儿子们的命运》（The Fate of the Sons of Usna）。托瑞恩儿子们寻宝的故事和李尔孩子们的故事在《芬恩的高尚事迹和其他诗歌传奇》（High Deeds of Finn and other Bardic Romances）一书中有详细的记载，乌斯纳儿子们的故事可见于伊莉娜·哈尔小姐写的《库丘林传奇》（Cuchulain）一书。上述两书均已由 Harrap and Co. 出版。

会告诉别人这个故事，将来定会让你们血债血偿。""那我们就不用武器杀死你。"布兰恩说罢，三兄弟就用石头把凯恩砸死，把他埋在地下一人深的地方。

随后当卢赫经过时，地上的石头大声呼喊，告诉他他父亲是死于托瑞恩的儿子们之手。卢赫掘出了父亲的尸体，发誓一定要为父报仇。他回到塔拉，向大国王（High King）指控托瑞恩儿子们的罪行，得到允许可以将他们处死或者指定另一种惩罚以抵消死罪。卢赫选择了后者，他的惩罚是这样的：他要让仇家吃够苦头，去寻找无价的珍宝，但是他将珍宝只描述成普通物品的样子，其中包括三个苹果、一张猪皮、一把长矛、一辆两匹马拉的战车、七头猪、一只猎犬、一个炙叉，最后还要仇家站在山坡上喊三声。三兄弟商议后决定选择接受惩罚，然后卢赫马上揭开了惩罚的真正面目。三颗苹果是长在太阳花园中的；猪皮是归希腊国王所有的一张魔皮，将它披在病人患处，就可以立即治愈所有的伤口或疾病；长矛是一件归波斯国王所有的神奇宝物（这些地方都只存在于奇异仙境中）；七头猪属于金柱王国的艾萨拉国王，据说它们每天晚上被宰杀吃了以后，第二天又会变成完整的；炙叉属于沉入水底的菲克瑞（Finchory）岛上的海仙；还有他们要大喊的地方属于凶猛残酷的武士帐查恩，他和他的儿子们都立下誓言，不能让任何人在那座山上大声喧哗。这当中任何一个要求都几乎是不可能实现的，但三兄弟必须一一完成，只有这样，才能抵消他们的罪过，不为凯恩之死抵命。

接下来托瑞恩的儿子们凭借无限的勇气和力量完成了一项又一项任务，当只剩下得到炙叉和站在帐查恩的山坡上喊三声时，卢赫悄悄使用魔法，使他们忘记了还有任务没完成。于是他们带着宝物返回爱尔兰。这些战利品，尤其是那把长矛和那张猪皮都是卢赫急需用来对付弗魔族的，但是卢赫的报复心还没有平息，接受那些战利品之后，他提醒三兄弟还有未完成的事。三兄弟发现自己被玩弄了，万分沮丧，但是仍不得不去完成剩下的惩罚。经历了漫长的寻觅之后，他们终于发现菲克瑞岛原来不在陆地，而在海底。布兰恩穿上神奇的潜水服潜到海底，发现宫殿里有多达五十名仙女，但最终他还是成功地从她们家中取出了金炙叉。现在只剩下帐查恩山上的考验了。经过一场恶战，三兄弟最终杀死了帐查恩和他的儿子们，但自己也受了致命伤。他们尽力抬高嗓门，但也只能虚弱地喊了三声。无论如何，所有惩罚现在都完成了。当他们回到爱尔兰时，虽然还活着，但是已气若游丝。他们年迈的父亲托瑞恩恳求卢赫借给他们那张神奇的猪皮以救儿子们的性命，但是卢赫冷酷地拒绝了。于是三兄弟和他们的父亲最终一起死去。故事到这就结束了。

# 第二次摩伊图拉战争

第二次摩伊图拉战争发生在克·斯里格（Co. Sligo）北部的一个平原上，那里至今仍然可见许多墓碑，十分醒目。第一次摩伊图拉战争指的是那次达纳神族和弗伯格人之间爆发的战争，那次战役中的摩伊图拉是在科马尤偏南的地方。这次和弗魔族的战争中涌现出了许多非凡的事迹。达纳神族的工匠们：铁匠葛班（Goban）、金匠克拉德纳（Gredne）和木匠卢克塔（Luchta），一直以神速修复着受损的武器——葛班砸三锤，做好一支长矛或一把利剑，卢克塔一抛把柄，粘在剑上，克拉德纳眨眼间做出铆钉，当剑飞过来时，他用钳子一敲，铆钉立马安好，然后武器各归其位。受伤的战士也被神奇的猪皮治愈了。平原上杀声震天：

> 战场上雷声滚滚，十分恐怖；战士们发出怒吼，盾牌支离破碎，闪着寒光的宝剑击撞得锵锵作响，飞镖叮叮当当像音乐合奏，还有舞动的长矛嗡嗡作响。①

## 巴洛尔之死

弗魔族最后搬出了他们的王牌——巴洛尔。他可怕的眼睛轻轻一扫，银手努瓦达和其他达纳人便倒地而亡。但是卢赫抓住时机，当巴洛尔由于疲倦而闭上眼睛时，他悄悄接近巴洛尔，等到眼睛再次睁开，他猛地把一块大石头扔进去，石头砸进了巴洛尔的脑袋里，巴洛尔随即倒地身亡。这样，像先知预言的那样，巴洛尔死于他的外孙之手。弗魔族终于被彻底击溃，从此再也没有统治爱尔兰，也没有任何能力大举进攻爱尔兰了。卢赫成为国王，代表太阳的英雄战胜了黑暗野蛮势力，神话拥有一个完美的结局。

## 达格达的竖琴

再讲一个有关达纳神族如何利用音乐魔法的故事。据说，逃跑的弗魔族，将

---

① 选自欧科瑞（O'Curry）根据叙事诗《摩伊图拉之战》改编的翻译作品。

俘获的达格达的竖琴师一块儿带走了。卢赫、达格达和武士奥格玛悄悄地跟着他们来到一个弗魔族营地上的宴会大厅。他们看见竖琴被悬在大厅的墙上。一听到达格达的呼唤，就立即飞到他的手里，飞行中还杀死了九个弗魔人。达格达对竖琴念的咒语十分奇特，而且一点都不含糊：

> 来吧，你这清脆甜美的低语者！来吧，你这四角的和声乐器！来
> 吧，夏天，来吧，冬天，各种乐器都演奏起来吧！①

这里出现用夏天和冬天来指代音乐，其实是指在印度音乐里用一年里不同的季节（甚至一天不同的时段）来指代某种音乐调式，以及伯尔尼的《音乐史》中提及的一个埃及传说，即七弦古琴的三根弦可以分别用来指代三个季节，春天、夏天和冬天。②

达格达拿到竖琴后，便开始演奏《高贵的三旋律》(*Three Noble Strains*)，这是每个竖琴大师都应会弹的曲子。它们有哀伤之旋律，使听者流泪；有欢笑之旋律，使听者欢乐；还有安睡之旋律，即催眠曲，使听者立即进入甜美的梦乡。趁着弗魔族听到旋律睡着了，卢赫带着竖琴顺利离开。可能有人注意到，在所有爱尔兰传说中，演奏音乐最类似于仙人的神秘魔法和才能，而且这是达纳神族和他们后代独有的能力。因此，在 13 或 14 世纪一本名叫《圣贤语录》(*Colloquy of the Ancients*)的故事集里，圣帕特里特被引见给一位名叫卡斯克拉赫(Cascorach)的吟游歌手——"一个英俊潇洒，满头卷发，有着深棕肤色的年轻人"。他演奏的曲子十分迷人，以至于圣人和他的随从都陷入了甜蜜的梦乡。据我们了解，卡斯克拉赫是位专唱达纳民间传说的吟游歌手的儿子。圣帕特里特的书吏布罗甘(Brogan)评价说："你的演奏向我们展示了你精湛的技艺。""确实非常动听。"圣帕特里特也说："你轻轻一拨就魔力四射，再也没有比这更让人感觉如在天堂了。"③人们一直认为，爱尔兰独特的民谣中的一些最美的旋律，比如《库林》(*Coulin*)，在以神话传说为主题的狂欢宴会上，已逝的竖琴师们是偶尔可以听到的。

## 达纳诸神的名字和特点

我将对达纳人所作的贡献及其同达纳神的交战情况作一个总结，这样有助于

---

① 欧科瑞：《礼仪与习俗》(*Manner and Customs*)，第 3 章，第 214 页。

② 古爱尔兰将一年仅划分成三个季节，秋天也属于夏天。参见欧科瑞：《礼仪与习俗》，第 3 章，第 217 页。

③ 欧格兰狄：《席尔瓦盖尔语歌谣》(*Silva Gadelica*)，第 191 页。

读者理解后面的内容。我所熟悉的对其最好的记叙是斯坦迪什·欧格兰狄先生的《爱尔兰批评史》。

这部著作因其见地颇具批判性而风靡。该书出版于 1881 年，那个年代几乎没人听说过凯尔特神话学的科学研究。他们听到更多的是吟游诗人式的想象，类似于远古神话缔造者自己的想象。他们重塑并细说那些业已消亡的形式，赋予它们新的生命力。欧格兰狄先生在提纲里已列出达纳时期主要人物的典型特点。直到今天这些提纲仍相当适用，且对于我后面的课题总结意义重大。

## 达格达

达格达·莫尔（Dagda Mor）是达纳神族之父及首领，他胸怀宽广，行事大气。在摩伊图拉战争中，他的拳头横扫敌军。行军途中，他长矛曳地，划定一个省的疆域。史书对这位具有奇特幽默细胞的达纳神族之父有零散的记载。他到弗魔族营地时，弗魔族人向他奉上食物。他命人把粥和牛奶都倒入地上的一个大坑里，然后他就用一把据说大得足以躺上一对男女的勺子开始喝粥。喝完粥后，他用勺子刮铲坑里的土和砾石，若无其事地吞进肚里。我们也知道，同所有达纳族人一样，他不仅具有其他神奇天赋而且还是音乐大师。他拥有一把竖琴。一经召唤，竖琴就会应声飞来。"荷马史诗中，赋予无生命事物以生命这种趋势显而易见，这对该国家神话学产生了巨大的影响。卢赫那富有生命力的火红长矛；玛那南的神奇船只；库丘林会说话的剑；利阿法尔的命运之石——它在正义国王的脚下会发出喜悦的叫声；发怒时会咆哮，而当国王遭遇不测时又会伤心的波涛；在库丘林和弗迪亚（Ferdia）进行伟大决斗时会畏葸退缩的艾芳迪雅（Avonv Dia）水。诸如此类，举不胜举。"[①] 后世一个传说还讲述了一位伟大的学者在临死之际，爱尔兰所有书架上的书是如何掉落于地的。

## 安古斯·欧戈

安古斯·欧戈（Angus Og）是波安娜（Boanna）与达格达之子。他是爱尔

---

① 欧格兰狄：《席尔瓦盖尔语歌谣》（*Silva Gadelica*）。

兰的爱神。他的宫殿据说就位于博因河旁的纽格兰治。他头顶上一直盘旋着四只明丽的小鸟，据说是他的吻化成的。它们唱着爱情曲子，撩动着年轻男女的心。一次他因爱上一位梦中女子而相思成疾，他将缘故告诉了母亲波安娜。波安娜寻遍了整个爱尔兰仍未找到那位女子。之后达格达被召见。达格达情急之下求助达纳族芒斯特（Munster）的国王红波夫（Bov the Red）。李尔（Lir）的孩子们的故事中也有红波夫，他擅长讲述所有令人神迷的神奇故事。红波夫承接了寻找任务。一年之后，他禀报在龙口湖那里找到了那位梦中女子。

安古斯前往红波夫住地。红波夫款待他三天后便把他带到湖边。在那里他三次看到五十个女子结对行走，每一对都是由金链子连着。但是唯有一位比较特别：她比其他人个头都高，整整高出一个肩膀头呢！"就是她！"安古斯大声喊道，"她叫什么名字？"红波夫说她叫凯伊尔（Caer），是康纳希特达纳族王子伊萨尔·阿努巴尔（Ethal Anubal）的女儿。安古斯因自己不够强壮无法将她从她同伴中带走而愁闷。红波夫建议他去康纳希特找人类国王和王后寻求帮助。达格达和安古斯便前往艾勒尔（Ailell）的宫殿。艾勒尔款待他们一周后，询问他们来此的原由。知道缘故后，他说："这要伊萨尔·阿努巴尔答应了才好办。"他们于是给伊萨尔·阿努巴尔带了个信，请求他将凯伊尔许配给安古斯。但是伊萨尔拒绝了。最后艾勒尔和达格达联合军力包围了伊萨尔并把他本人俘获。当伊萨尔再一次被要求让出凯伊尔时，他仍然无法答应。"因为她比我还厉害。"他解释说，她每年以少女和天鹅的形象交互出现，"下个 11 月 1 日，你会在龙口湖看到她同其他 150 只天鹅在一起。"

安古斯在指定的时间到了龙口湖，对凯伊尔大声喊道："哦，请过来同我说话吧！""是谁在叫我？"凯伊尔问道。安古斯向她说明了自己的来意后便发现自己也变成了天鹅——这是心心相印的表示。随后他潜入湖中同爱人一起戏水。之后他们一同飞往博因河边的宫殿，跟着音乐放歌。他们唱出的曲子如此绝妙，所有的听众都会醉入梦乡三天三夜。

安古斯是俊男妙女们的特殊保护神和朋友。爱之印记德莫特（Dermot）是库之子芬恩（Finn mac Cumbal）的追随者，也是葛拉妮雅（Grania）（后文将会提到）的爱人。德莫特同安古斯一起在波安娜的宫殿里长大。他是爱尔兰神话中典型的爱神。他被本布斑的野猪咬死后，安古斯使他复活并把他带到自己的神仙宫殿共享长生不老。

# 基拉尼的莱恩

红波夫是达格达的兄弟(我们前面已提到)。据说他有一个金匠叫莱恩(Len)，他负责"给基拉尼的湖泊取名字。基拉尼曾以罗卡莱恩（Locha Lein）而出名。他所挖出的湖，有彩虹和灼热的露珠环绕"。

# 卢赫

我们已描写过卢赫了。①他身上的太阳神特征比任何其他天神都要多。并且，正如我们所知，整个凯尔特大陆都崇拜他。《托瑞恩之子的探险》这个故事告诉我们卢赫从西边接近弗魔族。巴洛尔的儿子布莱斯起身说道："我想太阳今天是从西边升起，每隔一天又会从东边升起。""好像是这样。"他的巫师们说。"那其他的又是什么呢？"布莱斯问道。"那是长臂卢赫的脸反射的光芒。"他们如是答道。据米莱西安侍女德克特拉（Dectera）说，卢赫是爱尔兰神话英雄库丘林的父亲。他的故事是太阳神话的主要源头。②

# 骄傲的米迪拉③

骄傲的米迪拉（Midir）是达格达之子。他的仙宫位于朗弗德（Co. Longford）的布里·雷司（Bri Leith），即斯里维·加拉里（Slieve Callary）。传说中，他经常同人类或达纳神族打交道，他衣着华丽，模样俊朗，光芒四射。当他在塔拉④觐见尤奇王时，人们是这样描绘他的：

在一个明丽的夏日里，塔拉国王伊俄赛（Eochaid Airemm）碰巧登上塔拉高地，俯瞰着布莱格（Breg）平原。平原花叶扶疏，异常美丽。伊俄塞环顾四周时，看到他身边出现了一名陌生的年轻武士。那武士身

---

① 参见欧格兰狄：《席尔瓦盖尔语歌谣》（*Silva Gadelica*），第 112 页。

② 哈尔（Hull）小姐在她珍贵著作《库丘林传奇》的简介中已全面阐述了这一主题。

③ 参见本书第四章中米迪拉和伊腾的故事。

④ 塔拉（Tara）这个名字源自斜体 Teamhair，意思是"有广阔前景的地方"，即现在位于科米斯（Co. Meath）的一座杂草丛生的小山。

着紫衣，头发披肩，发色金黄，灰色的眼睛明亮有神；他一只手持着一把精锐的长矛，另一手持着一块中间呈白色的盾牌，盾牌上饰有金珠。伊俄赛非常清楚地知道他是谁，夜里的塔拉通常不会有这样的人，通往里斯（Liss）的门也不会在那个时候被打开。[①]

## 李尔和玛那南

正如欧格兰狄先生所言，李尔"以两种不同的身份出现。他扮演的第一种身份是同大海相称庞大而无情的形象；第二种是居住在阿马郡（Co. Armagh）复阿德山（Slieve Fuad）上的一个隐者"。在爱尔兰传说中我们几乎没有听说过他。爱尔兰传说中的海神大多数都是玛那南之子。

玛那南是爱尔兰神话中最著名的神之一。他是大海的主人，待在长生乐土或是死亡岛上面或下面，因此具有引领人进入这些领地的神力。他精通诡术和幻术，拥有各种各样的魔力物，如横扫大洋号（Ocean-sweeper）船只在没有桅帆的情况下能按照航行者的意图航行，奥巴尔（Aonbarr）马在陆地海面上都能急驰，还有那把叫做应答者（The Answerer）的剑无坚不摧，白尖浪被称作玛那南之马，太阳英雄库丘林被禁止去找寻它们——因为太阳日落之时会遭遇西边天际的浪花而死。玛那南戴着一顶巨大的可以随意变色的斗笠，从一定的角度看这斗笠很像铺开的海洋。据说作为爱尔兰岛的保护者，一旦有敌来犯，他就会夜间在侵犯者营房周围狂怒疾奔，发出地动山摇的雷鸣之声。从爱尔兰海岸可隐约看见马恩岛（Isle of Man），据说该岛是玛那南的府邸所在，也是因该神而得名。

## 达娜女神

最伟大的达纳女神是达娜（Dana），早期文本称呼她为"爱尔兰诸神之母"。她是达格达的女儿，同他一样，达娜掌管丰产和赐福。据阿布亚所说，她就是广受凯尔特人崇拜的布瑞吉特（Brigit）女神。据说布兰恩（Brain）、卢卡尔（Iuchar）和卢卡巴（Iucharba）都是她的儿子——他们其实是一个人，在爱尔

---

① A. H. 利希（A. H. Leahy）：《爱尔兰的英雄传奇》，第 1 卷，第 27 页。

兰习俗中这三人都具有神力。布兰恩是他们兄弟的领头[1]，他的名字是从一个更古老的形式布勒努斯（Brenos）衍生来的，就是在这个古老形式下凯尔特人将他们在阿利亚（Alllia）和德尔斐（Delphi）的胜利归于这个古老的神祇，罗马和希腊的编年史学家错误地把他视为人间的领袖。

## 摩里岗

还有一位显赫的女神，就是摩里岗（Morrigan）[2]。她是超自然力中所有邪念和恐怖的代表。她以遣人类卷入战争为乐。她把自己变成各种令人恐怖的形态加入战争，通常会变成乌鸦在军队上方盘旋。有一次她遇见了库丘林，就变成一位少女向他求爱。遭拒绝后，她便在其余生里对他大加迫害。一次在溪流的中游同他作战时，她化身为一条水蟒，之后又变成一团水草企图扼紧他，想让他溺水而死。但是库丘林战胜并打伤了她。此后他们就成了好朋友。在库丘林的最后一次战役前，她曾于夜间穿过艾玛·玛恰打坏他的车杆以示警告。

## 科里娜的波浪

爱尔兰最著名的地标之一就是科里娜（Cleena）波浪带（Tonn Cliodhna），位于科考克（Co. Cork）的戈兰道尔（Glandore）海湾。关于科里娜的故事有好几个版本，但有一点是相同的，即：她是一位达纳族少女，曾居住在永生岛玛那南的国家里。一本书上说，她同凡间的爱人私奔到爱尔兰南海岸后，爱人科凡（Keevan）到树林里狩猎，留在海岸上的她被玛那南歌者迷人的乐曲催入梦乡。随后一股巨浪卷来把她带回到仙宫，只留下她的爱人孑然一身。从此这个地方被叫做科里娜波浪带。

## 埃妮女神

另一位女神代表是芒斯特的守护神埃妮（Aine），这一地区的人们至今都崇

---

① 参见本书第三章中“托瑞恩之子的探险”。
② 我不认同欧格兰狄先生将这位女神与达娜同等描述，尽管那字看起来可释义为“伟大的王后”。

拜她。她是玛那南继子奥维尔（Owel）和一位女巫师的女儿。她可以被归为爱神，因为她能恒久激发人类的激情。据说芒斯特国王艾伊尔·欧鲁（Ailill Olu）把她抢去后，死在她的巫术之下。据费茨格莱德（Fitzgerald）所述，这个故事在以后的年代里发生在她的另一个凡间情人格拉德身上，但是这次情人未遭杀害，她还和他生了个孩子，就是著名的巫师厄尔。[①]芒斯特许多贵族家庭都自称是该族的后人。

埃妮山就是因她而得名，它位于芒斯特的洛克古尔（Loch Gur）附近。所有的达纳神都是关乎丰产和繁衍的地神。在吟游诗歌中没有提及她，但她在民间文化中却有相当的分量。与儿子即厄尔·格拉德（Earl Gerald）分别后，她一夜之间在埃妮山上种满了豌豆。过去的仲夏前夜（现在可能还有），农民会在她的小山周围插上干草火把来拜祭她。然后他们去自家的田地或草场，在庄稼和耕牛上方摇着火把，保佑来年大丰收。费茨格莱德收集关于她的当地传统文化[②]，据他讲述，有一晚因一个邻居死了而省去了该仪式。但是晚上农民看到空前规模的火把环绕着那座山，埃妮本人位于最前方，指挥着整个仪式。

在另一个圣约翰夜，许多女孩在山上熬夜看火把，并且还加入其中。突然埃妮在她们中间现身了。她感谢她们为她所做的一切，但是她希望她们现在回家，这种希望就如同她们对这座山所寄存的期望一样。她让她们懂得了她对于大家意味着什么，因为她召唤了一些女孩，让她们看一枚戒指。一旦看到这枚戒指，这座山就会出现，上面还会涌现很多人。

阿尔弗莱德·纳特（Alfred Nutt）说："我们这儿沿袭着一古老习俗，该习俗一直为一支古老的力量所推崇。除了在盖尔顿（Gaeldom），没有发现其他地方有仙人怀孕的例子了。这种受人尊崇的力量会保证礼仪祭祀活动顺利推行上千年。"[③]

---

① 格拉德是苔斯蒙德（Desmond）第四位伯爵。据说他于 1398 年突然失踪。传说他仍然生活在洛克古尔水底，每隔七年他会骑着白马沿岸行走。从他用盖尔语谱写的诗行《机智与绝妙》中可知他是"诗人格拉德"。法术、诗歌和科学在古爱尔兰人眼中是同一概念。参见 D. Fitzgerald 所著《爱尔兰流行故事》中的"凯尔特之路"一章。

②《爱尔兰民间故事》由费茨格莱德编写，参见《凯尔特讽刺剧》第四卷。

③ 参见《布兰之行》，第 2 卷，第 219 页。

# 斯尼埃德和知识之井

有一个奇妙的神话，尽管它意在说明香浓河（Shannon）名字的来历，但是它同时表现了凯尔特人对诗歌和科学的崇敬，这其中也包含对他们面临危险的警告。据说李尔的儿子罗丹（Lodan）之女斯尼埃德（Sinend）女神来到一口名为科恩拉（Connla）的井前面。这口井位于海底，即仙地的长生岛。吟游诗人的诗歌这样描述它："那是一口井，井边是智慧和灵感的榛树，那是诗性、科学的榛树，它们同时发芽、开花、结果，然后在同一阵雨中倒在井上，由此从水里升起一股紫色的巨浪。"我们不知道斯尼埃德忽略了什么礼仪或准备，当她来到这口井前时，那愤怒的井水冲出来缠住她，一直把她冲到香浓河岸边。因她死于此地，该河由此得名。[①]

所有爱尔兰传说都流传着这个关于灵感和知识榛树的神话以及与泉涌而出的井水的相关意义。爱尔兰诗人罗素（G. W. Russell）先生甚至还为此赋诗一首：

山侧的草隅处有一座木屋，
窗门敞开，友善的星星可以看到它，
兔子可以蹦跳进去戏耍，
风儿可以自由穿行，
在山上漫行的人在此就是无上的君王。

当日薄西山，紫霞满天，
我想着那神圣的榛树正在这儿落果，
繁星般果实在科恩拉井溢水上方摇曳，
我确信，不死之水随风流淌。

我想着当夜幕合帷，露珠在摇曳中战栗时，
高妙却孤独的思想会如何震颤我的灵魂。
仅是一颗闪亮的浆果在紫色的空中跌落，
还是从神奇的生命之树，果实纷落，满地都是。

---

① 爱尔兰语 "Sionnain"。

# 米莱西安人的到来

第二次摩伊图拉战争后，达纳族统治爱尔兰，直到米莱德的后裔米莱西安人出现。在爱尔兰传说中他们被视为真正的人类，但若追溯他们的来历，他们就像爱尔兰侵犯者一样，都有着神话式的神圣家族源头。米莱德是凯尔特雕塑之神，也是比勒（Bile）之子。他的名字源于匈牙利语。比勒就像巴罗一样，是死神的众多名字之一。它们源于"西班牙"——这个词后来经常被理性的历史学家在探考死亡之地时援引。

他们来爱尔兰的方式如下描述：米莱德的祖父伊斯（Ith）居住在他父亲布里根（Bregon）在"西班牙"建造的巨塔中。一个晴朗的冬日，他看见远处的爱尔兰岛海岸，便决心航行涉足那块未知地。

他带上九十名武士开始了航程，在西南方的康卡蒂纳（Corcadyna）登陆。联系这段故事，我且先引一段来自阿布亚写的《爱尔兰神话故事群》（*Irish Mythological Cycle*）中的描述[1]："距今 120 年前的普鲁达克（Plutarch）以及生活在公元 6 世纪的普罗克尤斯（Procopius）曾援引一位不知名作家所言，'死亡之地'大不列颠的最西端，在东边被一堵不可逾越的墙隔开。传说在高卢北海岸，生活着众多水手。他们的工作就是把死人从大陆扛到他们在不列颠的终留地。水手们在夜间被神秘的低语声唤醒，然后起身走到海边。他们发现等他们的船只不是他们自己的。[2]而且，那些隐身人的体重足以让船只沉至船舷的位置。一种版本说，他们上船时都带一支船桨，一小时后便到达目的地。另一种版本叙述，尽管他们的船有帆助航，但仍然需要至少一天一夜到达不列颠海岸。到达另一海岸时，隐形人登陆，于是这些空船浮得比浪还高。随后会听到一个声音点新来者的名字，这些人就是刚刚加入死亡之地的居民。"

船桨一划，至多一小时的航程就足以完成午夜的行程。它将来自高卢大陆的死人运到他们的终留地。实际上，一些神秘的律例在夜间会创造出长时段的时间间隔，这就在白天将活人同死人分开了。这些律例

---

[1] 由 R. I. Best 翻译。

[2] 太阳船在史前雕刻中出现过。参见本书第二章中"纽格兰治的船形标志"。注意：尽管凯尔特魂灵不可见，但他们都是存在且有重量的；他们与 Vergil 和 Dante 的魂灵不同。

在美好的冬夜里还帮助伊斯从死亡之地的布里根塔观看爱尔兰岛或那边的生活。这种现象只在冬天出现，因为冬天有夜晚的感觉：冬天，如同夜晚，会缩短生者和死者之间的距离；冬天，如同夜晚，会给死者一种生的气息，会缩小横亘在生死之间的深渊。

据说那时，爱尔兰由三个达纳国王统治。分别叫马克·丘伊（Mac Cuill）、马克·西特（Mac Cecht）和马克·格勒（Mac Grene），他们都是达格达的孙子。他们的妻子分别是班巴（Banba）、福赫拉（Fohla）和埃利欧（Eriu）。凯尔特风俗——三位一体中构想的圣人在此得到很好的体现。三位一体代表同一人。其性格看他们其中一人的名字便知晓，他就是太阳之子马克·格勒。三位女神的名字在不同时期都曾被作为爱尔兰的名称，但只有第三位埃利欧一直保持了下来，作为埃利欧和与格形式的埃琳（Erinn）至今仍然被作为爱尔兰国诗化的名称。埃利欧是马克·格勒的妻子。据阿布亚叙述，太阳神、日神、生命和科学在这块土地上共生共荣。

伊斯登陆之后，发现达纳国王内特（Neit）刚刚在同弗魔族战斗中被杀害，他的三个儿子，马克·丘伊及其他两个都聚在康唐格尔（Co. Donegal）的艾里克（Aileach）要塞，计划分割这块土地。

一开始，他们很欢迎伊斯，并请他帮忙解决领土分割问题。伊斯对这块新垦地提出了自己的建议："说实话，你们的国家非常富庶，遍地水果花蜜，可谓鱼米之乡，气候宜人。"因为这句颂语，达纳人认为伊斯对他们的土地有所企图，便把他抓起来并处以死刑。他的朋友们为他收尸并用他们的船把尸体送到"西班牙"；米莱德的后代盛怒之下决心进攻爱尔兰为其报仇。

他们共有三十六位将领。每位将领都拥有自己的船只，他们的家人和随从也在船上。据说途中有两人死亡：一个是米莱德的儿子，他在爬上桅杆眺望爱尔兰时不慎落水身亡。另一个是米莱德之子、诗人埃摩根（Amergin）的妻子斯基娜（Skena），米莱西安人把她葬在他们登岸的地方，并用她的名字把这个地方取名为伊恩斯基娜（Inverskena）——这就是康科里肯迈河（Co. Kerry Kenmare）以前的名字。

五月一日即农历十七，星期四，米莱德的儿子们抵达爱尔兰。帕特兰（Partholan）也于五月的第一天到达爱尔兰，但太阴历的日期有所不同。也是在那一天，那里发生了瘟疫，一周之内他的民族遭受灭顶之灾。所以，五月一日是死神贝尔特尼（Beltene）圣日，他予人类以生机却又横夺之。因此米莱德的儿子们选择这天攻打爱尔兰。[1]

# 诗人埃摩根

据说诗人埃摩根踏上这块土地时，便吟出下面这首奇怪而神秘的曲子：

我是吹过海面的风，

我是海洋中的波浪，

我是波涛的低语，

我是七次搏斗中的公牛，

我是岩石上盘旋的秃鹰，

我是太阳的一缕光线，

我是星球上最公平的人，

我是一头英勇的野猪，

我是水中的鲑鱼，

我是草原上的湖，

我是能工巧匠，

我是科学之道，

我是挑起战争的枪尖，

我是创造人们脑海中思想火花的神。

如果不是我，是谁领导了山巅的集会？

如果不是我，是谁说出了月亮的年龄？

如果不是我，是谁指引了使太阳落山的地方？

我主要参考的是阿布亚的翻译，他对这首歌的解说大致如下：“该歌词关于诗人的基本思想及其他观点表达得比较杂乱，但是他的意思是清晰的：诗人代表科学，他是赋予人类思想火花的神；因为科学与科学对象并无区别，且神和自然是合而为一的，于是诗人的生命与风、波浪、野生动物以及勇士们的武器息息相关。”[2]

---

[1] 参见阿布亚：《爱尔兰神话故事群》，第 136 页。贝尔特尼是现代爱尔兰语中“五月”的意思，源于古爱尔兰语中合成词“epelta”，“死亡”之意。

[2] 阿布亚：《爱尔兰神话故事群》，第 138 页。

在另外两首诗中，埃摩根援引爱尔兰岛的地理特征来佐证他的思想：

> 我唤醒爱尔兰土地，
>
> 水波粼粼的海洋，
>
> 肥沃丰饶的山脉，
>
> 轻盈漫行的风，
>
> 物产丰富的河流，
>
> 以及翔游湖底的鱼！

## 埃摩根的判决

米莱西安人登岸后在塔拉找到了正等候他们的达纳族三位国王。他们要求国王让出该岛。达纳族要求给他们三天时间考虑是让出该岛、臣服对方还是交战。他们把这一定夺权交给了埃摩根。埃摩根说出了自己的判决——"第一判决已经为爱尔兰岛民所知"。他同意下面的观点：米莱西安人不应该偷袭对方，他们应该先退到离海岸九个浪头远的地方，如果他们能够再次靠岸，并战胜达纳人，该岛就完全属于他们。

米莱西安人同意了。当他们登船刚撤出九个浪头的距离时，达纳人就施巫术唤起了云雾和雷雨。于是他们看不见爱尔兰岛，船只能在海上茫然漂行。

为了确认他们的遭遇是天意还是对方有意为之，他们派一个叫阿拉南（Aranan）的人爬到桅杆顶部看看岛那边是否也起风。那个人从桅杆上坠了下来，但在临死之际，他对同伴们喊道："那边风平浪静！"诗人埃摩根在所有关键时刻都是领头人，他给爱尔兰这块土地下了咒语。风平浪静之后他们高兴地掉转船头向岸边驶去。但是其中一位米莱西安领主大发雷霆，因为他认为这是将爱尔兰居民置于死地。暴风雨再次作起，许多米莱西安船只沉没了，黑艾波（Eber Donn）的船只就是其中之一。最终剩下的人在博因河口靠岸。

## 达纳族战败

随后，他们同达纳人在泰尔镇（Telltown）的战争开始了。达纳族的三位国王、王后以及他们的众多子民都惨遭杀害。米莱德的后代——传说中最后一批爱尔兰侵略者——开始统治这块土地。但是达纳人民并未退缩，他们用魔法给自己造了隐身衣。此后就有了两个爱尔兰岛：一个是精神上的，一个是现实中的。达纳人居住在前一个岛上，这个岛是他们伟大的领主达格达奠基的。世人能看到绿色的土丘和防御墙以及堡垒或坟墓遗迹的地方，就是这些战败亡灵的仙宫所在地；他们在此狂欢，沐浴着永恒的阳光，享用着永葆青春和美丽的神奇酒肉；他们时不时还会同人类通婚或战争。在古代神话叙述中，他们是英雄和美丽的象征。后来，随着基督教势力日益壮大，他们沦为小精灵，即希族（Sidhe）[1]，但是他们的影响并没有消亡，直到今天，永生岛及其居民仍然活在爱尔兰农民们的想象中。

现代版妖精形象，
巴黎现代美术馆

## 达纳神话的含义

所有原始民族神话都有其象征符号。如果能挖掘其象征意义，我们就可找到该民族产生的历史和精神特征的线索。吟游诗人的诗歌中达纳神话的影子相当明晰，尽管其在历史长河中有所改变。达纳人代表了凯尔特人对科学、诗歌以及艺术技能的尊崇，以及对光明力量的神格化。他们同弗伯格人的战争是智慧战胜愚昧和无知的战争，即达纳族轻巧坚利武器同弗伯格人笨重滞钝的武器的较量。达纳族尖锐的长矛就足以证明其不会失利。比起同弗伯格人的战争，在同更加强大而危险的弗魔族的争斗中，我们可以更明显地看出其所暗含的正邪之争的意味。

弗魔族不仅是愚昧无知而且是暴政力量、残忍以及贪婪的代表——他们代表的是道德缺陷而非智商愚钝。

---

① 发音为 "shee"，意思是 "仙山的民族"。

## 米莱西安神话的意义

然而，有关达纳人同米莱德的儿子们战争的神话很难讲清楚。光明和美丽之主掌管所有的思考力量（如神话和占星术），但他为什么要臣服于人类并为难以取悦的人类后代们所吸引？米莱西安人出现时，其力量的弱化意味着什么？米莱西安人并不站在黑暗势力的一边，他们有埃摩根引导，埃摩根是诗歌和思维的象征者。他们在爱尔兰贵族中受到最高的尊崇，这些家族都会从他们之中追溯其祖先。那么，光明王国是自己分裂的吗？如果不是，我们又如何追溯爱尔兰人民心中米莱西安人入侵和胜利神话的理念？

我认为，这一谜团唯一的答案可能是米莱西安神话起源要比其他神话起源晚得多，且它是基督教影响的产物。达纳族占有该国，但是他们属于异教徒——他们不能代表这个基督教统治时代爱尔兰的祖先。在某种程度上而言，他们被迫退出，由另一个弱小的民族取代他们。来自"西班牙"的米莱西安人具有达纳族的主要特征，只是比其更人性化。后者与早期基督徒立场对立，但是在关于他们当政期间的故事中他们却广受赞誉，该岛就是以他们其中一个命名的。一个征服者因为对他们太残忍而被处以死刑并剥夺了土地拥有权。他们在这块土地上定居下来，并施展魔法，这样人类就看不见他们。他们不再是神，但又高人类一等。据说他们经常往来于他们的仙宫并享受基督徒的荫庇和上帝的福佑。在结束本章之前，我们再讲述两个关于达纳人救赎的故事。

第一个是关于李尔儿女变身的奇幻而美丽的故事。

## 李尔的后裔

李尔是一位达纳神，他是海神玛那南的父亲。玛那南在米莱西安时期的神话故事中频繁出现。他曾先后娶了两个妻子，第二个叫奥伊菲（Aoife）[①]。奥伊菲终身无子女，但李尔第一位妻子育有四个孩子——三儿一女。女儿叫费昂努娜（Fionuala）[②]。李尔十分疼爱孩子们，这令孩子的后母妒火中烧，决心致他们于

---

[①] 发音为"Eafa"。

[②] 这个名字意思是"正义之肩（Fair Shoulder）的侍女"。

死地。据说达纳族尽管在正常情况下会长生不老，但是他们也会暴死于同类甚至人类之手。

罪恶的念头一生，奥伊菲就带着这四个孩子前往邻国达纳族国王红波夫的领地。到达韦斯特米斯郡（Westmeath）的得利菲拉（Derryvaragh）湖边旷野后，她命令随从杀死孩子们，但是他们拒绝这样做并谴责她。于是她决心亲手杀死孩子们。但是据传说，"她的母性战胜了她的歹心"，最终她没有杀他们，而是用巫术把他们变成四只白天鹅，并诅咒他们：三百年在得利菲拉湖上度过，三百年在莫以尔海峡（位于苏格兰和爱尔兰之间）上飞翔度过，三百年在埃里斯（Erris）和伊尼斯格里（Inishglory）附近的大西洋度过。"等南女同北男通婚后"，该诅咒方能解除。

当奥伊菲回到波夫宫殿却不见四个孩子时，她的恶行才被识破。波夫把她变成"气体的恶魔"（a demon of the air）。她尖啸而去，从此再也不曾在故事中出现。李尔和波夫找到了那四个变成天鹅的孩子，并发现他们非但会说人话，还保留着达纳人特有的音乐天分。于是该岛四周国民都前往得利菲拉湖边听他们曼妙的歌声并同天鹅交流。那段时期，这块土地一派祥和安宁。

但是他们终究还是要离开。他们不得不前往北部沿海，在悬崖以及海上开始他们艰险的生活。他们知道，等待他们的是无尽的孤独、寒冷和风暴。他们不能上岸，无数寒冷的冬夜，他们的羽毛冻结在岩石上，他们还经常被暴风雨打散。正如费昂努娜所唱：

> 奥伊菲对我们真是残忍，
> 她对我们施诡计，
> 将我们变成雪白的天鹅，
> 把我们赶至水上。
> 我们在盐水泡里沐浴，
> 那海湾四周红岩环绕；
> 我们不能在父亲的桌旁品蜂蜜酒，
> 只能饮蓝色的咸海水。
> 三个男孩和一个女孩，
> 在冰冷的崖际栖息。
> 那坚冷的岩石，
> 让人类生畏。
> 今夜我们满心悲恸。

费昂努娜是姐姐，她母亲般悉心照顾自己的弟弟妹妹。霜冻的夜晚她用自己的羽毛给弟弟妹妹取暖。等到最后一个三百年时，他们飞往迈伊欧（Mayo）西岸，在那儿也经受了无数艰难困苦。那时米莱西安人已来到这块土地。一个叫艾维利克（Eviric）的年轻农民住在埃里斯海湾的岸边，他发现了他们并同他们成为好朋友。他们给他讲述了自己的身世。他们的故事就是通过这位农民得以流传至今。据说，这个诅咒至尾声时，他们决定飞往父亲李尔的宫殿。据说李尔的宫殿在阿马郡的白费尔德（Armagh White Filed）山上，他们想知道父亲过得怎么样。他们不知道米莱西安人来过，他们惊讶地看到那座青丘上葱郁的灌木荆棘，却唯独不见父亲的宫殿。我们理解他们为何眼噙泪花，因为等待他们的不是回归永生岛，而是更严酷的命运。

　　在埃里斯海湾，他们第一次听到基督教的钟声。钟声来自一位隐士建造的教堂。天鹅们一开始被这"细长而充满恐怖"的声音吓住了，但是慢慢同隐士熟悉后，他们把自己的故事告诉了他。隐士给他们教导信仰，之后他们同隐士一起在教堂唱歌。

　　现在我们说芒斯特有"南女"之称的迪欧卡（Deoca）公主。她被许配给了康纳希特一位叫莱尔戈恩（Lairgnen）的首领。她要求婚者去找寻那四只拥有绝妙歌喉的天鹅，并将其作为结婚礼物送给她。莱尔戈恩找到了那位隐士，但隐士拒绝了他的要求。那位"北男"便强行用隐士圈养他们的银链子把天鹅抓走，送给了迪欧卡。这就是他们最后的一劫。刚一见到迪欧卡，天鹅就开始了可怕的变形。他们开始脱落羽毛，但并非变成达纳神族的光辉形象，而是成为身材萎缩、头发花白、可怜兮兮的四个老人。莱尔戈恩吓得跑出了宫殿，但是隐士立即赶过来给他们洗礼，因为他们就要见死神了。费昂努娜说："请将我们埋在一起。把科恩（Conn）埋在我右边，菲亚希拉（Fiachra）在我左边，休（Hugh）在我前面，就如我们习惯的那样，这样在莫以尔海无数酷寒的冬夜里我就可以保护他们了。"他们被如愿安葬，并升入天堂。但是据说隐士一直为他们伤心到死。

　　所有凯尔特神话中，李尔儿女的神话是最凄美的一个。

## 艾琳娜的故事

　　凯尔特诗人的想象力总是对这些演变的故事有很大的兴趣。这些故事的主题是异教教规如何同基督教相协调。这一点在我们下面要讲的艾琳娜（Ethne）的故事中得到了很好的体现。据说李尔王之子玛那南（Manaan mac Lir）有一个女儿过继给了达纳王子安古斯。王子的仙宫位于布鲁夫·纳·波尼亚（Brugh na Boyna）。这著名的阴森坟墓就是位于现在的博因河旁边的纽格兰治。与此同时安古斯的管家为他生了一个女儿叫艾琳娜。艾琳娜被分给了年幼的公主当侍女。

艾琳娜出落得可爱端庄。但是后来有人发现她从来不吃东西，而其他人都同平常一样食用玛那南的神奇猪肉。这种猪肉可能至今还有人吃，将来也还会成为节庆日的食物。玛那南被迫道破这个秘密，于是就有了下面这个故事。一位达纳首领前来参见安古斯时，被那个女孩的美丽打动，便企图占有她。这唤起了艾琳娜纯洁精神里面适应于人却不为达纳神所知晓的道德品质。正如故事所述，真神天使取代了她的"保护神"。此后她不再吃仙宫的任何食物，只接受上帝意志的滋养。然而，一段时间后，玛那南和安古斯东游回来，带了两头永不停止产奶的母牛。这两头母牛来自神圣的土地，艾琳娜从此就靠喝它们的奶为生。

据说这个故事发生在爱尔兰岛首任米莱西安族国王埃勒蒙（Eremon）当政时期。他与大卫王同属一个时代。因此圣帕特里克到来之时，艾琳娜有一千五百岁左右了。达纳民族从年幼发展到成熟，以后便不再理会时光流逝。

夏日里，达纳公主的侍女艾琳娜和女伴们一起去博因河洗澡。待她们穿好衣服后，艾琳娜惊讶地发现自己失去了隐身纱（这决定了她的命运）——据说隐身纱是神奇的护身符，它可以引导她进入达纳仙境，还可以帮她逃过凡人的眼睛。这样一来，她再也找不到回安古斯宫殿的路了，只好沿着河岸苦苦寻找同伴和她的家，但一切都是徒劳。最后她来到墙围着的花园旁，向墙内望去，只见园里有一奇特的石屋，还有一位穿棕色长袍的男人。那个男人是基督教修道士，那房子则是一个小教堂或礼拜堂。他邀请她进了园子。他听完她的故事，为她施行基督教的洗礼，使她成为人类的一员。

下面这段描述相当悲戚，它表达了早期爱尔兰基督教徒回首失去的异教世界时痛苦甚至后悔的心情。一天艾琳娜在博因河边的小教堂作祷告时，忽然听见遥远的空中有一阵急驰声响，还夹杂无数喊声，听起来好像是哭喊着她的名字。那便是一直寻找她的达纳亲人。

她跑出来想要回应他们，但因太激动而晕倒在地。过了一会儿，她苏醒过来。但自那天起，她就染上思乡病。不久便死在圣帕特里克的怀里。圣帕特里克给她举行了最后的仪式，并决定以她的名字科伊·艾琳娜（Kill Ethne）给教堂命名①。这个名字无疑是博因河畔某个真正意义上的教堂编写该故事时出现的。

## 爱尔兰的基督教和异教

　　无数可能相关的传奇事件叠加在一起，很好地表明了早期凯尔特基督教徒对古老信仰中诸神的态度，至少是爱尔兰地区的情况。他们似乎摒弃了这样一种观点，即在爱尔兰变化发展过程中，异教同残忍野蛮的行为联系在一起，基于此种联系，民族记忆回顾过去时总会带有恐惧和憎恶的情绪。

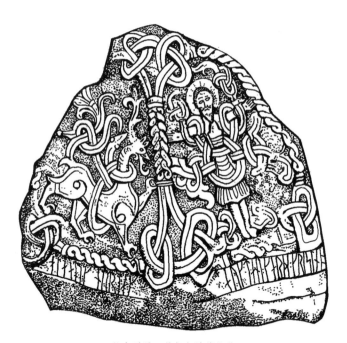

丹麦浮雕：基督与被缚之狼

---

　　①音节"Kill"出现在许多爱尔兰地名中（如 Kilkenny，Killiney，Kilcooley，等等），通常代表拉丁语"cella"，指修道院或教堂。

# 第四章　早期的米莱西安诸王

## 米莱西安人入侵后的达纳神族

米莱西安族的国王和英雄们占据了爱尔兰传奇历史的舞台。然而，正如我们所预见的，达纳诸神永远不会被人们遗忘。通常情况下，尽管近在咫尺，人们却无法进入他们美丽的家园。但有时人类也会打破这一隐形屏障，达纳神族也经常从另一边过来，人类会得到仙女新娘，而过一阵仙女则会神秘地离开，妇女们有时也会生出有神性血统的小孩。无论他们在前基督教的爱尔兰凯尔特文化中是何种形象，如果我们认为他们在传奇故事中的形象一直没变，始终就如我们今天将其视为神仙一样，那就大错特错了。他们大多时候都是光彩照人的，能永生不朽（但也有其局限），拥有神奇的魔法。但是，世界上没有任何一种道德能够主宰他们，（在吟游诗人的叙述中）也没有人崇拜他们。他们不会自然死亡，但是他们会被同类残杀或被人类杀害，总体来说，人类的力量比他们更强大。当与人类发生冲突时（此类冲突频繁发生），他们的力量来自诡计和幻想。此类冲突通常也是以人类获胜而告终。早期的米莱西安族的国王和英雄们，都被描述为具有强大超自然能力的人。因此，想要把他们和达纳神族区分开是很难的。

正如吟游诗里所塑造的那样，达纳神族比仙人更高贵，但最终会被人们普遍想象成仙人那样普通。正如荷马所描述的那样，他们据说介于这些神族和希腊神灵之间。但是，在爱尔兰，凯尔特人的崇拜像在其他地方一样，并不是他们理想中的力量与美诗化的人格化身，而是表现强大自然力量的自然现象——岩石、河流、太阳、风和大海。比如，在风和太阳下的誓言是最有效力的，或者借用其他自然力。在爱尔兰的誓言语中并没有达纳神族的名字，然而，在后世吟游诗人的表述中，更多的是在民间信仰中，普遍都认为达纳神族开始沦为仙人。与此同时，我们却发现，一个更加老成、更令人敬畏的形象开始在文学中出现。在文学中，他们显然原本是科学与诗歌的代表——人类的智慧。但是，在民间信仰中，一直以来，特别是在晚期的基督教时代，他们所代表的并不是智慧，而是土地的生殖力。就像《阿马书》里所写的那样，他们是土地神，农民向他们祈求土地肥沃，产量丰厚。他们的表述理念显然来源于初期的德鲁伊特教以及民间信仰；那些民间的、不被怀疑的旧有观念已经得到了有力证实。然而，用生动逼真的传奇故事来展现爱尔兰神话，比任何批判性的讨论更能显示其特点。现在，就让我们回到神话中去吧。

## 米莱西安族定居爱尔兰

当米莱西安族前往爱尔兰的时候，他们有三个首领——黑艾波（Eber Donn：Brown Eber）、白艾波（Eber Finn：Fair Eber）和埃勒蒙（Eremon）。其中第一位，正如其名，是不允许进入爱尔兰的，这是对他暴行的惩罚。战胜了达纳神族之后，剩下的两兄弟就让巫师埃摩根主持公道，为他们的胜利分得各自的头衔。

埃勒蒙较年长，但白艾波不听从他的安排，就这样在不断的纠纷和嫉妒之中，爱尔兰的历史也拉开了序幕。埃摩根判定爱尔兰的土地归埃勒蒙，直到他死后再转交给白艾波，但是被白艾波拒绝了，白艾波要求立刻划分新占领的领土。于是白艾波获得了爱尔兰南部一半的领土，"从博因河到科里娜波浪带①"。埃勒蒙占领了北部地区。即便如此，兄弟们还是互不相让，不久之后，他们挑起了内讧。白艾波被杀了，埃勒蒙成了爱尔兰唯一的国王，他在塔拉统治着这片土地。此前这个中央政权的位置一直以来都是爱尔兰人梦寐以求的，但从未实现过。

## 帝尔马与克劳姆·克里奇

帝尔马（Tiernmas）和克劳姆·克里奇（Crom Cruach）是埃勒蒙之后的国王，他们在自己的领土之内发动战争、砍伐森林，导致河流和湖泊暴发洪水。一直以来就很少有人记录关于帝尔马的统治，直到我们进入帝尔马的王国才有所了解。他是埃勒蒙第五十五代继承人。

---

① 科里娜（Cleena）是达纳神族公主，关于她的传说，一直以来都和科考克的戈兰道尔海湾（Bay of Glandore）相关联。参见本书第三章中"科里娜的波浪"。

据说帝尔马把对克劳姆·克里奇的崇拜引入了爱尔兰，并且在十一月前夜对这个偶像的祭祀中，献祭了自己和四分之三的臣民。那期间正是冬天统治世界的开始。残暴的新月神无疑是一个太阳神，但是在达纳神族里，没有谁能像他那样一下子被认出来。据说，帝尔马是第一个在爱尔兰找到金矿的人。他还开始用各种颜色区分人们的衣着。奴隶穿单色的衣服，农民的衣服有两种颜色，士兵是三种，有钱的地主是四种，省长是五种，皇家贵族则是六种。奥拉夫（Ollav）是巫师的一个阶层，它的意思和博士差不多，是博学之人——精通自然科学。奥拉夫具有和国王相当的荣誉，这是其一个典型的特征。

## 奥拉夫·佛拉

爱尔兰最著名的奥拉夫·佛拉（Ollav Fola）也是一个国王，他是埃勒蒙十八世，大约在公元前 1000 年退位。他相当于爱尔兰的莱克格斯（Lycurgus）或者梭伦（Solon），赋予了这个国家立法权，细分了立法机构，并在塔拉国王至高的统治下，正式分配了地方首领们的权利和义务。奥拉夫·佛拉还被认为创立了塔拉三年集会或节日，无论当初这是何用意，今天已经成为爱尔兰的重要节日。来自爱尔兰各地的诸侯和首领、吟游诗人、史学家和音乐家都聚集在此，编辑各氏族首领的家谱记录，制定法律，听取存在争议的案件，商定继承人等等。所有政治人员和立法人士在轻歌曼舞的宴会中感受到一种前所未有的轻松。法律严格规定，在塔拉聚会期间，一切敌意都必须抛之脑后，停止任何攻击，即便是进行一个法律程序，也是如此。奥拉夫·佛拉被认为是所有的政治制度和国家机构的创始者，就像葛班·史密斯（Goban Smith）是艺术和手工的创始人，埃摩根是诗歌的创始人一样。但是，与其他较为明显的神话人物相比，米莱西安族国王是否具有更多的现实性，这一点很难说。他应该是被埋葬在韦斯特米斯郡（Westmeath）拉夫克鲁（Loughcrew）的一个巨大的古墓里。

## 金贝与艾玛·玛恰的建立

约公元前 300 年的金贝（Kimbay）可以被看做历史的一个界标，"在他之前，所有的历史都是模糊的"，11 世纪的历史学家提尔纳（Tierna）凭借惊人的洞见如此写道①：在他之后的历史也有很多模糊之处，但毕竟有了更坚实的事实基础。在金贝的统治期有一件事实逐渐明了，我们知道了乌尔斯特王国建立的中心。艾玛·玛恰这个名字在爱尔兰学人中仍能唤起传奇式的华彩与豪情。今天已经被指认为阿马郡附近一个荒草覆盖的山地要塞。根据基廷（Keating）在《爱尔兰历史》一书中的词源学分析，"Emain" 一词来自 "eo"，即缝衣针，而 "muin" 则是脖颈的意思，因此这个词就相当于胸针，艾玛·玛恰的意思就是玛恰的胸针。爱尔兰人的胸针是一个金或铜的大圆圈，一个长针穿过其中，如同巨大的圆形防御物环绕着凯尔特人的碉堡，它如同一个女巨人的胸针，用来保护她的斗篷或者领土。②玛恰的传说讲述：她是红胡夫（Red Hugh）的女儿。红胡夫是一位乌尔斯特的君主，他有两个兄弟，分别是迪斯巴（Dithorba）和金贝（Kimbay）。他们商定轮流统治爱尔兰，红胡夫在先。但是在他死的时候，玛恰不愿放弃王国，于是就和迪斯巴发生争斗，最后迪斯巴战败被杀。而后玛恰用蛮横的方式迫使金贝和她结婚，当上了女王，统治整个爱尔兰。

我将用斯坦迪什·欧格兰狄的话来讲故事的结尾："迪斯巴的五个儿子被逐出了北爱尔兰，逃过了香浓河。王国的西部地区在密谋对抗玛恰，然后女王独自一人前往康纳希特。在森林里找到了五兄弟，他们穷途末路，躲在那里，正在用猎杀的野猪做饭吃，并在篝火前畅饮。她以其最冷酷的面目出现。作为战争女神，如同战争本身一样，她全身通红、严肃、可怕而又无比丑陋，但是她的眼睛却闪闪发光。五兄弟一个个被她的邪恶的美所引诱，又逐一被她制服。之后，他们被她背回了北方。她用胸针勾出艾玛·玛恰城的范围，那些防御城墙和壕沟都是这些王子们建造的，在她的奴役下，王子们就像奴隶一样被驱使干活。"欧格兰狄先生说："这个传说的内在含义就是，如果人类不能控制战争，那么战争就会控制人类；还有那些所有渴望成为爱尔兰贵族的人们，必须得到战神的保佑。"③我前面曾经提到过：玛恰就是达纳神族和人类混血的一个例子。

## 利瑞和考瓦克

下一个具有传奇色彩的重要人物是尤力尼大帝（Ugainy the Great）。传说他

---

① 见 *Omnia Monumenta Scotorum ante Cimbaoth incerta erant*。提尔纳卒于 1088 年，他是科隆马克努斯（Clonmacnois）修道院的院长，那所修道院是爱尔兰中部重要的修行和教育中心。

② 可以参照当代凯尔特作家萨缪尔·弗格森爵士（Sir Samuel Ferguson）的杰出诗作《寡妇的斗篷》（*The Window's Cloak*）等。

③《爱尔兰批评史》（*Critical History of Ireland*），第 180 页。

不仅统治了爱尔兰的所有地区，也统治了绝大部分的西欧地区。据说他和一个名叫柯赛尔（Kesair）的高卢公主结婚了。他有两个儿子——利瑞（Laery）和考瓦克（Covac）。利瑞继承了王位，但是考瓦克心存嫉妒，想尽办法要杀利瑞，于是就找巫师帮忙。利瑞对此怀有戒心，从不单独见他。巫师教考瓦克装死，他依计行之，然后让人传话给他的兄弟说他已经进了棺材，准备埋葬。利瑞闻讯赶到，弯下腰去看考瓦克时，考瓦克用刀刺向他的心脏，同时，也杀了陪他一起来的儿子——艾伊尔（Ailill）[1]。就这样考瓦克篡夺了王位，他的心病就此解除。

## 艾伊尔之子玛云传说

考瓦克非常残忍，他的统治充满暴行。然而，关于艾伊尔的儿子玛云的传说却有很多。

基廷讲道：玛云小的时候被带到了考瓦克面前，国王强迫他吃一部分他父亲和祖父的心脏，还有一只老鼠幼崽。考瓦克认为这会使玛云失去说话能力，变成哑巴，也就不会对自己造成什么威胁了，于是就放他走了。这个男孩就被带到芒斯特，进入法拉默克（Feramorc）王国，国王是斯高利亚斯（Scoriath）。他只在那里停留了一段时间，后来就去了高卢，那是他的曾祖母柯赛尔（Kesair）的国度。他的护卫告诉国王，玛云是爱尔兰王位的继承人，于是他受到了很好的招待，成长为一个高贵的青年人。但是法拉默克王国的国王的女儿茉莉塔（Moriath）爱上了他，于是她设法把玛云带回爱尔兰。她派父亲的竖琴师克雷丁（Craftiny）带着很多贵重的礼物和一封情书前去。在信里，她表达了对玛云的爱慕之情，克雷丁据此谱写了一首迷人的曲子。到了法国，他就设法进入国王的庭院，找机会把信交给了玛云。听到这美妙的曲子和炽热的言辞，玛云被深深地打动了，赞美之词禁不住脱口而出。就这样，他的哑病被治好了。高卢国王为他配备了一支军队，送他去爱尔兰夺回自己的王国。得知考瓦克在离丁莱（Dinrigh）不远的地方，玛云和他的军队对考瓦克发动了突然袭击，杀死了他身边所有的贵族和侍卫。之后，考瓦克身边的一个巫师问其中一个高卢士兵，谁是他们的首领。士兵告诉他是玛云。那个巫师吃惊地问："他能讲话了吗？"这个士兵说道："可以啊。"于是，"船长的嘴皮子"（Labra the Mariner）这个名字就跟艾伊尔的儿子有了关联，但是并不为人所知。后来玛云同茉莉塔结了婚，并

---

[1] 读作 "El'yill"。

统治爱尔兰十年。

伦斯特省（Leinster）的名字正是源于高卢人的入侵。[①]他们的军队手持长矛，长矛具有宽的尖部，是蓝绿铁做的，被称为利那（Laighne）。因为他们分配到了伦斯特的土地，并定居在那里，因此，人们称这个省为矛人省。

玛云退位之后，流传着一个奇怪的说法。据说，他每年只剪一次头发，通过抽签决定由谁剪，然后理发师就立刻被处决。这是因为，如同希腊神话中的国王弥达斯（Midas），他长着像马儿一样的长耳朵，但是他不会让人知道这个秘密。然而有一次被人发现了，按理应立刻处决。但是，这次的理发师是一个穷苦寡妇的儿子，寡妇失声痛哭，祈求国王不要杀她的儿子。国王被打动了，破例饶他一命，但条件是他必须向风和太阳发誓，不把自己所看到的说出去。理发师就发了誓，回到了他的母亲身边。但是这个秘密越来越让他备受折磨，他极度痛苦，奄奄一息，于是他的母亲请了一个博学的巫师来帮他治疗。巫师说："秘密就是致病的原因。只有说出真相，他的病才会好。让他沿着大路走，直到前面有个四路交会之处，然后向右转，在这条路的第一棵树那儿，说出他的秘密，之后就会完全恢复。"这个年轻人就按照他说的做了。碰见的第一棵树是柳树，他嘴唇紧挨着树皮，轻轻地把秘密告诉了它，然后就回家了。顿时，他和从前一样，一身轻松。可是不久后，竖琴师克雷丁摔破了他的竖琴，想做个新的，碰巧他找到的第一棵树就是藏着国王秘密的那棵柳树。他砍下树干，做了个竖琴，当晚仍照例在国王的宫殿里吹奏。令所有人吃惊的是，当竖琴响起的时候，所有会集的宾客都听到了一个的声音："国王长着马耳朵。"国王发现秘密被泄露了，就摘掉了头上的帽子。从此，再也没有人因为这个秘密而被处死。我们已经见识过克雷丁的乐曲的强大的威力，他先前曾治愈了玛云的哑病。关于音乐具有奇妙的魔力，能够表达超自然力，这种观念在爱尔兰传说中随处可见。

## 康纳瑞·摩尔的传说故事群

我们现在要进入的是关于或者围绕着至高无上的康纳瑞·摩尔（Conary Mor）国王的神奇传说故事群，这些传说充满了辉煌、神秘而又浪漫的气息，本书的

---

① 爱尔兰三个省名中结尾的"ster"来源于挪威语，是维京人征服爱尔兰的遗迹。只有康纳希特保留了它的爱尔兰原名。乌尔斯特（Ulster）来源于奥拉夫·佛拉（Ollav Fola），芒斯特（Munster）源于 Eocho Mumho 王，他是埃勒蒙之后的第十任国王，康纳希特（Connacht）则源于科恩（Conn）之子的领土，科恩被称为"身经百战"，死于公元157年。

篇幅远不足以完整表现其魅力。[①]

## 仙境中的伊腾

　　这一系列故事群早期发生在"不老之乡"，那是达纳族被米莱西安人驱逐之后生活的地方。米迪拉是达格达最引以为自豪的儿子，他是达纳神族的王子，住在斯里维·加拉里山上，他的妻子名叫芙纳什（Fuamnach）。后来他又带回来另一个妻子，她名叫伊腾（Etain），据说伊腾的美貌端庄举世无双，因此"美如伊腾"就成为夸赞女子容貌无双的谚语。芙纳什非常嫉妒她的情敌，就用魔法把她变成了蝴蝶，并且唤来一场暴风雨将她从宫中卷走，并且诅咒她七年之中都要在爱尔兰的国土上四处飘零、备受摧残。最后，一阵狂风将她吹到了博因河畔爱神安古斯的窗口，因为神仙之间是可以互相看到原形的，所以安古斯知道眼前是谁。但是安古斯却不能解开她身上的咒语，因此他为伊腾建造了一个遮阳棚，并且在周围种满了她所需的各种东西以及盛满蜂蜜的花朵，她就一直在那里生活。每天晚上，安古斯就用魔法将她变回原来的样子，与她共浴爱河。不料芙纳什又发现了伊腾的藏身之所，并发动暴风驱赶她继续四处飘零。这次好运又降临到了伊腾的头上。她被暴风吹到了乌尔斯特国王伊塔（Etar）的宫殿，掉进了王后的水杯里，被王后喝到了肚子里。她进入了王后的子宫中，并且瓜熟蒂落，作为一个凡人的孩子被生了出来。她逐渐长成花季少女，却对自己的本来面目和先祖的故事一无所知。

## 尤奇和伊腾

　　这个时候，正好爱尔兰的最高国王尤奇（Eochy）还没有妻子，贵族们劝他赶紧找个王后，他们说："如果你不这么做的话，我们就不带自己的家眷去参加塔拉集会。"尤奇派人四处寻找貌若天仙、出身高贵的少女来和他共享王位。被派出去的使者们报告说，伊塔家的女儿伊腾是全爱尔兰最美丽的女子，国王立

---

　　① 读者或许可以参照 A. H. 利希（A. H. Leahy）较为详尽的关于伊腾和米迪拉的传说（在其《爱尔兰的英雄传奇》中），以及其所著的《芬恩的英雄事迹》，以及 S. 弗格森爵士在其《诗歌》中所提到的关于康纳瑞的传说，这首诗曾被怀特雷（Whitley）博士推崇为爱尔兰人写作的最高贵的诗歌。

即赶去见她。这里出现了凯尔特文学中，甚至所有文学作品中最令人激动又辉煌灿烂的篇章。尤奇王在一个泉水旁边发现了伊腾和她的女仆们，当时她正要去洗头：

她手拿一把银梳子，梳子用黄金装饰；四只鸟儿围着她洗头的银盆翩翩起舞，盆子上也镶着闪闪发亮的红宝石。她裹着一浅紫色的斗篷，里面穿一件银流苏装饰的袍子，外面的那件斗篷用一个金别针别着。她穿的短衫带着可以遮住头的帽子，丝质的绿底儿上用金线绣着红花，光滑硬挺，在胸前用金扣子相扣，因此男人们的目光都被绿色丝绸和金子所反射的太阳光所阻挡。她的金发被分成两绺，每一绺又被分成四缕，每一缕发梢都系着一个金球。有一个女仆正在解开她的发辫，她正要洗头，双臂刚从斗篷的袖孔伸出来，她的胳膊白如月下新雪，脸颊则如花瓣般粉嫩，如珍珠般熠熠生辉。她的眼睛是风信子般的紫蓝色，她的嘴唇红润精致，她的双肩挺拔、柔软白嫩，她的手腕白皙娇嫩、光滑无比，她的手指柔白修长，指甲泛着美丽的粉红色。她的颈项白皙如雪，又如浪花掀起的泡沫，修长美丽，如丝般光滑。她的大腿笔直而光滑，膝盖圆润洁白，脚踝直得仿佛木匠的尺子，双脚苗条白嫩，如同大海中的泡沫。她的双眸对称，眉色深黛，仿佛甲虫的外壳。没有一个少女的美貌能够与她的媲美，也没有人能超过她的可爱，直到这时才刚刚进入男人的眼睛，仿佛是刚从仙界的城堡中走出来一般。[1]

尤奇王向她求婚，并带着她回到了塔拉。

## 艾伊尔的爱情故事

这位国王凑巧有位兄弟名叫艾伊尔（Ailill），看到伊腾之后，也陷入了对她的迷恋之中不能自拔，以至于相思成疾，命悬一线。这时，尤奇正在整个爱尔兰推行一项行动。他把自己的弟弟留在宫中，因为他已经病入膏肓。尤奇拜托伊腾照顾弟弟，并且吩咐她要做一切可能的事情来帮助他，如果他死了的话，要举行体面的仪式，并且在他的坟墓上竖起巨石。[2]伊腾前去探望这位兄弟，她问

---

①　我引用了 A. H. 利希（A. H. Leahy）从 15 世纪一份手稿中翻译过来的文本（《爱尔兰的英雄传奇》，第 1 册，第 12 页）。实际上这个故事在很多更古老的权威典籍里都能看到。

②　欧甘（Ogham）字母是由直线以特定的顺序排列而组成，根据是圆石的中轴之变化。在罗马字母被引入爱尔兰之前，曾经被用于墓葬题字和日常书写。

起他的病因，他用一个谜作为回答，但是最终他迷失在她的温柔中不能自制，说出了自己的心声。他对于那种无望之爱的渴望的描述是一首异常强烈的抒情诗。"比肌肤更贴近，仿佛与鬼魅作战，像洪水般不可阻挡，如深海中埋藏着的利器，又如面对回声的激情。"其中提到的"深海中埋藏着的利器"就是指爱情，它就像神话故事中玛那南王国的宝藏一样，美妙而无法获得。

伊腾此时也有些陷入了困惑，但她凭借自己天真的善良本性，还是决定，尽管她一点也不爱艾伊尔，但是她不能眼看着兄弟因为爱自己而死，因此就答应与他相好。或许此处我们应该理解她是被自己的仙女本性所驱使，忽略了善恶之分，为享受欢愉和苦难而来。应该说，尽管在爱尔兰神话中，"神仙"的道德观在达纳族和人类群体中都同样盛行，都会把某人斥为道德败坏。

伊腾开始安排在塔拉之外的房子与艾伊尔密会，因为她不会在国王的宫中进行她所谓"光荣的罪恶"。但是在约定的日期的前夜，艾伊尔沉睡不醒，错过了约会。一个幻影仍然以艾伊尔的形象出现在伊腾面前，但是仅仅冷静而悲伤地向她诉说自己的疾病，然后就离开了。当他们再次相见的时候，情况已经完全不同了。在深沉的睡眠之中，艾伊尔对于王后的邪念已经荡然无存。伊腾也发现，在可见的事实背后有她不能理解的神秘力量主宰。

## 高贵的米迪拉

解释随后出现。那个以艾伊尔的样子出现在她面前的就是她的达纳族丈夫——高贵的米迪拉。他如今以自己的真实形象向她求婚，形容美丽，衣着高贵，要说服她和自己一起飞回不老之乡，并且保证她从此以后不会受到迫害，因为迫害她的芙纳什已经死了。正是他在艾伊尔的眼睛里投下了魔法般的沉睡，他为了请回她而对仙岛的描述也是一篇很美的散文。

## 不老之乡

哦，金发的姑娘，能否和我一起回到奇妙之乡，那里音乐流淌，人们的头发如报春花般金黄，躯体如雪般洁白。

那里的人不分你我，牙齿雪白，眉毛乌黑，眼睛顾盼生辉，每个人的脸上都充满了花朵的光芒。

爱尔兰让人快乐，但与大平原比起来，只不过是荒漠。

爱尔兰的美酒醉人，但大平原的美酒更为甘醇。

在不老之乡，青年永远不会变老，这正是那里的神奇之一端。

流过的河流都平缓而甜美，各种蜜酒和烈酒到处流淌，那里的人们都洁白无瑕，妇女不经交媾而产子。

我们能看到世间的一切，人类却看不到我们；亚当的原罪之云将我们从他们的视线中挡开。

哦！姑娘，如果你愿意和我回去见我强壮的人民，他们将用最纯的金子为你加冕，最新鲜的猪肉①会被奉上，我们将共饮鲜美的牛奶和美酒，哦，金发的姑娘。

我不惜长篇引用这首不同寻常的抒情诗，就是因为尽管基督教和禁欲主义的思想已经掺入其中，它还是表现了异教和神话中关于永生乐土和冥府的观念。

尽管如此，伊腾还是没有准备好要同一个不知姓名、家世不明的陌生人远走高飞，离开国王。米迪拉告诉伊腾她是谁，并且讲述了她的全部身世，这些都是她现在的化身所不知道的。他还说，从伊腾在不老乐土出生到她作为一个凡人的孩子出生已经过去1012年了。最终，伊腾同意和米迪拉一起回到她原本的家乡，但必须要在国王同意分手之后。这样，米迪拉就不得不等待时机。

## 一场对弈

如我们前面提到的那样②，当米迪拉在塔拉山上见到尤奇王，就告诉国王自己是来找他下棋的，并且制造出银制的棋盘，上面镶嵌着金子和宝石。在爱尔兰，要成为一个国君或贵族，必须下得一手好棋。因此，尤奇王满怀信心地开始下棋。米迪拉让他赢了一盘又一盘。作为对输者的惩罚，米迪拉用魔法完成了诸如收回领土、清理森林，以及建造横贯沼泽的道路等任务，在这里我们能看出达纳神族早期被视为与农业和丰产有关的世俗神祇。最后，激起尤奇的贪心并让他确信自己技高一筹时，米迪拉提出了最后决战的建议，赌注将在比赛之后由胜者提出。这次尤奇输了。

---

①参照玛那南的神奇猪肉，那头猪每天被杀死和吃掉，第二天又会完好如初，它的肉可以保证达纳人青春永驻。

②参见本书第三章中"骄傲的米迪拉"。

尤奇说："我把赌注输给你了。"

米迪拉回答道："如果我想要赌注的话，我早就赢了。"

尤奇说："那么你到底想要我给你什么？"

米迪拉道："我要将伊腾揽入怀中并且得到她的一个吻。"

国王沉默良久，然后说道："从今天开始，一个月之后你来吧，你想要的东西就会赐给你。"

## 米迪拉和伊腾

尤奇王出现了不祥的预感，到了约定的日子，他在塔拉周围布满军队来阻止米迪拉进入。但这一切都是徒劳：当国王刚刚在宴会上坐定，伊腾把酒递到他手边时，米迪拉忽然出现，他光彩夺目，一下就站在了他们中间。他左手拿着矛，右手环抱伊腾，这对璧人缓缓升入空中，并且从王宫的顶窗上消失不见了。被激怒的国王和他的侍卫们冲出门外，只看到两只白天鹅在王宫的上空盘旋，然后飞向了仙山斯利乌纳蒙（Slievenamon）。

就这样，伊腾王后回到了她的仙族之乡。

## 与仙界的战争

尤奇还是不肯接受失败，于是接下来发生了我认为是继达纳族被驱逐以后最早的一次与仙界的战争记录。尤奇四处寻找自己的妻子，找遍了爱尔兰都没有找到，他向巫师达兰（Dalan）求助。达兰竭尽全力想要找到王后的下落。最后他施行了一种运用奇特力量的巫术："他用紫杉做了三根魔杖，在魔杖上用欧甘文字写上了咒语，他利用自己所掌握的智慧密钥以及欧甘文字发现伊腾在一个叫布里·雷司（Bri Leith）的仙山上，是米迪拉把她背到那里去的。"

尤奇集合他的军队前去摧毁了这座米迪拉的王宫所在的仙山。据说他用了九年时间，挖掉了一座又一座的山，但米迪拉与他的族人们则很快就修复了被破坏的仙山。最后，米迪拉前往最后的据点，想要通过阴谋获胜。他说自己可以放弃伊腾，把她连同十五个女仆一起送到国王面前，她们的打扮一模一样，尤奇没法分辨出哪个才是真正的伊腾。但是伊腾自己给了国王一个记号以便他能认出自己。这个故事的动机以及仙女选择凡人而非神族让我们想起印度关于达摩雅缇与娜拉的美丽传说。尤奇赢回了他的王后，从此相伴度完余生。此后十年，她还给国王生了一个女儿，名字也叫伊腾，长得非常像她。

## 康纳瑞·摩尔的传说

从伊腾的故事引出了伟大的国王康纳瑞·摩尔的故事,他在爱尔兰传奇中作为光辉、力量和慈善的无上代表而熠熠闪光。他被推翻和他的死亡都是由被尤奇摧毁家园的达纳族报复性的围攻而致。关于康纳瑞之死的故事是所有爱尔兰传说中最为古老和原始的故事之一，但是却充满了难以匹敌的超拔想象。对于这个传说，伊腾和米迪拉的故事可以被看做爱尔兰人所说的 priomscel，即前传，交代与事件相联系的更为遥远的根源。康纳瑞·摩尔的家谱能够帮助读者更好地了解事件中的各种联系。

尤奇＝伊腾

康马克（Cormac，乌尔斯特的国王）——伊腾（小伊腾）

埃特斯科（Eterskel，爱尔兰的国王）＝麦斯布哈拉（M essbuachalla，牛倌的养女）

康纳瑞·摩尔

## 盖什律法

关于康纳瑞的故事第一次让我们了解了盖什律法或规约，此后它在爱尔兰的传说中扮演着非常重要的角色，对盖什的打破或坚守往往成为叙事的转折点。因此这里必须专门向读者解释一下这个特别的传统究竟是什么。

蒂尼（Dineen）的《爱尔兰词典》中对盖什（geis 读作 "gaysh"，复数为 "gaysha"）一词的解释是："一种联系，一种咒语、禁令或者禁忌，一种魔法的禁制令，对它的打破会导致不幸甚至死亡。"[1]每一个爱尔兰首领或者名人都有自己不能打破的特定的盖什。这些盖什规约有时候可以参照骑士制度中的某些符号，比如德莫特的爱之标记，当他被葛拉妮雅所吸引要带她离开芬恩的时候就是在遵从不能拒绝保护女人的盖什。它们也可能是彻底的迷信或者奇谈怪论，比

---

[1] 这些所引用到的意义可以从这个字典中对 "geas" 一词的不同变体的解释中找到。

如康纳瑞的一个盖什规约就是在路上不能跟在三个红衣人后面，也不能杀死鸟类（我们即将看到，这是因为他的图腾是鸟）。对于乌尔斯特的冠军罗伊之子弗格斯（Fergus mac Roy）来说，他不能拒绝宴会的邀请就是一个盖什规约。这就开启了乌斯纳克（Usnach）之子的悲剧。关于盖什是由谁设定的以及每个人如何发现自己独特的盖什很难说清，但所有这些无疑都是巫师的事务。它们又被看做神圣的职责，因此最为悲惨的命运都被视为是因为打破了这些禁忌。最初，这些禁忌肯定是被视为用来保持个人和异己世界——比如仙界——之间的正常联系，类似于波利尼西亚那种广为人知的塔布（tabu）习俗。但我还是倾向于使用爱尔兰词语来描述爱尔兰习俗。

## 牛倌的养女

我们现在回到伊腾的曾孙康纳瑞的命运上来。她的女儿小伊腾，就如我们在家谱中看到的那样，嫁给了康马克，他是乌尔斯特的国王。她只给丈夫生了一个女儿，此后再无子嗣。康马克对她的不孕不满，又非常想得到子嗣，于是就抛弃了小伊腾，并且下令将她生的婴儿扔到坑中。"于是两个奴仆将她带到了坑边，可是就在他们要将她扔进坑里的时候，她突然朝他们一笑。"[①]他们顿时就不忍心扔下她让她等死了，于是把她交给了埃特斯科（Eterskel）的牛倌，而埃特斯科正是塔拉之王。牛倌一直将她教养成人，"直到后来她成长为一个优秀的绣花女，爱尔兰没有一个国王的女儿比她更可爱"。因此她的名字就叫做麦斯布哈拉（Messbuachalla），意思是牛倌的养女。

由于害怕她被发现，牛倌把她藏在一个只有屋顶开口的柳条房里。但是埃特斯科国王的一个随从很好奇，就爬上屋顶往里看，看到了爱尔兰最美的少女。他把这个消息告诉了国王，国王下令在房子的墙上开洞，以便能找到少女。因为国王没有子嗣，而他的巫师告诉他一个不明族群的女子将会为他生个儿子。于是国王认定："这就是预言中属于我的女子。"

## 康纳瑞的孕育和出生

在她被放出来之前，一位来自不老乡的居民曾经来看过她。一只大鸟从她房

---

① 引自怀特雷·斯多克的译本《凯尔特短剧》（*Revue Celtique*），1901 年。

树精与鸦神，凯尔特人的精灵和神无处不在

顶的窗户飞进来，落地之后鸟的羽毛开始脱落，变成了一个光彩照人的年轻人。正如达娜、丽达和巴洛尔的女儿恩雅一样，小伊腾也爱上了神。当他离开的时候，告诉她说，她将被带到国王那里，但她将为她的达纳情人生一个儿子，孩子要取名叫康纳瑞，他不能捕杀鸟类。

康纳瑞诞生了，他长成了一个睿智又高贵的年轻人，被一个叫做德萨（Desa）的地主收养，德萨的三个曾孙都和他自小一起长大。他们的名字分别叫弗里（Ferlee）、弗加（Fergar）和弗洛甘（Ferrogan），据说康纳瑞非常喜欢他们，用自己的智慧教导他们。

## 诸王之王康纳瑞

埃特斯科王去世了，必须选定一个继承人。在爱尔兰，长子并没有继承王位或统治权的天然权力，而是要由家族来选择一个当时最有能力和最杰出的人。在这个故事中我们发现了一种以奇特的预言的方式来选择继承人的例子。他们举行了一次公牛节，即杀掉一只公牛，预言者吃肉喝汤，然后躺到床上，他的耳边响着强烈的真实咒语。他在梦中所看到的人就将成为国王。于是，正如怀特雷·斯多克所讲的：人间的祭司喝过新鲜的牛血之后爬到山洞中去预言。他从梦中惊叫着醒来，他看到一个赤裸的男人朝塔拉走去，弹弓上还有石块。

于是公牛节就在塔拉如期举行了，但是当时康纳瑞正在利菲河平原上和他的三个兄弟玩游戏。他们分开了，康纳瑞朝都柏林走去，他看到一群颜色鲜艳的美丽的鸟儿。他就赶着马车追逐它们，但鸟儿们一直轻快地飞着，直到海边都没有让他追上。于是，他下了车，掏出弹弓，准备射杀它们。鸟儿们顿时变成了身着甲胄的勇士，并且用长矛和剑向他进攻。

其中有一只鸟试图保护他，并且告诉他："我叫尼姆格兰（Nemglan），是你父亲鸟群的首领，你被禁止射杀鸟类，因为它们无一例外都是你的亲族。"康纳瑞说："今天我才知道这回事儿。"

尼姆格兰告诉他："你今晚就赶到塔拉去，那里正在举行公牛节，从此你将当上国王。一个全身赤裸的男人，在黎明时分出现在通往塔拉的路上，手里拿着弹弓和石块，他就能当上国王。"

于是康纳瑞脱掉衣服，连夜赶往塔拉。通往塔拉的各条道路的路口，都有首领们把守，等待预言中的人出现。当康纳瑞出现的时候，他们为他换上王袍并把他带回去，宣布他为爱尔兰的新国王。

## 康纳瑞的戒律

据说尼姆格兰给了康纳瑞一个长长的关于他的各种禁忌的清单。他说：

鸟的统治应该是尊贵的，以下这些禁忌你都必须遵守：

你不能在塔拉顺时针行走，也不能在布利加（Bregia）①逆时针行走。

你不能射杀塞纳（Cerna）的恶兽。

每到第九个晚上，你都不能离开塔拉。

你不能在太阳落山之后仍能透出火光的房间里睡觉，

也不能在一个从暗处看到光线的房间里睡觉。

你不能跟着三个红衣人进入王宫。

在你统治期间不能使用暴力征服。

在日落之后，不能允许任何人单独进入你所在的房间。

你不能介入两个仆人之间的争端。

康纳瑞就在风调雨顺、五谷丰登中开始了他的统治，当地人都认为他是一个好国王。在他统治下国外船队往来不绝，每个秋天都牛羊成群、鱼虾满河。"在他统治期间人们和平相处，每个人都觉得周围的人友善而亲切。春去秋来，国泰民安。"

## 复仇之始

但外来的力量打破了这种和谐。康纳瑞已经平息了所有的抢掠，而他的三个

---

① 布利加是塔拉东边的大平原，位于博因河与利菲河之间的区域。

养兄弟却生性蛮横，傲慢任性，到处横行，最终被现场抓住。虽然人们群情激奋，但康纳瑞还是没有判他们死刑，而是看在昔日养育之恩的情分上赦免了他们。他们被逐出爱尔兰，如果他们要抢劫，也只能在爱尔兰之外的地方。在海上，他们遇到了另外一个被放逐的首领独眼因瑟（Ingcel），他是不列颠国王的儿子。他的军队也加入了他们之中，一起偷袭了因瑟的父亲、母亲以及兄弟们正在做客的那个要塞，一夜之间，灰飞烟灭。接下来，因瑟要求他们帮自己夺回爱尔兰的土地，并且召集了另外一些被放逐的力量，其中包括七灵（the seven Manes）、艾勒尔（Ailell）的儿子们、康纳希特的梅芙（Maev），再加上弗里（Ferlee）、弗加（Fergar）和弗洛甘（Ferrogan），他们一起向爱尔兰进军，在都柏林靠近豪斯（Howth）的地方登陆。

　　与此同时，康纳瑞陷入了达纳神族的诡计之中，接二连三地打破了自己的戒律。他在芒斯特解决了自己的两个农奴的争端，看到整个国家笼罩在一片烟云火光之中，又连忙赶回了塔拉。他们认为敌人正自北方开始攻击他们的国家，为了避免与其正面相遇，康纳瑞和他的人马只好顺时针进入塔拉，并且在布利加逆时针前进。实际上，烟火都是仙族们制造出的幻象，他们正向这个在劫难逃的国王撒下一张大网。在经过布利加的路上，他一路跟随着塞纳的恶兽，想弄清它究竟是什么，直到最后他也没有追上。

## 达·德尔加客栈和三位红衣骑士

　　康纳瑞必须得找一个可以过夜的地方，他发现自己其实已经距离伦斯特郡国王达·德尔加的客栈很近了，这个故事正是因此得名。当达·德尔加出访塔拉的时候，康纳瑞款待过他，因此他决定去达·德尔加的客栈过夜。达·德尔加住在一个有着七扇大门的巨大王宫中，王宫位于今天都柏林附近，多尼溪（Donnybrook）通向南方的大路旁。当车队前行的时候，不祥的兆头就开始出现了，康纳瑞看到他们前面的路上有三位骑红马的红衣骑士。他想起了他的戒律中有一条是"三红"，于是就派了一个信使前去劝说他们走在后面，但是无论信使如何策马狂追都无法缩短他与红衣骑士之间的距离。于是信使就向他们喊话，让他们跟在国王的车队后面，但是他们其中一个人斜睨了他一眼，并告诉他等着看"客栈的好戏"。信使一遍又一遍向他们许诺说如果肯走在国王身后就能得到丰厚的奖赏，但他们其中一个用神秘而可怕的声音说道："哦，我的儿子，有重大的消息。我们的马儿疲惫不堪，它们原本来自仙山。虽然我们活着，其实已经死了。征兆已经显现，生命即将毁灭；渡鸦成群，乌鸦待哺，屠杀者熙熙攘攘。"他们从红色的马上下来，把马儿拴在达·德尔加客栈的门口处，然后在里面坐定。"德尔加"就可以被解释为"红色"。康纳瑞就这样在三个骑着红马的红色骑士的后面一路前行。他有预感地说道："我所有的戒律，今天晚上都被打破了。"

## 军队集结

从这里开始，康纳瑞·摩尔的故事开始呈现出深远而神秘的气息，随着危机的步步临近，吟游诗人开始在叙述中铺陈想象。夜幕降临，因瑟的海盗军队开始在都柏林的海岸登陆。他们听到了国王车队的动静，并且派出了一个千里眼使者去打探虚实。他回来报告说数量众多、光芒四射的军队跟着康纳瑞前往客栈。忽然传来了一声巨响，因瑟忙问弗洛甘那是什么声音，他回答道："那是巨人勇士马可·西特（Mac Cecht）为了给国王准备晚饭，正在用铁器击打燧石取火的声音。"德萨的曾孙哭喊道："神把康纳瑞今晚派到了此处，他将会被自己的敌人伤害，不胜其苦。"因瑟提醒他们，自己与他们有约在先，把抢掠父亲和兄弟们的财物分给了他们，他们今晚就必须帮助他在客栈攻击康纳瑞。马可·西特点燃的火被海盗的军队发现了，康纳瑞的战车都停在旅馆门外，火光透过马车的车轮透进开着门的屋子。康纳瑞的又一个戒律被打破了。

因瑟和他的人马建了一个巨大的积石堆，每个人都搬来一块石头，以此来作为对这次战役的纪念，而且，等到战后活着的人各自将代表他们的石块搬走之后，还可以用来统计阵亡的人数。

## 摩里岗

现在场景转移到客栈里，国王的人马刚刚到达，正在准备过夜。一个女人孤身来到门外，请求他们收留。"她的小腿就像纺织机的横梁一样长，皮肤像甲虫的外壳一样黝黑。她穿着一件灰色的羊毛斗篷，头发一直垂到膝盖。她的嘴巴歪向一边。"此人正是摩里岗，达纳族主管死亡与毁灭的女神。她斜倚在门柱上，目光邪恶地打量着国王和他的随从们。康纳瑞说道："哦，妇人，如果你真的精通巫术，那你从我们身上看到了什么？"她回答道："我的确看出了一点东西，你所来之处没有任何东西能够幸免于难，只有鸟爪所能抓走的东西除外。"然后她就要求进入房间。康纳瑞说他必须遵从这条禁忌，天黑之后不能让任何单身的男人或女人进入自己的住处。她说道："如果这是真的的话，那么任何一个慷慨的人都应该抛弃这个戒律，因为它竟然禁止一个国王在他的房间里为一个孤苦伶仃的女人提供庇护。"康纳瑞只好说："让她进来吧，虽然我本来应该避免的。"

## 康纳瑞及其随从

此处详细而充满机智的叙述是关于因瑟如何前往客栈打探情况的。他透过车轮的缝隙偷窥旅店里的动静，并且把看到的一切都记了下来，他向德萨的曾孙描述了康纳瑞同行的每一个王子和神奇之人的样貌，而弗洛甘和他的兄弟们则告诉他哪个才是康纳瑞，以及在接下来的战斗中采取什么样的手段才能将他击败。这个群体中有康纳（Conor）王之子康马克（Cormac），有英俊善良的乌尔斯特王，还有三个又黑又壮的黑衣皮克茨（Picts）武士，以及康纳瑞怒发冲冠的管家，他能解决所有的争端，一边高声讲话，一边也能听到绣花针掉落的声音，他事无巨细，打理一切事务。其中还有武士马可·西特，他仰卧在地，膝盖蜷缩着仍然如同两座小山，他的眼睛如湖水般湛蓝清澈，他的鼻子挺直如山脊，他的剑寒光闪闪，如同阳光照在河面上一般。康纳瑞的三个儿子也在场，他们穿着丝质的袍子，金发闪闪，谈吐沉稳，手足同心，英勇神武，受到所有人的爱戴。当弗洛甘听到这些描述的时候，他不禁开始抽泣以至于很长时间无法前进。三个弗魔族的人质也在现场。常胜柯纳（Conall）带着他的血色盾牌；乌尔斯特的杜夫塔克（Duftach）带着他的魔法矛，在有战争征兆的时候，它必须被泡在催眠植物制成的药水之中，要不然就会夺鞘而出，大开杀戒；还有三个来自人之岛的巨人，马的鬃毛只能碰到他们的脚踝。还有一个奇怪而非凡的描述，有三个赤裸的形象被从屋顶上垂下的绳子吊着，还不停地流血，她们正是贝（Bay）——战争女神摩里岗的别名——的三个女儿。胜利故事中令人费解地说道："这三具恶心的尸体，每次都被杀戮。"我们也许可以将她们看做一种视觉符号，代表战争和死亡，只有因瑟才能看到。整个房屋的各个房间里都是战士们，有倒酒的，有奏乐的，还有艺人耍着各种杂耍。达·德尔加和他的随从们在分配着食物和饮料。康纳瑞本人被描述为一个青年，"他具有君王的激情和能量，还有圣人的聪慧；他的斗篷闪闪发光，就像五月朝雾的迷人光晕"。他的金柄佩剑不离身旁，长如小臂的一段已经出鞘，寒光凛冽。"他是世上所有完美的国王中最温和、最绅士的……除非有机会建立战功，这个萎靡而单纯的人一直都非常优柔寡断。但是一旦他的狂暴和勇气被唤醒，当爱尔兰和阿尔巴的捍卫者簇拥在他屋内，破坏就发生得异常迅速……他的统治的结束真令人悲哀。"

## 屋里的卫士

因瑟和德萨的曾孙们悄悄发动袭击，包围了旅馆。

康纳瑞说："安静！那是什么声音？"

常胜柯纳说："是屋里的卫士。"

康纳瑞回答道："有人专门保护他们。"

柯纳附和说："他们今晚能派得上用场了。"

德萨的曾孙中的一个率先冲进了客栈。他的头被砍掉，然后扔了出去。然后，这场大战拉开了帷幕。客栈着了火，被酒或者屋里别的什么液体浇灭。康纳瑞和他的人向外突围，死伤数百，强盗终于被打败了。但是在战争中表现奇勇的康纳瑞却口渴难耐，喝不到水就无法继续战斗。强盗们听从巫师的建议，切断了流过客栈的达德河（Dodder）的水流，而屋里所有的水都在灭火的时候用完了。

## 康纳瑞之死

国王康纳瑞口渴得要命，就让马可·西特去给他弄点水来，马可·西特就问柯纳，在他去取水期间柯纳能否替他保护国王。柯纳说："国王的安全就交给我了，既然国王让你去取水，那你就快去吧。"于是，马可·西特就拿了康纳瑞的金杯，飞奔向前，从敌人的包围中突围出去取水。柯纳和乌尔斯特的康马克以及其他卫士们轮流上阵，杀敌无数。他们中有的负了伤，有的疲惫不堪，就退回到客栈，其他人仍在浴血奋战，奋力突围。柯纳、桑卡（Sencha）以及杜夫塔克（Duftach）誓死护卫康纳瑞，而此时马可·西特仍然杳无音信。眼看康纳瑞就要渴死，这三位英雄带着他冒死突围，最终取得了成功，但他们也已经伤痕累累，奄奄一息。

与此同时，马可·西特正在发疯般的在整个爱尔兰的土地上横冲直撞地寻找水源。但在民间故事中，强大的自然力量向他封锁了所有的水源。他前往威克洛郡的柯赛尔（Kesair）泉未果，又奔向香浓河、斯雷尼河（Slayney）、班恩河（Bann）和巴柔河，它们都把自己的水藏起来不让他取。湖泊们也拒绝了他，最后他终于找到了罗斯康芒郡的洛克加拉（Loch Gara）湖，它还没有来得及藏起自己的水，马可·西特终于装满了金杯。早上，他带着来之不易的一口水回到客栈，但是发现敌军已经死的死，撤的撤，而且两个强盗已经在战斗中砍下了康纳瑞的头颅。马可·西特砍下了他们其中一人的头颅，朝着另一个正在提着康纳瑞的头颅试图逃跑的敌人投掷一块又一块的巨石。强盗倒地而亡，马可·西特捡起主人的头颅，把水倒进他的口中。忽然头颅开始讲话，他赞扬马可·西特为他所做的一切，并向他致谢。

## 马可·西特负伤

一个女人走过来看到马可·西特躺在战场上，精疲力竭，浑身是伤。

马可·西特喊道："喂，女士，过来一下。"

那女人说："你太可怕了，我不敢过去。"

但他还是说服她走到自己的跟前，说道："我弄不清究竟是苍蝇、蚂蚁还是小虫子正在啃噬我的伤口。"

那女人往伤口看去，看到一只毛茸茸的狼把自己头都埋到了他的伤口之中。她抓住狼的尾巴把它拖了出来，"它的整个嘴巴都被从伤口中拉了出来"。

她说："的确，这就是古人地盘上的一只蚂蚁。"

马可·西特扼住狼的咽喉，猛击它的头部，狼终于死掉了。

# 尔主安在

这个故事在一种英雄主义的抗争中结束。如我们看到的那样，主人死后，常胜柯纳已经成功突围，并且跑到了特尔亭，在庭院里见到了他的父亲埃摩根。此时，柯纳拿盾牌的那只臂膀已经被一百五十支长矛刺伤，回来时只带着佩剑、半块盾牌以及残存的双矛。

父亲说道："我的儿子啊，伤害你的恶狼们来势凶猛啊！"

柯纳回答道："老英雄啊，我们是在一场与军队的恶战中受的伤。"

埃摩根问道："你的主人还活着吗？"

柯纳回答："他已经不在了。"

"我以乌尔斯特部落的名义向上帝发誓，你就是个懦夫，竟然在战斗中扔下自己的主人在敌军中受死，自己苟且偷生。"

柯纳说："老英雄啊，我的伤可不轻。" 他向父亲展示了自己拿盾牌的那只胳膊，上面布满了一百五十处伤口。握剑的手，由于没有盾牌的保护，已经被刀剑砍得血肉模糊，几乎变形了，只露出其中尚未脱落的筋肉。

埃摩根说："孩子，这只胳膊今夜光荣战斗过了。"

常胜柯纳说："的确如此啊，老英雄！很多人今晚都在客栈门口丧生了。"

这个故事到这里就要结束了，这个故事是关于伊腾、仙界的被毁和他们针对诸王之王尤奇王的曾孙的复仇。

# 第五章　乌托尼恩故事群中的神话

## 玛莎的诅咒

爱尔兰传奇所关注的中心现在由塔拉转向了乌尔斯特,有许多关于乌尔斯特国王那撒之子康纳(Conor Mac Nessa)的英勇事迹,他伟大的封臣库丘林(Cuchulain),还有代表骑士精神的红派,在艾玛·玛恰都占有一席之地。

关于艾玛·玛恰创建的故事已经讲过了,但玛莎(Macha)不仅仅是个女人,更是一位神灵,她在一个奇异的故事中再次与乌尔斯特的历史相关。而这一故事则被认为是本省战士们在关键时刻不堪一击、软弱无能的原因。

乌尔斯特有个富农名叫库兰德初(Crundchu),他是安格诺曼(Agnoman)的儿子,住在山中僻静的房子里。有一天,他在自己的小屋里发现了一位美丽无比、惊艳绝俗的女子,他从来没有见过她。据说,库兰德初是个鳏夫,他的妻子在为他生了四个儿子后便死去了。而这个奇怪的女人,一言不发便干起了家务:准备晚餐,挤牛奶,承担起了女主人的一切职责。晚上,她躺在库兰德初的旁边,从此便以妻子的身份和他一起生活。她的名字就是玛莎。

一天,库兰德初准备去参加乌尔斯特人的一个盛大集会。那里会有盛宴、赛马、比赛、音乐以及各种各样的娱乐项目。玛莎请求她的丈夫别去,库兰德初坚持要去。"那好吧,"她说,"那你至少不要在集会上提起我,因为你一旦提到我,我就不能再和你一起生活了。"

值得一提的是,在这里,我们见到了一个出现在后古典主义欧洲文学中的普遍主题:仙界的新娘只有在一定条件下才能和她凡间的爱人一起生活,比如,爱人不能监视她,虐待她,或者追问她的来历。

库兰德初答应了她,就去了集会。当时,国王的两匹马不停地在比赛中获奖,人们大喊着:"爱尔兰再也没有能比国王的两匹马跑得更快的啦!""我妻子就行！"库兰德初说道——他忘记了自己的承诺——"她就能跑过这两匹马！"

"抓住那个男人，"国王生气地说，"扣住他，带他妻子来参加比赛。"信使被派去找玛莎，她就被带到集会上，此时的玛莎身怀六甲，国王命令她准备比赛。她请求国王："我即将分娩。"国王对士兵们喊道："那就把她的丈夫砍成碎片！"玛莎向旁观者求情："帮帮我吧，我以一位母亲的名义请求你们，给我一点时间，等我生完孩子吧。"但是亢奋的国王和群众们容不得半点拖延。"那么带马来吧，"玛莎说，"你们如此无情，你们将遭受更大的耻辱！"就这样，玛莎和那两匹马赛跑，并超过了它们，当她接近终点时，她大喊一声，生下了一对双胞胎。伴随着她的叫喊，在场的所有观众都感受到了她的痛苦，顿时变得像生产中的妇女一样软弱无力。玛莎预言道："从这一刻起，你们所给予我的耻辱将降临到每一个乌尔斯特的男子身上，在最关键的时刻，他们会像分娩的妇女那样软弱无力。这种状态将会持续五天四夜。这一诅咒将伴随你们，直到你们的第九代后代降生。"玛莎的诅咒就这样被传了下来。这便是乌尔斯特人衰弱症的原因，因为本省所有的战士都被诅咒了。

## 那撒之子康纳

诅咒应验的一个主要契机是康纳希特郡女王梅芙（Maev）发动的著名的哥尔尼（Quelgny）战役，而这场战役也成了爱尔兰文学中最重要的故事主题。下面我们将引出这一英雄故事的简要历史，并介绍其中的主要人物。

乌尔斯特的国王巨人菲特那（Fachtna），娶了安其德·耶罗威尔（Echid Yellowheal）的女儿那撒（Nessa）为妻。那撒给他生了一个儿子，名叫康纳（Conor）。但菲特那死后，他同父异母的弟弟，罗伊（Roy）的儿子弗格斯（Fergus）继承了王位。那时的康纳还只是个孩子。弗格斯爱上了那撒，想与她结婚，但那撒向他提出了条件。"让我的儿子康纳统治王国一年，"她说，"他的后代将是国王的后代，这样我就答应你。"弗格斯同意了，年轻的康纳即位。然而，康纳的治国方式既明智又高效，他的判断也很贤明。一年之后，正如那撒预见的那样，人们还愿意让他继续统治王国。而弗格斯喜欢盛宴消遣，不喜欢做国王的辛劳，也愿意康纳继续做国王。他在康纳的宫廷里度过了一段备受尊敬而且幸福的时光，只是他已不再是国王了。

## 红派

那个时期的乌尔斯特正在经历"红派"的光辉时期，他们都是乌尔斯特前国王罗斯红（Ross the Red）的后代。他们连同他们旁系的亲戚和同盟们，最终形成了战略的顺序。"红派"中的大部分英雄都出现在乌托尼恩故事群的传奇里，因此在讲他们的事迹之前，我们有必要列出他们的名字和关系。值得一提的是，他们的祖先具有半人半神的特质。据说，罗斯红娶了一个达纳女人马嘉，即安古斯·欧戈（Angus Og）神①的女儿。后来他又娶了叫罗伊的女子。

马嘉　　罗斯红　　罗伊

菲特那　　那撒　　弗格斯·马克·罗伊（巨人）

康纳·马克

但是马嘉也同巫师卡斯伯德结过婚，并为他生下了三个女儿，他们的后代在乌托尼恩故事群的传说系列中影响甚大。

马嘉　　卡斯伯德

德克特拉②　　卢赫　　艾尔瓦　　乌斯纳　　芬初姆　　埃摩根

库丘林　　纳西　　艾因勒　　阿尔丹　　常胜柯纳

## 库丘林的诞生

那撒之子康纳在位时，凯尔特民族最伟大的英雄库丘林诞生了。他的故事是这样的。有一天，卡斯伯德的女儿德克特拉和她在宫廷里相伴的五十名年轻女子失踪了。三年里杳无音信。后来，在一个夏天，一群鸟儿飞到了艾玛·玛恰的田野里，糟蹋那里的庄稼和水果。国王和弗格斯以及其他的贵族们带着投石器来打鸟。但是鸟儿们一次只飞开一点距离，最终把他们带到了博因河上的安古斯仙山附近。夜幕降临，国王派弗格斯带一队人去找睡觉的地方。他们找到了一间小屋，前往那里休息。还有一个人在继续寻找，后来他在河边发现了一座精美的花园。进去时发现一名非常潇洒的男子，和那个男子一起的是一位美

---

① 在本书第三章的"安古斯·欧戈"中查看关于此神的信息。
② 德克特拉（Dectera）还有一个凡人丈夫，苏尔塔木——作为库丘林的父亲死去。

丽的女子——他的妻子，还有五十名女仆，她们高兴地向这位战士致敬。在她们中间，他认出了德克特拉和她的女仆们，正是那些失踪了三年的人。在那群气度不凡的年轻人中他发现了恩雅的儿子长臂卢赫。这位战士把消息送到国王那里，国王听后立即要他带德克特拉去见他。而德克特拉称自己病了，请求国王推迟见面时间。就这样过了一夜。早上，在乌尔斯特战士居住的小屋子里发现了一个新出生的男婴，这便是德克特拉给乌尔斯特的礼物。也正是出于这个目的，她通过博因河把他们引到了仙界。战士们把婴儿带了回去，并交给了德克特拉的妹妹——芬初姆（Finchoom），她当时正在照顾自己的孩子——柯纳。他们给德克特拉的孩子取名森特纳（Setanna）。在乌尔斯特，从敦多克（Dundalk）向南边米斯郡的乌斯纳（Usna）那个被称作摩尔提尼（Murthemney）平原的地方被划为他的领地。后来，他的城堡和住所就建在了敦多克。

据说，巫师莫罕（Morann）曾这样预言："对他的赞美将四处传扬；人人都将称赞他；车夫、战士、国王和贤士们都会传颂他的事迹；他将得到众人的爱戴。这个孩子将会洗刷你们的罪过；他将在你们的领土上作战，他将裁决你们的争端。"

## 库兰的猎犬

森特纳长大后便去了康纳的宫廷，在那儿，他同其他王子和酋长的孩子一起学习。就在那时发生了这样一件事，从那以后，大家就叫他库丘林了。这正是他后来广为人知的称号。

一天下午，康纳的国王和贵族们应邀赴宴，邀请他们的是哥尔尼一位名叫库兰（Cillan）的富有铁匠。国王打算在那儿过夜。森特纳要陪同前往。可是，当国王出发时，他正在和伙伴们玩棒球游戏，他说玩完游戏就去追国王的队伍。皇家的队伍刚抵达目的地，夜幕就降临了。库兰热情地接待他们。在大厅里，他们欢快地吃肉喝酒。主人锁上城堡，放开了那只夜夜守护这里的、高大凶猛的猎犬。据说，在它的保护下，库兰除了士兵的袭击外，什么也不害怕。他们居然忘记了森特纳！在盛会的欢歌笑语中，一声长嚎使他们立刻都站了起来。那是库兰的猎犬看到生人时发出的嚎叫声，很快，那声音变成一场激烈的战斗中的嗥叫声。他们接近大门，借助灯笼的光，看见一个小男孩和那只躺在他脚边的已经死了的猎犬。原来当猎犬扑向他时，他扼住了它的咽喉，并将它撞死在大门的侧柱上。士兵们对男孩报以热烈的欢呼，但很快胜利的欢呼停止了。因为城堡的主人正沉默而悲伤地站在他忠实的朋友——猎犬面前。它为保护城堡而死，从此永远离开了他。

"给我一只猎犬的崽子，"男孩森特纳说，"库兰，我将把它训练得像它的父亲一样。在那之前，请给我盾牌和长矛，我将亲自保卫你的城堡。没有人能比我更胜任这份工作。"

全体在场的人都为这个慷慨的承诺击掌欢呼，就在这里，人们为了纪念他的第一件英勇事迹，为他取名库丘林①，意即库兰的猎犬。他一生都以这个称号而闻名于世。

## 库丘林挑选兵器

库丘林到了快要使用兵器的年龄，正巧有一天，他碰到名叫卡斯伯德的巫师正在教他的学生占卜的技术。一个学生问卡斯伯德今天有什么预言，卡斯伯德占卜一番后说："今天挑选到属于自己兵器的人将会成为爱尔兰最有名气、最英勇的人，然而他的人生将是短暂的。"库丘林从他们身边走过，装作什么也没听见。接着他来到了国王面前。康纳问他："你来干什么？"库丘林答道："来挑选我的兵器。""那你挑吧！"国王一边说话，一边递给他两个巨矛。库丘林拿在手里晃了晃，矛就碎了。后来他又试用了许多其他兵器，他试了一辆马车，可是他一跺脚，马车就坏了。直到后来，国王把自己的矛和箭给了他，而这次，他没有损毁这些兵器，并能随心所欲地使用，于是这些兵器就属于他了。

## 库丘林追求艾美

此时库丘林已长成一个英俊而高贵的青年。每一个见过他的女子都会被他深深吸引。乌尔斯特的男子们都建议他找个妻子，但没有人能够取悦于他。直到

---

① 值得一提的是，在 Ultonian 传奇故事群里的很多人都有 "Cu"（猎犬）这个部分。我们有 Curoi，Cucorb，Bealcu 等等，这无疑是用来指代爱尔兰的狼狗——勇与美的化身。

后来他见到了卢斯卡（Lusca）①王弗加尔（Forgall）的女儿——可爱的艾美（Emer），从此便下决心要娶她为妻。于是他给马套上缰绳，与他的朋友兼车夫拉伊（Laeg）一起去弗加尔的家。

当他们快到时，艾美正在和她的伙伴们——弗加尔家臣的女儿们在一起。她在教她们刺绣，因为她在刺绣方面独领风骚。她有着女性应有的"六大天赋：美丽的外表，甜美的声音，优雅的谈吐，精湛的绣工，聪颖的头脑和少女的贞洁"。

听到远处马啸车奔的声音，她让一个女子到城堡的防御墙上看看出了什么事。女子回来说道："来了一辆马车，拉车的是两匹斜着头的马儿，样子威猛强壮，一灰一黑。它们掌力冒火，跑的时候带起的泥土就像追随着它们的鸟群。车里坐着一名皮肤黝黑、面容淡定的男子，堪称爱尔兰最沉静的男子。他穿红色镶金边的披风，背着镶着银边的红色的盾牌，银边上画着猛兽的图案。车夫是一个高大、纤瘦、满脸雀斑的人，红色的卷曲头发束铜色发带，脸的两侧戴着金片。他用金红色的尖头棒赶着马。"马车到了，艾美上前向库丘林问好。库丘林向她求爱，艾美说起父亲的权力和要求。而且她的同伴们拥有神力，绝不会允许她违背父亲的意愿结婚。库丘林再次表白时，她说："我不会在姐姐菲艾尔（Fial）之前结婚的，她就在这里，针线活做得棒极了。"库丘林说："我爱的不是菲艾尔。"他们谈话时，库丘林透过艾美的罩衫瞥见了她的胸部。库丘林说："这片平原多美啊，瞧这高贵的一对儿。"艾美说："从没有人见识过这片旖旎景致，没有身经百战者尚在途中，仍需再接再厉。"

就这样，库丘林离开了她，回到了艾玛·玛恰。

## 库丘林在斯卡莎的领地

第二天，库丘林开始思考自己怎样才能做好战斗准备，完成艾美所要求的英勇壮举。他想到了一位全能的女战士，名叫斯卡莎（Skatha），住在阴影之岛②。她会为每一个到达那里的年轻英雄传授练武绝技。于是库丘林漂洋过海去找她，途中遇到了很多艰难险阻。他要穿越黑色森林和沙漠荒原才能得到关于斯卡莎和她住处的消息。后来，他来到了噩运平原，只有陷进无底的沼泽和黏黏的泥

① 就是如今的卢斯克（Lusk），都柏林北边几里外靠海边的村庄。

② 关于对斯卡莎的仙界的命名，"阴影之岛"最初因斯凯（Skye）群岛而得名，在那儿，库丘林也见证了这一传奇。

食人兽雕像，苏黎世博物馆

土才能穿越这个平原。正当他不知所措时，他看到一个年轻的男子①走向他，那个人的脸就像太阳一样闪耀，他的样子使库丘林的心里顿时充满了鼓舞和希望。年轻男子给了他一个轮子，并告诉他，过平原时，让轮子在前面滚，自己跟着它走就行了。库丘林让轮子滚了起来，滚动的轮子从边缘发出耀眼的光，光线的热量在沼泽地上筑起了一条坚硬的路，库丘林就这样安全地通过了沼泽。

他穿过了平原，逃脱了危险峡谷（Perilous Glen）的猛兽，来到了跳跳桥。桥的另一端就是斯卡莎的国度。在桥的这端，他发现了前来学习作战技巧的爱尔兰王子们，他们正在草原上玩棒球。其中他看见了他的朋友弗迪亚，他是住在达门（Damen）的弗伯格人的儿子。他们都向他打听爱尔兰的消息，库丘林给他们讲述了所有的新鲜事。之后，他问弗迪亚怎样才能到达斯卡莎的住处。跳跳桥又高又窄，横跨海峡，脚下是沸腾的大海，里面饥饿的猛兽若隐若现。

"我们中没有一个人能过那座桥，"弗迪亚说，"因为要过那座桥必须用到斯卡莎的两个看家本事，一是跳的技术，另一个是要有武器'腹矛'（Gae Bolg）②的力量。如果一个人踩到桥的一端，中间就会翘起并把他赶回去；如果他往后退，就有可能踩空并掉到海湾里去，海怪们正在那里等着他呢。"

库丘林等到天黑，直到自己恢复了因长途跋涉而损耗的体力，就开始试着过桥。他从远处向桥上冲了三次，聚集自己的全部力量，奋力向中间跳去，但三

① 毫无疑问，这位就是库丘林的父亲卢赫。
② 用这个武器，库丘林最终杀死了他的朋友弗迪亚。

次都失败了，桥向他翘起并把他逼退。他的同伴们嘲笑他自不量力，不像他们那样等待斯卡莎的帮助。但在第四次跳跃时，他稳稳地落在了桥中心，再跳一下，他就过了桥，站在了斯卡莎城堡的前面。斯卡莎对他的勇气和能量感到惊诧，收他做了徒弟。

库丘林和斯卡莎一起生活了一年零一天。他轻松地学会了斯卡莎教给他的所有技艺，最后她教他使用腹矛，并把这个可怕的武器传给了他，她觉得没有人比库丘林更适合拥有这个武器。腹矛的使用方法是用脚把它掷出，如果它进入敌人的身体，就会用倒钩扒住敌人的伤口。库丘林在向斯卡莎学艺期间最好的朋友，并且能在技巧和胆略方面与他抗衡的人就是弗迪亚。在分别时，他们发誓在有生之年相互爱戴、相互帮助。

## 库丘林和爱珐

当库丘林还在阴影之岛时，有一次，斯卡莎与爱珐（Aifa）公主的人马发生冲突。爱珐公主是世间最残忍、最强大的女战士，就连斯卡莎也很害怕与她作战。因此，在去应战之前，斯卡莎在库丘林喝的水里放了一种可以使他沉睡二十四小时的草药。二十四小时后，斯卡莎就走远了。这样，库丘林就不会受到伤害了。然而那些足以使其他人昏睡二十四小时的剂量只让库丘林昏迷了一小时。他一醒来就拿起武器，随着马车留下的印迹去追他的老师。当他追上时，斯卡莎叹了口气，因为她认为库丘林难逃此劫。两兵交战，库丘林和斯卡莎的两个儿子连战连捷，杀死了爱珐的六大战士。随后，爱珐传话说，想和斯卡莎单打独斗。但库丘林说，他将代表斯卡莎出战。他先问了爱珐最喜欢的东西是什么。斯卡莎说："爱珐最喜欢的就是她的两匹马、战车和车夫。"库丘林与爱珐开战了，双方都使出了自己的绝技，但都没能胜出。最后爱珐一拳打断了库丘林的箭。这时，库丘林忽然喊道："啊！快抓住爱珐的车夫和马车，他们就要掉到峡谷里去了！"爱珐向身后看去，库丘林跑过来抱住她的腰，并把她扛在肩上，带回了斯卡莎的营地。在营地里，他把爱珐扔在地上，用刀指着她的咽喉。爱珐求他饶命。库丘林提出了条件，要爱珐和斯卡莎言归于好，如果爱珐做到了，他将归还她的战车和车夫。爱珐答应了，从此库丘林和她不仅成为朋友，还进一步发展成情侣。

# 库丘林和科恩拉的悲剧

在离开阴影之地之前，库丘林留给爱珐一枚金戒指，嘱咐她如果生了儿子，当儿子能带上戒指时，就让他去爱尔兰找他。库丘林还说："让他穿得不能让人认出来。他不能对任何人让步，也不能拒绝参加任何战斗。他的名字叫科恩拉（Connla）。"

几年之后，据说有一天，乌尔斯特的国王康纳和他的贵族们在脚印地带举行聚会，突然在海上看见有一只古铜色的船向他们驶过来，一个用镀金桨划船的小男孩坐在里面。船上有一堆石子，他不时地向海鸟扔石子，海鸟就会活着掉下来落在他的脚边。此外，他还表演了许多其他的法术。当船儿靠近时，康纳说："如果这个男孩家乡的大人们来这里，他们肯定会统治我们的。这个男孩的到来将会给这块土地带来灾难。"

当小男孩快要靠岸时，信使康德里（Condery）奉命前去赶走他。小男孩这样说："我不会因为你而离开的。"康德里把他的话传给国王听。国王听后派常胜柯纳去与小男孩决斗，小男孩朝他扔了一块大石头，石头裹起的风打倒了常胜柯纳。小男孩跳到他身上，用风衣的带子反绑住了他的双手。结果，战士们逐个被派去和他决斗，有的被他绑住了，有的则被杀死。小男孩蔑视乌尔斯特要赶走他的命令。此外，他还不愿意透露自己的姓名和来历。

国王吩咐道："去找库丘林。"一位信使赶到敦多克库丘林和他妻子艾美的住处，命库丘林去迎战那个常胜柯纳都无法战胜的小男孩。艾美双臂搂着库丘林，请求他说："不要去，他肯定是爱珐的儿子，不要杀了自己的骨肉。"但库丘林说："不！即使他是科恩拉，我也要为了乌尔斯特的荣誉杀了他。"他吩咐套上战车，奔赴海滨。在那里，他见到了那个玩弄武器、表演绝技的男孩。"表演很精彩啊，孩子，"库丘林说，"你是谁？从哪儿来？""我不会告诉你的。"小男孩回答。库丘林说："那你必死无疑。"那孩子说："那就来吧。"接着他们比了一阵剑，直到小男孩故意割掉库丘林的一缕头发。"玩够了！"库丘林说。他们停止了打斗。小男孩站在一块岩石上，他站得那么牢，连库丘林也无法将他移动。在那场顽固对抗的角斗中，小男孩的双脚深深地陷在石头里，"脚印地带"的脚印就是这样来的。最后，他们俩都掉进了海里，库丘林在快要溺死时想到了腹矛。他用腹矛刺向小男孩，刺破了他的肚子。"这就是斯卡莎没有教我的功夫！"男孩喊道，"我败了，因为我受伤了。"这时，库丘林看到了他手上的戒指。"他当真是我的儿子。"他说着把小男孩抱上岸，放在了国王和乌尔斯特的贵族们面前。"乌尔斯特的人们，我把儿子带来了。"男孩说："的确如此，如果我在你们这儿住五年，你们将征服世界的每个角落，把疆域扩到罗马那么远。但事已至此，请向我介绍你们伟大的战士们吧！我想在死前与他们道别。"接着，战士们被带到他面前，他一一吻别了他们，并最后向他的父亲道别。乌尔斯特的人民厚葬了小男孩，并为他做了墓碑。这就是库丘林唯一的儿子，而库丘林却亲手杀死了他。

正如我们讲到的，这个故事可以追溯到 9 世纪。在《莱肯黄皮书》(*Yellow Book of Lecan*) 中就能找到有关它的记载。在诗歌和散文里也有很多对它的描述。那是文学中对此最早的记载，即英雄儿子死于自己父亲之手的主题。波斯人对它的记载可见于马修·阿诺德关于索哈尔（Soharb）和拉斯顿（Rustun）故事的诗歌。爱尔兰的版本提到父亲并非没有怀疑对手就是自己的儿子，但仍然与他作战，因为父亲对国王和国家怀有忠诚之心。而这正是库丘林的性格特征之一。

要讲完爱珐和她儿子的故事，我们还得回去从头讲起。

## 库丘林的第一场战役

跟随斯卡莎学习作战一年零一天后，库丘林回到了爱尔兰。那时的他急切期望测验自己的能力，并取艾美为妻。于是他备好战车，去与康纳希特人作战。因为在康纳希特和乌尔斯特的边界上时常洋溢着一股战斗的气氛。他先到了莫恩（Mourne）山脉最高的地方白坟墩（White Cairn），在那里研究了远处沐浴在阳光下的乌尔斯特的土地，并让车夫告诉他目之所及的山川、平原和屋舍的名字。接着他们向南走去，库丘林看到布利加平原，车夫向他指出了塔拉、特尔亭、布鲁夫（Brugh），以及诺科特（Nechtan）儿子的房子。库丘林问道："他们就是诺科特的儿子？杀过很多乌尔斯特人？"车夫回答："是的。"库丘林说："那我们就去那里。"车夫极不情愿地将车驶向诺科特儿子的城堡。在那里的草地上，他们看到了一块奠基石，上面有一个青铜项圈，项圈上刻着欧甘文。库丘林读了读，上面写着任何到了可以佩带武器的年龄的人，只要来到这里，都必须恪守禁忌，在没有挑战居民单打独斗之前离开。于是库丘林就双手抱住石碑前后晃，最后将它拔出土地，扔到旁边湍流不息的河里。车夫说："毫无疑问，你死到临头了。"不一会儿，诺科特的儿子弗伊尔（Foill）就从屋子走出来，在他眼里，库丘林不过是个孩子。他很生气，但库丘林却让他回去拿武器。"因为我不杀车夫、信使和手无寸铁的人。"弗伊尔回去了。"你杀不死他的，"车夫说，"他有神力，不会被刀刃伤到的。"库丘林在他的投石器里放了一个经过锻造的铁球。当弗伊尔出现时，他把铁球扔向他的额头，球击穿了弗伊尔的颅骨。库丘林砍下他的头，挂在车沿上。诺科特的其他儿子也一一前来应战，库丘林迎战，并杀死了他们。之后，他放火烧了房子，兴高采烈地离开了。在路上，他看见一群野天鹅，便用投石器打下了十六只，并把它们挂在车上。后来又遇见一群野鹿，他的马儿不敢前进，他就下车，捉到两只雄鹿，并用皮带和绳子将它们牢牢地绑在车上。到了艾玛·玛恰，国王的一对随从跑去给国王送信："一辆马车从平原上开过来了，野天鹅和雄鹿被捆在车上，还有敌人血淋淋的首级。"康纳国王想看看到底是谁来了，他看到了愤怒的库丘林，他看上去杀气腾腾，势不可当。于是，国王立即命令艾曼尼亚（Emania）的一队女兵前去见他。她们必须脱光衣服，赤身裸体地站在路上。这样，当库丘林看见她们时，就很害羞地把头靠在了车边上。康纳的人很快捉住了他，并且把他投进事先准备好的一个装满冷水的大桶中。可是，水开始在他周围沸腾，大桶的木板和铁箍也纷纷爆裂。他们一次又一次地将他投入冷水桶中，直到最终他的暴怒平息，恢复了本性和原形。于是他们为他沐浴更衣，把他带到了国王的盛宴上。

## 赢得艾美

第二天，库丘林前去找老奸巨猾的弗加尔——艾美的父亲。他使出了自己从斯卡莎那儿学到的英雄"鲑鱼跳步"，跳过了高高的城墙。接着，无所不能的弗加尔开始向他发起攻击，而他则吹了三口气来解决困局，每一口气都能杀死八个人，而弗加尔本人也为了躲避库丘林而从城墙上纵身一跳丢了性命。于是库丘林带走了艾美和她的姐姐以及大量的黄金白银。但是，就在城外弗加尔的姐姐已经纠结起一众人马试图堵截库丘林，于是英雄的战斗勇气又回到了他的身上，他又鼓起一口气，直吹得血雨腥风、飞沙走石，最终格罗达斯（Glondath）的人马血流成河，克罗夫特（Crofot）的草地都被踩成了一片血海。

他在从奥利比尼（Olbiny）到博因河的每一个浅滩上都杀了一百人，就像艾美所期待的那样赢得了她的芳心。于是，他把艾美带回了艾玛·玛恰，娶她为妻，他们至死也没有分开。

# 库丘林——爱尔兰的冠军

乌尔斯特有个叫布里克留（Briccriu）的毒舌地主，有一次他举办了一个盛大的宴会来款待康纳王和他的红派英雄们。此人向来以在男人和女人们中间挑起争端为乐事，于是他就主张英雄们通过争斗来决定谁才是爱尔兰之王。最终争斗的结果是人们一致同意，冠军将在三个人中产生，他们分别是库丘林、常胜柯纳和胜者利瑞（Laery）。为了在这三个人中分出伯仲，一个恐怖的怪物从它居住的湖底被召唤出来。它建议三位勇士比试一下勇气。它说，如果他们中的任何一个明天敢把自己的脑袋放在刀斧之下，那么今天就可以砍下它的头。常胜柯纳和利瑞都退缩了，但库丘林接受了这个挑战。随后他对自己的宝剑念了咒语，一下砍掉了怪物的头。怪物很快站起来，一手提着血淋淋的头，一手拿着斧头，跳进湖里去了。

第二天，怪物又出现了，它已经恢复了原样，完成了预言。库丘林有点胆怯，但还是坚定不移地将自己的头放在了木板上。"把脖子伸长，可怜鬼！"怪物叫嚣着："这样太短了！"库丘林照它说的做了。怪物用斧头砍了三次，最后在木板上撞破了斧头。它叫库丘林起来。就这样，库丘林成了爱尔兰的英雄，他是爱尔兰最勇敢的人。

# 迪尔德丽和乌斯纳诸子

我们现在来看一则库丘林没有参与其中的故事。主要讲述的是有关哥尔尼争夺战的传说。据说，在乌尔斯特的贵族领主中，有一个人名叫菲利姆（Felim），是多尔（Dall）的儿子。一大，他摆盛宴邀请国王。国王应邀前来，随行人员有巫师、罗伊之子弗格斯以及来自红派的诸位英雄。当众人尽享鲜嫩烤肉、麦制面包和希腊美酒时，内室仆人来报，说菲利姆的妻子为其喜添一女。在场的领主贵胄、英雄勇士们纷纷举杯庆贺，为其千金祝福赐寿。国王则让巫师卡斯伯德给新生命占卜，预测一下她的未来。巫师凝视星空，根据这个女婴出生的星相施展占卜术过后，面露难色。最后，他终于开口：这个女婴将成为爱尔兰最美丽的女子，但同时乌尔斯特会因她招致灾难和厄运。于是，当场所有的勇士就要将此婴就地正法，但被康纳王阻止。"我要改变她的命运，"他说，"长大后，她不会嫁给异国之君，而是要做我的王后。"就这样，国王带走了孩子，把她交给了奶娘莱沃康姆（Levarcam）抚养，并给此婴取名为迪尔德丽（Deirdre）。康纳王命令莱沃康姆把迪尔德丽带到坚固的洞府内抚育成长。该洞府处于一个偏僻的大森林里。他还下了谕旨：迪尔德丽长到适合国王迎娶的年龄之前，任何男人不得与她接触。在那之后，除了奶娘和巫师之外，她与外界其他人完全隔绝。当然，逐渐步入暮年的国王有时会过来探望以确信一切安好、他的谕旨得以遵守。

　　时光飞逝，迪尔德丽和康纳王的婚期日渐接近。一天，迪尔德丽和莱沃康姆站在洞府旁越过城墙远眺。那时正值冬季，天色已晚，天气寒冷，大雪纷飞，空气凝滞。树木屹立在如同银缎一般的大雪中，洞府外曾经的绿野翠林已经成了白茫茫的一片。不远处，佣人在宰杀一头牛犊准备做晚餐。牛犊的鲜血染红了雪地。就在迪尔德丽观望时，一只乌鸦从尸体旁的树上落下，开始吸食牛犊的鲜血。"哦，奶娘，"迪尔德丽突然喊了起来，"我要嫁的人不应像老国王那样，他的头发应该像乌鸦的翅膀一样乌黑，脸色像鲜血那样红润，皮肤像白雪一样洁白。"莱沃康姆说道："你说的正是康纳王手下的一名勇士。"迪尔德丽问："是谁呀？"奶娘回答道："纳西（Naisi）[1]。他是乌斯纳（Usna）的儿子，红派的英雄。"于是，迪尔德丽央求莱沃康姆见纳西一面。由于疼爱迪尔德丽，加之奶娘也不想让她嫁给年迈的国王，最终就答应了。见到纳西后，迪尔德丽又求他救救自己，脱离康纳王。起初纳西并不答应，可是由于迪尔德丽不断央求，加上她倾国倾城的美貌，纳西最终同意了，并发誓永远属于她。此后的一个夜晚，纳西带着他的两个兄弟阿尔丹（Ardan）和艾因勒（Ainle），从莱沃康姆那儿抢走迪尔德丽，躲过国王的追捕，驱船来到苏格兰，效忠于皮克茨国王。可这里也待不住，因为这里的国王也看上了迪尔德丽，并想夺走她。但是纳西他们逃脱了，来到了僻静的伊缇芙（Etive）幽谷，住在森林旁的湖边，靠打猎捕鱼为生。除了他们及其仆人外，周围寥无人烟。时光荏苒，康纳王这边似乎恢复了平静，但他其实并没有忘记这件事情。他的密探向他报告了纳西和迪尔德丽这几年的境况。最后，由于断定纳西和他的兄弟们会耐不住寂寞，康纳王就派遣纳西的好兄弟、罗伊的儿子弗格斯去说服他们回来，并答应不计前嫌。弗格斯欣然领命而去，而听到消息的纳西和其同胞们自然也欢天喜地。但是迪尔德丽预感其

---

　　[1] 详见本书第五章中"红派"。

中另有阴谋，更希望让弗格斯独自返回。

但是纳西认为她疑心太重，优柔寡断，并提醒她说，有弗格斯的保护，爱尔兰的国王也不敢造次。最后，他们还是整装出发了。

一踏上爱尔兰的国土，他们就碰上了红派领主巴鲁奇（Baruch），其住所就在附近。那天晚上，他已经为弗格斯备好了酒宴，邀请其参加。"恐怕不成，"弗格斯回答道，"我得先把迪尔德丽和乌斯纳的孩子们安全护送回艾玛·玛恰才行。""可是，"巴鲁奇说道，"今晚你必须和我在一起啊。拒绝参加盛宴可是有悖誓言的啊。"迪尔德丽则在一边恳求他不要离开他们。由于盛情难却，加之不愿背弃誓约，弗格斯就命令他的两个儿子——白皮肤的伊兰（Illan）和红皮肤的布伊诺（Buino）代替他护送这队人马返回，自己参加巴鲁奇的宴会去了。

终于，大家回到了艾玛·玛恰，并在红派的宫殿里住了下来，可是没有得到康纳王的接见。原来晚饭过后，他正坐在那儿独饮闷酒，喝得酒气熏天。过了一会儿，他让信使把莱沃康姆叫来见他。"乌斯纳的儿子们过得怎么样？"康纳王问。"挺好的，"她回答道，"现在您拥有了乌尔斯特最勇猛的三位英雄。毫无疑问，陛下，您拥有的这三位勇士可胜过千军万马。""迪尔德丽过得还好吗？"他问。"还好，"她回答说，"但由于长年累月的野林生活，辛苦劳役，操劳琐事使她变了很多。朱颜已改，人老珠黄了，我的国王。"他让她退下，继续坐在那儿喝酒。但过了一会儿，他让仆人特莱多（Trendorn）来见他，并命他去红派宫殿看看都谁在那儿，都在做什么。可是当特莱多来到宫殿时，天色已晚，宫门紧闭，所以进不去。最后他找来梯子，爬了上去，从高窗向里窥探。从那儿他看到了纳西兄弟和弗格斯的儿子们。他们有的在聊天，有的在洗漱准备入睡。纳西坐在棋桌旁，而陪他下棋的是一位他从没见过的绝世美女。当他正诧异地看着这天造地设的一对儿时，突然有人大叫，发现了这个从窗户偷窥的不速之客。纳西一抬头也看见了他，随手从棋盘上抓起一颗棋子，朝他的脸上猛掷了过去，正好击中他的眼睛。特莱多慌忙地爬下梯子，跑回去见国王，满脸是血。"我看见他们了！"他号嚷着，"我看到了这世界上最美丽的女子，可就在我看得发呆时，那个纳西打中了我的眼睛。"然后康纳王起身叫来侍卫，让他们把乌斯纳的儿子们带来见他，质问把他的使者打残的事情。侍卫领命前往，但路上遇到了布伊诺和他的扈从，然后被他们用刀剑赶了回来。即使在这种情况下，纳西和迪尔德丽依然静坐屋中，继续对弈。纳西说："似乎没有必要亲自抵御外敌，因为我们有弗格斯儿子们的保护。"然而这一次康纳王亲自出马，用大片领土为贿资，收买布伊诺放弃其职责。接着伊兰出面防御侵犯红派住处的敌人，但被康纳王的两个儿子杀死了。最后，纳西和他的兄弟们只得拿起武器反抗，可是他们很多人没来得及出手就被打倒了。这时康纳王让巫师对他们施以魔咒，唯恐他们逃跑，日后会成为心腹大患。另一方面，他承诺如果大家放弃反抗，他不会伤害他们分毫。这时候卡斯伯德用魔法变幻出黏液湖，没过了纳西兄弟的脚，使他们无法从中拔出腿来。此刻，纳西抓住迪尔德丽，把她扛在肩上，这会儿他们已经陷进黏液中了。康纳王的侍卫抓住他们，五花大绑地押送到国王面前。国王把乌斯纳的儿子们一个一个地叫到面前，打算一个一个杀掉，但是没有一个人愿意向他认输。最后杜拉奇的儿子、菲尔奈（Ferney）的王子欧文过来一把夺过纳西的利剑，一下子就砍掉了三个人的脑袋。他们全都死去了。

而后康纳王带走了迪尔德丽，并一起在艾玛·玛恰的宫殿里住了一年。可那一年中她从没有笑过。终于有一次，康纳王问她："迪尔德丽，你最痛恨的是什么？"她说："是你和杜拉奇的儿子——欧文。"当时欧文就在旁边。"那你就和欧文生活上一年吧。"康纳王说道。迪尔德丽跟在欧文后面，踏上战车之前一直紧盯着地面，因为她根本不想多看折磨她的人一眼。这时候康纳王嘲弄似的对她说："迪尔德丽，如果你看我和欧文一眼，感觉就会像母羊扫视两只公羊一样。"出乎意料的是，迪尔德丽猛地站起来，从战车上跳将下来，狠命地朝一块岩石撞去，就这样死去了。人们把她埋葬后，从她和纳西的坟墓上分别长出一棵红豆杉，当它们长成大树时，两棵杉树的顶部在阿马郡教堂的顶部交相汇织，底部盘根错节，没有人能够将其分开。

## 弗格斯的反叛

罗伊之子弗格斯从巴鲁奇那儿赴宴归来，回到艾玛·玛恰时，发现乌斯纳的儿子们惨遭杀戮，自己的儿子一个被害死，一个认贼作父。怒发冲冠、咒骂连连的他与康纳王彻底决裂，并发誓用战争的怒火和刀光剑影报复他。他径直去了康纳希特投奔艾勒尔和梅芙，这两个人分别是康纳希特的国王和王后。

## 王后梅芙

虽然艾勒尔是国王，梅芙却掌握实权。她可以任意发号施令，随便选择丈夫，随时废掉他们。她勇猛好斗，犹如战争女神；她目无律法，只根据自己的野蛮意志行事。她身材高大，脸形瘦长，面色苍白，头发浓密金黄，犹如熟透的玉米。其宫殿建在罗斯康芒郡（Roscommon）的莱斯克罗根（Rathcroghan）。当弗格斯来这儿找她时，梅芙向他示爱，就像她以前对其他众多男人所做的一样。接着他们开始密谋如何攻打并毁灭乌尔斯特。

## 哥尔尼大棕牛

恰巧梅芙有这么一头颇有名气的大红牛，名叫芬博纳赫（Finnbenach），白肚白犄。一天，当她和艾勒尔牵出各自的心爱之物准备切磋比试时，这头牛让她丢了面子。因为芬博纳赫不但不愿意受女人控制，而且和艾勒尔的牛依偎在一起。所以梅芙恼火地找来她的管家马克·鲁斯（Mac Roth），问他在爱尔兰什么地方会有和芬博纳赫一样完美的良牛。"当然有，"管家回答说，"菲特那（Fachtna）的儿子达拉（Dara）有一头哥尔尼大棕牛，那可是爱尔兰最强悍的良牛了。"从这时起，梅芙就觉得除非她拥有那头哥尔尼大棕牛，别的牛群对她来说都毫无价值。

但是这头牛在乌尔斯特境内，而且所有的乌尔斯特人都很珍视这个瑰宝。梅芙明白，他们不会放弃这头牛，只有用战争的手段才能得到它。所以她和弗格斯、艾勒尔都同意入侵乌尔斯特以得到这头棕牛。其实他们发动这场战争是各怀鬼胎：弗格斯渴望复仇；梅芙渴望战斗，渴望良牛，渴望荣誉；艾勒尔则是为了取悦女王。

这里要向大家说明的是：争夺公牛的战争正是凯尔特传说故事中最具特色的母题，即《古奥里劫牛记》（*Tain Bo Cuailgne*）里的故事所反映的绝非仅局限于表面，其中内含着古老的雅利安神话因素。在凯尔特文化中，大棕牛实际上是和印度神话中天神因陀罗类同的。在印度神话里，因陀罗是一头巨大的公牛，咆哮则雷鸣，呼风唤雨时大有牛群挺进肥美草原之宏伟气势。大军捕猎棕牛象征着邪恶之战拉开序幕。此牛受到光明之神库丘林的护佑，可是库丘林最终被打败时，这头牛就被捉住囚禁了三个月。凯尔特的传奇故事中这两种动物可能在不同方面象征着天，对它们的大肆渲染和传诵表明它们绝非普通兽类。我们得知，它们曾经是达纳族的猪群。它们曾幻化成两只乌鸦、两个海怪、两名勇士、两个魔鬼、两条小虫或者微生物，最后还变成了两头棕牛①。据说，这头棕牛体健肩宽，背上可供十五个小孩玩耍嬉戏。发怒时，它会把主人一脚踩进十米深的地下。作家把它比作海浪、大熊、巨龙、雄狮，人们喜欢把它塑造成力量和凶猛的化身。因此，我们所讨论的并不是普通驯养的家牛，而是一个神话式的谜。虽然可能每一个细节的准确含义还难以确定，但是通过创作"天恩"（Tain）的凯尔特吟游诗人（其名字无从考证）的丰富想象，可以透过表象解开这个谜的所有特征。

为了得到这头牛，梅芙首先尝试着派遣使者向达拉借这头牛用一年，代价就是：到时除了偿还棕牛外，还会赠送五十头小母牛；如果达拉愿意在康纳希特生活，他可以拥有像在乌尔斯特一样多的领土。此外梅芙还送他一辆价值二十一库玛勒（Cumal）②的战车，他可受到她的保护，与她建立长久的友谊。

达拉开始时对这些优厚条件很动心，可是他无法忍受梅芙信使的喋喋不休，尤其是听到信使说如果这头牛不驯服就要动用武力制服。于是，达拉断然拒绝了梅芙。梅芙说："众所周知，既然用正当的手段得不到这头棕牛，那么只好用邪恶的方式来征服了。"所以她四处派出信使，召集人马，准备大举进犯乌尔斯特。

## 梅芙王后的军力阵容

康纳希特郡所有的实力派角色均汇集在梅芙的麾下。首先是七个缅恩斯人（Maines），即梅芙和艾勒尔的儿子，他们每人各带一批人马。其次是马嘉的两个儿子凯特（Ket）和安兰（Anluan）带领着三千人马。还有黄头发的弗迪亚和他带领的弗伯格人，他们狂暴躁动，身形庞大，嗜好战争，酒气熏天。另外还有梅芙的盟军——一群骁勇善战的伦斯特人，他们被拆散成若干部分，分别安插在康纳希特军队的各个部分里，以防他们叛变。此外还有康纳王的儿子康马克，

---

① 哈尔女士曾在其《库丘林传奇》一书中对此有详细描述。
② culmal 在古凯尔特爱尔兰地区是价值单位，由圣人帕特里克提出。一个 culmal 相当于一个女奴的价格。

加上罗伊之子弗格斯和一批流亡在外的乌尔斯特人，他们因康纳王对乌斯纳的儿子们犯下的罪行而揭竿起义。

## 被诅咒的乌尔斯特[①]

梅芙在举军进犯乌尔斯特之前先派密探向前打探敌方的备战情况。而探子们的汇报让女王狂喜不已。他们说该省表现出明显的衰败迹象。康纳国王躺在艾玛·玛恰的宫殿里，浑身剧痛。他的儿子库斯克里德（Cuscrid）待在他的岛屿城堡里，也有同样的症状。菲尔奈（Ferney）的王子欧文就像个无助的可怜蛋。体形巨大的灰肤勇士、犹森卡·宏斯金（Uthecar Hornskin）的儿子卡尔查（Celtchar）[②]，以及常胜柯纳都在打滚呻吟，痛不欲生。看来乌尔斯特已经无人拿得起枪矛反抗了。

## 先知启示

梅芙还是去了一趟巫师那里，命他预测一下她发动这次战争的结果。巫师只说了这么一句话："有人平安归来，有人有去无回。但你会回来的。"可就在她驱车返回时，女王遇到一个女孩挡住了她的去路。这个女孩，绺绺金发长抵膝下，身着绿色斗篷，正用金线在梭织机上编织着什么。梅芙女王问道："姑娘啊，你是谁？你在做什么？""我是来自格罗根（Grohan）神山的先知芙德玛（Fedelma），"这个少女回答说，"我现在把爱尔兰四省编结起来抵御你们这次侵略。""那你能预测我的这支军队的出征结果吗？""他们会大败而归，名声扫地。""可是乌尔斯特的勇士们已经被惩罚得痛不欲生了，他们中没人能举戈反抗。" 芙德玛说："可是我预言你的部队会遭受重创。有这样一个男子，虽然身材矮小，但英气逼人。他精力旺盛，为人和善，但在战场上虎虎生威，勇猛异常。他就是摩尔提尼的库丘林。他会在战场上立下丰功伟绩，而你最终会死于他的手下。"[③]预言结束后，这个编织少女随即消失。梅芙王后在驱车返回莱斯克罗根时，一路仔细揣摩她刚才的所见所闻。

---

① 是玛莎对他们下了诅咒。详见本书第五章中"玛莎的诅咒"。
②又作 keltchar，此处当为异文或作者笔误。本书中统一为卡尔查。——译注
③玛莎下诅咒惩罚乌尔斯特人，但无法影响天神卢赫之子库丘林。

## 库丘林对敌军施咒

翌日，大军开始进发，以罗伊之子弗格斯为主帅。当他们逼近乌尔斯特边界时，弗格斯告诫军队严密注视周围动静以防摩尔提尼的库丘林发动突然袭击，因为他戍守着向南通往乌尔斯特的关隘要道。此刻库丘林与其父苏尔塔木（Sualtam）[1]正带领人马守卫在乌尔斯特的边境上。由于收到弗格斯发出的通牒，他怀疑会有大军进犯，于是命其父往北赶到艾曼尼亚向乌尔斯特人发出警告。但是他本人不会留在边境，因为他与一个侍女有个约会。这个侍女是一个叫利瑞（Laery）的农民的妻子。于是，他钻进森林，单腿独立，单眼圆睁，单手砍断一棵橡树苗，然后扭成环状。在上面用欧甘文字写下此环状物的制作过程，然后他下咒梅芙的军队不准从此地通过，除非有人在相似的条件下做出相似的环状物。"当然这不包括我的朋友弗格斯在内。"他加上这句，接着在最后署上自己的名字。他把这个环状物放在阿德库林柱石附近后就去赴约了[2]。当大军抵达阿德库林时，有人发现了这个环状物，并把它交给弗格斯处理。由于整个军队中无一人可以仿效库丘林的做法，他们只好进驻树林，暂时安营扎寨。夜晚大雪来袭，众人苦不堪言，但次日又晴空万里。于是大军穿过平原，继续向乌尔斯特进发。那道咒令只发挥了一夜的作用。

## 插有权柱的河滩

此时库丘林正沿途飞速追赶前进中的大军。根据其留下的痕迹，他推算出这支军队共五千四百人。一直在这支军团周围打游击的他此刻绕到了其前面，并遭遇了梅芙派出的先锋部队，共两车人马。杀死战车上所有的人包括车夫后，他在树林里又一剑砍倒了一棵带有四个枝权的林木，然后把这棵断树深深地插入河滩[3]内，这个河滩位于一个叫阿特格拉（Athgowla）的地方。接着他在每一个树权上插上一颗血淋淋的人头。当整支大军赶上来的时候，众人对眼前的情景

---

① 指他在人间的凡人父亲，德克特拉的丈夫。

② 正如在荷马史诗中叙述的那样，爱尔兰吟游文学认为，纯洁无瑕会使爱尔兰的人、神均无法保持其男性刚毅之美。

③ 指插有咒树的河滩。

惊恐万分。

此时弗格斯告诫大家，现在这片河滩已经被下了符咒，无法穿越，除非有人能用一只手的手指尖拔出那棵被插入河滩中的树木。然后弗格斯试着去解咒。当他试图拔出那棵咒树时，用坏了十七辆战车，但最终还是成功了。天色已晚，大军就地整顿调息。其实库丘林所做的一切都是为了拖延入侵者的步伐，以期乌尔斯特人能够从衰败的劫数中恢复元气。

正如在《伦斯特省志》及其他古文献资料中，关于弗格斯向梅芙解释和他们作战的究竟是何许人也有大段的叙述。比如有本书在"我的小徒弟赛提纳（Setana）"这一章节中，讲述的是有关折磨这支大军的神秘人物以及他的一些少年英雄事迹，这些内容在这里又被重新叙述了一遍。

## 奥兰姆的车夫

第二天，大军继续前行。第二次的遭遇表现出库丘林这个大英雄仁慈的一面。他听到伐木声后赶去，看到了艾勒尔和梅芙的儿子的车夫，正在砍伐冬青树作为制造战车的原料。当被询问时，车夫说："我们在追捕那只雄鹿库丘林时损失了好多战车。"当然，关于库丘林有一点要记住：虽然在战场上他会恐怖地扭曲变形、迅速膨胀变大，是典型的狂暴战士，但平时的他显得貌不出众，朴素平常。他说："我来吧，我来帮你砍伐树木，弄一些造车用的原木吧。""那你帮我弄吧！"车夫回答说。库丘林抓住几棵大树，用脚趾把它们拔了下来，然后用手握树干，从上往下一撸，呈现在车夫眼前的是像被木匠刨过似的木料——光滑而又平整。

车夫说："我觉得让你做这活儿的确是大材小用，你到底是谁？""我就是你刚才讲到的那个库丘林。"车夫说："看样子我今天是死定了。"库丘林回答道："不。我从不杀车夫、信使，也不杀手无寸铁之人。逃命吧，回去告诉你的主人奥兰姆（Orlam），我马上就要去拜访他了。"车夫撒腿就跑，回去报信，但库丘林先到了一步，找到了奥兰姆，并砍掉了他的脑袋。很快，梅芙的众军士看见库丘林出现在他们面前，手提着血淋淋的战利品，接着很快消失得无影无踪了。这是他们第一次看见这个让他们头疼的对手。

## 战场上库丘林狂怒发威

故事就这样断断续续地持续着。梅芙大军继续扩张侵略范围，他们摧毁并占领了布利加和摩尔提尼的领土，但是无法向乌尔斯特腹地推进。库丘林不断对他们发动突袭，每次总会杀死两三个兵士，而且没人知道下一次会轮到谁。梅芙也被吓到过。一次，蹲在她肩膀上的一只松鼠和她的爱鸟被暗处飞来的石子击中身亡。后来，随着藏在库丘林体内狂暴力量的持续增长，他会突然从高处跳下来与这支康纳希特军团正面交锋，一次就杀死数百人。接下来他战斗时特色鲜明的躯体变形和狂怒状态在这里得到了充分的展示。他变成形体庞大、令人恐惧的变形兽。他身上的每一个部位颤抖起来就像河水中随风飘动的芦苇一样。腓肌、踵踝和后臀部位扭至前方，而双脚和膝盖变位至后方；颈部肌肉骤然突起如小孩头颅般大小；一只眼睛深陷下去，而另一只则异常外凸；血盆大口，咧至耳根；口中横飞的白沫如同三岁大阉羊羊毛一般；扑向猎物时，心跳声大如狮吼；头顶部发出耀眼光芒；"头发如同生长在篱笆缝间的赤焰荆棘丛一般，犬牙交错；天灵盖中心部位的头皮血管脉搏强劲有力，幽暗的血液在血管里喷射奔流，高度足以超越巨船的桅杆，由中心辐射开的四根主血管结织成一片神秘的幽暗区域，犹似悬挂在宫殿（指寒冬之夜供国王居住的寝宫）中的烟灰色褶裥状窗帘"。[1]这就是盖尔作家们所传达的超人狂怒状态下的形象。据说库丘林突变形象吓死了一百个梅芙军团的勇士。

## 河滩协定

梅芙现在尝试用重贿的方式诱使库丘林放弃保卫乌尔斯特的想法。两人站在峡谷的两侧谈判。通过近距离的观察，她吃惊地发现库丘林有着冷漠而充满孩子气的表情。最后她没能说服他放弃原先的想法。于是康纳希特军队的死亡人数迅速上升。士兵们不敢单独大肆劫掠，除非二三十人结伙行动。到了晚上，库丘林从暗处发出的石子横扫军营，呼啸飞过。很多人不是脑浆迸裂，就是肢残体废。最终，由于弗格斯的斡旋，双方达成协议：如果军队一方每次派出一名勇士和他决斗，他就停止折磨整个军团。而决斗地点就在迪河（Dee）的河滩上，

---

[1] 引自斯坦迪什·欧格兰狄对哈尔女士名为《库丘林传奇》的译著。

该河现名为弗迪亚河滩①。协议规定：在每场搏斗进行时，整个军队可以前进。一旦搏斗结束，军队就必须安营扎寨，待明日出发。梅芙说："一天损失一员总比每日损失百人强。"于是协议达成。

## 弗格斯与库丘林

接下来讲述的是几场决斗的情况，库丘林总是胜利者。梅芙甚至派出弗格斯与库丘林搏斗，但是他们俩是不可能真刀实枪地对决的。根据与弗格斯私下的约定，库丘林在弗格斯面前做假动作，而弗格斯也会顺势做出同样的姿态。这种约定究竟是如何形成的，我们后面自有交代。

## 捕获大棕牛

就在库丘林与一著名勇士纳奇兰特（Natchrantal）决斗时，梅芙命令她的另外一支部队突袭乌尔斯特，并一度进犯到北海岸的敦希维利克（Dunseverick），烧杀淫掠，无恶不作。原本生活在哥尔尼一带的大棕牛，早些时候就被摩里岗②警告要隐匿起来。于是它带领着自己的母牛群藏在了阿马郡的佳林山大峡谷中。

梅芙派出的突袭部队找到了大棕牛及其母牛群，欢天喜地地把它们从峡谷赶了出来。在往返的路上，他们遇到了库丘林。库丘林杀掉了班布莱（Banblai）的儿子监军布伊克（Buic），可是没能救回大棕牛。据说，这是他袭劫战役史中最耻辱的一页。

## 女战神摩里岗

按理说侵略也应到此为止了，因为他们得到了自己想要的东西。可是现在南部四省③在梅芙的领导下勾结起来，准备大肆洗劫乌尔斯特。而此地只有库丘林

① "Ath Fherdia"，现在被读作也拼作"Ardee"，位于克鲁斯（Co. Louth），在摩尔提尼平原的南部边界上，这里是库丘林的地盘。
② 详见本书第三章中"摩里岗"。
③ 古爱尔兰由五个省份组成。芒斯特实则是其中两个省份的共称，抑或如古权威文献所述，米斯地所属的国王领地和西米斯两处可划分为独立的两省份。

孤军奋战，以寡敌众。梅芙也不再信守诺言，现在一次派出二十名勇士与库丘林对决。这样他只有招架之功，并无还手之力。接下来，这里出现了一段与女战神摩里岗搏斗的奇特插曲。一位身着彩衣的少女找到了库丘林，说她是某国的公主，由于听到他的英雄事迹，特来表达爱慕之情。库丘林很粗鲁地告诉她，自己现在疲于战争，已无暇顾及儿女私情。少女说："那我就给你制造麻烦，当你和勇士搏斗时，我就变成鳗鲡潜在河滩水底，缠住你的双脚。"接着她与她的战车从眼前消失了，只见一只蹲坐在树枝上的乌鸦。他明白了：自己刚才是在和摩里岗讲话。

## 大战洛克

梅芙派出的下一个勇士叫洛克（Loch），是莫菲比（Mofebis）的儿子。据传，为了挑战这个勇士，库丘林用黑莓汁涂黑自己的下巴，这样看起来像长出的胡子，以免洛克不屑于和毛头小子对决。接着两人在河滩搏斗。

这时，摩里岗变成一头赤耳白母牛，跑来攻击库丘林，却被他用长矛打伤了一只眼睛。随即她又幻化成一条黑鳗鲡缠住他的双腿。可是这次没等打跑她，库丘林就被洛克打伤了。紧跟着她又变成一只苍狼攻击库丘林，同样没等他制服她，他就又中了洛克的招数。这回他真的狂怒了，用腹矛将洛克的心脏劈成了两半。"请把我扶起来，"洛克说，"这样我的脸可以朝向河滩这边，不必惭颜对着身后的爱尔兰人民。""是条硬汉子！"库丘林说，"我答应你的请求。"就这样洛克死去了。现在库丘林已经精疲力竭：因为连续作战，又身负重伤，自从战争打响，除了靠在长矛上进行短暂体力调整，他就没有好好休息过。他让自己的车夫拉伊赶往乌尔斯特，看看能否唤醒那里的人们支援他。

## 守护者卢赫

傍晚时分，库丘林躺在勒迦（Lerga）坟茔一旁，情绪低迷，神情沮丧。这支相向驻扎的庞大军团，营火熊熊，枪矛闪烁。突然，他发现一位气宇轩昂的勇士从军营中横穿而过，向这边阔步前行。然而军中众人竟无一人回首观望，他似乎透明一般。只见他身着金线缝织的束腰外衣，外披绿色斗篷，胸领别着一枚银质领针，一手握银边墨色盾牌，另一手擎两支战用长矛。陌生人来到库丘林身边，言语柔和，饱含真情。他提到了库丘林连续作战，提到了他承受的苦难，提到了他身负的重伤。最后，他说："睡吧，库丘林，睡在勒迦的坟旁，美美地睡上三天三夜。这段时间我会替你守住河滩，拖延梅芙大军的行进步伐。"很快库丘林就坠入深沉的梦乡，鼾声起伏。接着陌生人把魔法疗伤药敷在库丘林的伤口上，这样等他醒来就会完全康健、体力充沛了。在库丘林迷睡期间，这个陌生人履行了自己的诺言。后来库丘林发现，他正是自己的天神父亲卢赫。他混藏在达纳人中间，是来帮助他的儿子摆脱困境、渡过难关的。

## 童子军军团英勇捐躯

此时的乌尔斯特人依然孤立无援。而在艾玛·玛恰有这么一批童子军，他们是该省各个联盟首领的儿子，自小习武，受过正规训练。要知道，玛莎的诅咒只针对成年人，对他们不起作用。听说他们的玩伴库丘林不久前在阵前倒下的消息，他们在康纳国王的王子弗洛曼（Follaman）领导下，身着轻胄，手提武器，前来支援，准备为乌尔斯特的荣誉而战。而弗洛曼对天发誓：拿不到艾勒尔的王冠作战利品，绝不回艾曼尼亚。于是，他们针对梅芙大军发动三次攻击，损失惨重。最后，他们被彻底歼灭，无一幸免。

## 摩尔提尼大屠杀

这件事情是在库丘林神志不清的时候发生的。他醒来后，感受良好，但听完所有发生的事情后，他万分恼怒，他跳进战车愤怒地绕着梅芙的军队疾行。战车使路面翻了起来，车辙成了保护要塞的堡垒。战车上的镰刀向嘈杂的军队乱砍过去，死去的士兵在战场上堆成了一堵墙。当库丘林怒骂着魔鬼，爱尔兰人也在大声地叫喊，在这样一片恐惧和喧闹中，整个军队情绪都变得高涨起来，人们不停地喘息着。很多人死在对方的武器之下，也有很多死在对战争的恐惧中。这就是有名的摩尔提尼大屠杀，库丘林是想为艾曼尼亚的童子军复仇，梅芙军队中一百三十个王储被杀死，死去的马匹、妇女和猎犬更是不计其数。据说恩雅之子卢赫曾和自己的儿子在这里并肩战斗。

## 克兰亭家族

爱尔兰人决心在克兰亭家族①一对一的格斗中回击库丘林。克兰亭精通巫术，他和他的二十七个儿子构成一个整体——儿子成了父亲身体的一部分，一个人做什么，其他人也会做同样的动作。他们都非常狠毒，不论是谁被他们的任何武器轻轻擦破一点皮，都会在九天之后死去。当这个家族遇到库丘林时，每一只手都向他猛地掷出一支矛，但是库丘林用盾挡住了这二十八支矛，没受一点伤害。接下来他抽出利剑想把残留在盾上的矛去掉，但就在这时克兰亭冲了上来把他打倒在地，将他的脸按入沙石中。库丘林对这不公平的战斗发出了一声惨叫，一个乌尔斯特的流放者，即菲瑞柏（Firaba）的儿子菲尔莎（Fiacha）跟随梅芙的军队，看到战斗中的英雄的处境，不忍心袖手旁观，抽出剑来向把库丘林的脸按入沙石中的二十八只手击去。库丘林也站起身来向克兰亭乱砍过去，最终没有人生还来告诉梅芙菲尔莎所做的一切，否则他和他的三千士兵也要被梅芙带入这场血腥的战斗。

## 弗迪亚卷入纷争

库丘林已经战胜了梅芙军队中的大人物，在弗格斯之后只剩下他们中的最强大的一个，即达曼（Daman）的儿子弗迪亚。因为弗迪亚是库丘林的老相识和幼时的同学，两人从来没有对抗过，但现在梅芙祈求他参战，他不愿意。接下来她承诺如果他愿意去福特河（Ford）与库丘林作战，她愿意将自己有着美丽睫毛的女儿芬德白（Findabair）献给他做妻子，但是他仍不愿意。最后，她向他发出命令，说要不然爱尔兰的诗人和讽刺者们该作诗当众羞辱他了。弗迪亚在愤怒和悲哀中答应了，吩咐战车御者为第二天的战斗做好准备。他的手下听说后都变得消沉起来，因为他们知道一旦库丘林和弗迪亚遭遇，一定是两败俱伤。

第二天很早，弗迪亚驱战车驶往了福特河，他在战车的坐垫上躺下来一直睡到库丘林到达。直到天大亮，弗迪亚的御者才听见库丘林的战车轰隆隆到来的声音，他把弗迪亚叫起来，这两个好朋友在福特河边彼此观望。

① 在盖尔语中克兰亭意思是孩子或后代。克兰亭家族——克兰亭的儿子们。

他们互相问候，库丘林说："哦，弗迪亚，不该是你啊，怎么会是你来跟我作战呢？在斯卡莎那里时，我们不是一直都并肩作战、同舟共济的吗？在宴会和集会中，我们不都是知心的朋友和战友吗？我们不是一起嬉戏、一起睡觉吗？"但是弗迪亚回答："哦，库丘林！你有着惊人的本领，虽然我们一起学习过诗歌和科学，虽然你刚刚追忆了我们美好的友谊，但是现在正是我要伤害你，请你忘掉我们昔日的友谊吧！噢，乌尔斯特的宏德（Hound）是不会善待你的，不会善待你的！"

接着他们拿起武器拉开了战争的序幕，弗迪亚使库丘林想起他们曾跟斯卡莎学习投掷小标枪的技艺，他们同意以此作为开始。然后福特河战场上四处飞窜的小标枪就像是夏天飞舞的蜜蜂一样，但是到了中午，谁也没能突破对方的防守。接着他们开始向对方投掷重矛，这时双方都发生了流血事件，双方互有伤亡。最后，弗迪亚喊道："我们停战吧！"库丘林也表示同意，这才结束了一天的战斗。双方都把武器扔回战车，这对好朋友相互拥抱亲吻了三次之后就回去休息了。他们的马圈在同一个围场中，御者在同一个火堆边上取暖，战士们给对方送了吃喝，并给彼此的伤口涂药。

第二天，他们又一次来到福特河开始履行自己的使命。由于弗迪亚在前一天的战斗中选择了武器，这一次他让库丘林作出选择。[①]库丘林选择了很重的宽刀片的矛想近距离作战，他们在战车那儿开始了战争，一直打到了太阳落山，御夫和马匹都很疲惫，战士们也都身负重伤，最后他们又放下武器宣布停战。两个将领又像之前那样亲吻了对方，像之前那样分享着所有的东西，一直熟睡到第二天早上。

到了战斗的第三天，弗迪亚露出了丑恶的嘴脸，库丘林怪他为了一个仙界的少女来同自己的朋友相残，即便是为了芬德白也不应该。因为梅芙答应只要能赢得福特河之役，就赏给每位胜利者甚至包括库丘林一位少女，甚至是芬德白。但是弗迪亚说："尊贵的宏德，如果我没有被召集与你在这里见面，我的忠诚就会遭到破坏，莱斯克罗根（Rathcroghan）对我来说就是一种耻辱。"现在轮到弗

---

① 联想到"天恩"这一爱尔兰史诗中的狂暴和野蛮，读者肯定对他们的礼貌和绅士风度留有很深的印象，而这一点在史书中是很少见的。正如 A. H. 利希（A. H. Leahy）先生在他的《爱尔兰的英雄传奇》中指出的，我们应该记住突击哥尔尼的传说不论是在威尔士，还是在欧洲大陆都是最早的，比其他所有人了解的骑士故事都要早一个世纪。在《伦斯特省志》和其他一些文献中，找到了一部 12 世纪的手稿，这毫无疑问比它誊写的日期要久远。A. H. 利希先生说："所有的事情都位于欧洲现代文学的开端。"

迪亚选择武器了，他拿起了沉重的、伤害性很大的剑。他们虽然向对方的大腿以及肩上砍去，血肉模糊，但仍然不分胜负。暮色四沉，一天的战斗又结束了。这一次他们抑郁地分开了，没有了友好的表示，车和马也分开过夜了。士兵们的感情已经激动到了可怕的地步。

## 弗迪亚之死

到了第四天，弗迪亚明白决一胜负的时刻到了，于是他给自己进行了特殊的武装。他穿上了丝绸上衣，上边镶有亮闪闪的金色花边，外衣上还套有棕皮保护罩。他在腹部绑了一块平滑的石头，有磨盘石那么厚，上面盖有坚硬的铁石保护罩，因为他害怕库丘林会用腹矛来攻击。他戴上镶有羽毛装饰着红宝石的搪瓷头盔，将他的金炳长刀束在腰间，左臂上挂着宽大的盾牌，上面镶有五十个凸起的铜疙瘩。他站在福特河畔，一边等待，一边将他的武器抛起来又接住，就像一个魔术师扔苹果一样玩耍着他的威猛的武器，显示出高超的本领。而库丘林看着他，对御夫拉伊说："如果我今天吃了败仗，你一定要责骂挖苦我，如果我打得好，就一定称赞并激励我，因为我需要全力鼓起勇气。"

他们见面后库丘林说："哦，弗迪亚，今天我们用什么武器？"弗迪亚回答："今天的武器由你选择。" 库丘林说道："那么就全用上吧。"听到这句话，弗迪亚变得沮丧起来，但是他说："那就来吧。"于是战斗立刻开始了。一直到中午，他们都在使用矛，没有一方占据优势地位。然后库丘林拔出刺刀想从盾的边缘刺死弗迪亚，但是高大的弗伯格人把他摔倒在地。库丘林又一次跃入空中，想从盾的上部击中弗迪亚，但每次降落的时候，弗迪亚就会用盾挡住，把他像小孩子一样摔倒在地。拉伊嘲笑地喊道："他甩开你就像河流冲击泡沫一样，他折磨你就像石磨碾磨小麦一样，你这个懦夫，不要再自称是一名战士。"

最后库丘林终于愤怒了，怒火膨胀，他像一个巨人，把弗迪亚压在身下，英勇的精神在他的头上闪闪发光。两人厮打在一起，混乱一团，剑刀相碰的声音像妖魔鬼怪的声响在山谷里回荡着。福特河的水流都变得恐惧起来，不一会儿他们转战到河岸边一片干的空地上。这时弗迪亚发现库丘林没留神，就趁机用刺刀的利刃刺过去，刺刀深深地刺入了库丘林的身体，整条河流都被他的鲜血染红了。弗迪亚把库丘林猛地压在身下，向他猛刺。库丘林再也无法忍受，他向拉伊喊话，让他把腹矛扔过来。弗迪亚听到后将盾放低来保护自己，库丘林将矛从盾的边缘穿过胸甲刺入了他的胸膛。弗迪亚把盾又举起来，但这时库丘林已经抓住了腹矛并举起来击向弗迪亚，它穿透了铁制防护套，击碎了三块保护用的磨石，深深地刺入了他的身体，他身上的每一个缝隙都挂着倒钩。弗迪亚喊道："够了！我认输了。死在你的手里是一件很不光彩的事情。哦，库丘林。"在他倒下去的时候，库丘林拽住了他，跨过福特河向北走去，这样他就可以在河流彼岸而不是在爱尔兰人的这一岸死去。库丘林把他放下来，感觉很晕，倒了下去，这时拉伊喊道："库丘林，站起来！整个爱尔兰的军队还要靠我们呢。弗迪亚倒下去了，他们是不会再打任何仗的。"但库丘林说："哦，我的手下，既然他已经败在我的手下了，为什么我还要站起来呢？"接着他晕倒过去，像死过去一般。梅芙军队一边喧闹，欢呼雀跃，他们抛掷着矛，唱着军歌，穿过边境线，拥入了乌尔斯特。

但是在他们离开福特河之前，他们安葬了弗迪亚，堆起了一座小丘，立了石碑，上面用欧甘文字写着他的名字和门第。库丘林的一些朋友从乌尔斯特过来，把他带到了摩尔提尼。他们给库丘林洗了澡，清洗了他的伤口，使他的皮肤浸到达纳族浸泡过神奇草药的河水里以获得痊愈。但是库丘林躺在那里，非常虚弱，很多天都怅然若失。

## 乌尔斯特的复兴

这时，库丘林的父亲苏尔塔木骑上了儿子的马灰玛莎（Grey of Macha），再次去看他是否能想办法使乌尔斯特的人们振奋起来保卫家乡。他四处叫喊着："乌尔斯特的男人们都被杀死了，女人们被活捉了，牛群被赶跑了！"但是人们都傻傻地看着他，好像不知道他在说什么一样。最后，他来到了巫师卡斯伯德、国王康纳和当地名门贵族居住的地方艾曼尼亚，朝他们大声喊道："乌尔斯特的男人们都被杀死了，女人们被活捉了，牛群被赶跑了！只有库丘林一个人在防守着乌尔斯特的隘口来抵御爱尔兰四个省的攻击。快拿起武器保卫你们自己的国家！"但是卡斯伯德却回答道："死是他应得的，而且还影响了国王的情绪。"康纳说："他说得完全正确。"乌尔斯特的贵族们摇头低声道："的确如此啊。"

苏尔塔木见状愤怒地掉转马准备离开，这时因为马灰玛莎突然跳起，他的脖子撞到了盾的锋利的边上，他的头被折断掉在了地上，但掉下时好像还在喊着什么，康纳命令把他的头放到枕头上休息。他持续的喊叫声和勉励声最终喊醒了国王糊涂的大脑。真相开始被识破，战士们呆滞的眼睛开始发亮了，玛莎的咒语慢慢地从他们的身心中解除了。接着康纳站起身来发誓说："苍天在上，大地在下，海水环绕。我一定会让所有女人和牛群回到原处，除非天崩地裂，海枯石烂。"①当巫师宣布良辰已到时，国王命令将他的口谕传播出去，号召乌尔斯特人拿起武器，他列举那些已经牺牲的和仍然健在的战士们来激励民众，因为咒语的影响依然挥之不去。

没有了咒语的束缚，为了地方的复兴，乌尔斯特人满心欢喜地拥向战场，每一场战役都有刀光剑影，盔甲的撞击声、战车的喧闹声响彻（Rising-out）云霄。②一方是康纳国王和南部艾曼尼亚的犹森卡·宏斯金（Uthecar Hornskin）之子卡尔查（Keltchar）领导的军队，另一方的梅芙大军从西部走来。

康纳俘获了抢走妇女的八名敌军，杀死了他们，将妇女解救了出来。梅芙和她的军队又返回了康纳希特，但是当他们到达米斯的斯莱恩（Slane）山的斯里门米地（Slemon Midi）时，乌尔斯特的各路人马聚集到了一起，准备开始作战。梅芙派信使马克·鲁斯（Mac Roth）去观察并汇报格若斯平原上乌尔斯特一方的军情。马克·鲁斯回来后对他的所见所闻进行了耸人听闻的描述。他一开始看到整个平原上都是鹿和其他野兽。据弗格斯解释，这些动物是激愤的乌尔斯特人从森林中赶出来的。第二次马克·鲁斯看到大雾弥漫了整个山谷，山顶在迷雾上方就像岛屿一样。从迷雾中传来轰隆隆的声音，夹杂着闪光，一阵风吹来，他差点倒下去。"这又是什么？"梅芙问道。弗格斯告诉她，迷雾是乌尔斯特人行进时的呼吸，亮光是他们的眼睛在闪烁，轰隆隆的声响是他们战车行进时的铿锵声和作战时兵器的撞击声。弗格斯说："他们还以为不会有这一天呢。"梅芙说："我们有士兵能抵挡。"弗格斯说："你是得好好招架，因为在整个爱尔兰，不，是在整个西方，包括希腊、赛西亚、布里根塔和加德斯（Gades）岛，没有人能面对盛怒的乌尔斯特人。"

接着他开始长篇大论地描述每一个乌尔斯特首领的外表和装备。

---

① 存留下来的凯尔特使者对亚历山大大帝吟诵的宣誓的又一例子。

② "Rising-out"是爱尔兰作家对要奔赴战场的部族和领土人民的真实描写。"Hosting"也用于表达此意。

# 格若斯之战

双方在米斯的格若斯平原交火。弗格斯挥舞着一把双柄剑①，据说在交战中这把剑挥舞起来能形成像彩虹一般的圆环，每挥舞一次就会把一排乌尔斯特人放倒，残暴的梅芙还三次冲入敌军内部。

弗格斯遇到了国王康纳，向他的金边盾上重重一击，但是国王的儿子康马克乞求能放他父亲一条生路。于是弗格斯打败柯纳获得了胜利。

柯纳说："太过分了！你这是背叛你的国家和民族胡闹。"于是弗格斯不再屠杀乌尔斯特人民，而是满腔怒火地拿起他的"彩虹剑"向山间乱砍过去，击断了三个米斯的米拉（Maela）的顶部，以至于今天它们的顶部都是平的。昏迷中的库丘林听到弗格斯出击失败，醒过来后问拉伊发生了什么事情。拉伊说："是弗格斯在耍剑。"库丘林跳起来，身子一挺，之前绑在他身上的绷带就掉了下来，他拿起武器，加入了战斗。这时他遇到了弗格斯。"过来，弗格斯，"他喊道，"我会像池里的泡沫一样冲刷你，像尾巴追随猫一样追你，像母亲打孩子一样打你。"弗格斯喊道："是谁在跟我说话？""我是苏尔塔木之子库丘林，你就像承诺过的那样躲着我了吗？"

弗格斯说："我是曾经承诺过。"然后退出了战斗，带走了伦斯特省和芒斯特的人马，只留下梅芙和她的七个儿子带领着康纳希特军队。

库丘林加入战争时已经中午了，当夕阳的余晖穿透树叶时，他的战车只剩下两个轮子和一些碎片了，康纳希特大军朝着边境飞奔。库丘林追上蹲在战车下求饶的梅芙，说："我不会再杀害女人了。"他保护着她直到她穿过阿斯隆（Athlone）的香浓河。

# 公牛之战

梅芙曾费一番周折送到康纳希特的哥尔尼棕色公牛在阿雷（Aei）草原上遇到了艾勒尔的白角公牛，这两头牛打了起来。但是棕色公牛很快杀死了对手，并

①弗格斯的剑是一个非常小巧的叫做查拉考格（Caladcholg）（硬槽）的武器，亚瑟王的更有名的神剑在拉丁语里都成了败坏的象征。

把对手的碎片撒在莱斯克罗根和塔拉之间。接着它飞快奔跑，直到一头摔倒动弹不得，在乌尔斯特和艾威（Iveagh）之间的公牛山上咆哮着，吐着黑血。艾勒尔和梅芙与乌尔斯特人和平相处了七年，乌尔斯特人满载着荣光凯旋，回到艾玛·玛莎的家中。

《古奥里劫牛记》到这里就结束了，对哥尔尼公牛的围捕也告一段落。在1150年基尔代尔的毕夏普（Bishop of Kildare）戈曼之子芬恩的书《伦斯特省志》的结尾就有记载，他说道："对所有人如诚心诚意的恩惠，就应该按照"天恩"现在的样子去背诵，而不是赋予其他任何形式。"

## 库丘林在仙境

这是凯尔特神话中最神奇的故事之一。有一天库丘林打猎之后枕着石枕睡觉，这时出现了一幅幻象，两个达纳族女人手持树枝走向他，轮流击打他直到他奄奄一息，他没有一点力气抬起手来保护自己。第二天，以及后来的一年里，他一直卧床不起，病魔缠身，无法医治。

后来一个陌生人来到这里，并告诉他去那块产生幻象的石枕上，他就会知道如何才能恢复。在那儿他发现了一个身穿绿色披风的达纳族女人，就是曾经击打过他的那两个女人之一，她告诉他说海神玛那南美丽的妻子芬德（Fand），曾经把她的爱献给了他，她对丈夫玛那南充满了敌意，她的领土受到了三个恶魔国王的围攻，需要向库丘林寻求帮助，而他提供帮助的报偿便是芬德的爱。库丘林派战车御夫拉伊去答复芬德。拉伊乘着一个青铜魔船，进入了湖彼岸的仙境，回来讲述了芬德的美貌异常和这一国度的奇妙无比。于是库丘林想亲自到湖的那一边看看。他在浓雾中与看起来像海浪的恶魔进行了一场战斗，毫无疑问，我们可以把他们看做愤怒的丈夫玛那南的家族成员。接着他和芬德一起享受着仙境的快乐，一个月后，他挥手告别，约定在紫杉树下再次相见。

## 芬德、艾美和库丘林

当艾美听说了这个幽会处，她竟然对库丘林多次不忠诚的行为毫不介意，相反带着她的五十个仆人，手持利刀来到这个地方要杀害芬德。库丘林和芬德察觉出战车已经从远处驶来，这群手持武器的愤怒的女人胸前闪耀着金制的别针，库丘林想保护他的女人。他给艾美吟诵了一首奇妙的诗，描述着芬德的美丽、技艺和魔力——"她的灵魂不能期望得到她没有的东西"。艾美回答："事实上，你所着迷的这个女人无论哪一方面都比不上我，但是新的就是甜美而熟识的已经变酸；你拥有着绝世智慧，我们曾经分享荣耀，如果你愿意，我们还可以再续前缘。"库丘林说："只要我活着就可以。"

接着芬德说："放弃我吧。"但是艾美却说："不要，抛弃我是更合适的。""别这样"，芬德说，"该走的人是我。"芬德想痛哭一场，开始激动起来，因为对她来说被抛弃而回到家中是一件很耻辱的事情，而且她对库丘林强烈的爱使她内心无法平静。

然而，海神之子玛那南知道了她的悲伤和羞愧，走过来向她伸出了援助之手，只有她自己发现了他并以神秘的歌曲对他表示欢迎。"你会回到我身边吗？"玛那南问，"还是和库丘林住在一起？""事实上，"芬德回答，"你们两个中没有谁是更好或更高贵的，但是玛那南，我会和你一起走的，因为你现在是独身，而库丘林已经有了艾美。"

她向玛那南走去，而库丘林没有看到神的到来，问拉伊发生了什么事情。他回答说："芬德已经和大海之子离开了，因为在你的眼里，她不是一个可爱的人。"[1]

接着库丘林一跃而起，逃离了这个地方，很长时间不沾酒肉，直到最后巫师们给他吹了忘情之气。据说，玛那南在库丘林和芬德之间抖动自己的斗篷，这样他们就永生不能再见面了。[2]

## 梅芙的复仇

格若斯战争后，虽然梅芙和乌尔斯特人握手言和，但她却暗暗诅咒库丘林，因为库丘林曾使她颜面扫地、损失惨重。为此梅芙一直寻求复仇的方法。

如今巫师克兰亭的妻子在其丈夫死后生了六个孩子，三儿三女。他们是邪恶的化身，奇形怪状，令人讨厌并且身上带有毒性。因此梅芙将这六个孩子送到爱尔兰和阿尔巴（Alba）去学巫术，他们甚至远赴巴比伦探寻隐秘的知识。他们回来时个个神通广大，法力无边，于是梅芙就指使他们处处和库丘林作对。

---

[1] A. H. 利希：《爱尔兰的英雄传奇》，第1卷。
[2] 玛那南的掩护代表此处有海洋，波涛汹涌，深不可测。

## 库丘林和布莱尼德

除了克兰亭家族外，库丘林还有许多其他的敌人。比如爱尔兰的国王厄尔克（Erc）就是一个，他是卡普里（Cairpre）的儿子，而卡普里曾经在战争中被库丘林杀害。还有芒斯特国王库尔若（Curoi）①的儿子路威（Lewy）也是库丘林的敌人。因为库尔若的妻子布莱尼德（Blanid）曾经迷恋过库丘林，她渴望库丘林从库尔若的手中把自己夺过去，并一直为库丘林寻找合适的时机攻下堡垒。当她看到河流流过，白浪翻滚，就有了主意。库丘林和他的追随者就在树林里苦等多时，直到布莱尼德断定时机已成熟。她便挤了三头奶牛的奶并把这些牛奶倒进了溪水中。库丘林乘机攻击堡垒，他出其不意地杀死库尔若并带走了这个女人。但是库尔若的吟游诗人菲尔卡特娜（Fercartna）也悄悄地和他们一起离开。直到他发现布莱尼德刚好在自己旁边，而此时布莱尼德正站在贝阿若（Beara）的山崖上，他用胳膊搂住布莱尼德，和她一起越过悬崖，就此消失了。这样库尔若终于向他的妻子报了仇。

在梅芙的秘密操纵下，针对库丘林的嘲讽和斥责此起彼伏。他们一直在等待，直到听说玛莎的诅咒在乌尔斯特男子身上表现又重了，然后才组织了一队起义军奔向摩尔提尼草原。

## 库丘林的癫狂

克兰亭的孩子们先是制造恐怖和失望的情绪来打击库丘林,但库丘林却没有将此放在心上。他们又用葱葱郁郁的藤条类植物和哗哗作响的树叶假装荷枪实弹的军队正在向摩尔提尼方向进发。库丘林似乎看到四面八方的房屋上都冒着浓烟。两天以来他都一直和幻影战斗，直到最终筋疲力尽而生病倒下。之后，卡斯伯德和乌尔斯特的子民们劝他到幽谷隐居，在那儿有五十个乌尔斯特的公主照顾他，其中有他的挚交柯纳的妻子南木（Niam）。南木让他立誓，说自己除非获得允许，不会离开那个城堡。

---

①库尔若在各种各样的乌托尼恩时代的故事中出现，他的品性表明他不是一个人间的国王而是一个当地的神。

后来克兰亭的后代使这片土地充满战争的幻影，硝烟四起，旷野的哭泣和哀号声不绝于耳，喇叭声、号声、妖精的狞笑声随风而起。克兰亭的女儿贝伍（Bave）进入幽谷，扮成南木的女佣把她带到了远处的树林中并对她施了魔法，使她在树林里迷了路，再也回不到家了。然后贝伍就装扮成南木的样子接近库丘林，欺骗他，让他从正在掠夺的军队的手中把乌尔斯特救出来。摩里岗装扮成一只大乌鸦接近库丘林，而此刻库丘林正和一个女人坐在一起，对战争和大屠杀发起了牢骚。然后库丘林一跃而起，叫拉伊备好战车。但是当拉伊找到灰玛莎想给它套上马具时，马却跑开了，并反抗着，拉伊用了好大劲儿才把它套在了车上。这时大量的血从它的脸上止不住地流了下来。

库丘林武装完毕，向前进发。两旁恐惧的声响向他袭来，侵扰着他。他好像看到艾玛·玛恰城燃烧着熊熊大火，冒着滚滚浓烟，他感觉他看到艾美的尸体被从堡垒中扔了出来。但当他来到摩尔提尼准备征讨时，艾美正好端端地在那儿呢，她请求他走出幻象，但是他没有听她的话，开始向她告别。接着他向他的母亲德克特拉告别，她给了他一杯酒喝，但是在他喝之前酒变成了血，他扔掉酒，说："我的生命即将走向尽头，这次我没有打算从战斗中活着回去。"德克特拉和卡斯伯德恳求他等待已在路上的常胜柯纳到来，但他却不肯。

## 福特河边的浣衣女

当库丘林来到艾曼尼亚平原的浅滩边时，他看到一位少女在小溪边上，跪在那里，在痛苦流泪。她用溪水清洗着一堆带有血渍的衣服和战争用的武器，当她从水中拿起一件正滴水的外衣时，库丘林发现那竟然是他自己的。当他们从浅滩穿过时，她从他们的视线中消失了。①

## 克兰亭家族的归来

然后，在康纳和艾曼尼亚的女性亲属同意后，库丘林又一次转向了摩尔提尼和敌军。在路上他发现路边有三个老太婆，她们都是单眼失明，长相丑恶，非常可怜。她们用树枝燃起了一个小火堆，上边用花椒枝烤着狗肉。当库丘林路

---

① 这个福特河旁边洗衣女的幻象经常在爱尔兰传说中出现。

过的时候，她们叫他下车和她们一起分享食物。"其实我不想吃。"他说。"我们的食物如果很丰盛，你一定会留下来，如果你看不起它，它就不丰盛了。"库丘林不想让这些可怜的人觉得他不礼貌，于是他走下战车，拿起一块烤肉吃了下去，顿时，他拿着烤肉的那只手一直到肩膀的部位感觉像受伤了一样，他之前的力气都消失了。对库丘林来说接近炉子并从那儿获取食物真是一件违犯盖什的事情，吃掉他的同名者也是犯忌的。①

# 库丘林之死

在靠近阿马郡南部复阿德山附近，库丘林发现了一大群敌人，然后就用斗士的雷电打击，猛烈地驱赶着他们，直到平原上尸横遍野。然后一位饶舌者在路威的鼓动下，来到库丘林跟前，索要他的矛。②库丘林说："那就接着吧！"他扔的力量太大了，矛刺穿了那人的身体，并且刺死了他身后的九个人。克兰亭的孩子们对路威说："那矛连国王都抵挡不了。"路威抓起了矛，扔向了库丘林，但是重伤了国王的御夫拉伊，他的肠子掉到了战车的坐垫上，他跟主人道别之后就死了。

后来，另一位饶舌者来索要矛，库丘林说："可我一天只能接受一个请求。"但是饶舌者说："那因为你的错，我要讽刺乌尔斯特了。"库丘林像前面那样把矛扔了过去，厄尔克接着了，但是这一次在飞回来的时候，矛重击了马儿灰玛莎。库丘林从马侧抽出了矛，他们彼此道别。灰玛莎脖子上带着一半的轭疾驰而去。

库丘林第三次把矛掷向了一位饶舌者，路威接住并掷了回来，击中了库丘林。他的肠子流到了战车上。他的马黑桑林（Black Sainglend）也离开他逃走了。

知道自己大限将至，库丘林说："我好想到那个湖边喝点水啊！"他许诺会再回来，他们就让他去了。于是他把自己的肠子装进了肚子里，走到了湖边，喝了水，沐浴，然后回来等死。近处，在湖的西边有一个柱石，他走到跟前，把他的腰带绕自己一圈挂到了上面，那样他就可以站着死去，而不是躺着。他的血如溪流般流到了湖里，一只水獭从湖里出来舔血。那群人集中到一起，围成

① 参见本书第四章中"盖什律法"对"geis"的解释。"他的同名者"当然指库兰（Cullan）的猎犬，参见本书第五章中"库兰的猎犬"。

② 不拒绝诗人任何要求是一种荣耀；一位国王在被索要眼睛的时候，呈上了一只眼睛。

圈满怀警惕地靠近他，那时他还一息尚存，额头泛着英雄之光。然后，灰玛莎来保护他了，又踢又咬地攻击着他的敌人。

后来，一只乌鸦飞来落在了他的肩上。

路威见状，就走过来把库丘林的头发拉到了肩膀一边，用剑砍下了库丘林的头颅，剑从库丘林的手中掉了下来，掉下来的时候还砍下了路威的手臂。为了报复，他也砍下了库丘林的手臂。他拿着库丘林的头颅和手臂朝南去了塔拉，在那儿将其埋了，并在上面弄了个土堆。但是，常胜柯纳听到战争的消息，就匆忙地赶到了库丘林身边，他遇到了满身是血的灰玛莎。他们到了湖边，看到无头的库丘林被捆在石柱上。马回来了，把头放在了他的胸前。柯纳驱车东去为库丘林报仇。他在利菲河边碰到了路威。因为路威只有一只手，他就把自己的一只手绑到了背上。他们大战半天，谁都没有占上风。这时，柯纳的马匹红德伟（Dewy-Red）回来了，从路威的身侧扯下了一片东西，柯纳借机杀了他，割下了他的头，回到了艾玛·玛恰。但是他们进城的时候没有任何胜利的表现，因为库丘林这位乌尔斯特的勇士已不复存在了。

## 天恩的复原

天恩（Tain）的历史，或哥尔尼的劫牛记，一直被认为是由罗伊之子弗格斯写的，但长久以来那些民谣和传说都佚失了。据说当时是用欧甘文字写在木板上的，一位诗人把那些木板带到了意大利，再也没有带回来。

所谓天恩的复原，是指一些传奇主题故事的再发现。萨缪尔·弗格森（Ferguson）在他的《西部盖尔人的民谣》中，把这一有力而且富有盖尔神话精神洞察力的主题谱写在了诗里，他想以这个非凡而又美丽的故事来重塑已失的神话。据说在"天恩"失落以后，桑山·妥派斯特（Sanchan Torpest），这位爱尔兰的大诗人在一次宴会上被伽利大帝（High King Guary）奚落，因为他不能背诵盖尔人最著名最辉煌的诗歌。这件事极大地触动了这位诗人，他决心复原这一失去的财富。在爱尔兰和阿尔巴的大片地方，他搜寻着民谣的足迹，但是只能复原一些片段。他一定是想靠魔术来念咒召回弗格斯的灵魂，教他吟诵逝去的民谣，为此甚至不惜自己的生命，这些仿佛都是得到死者的涉入和帮助所要求付出的代价，但是弗格斯咒语所附的坟墓却遍寻不得。最后桑山派他的儿子摩根和弟弟埃门纳（Eimena）去意大利旅行，试图找到那些材料的足迹。兄弟二人踏上了旅途。

爱尔兰土地宽又广，兄弟俩一路东行，不堪多日长途跋涉，摩根昏倒在艾因（Ein）湖畔。"亲爱的哥哥，你太累了。我还能继续前进，你在这高高的石头旁歇着等我回来。"

彤红的夕阳静静地照在大地上，摩根倚着石头，观察着上面碑文。"这个看起来是个碑柱，浅色线条上似乎还写有勇士的名字，或许我能读懂。"他说。他一个一个字母连着，嘴里还轻声念着。音节连起来了，啊，这些符号终于汇成了一句话。喜悦，惊奇，兴奋中带着恐惧，摩根清楚地念出了这个传说，"罗伊之子弗格斯在此"。

尽管摩根知道要付出的代价，他还是恳求弗格斯去怜悯一个儿子的绝望，并且发誓为了天恩的恢复，愿意付出生命。为了父亲的尊严，他离弃了亲人、朋友和他心爱的女孩。但是弗格斯没有给他任何的启示，摩根再一次恳求。

他还是无动于衷。弗格斯，女人的爱，你不在乎；
对孩子的爱，人的本能，你都不在乎；
更宽广的理解，更深的洞察力，都属于死者；
既然你不会为爱醒来，沉睡的，你会为歌谣醒来。

你，第一个有节奏的韵律，掌管着不和谐的故事，
领主的战争和少女的爱，是赠与盖尔人的诗。
他们已经失去了最尊贵的财宝，黑暗在即，
歌谣是这片土地上唯一留给他们的财物。

弗格斯起身。雾随他起，雷电闪现，
宛若黄铜鞋混着绿斗篷之色，
乌云压顶。埃门纳，最后归来，
眼前无地，是无垠迭起的灰雾。

忠诚的埃门纳，三次试穿白雾幽深处，
三次穿过浓雾去到开阔地而迷途，
深沉的声音穿过水汽回响于远远近近的曙光。
黑夜点起她如星的细烛，从天堂俯身去听。

仿佛天上的牧羊人将羊绒撒向地面，
从希腊黑色的神龛上，众神伸手去抓，
白雾卷缩着，发着光，从无垠的空中，
巨星俯身倾听着夜空。

长夜漫漫，迷雾笼罩着摩根，躺在雾气腾腾的乐谱线里，
整夜，沉沉的声音响在明亮巨大的星空下。
东边，群星变暗，迷雾退去，
弗格斯石旁，矗立着摩根——受灵之人。

"回到吾父桑山这儿吧，在神力消失之前，
不要问怎么找到的，听听最后找到的失去的民谣！"
是啊！故事中有英雄留下的足迹；
行进的韵律，沿着时间的陡壁，将时代的话语传递。

三次讲述，三次描写，
伤心和羞耻，疲累和颓废，摩根找到了坚贞的少女，
"啊，憔悴；啊，变了，你如此的坚强，在生活和爱中。"
"昂贵的付出，"摩根颤声说道，"生命和爱情是为歌谣付出的代价。"

"不幸是我，失去的一切！歌对死者有何用？"
"不朽的名，"摩根喃喃而语，"只要歌谣使盖尔人快乐。"
"名声，啊！你索要的代价不能偿还一滴处女的眼泪。"
"为父雪耻，我认为代价并不昂贵。"

又一次，在辉煌的高特，当酒宴摆开时，
桑山，作为参加的老者，过来坐在宴桌的上座。
"把杯拿给桑山·妥派斯特：两个无柄金杯，诗人就是你，
若伴着声音和弦逐行吟出《古奥里劫牛记》。"

"是，伴着声音和弦，我可以吟出。"摩根在父亲膝边
摆好竖琴：不要序曲，桑山奏响了主音，
如满溢的激流从空岩中爆发，
立刻，且永远，吟出了洪流般的歌声。
飘在满溢的急流之上，人循流而下，河岸退去：
被优美的诗的激流卷入其中，伽利，全神贯注，
听到的不是佞臣们的嘲笑，看到的也不是高特的城墙，
相反，看到的是希腊罗艺的草地和艾曼尼亚的皇家城堡。

幻象跟着幻象，桑山滚动着这个有节奏的场景；
曾经嘲笑的那些人，现在，凝神，万分诧异，
坐着，此时，这个荣耀的人调度着越发绷紧的缰绳，
感觉到情感的脉搏越来越快——想象力驰骋无际。

同情出现在了野蛮人的脸上，为了获得格兰的爱，
玛莎在救赎中，怀有身孕，抵挡
疾驰的乌托尼恩马；迪德拉在路上
撞见了她，那些尸体眼球外蹦。

男子的热情之光，闪烁在眉宇之间，
在水中央，乌尔斯特的边界，年轻的库丘林独站那儿。
梅芙和她的军队反抗着，现在，为了骑士游戏的爱，
答应这个年轻人灵魂的请求：让军队的行进停止。

终得渴求之死；在他的墓碑上，
刻着对斗士的赞美，使他的名字和荣耀留世；
在蕴涵着语言的标志中，时间不会给出
比"看着英雄的墓"说得更好的致敬之词。

一次又一次，他或战争所召唤为何物？
啊，祝你好运，他的弟弟举起双臂发誓，弗迪亚倒下了；
充满掌声的大厅像女人的哭泣，在他们知道之前，

那时，英雄们在殊死的战争间歇中相吻。

现在，为了对土地和牛的爱，库丘林在福特河
挡住了康纳希特战役的军队，北边的地主们骑马出现；
速度之快，就如愤怒的秃鹰扇翅送他们到被掳掠的猛禽呼唤之地，
带他们从 Dun Dealga 挤出来，并从红派殿堂把他们带出。
然而，听到的不是军队的脚步吗？听！在突然的阴暗之地，
那是战争棍棒的打击声，响彻惊动的屋子；
当大厅仍然逐渐变暗时，国王和朝臣们因害怕而战栗，
头顶之上，听到了库丘林战车的隆隆之声。

半疑，半恐，不愿留，不愿走，
对每一个着魔的听者，似乎是国王的人马拥挤而过：
神奇的快乐最终与恐惧相融，
那时他们从噼啪的雷声中听到"罗伊之子弗格斯在此"！

黄铜的鞋子，如烟的斗篷，移动在冰冷的风中，
通过恐惧笼罩的门，在弗格斯经过的桌子上：
"放上你的手，竖琴演奏者，求你了！停止这个狂乱而奇怪的民谣
吧！摩根，带给你父亲他的报酬。"摩根坐下，形如泥塑。

"把他放在灵柩里，在我的身旁：永远不在高特的厅堂。
吝啬的国王会耻笑我：奴隶会愚弄桑山！
但是因为少女的愿望需要被安慰，
她的将是最贵重的所得，她将得到两个光亮的金杯。"

"金杯！"她喊道，"痛苦之杯，扔得越远越好！"
"让它们永沉大海，永不再现。
让天恩中节奏的连接，感觉和声音的结合，
随它们永远消失，永失如从未发现！"

民谣，就这样，以如此致命的代价恢复。

完整的朗诵越来越难，又一次完全丢失。

因为，少女的诅咒仍带有瑕疵、污点，

紧缚着虚构的粗糙外衣，围绕着那些留下的残片。

## 库丘林的幽灵战车

在后来基督教起源的传说中库丘林再一次出现了，而且留下了他的足迹，这在 12 世纪的《奶牛邓恩之书》（*Book of the Dun Cow*）中可以找到。据说，他被帕特里克从地狱中唤来证明基督的真实和对异教君主爱尔兰国王尼尔之子利瑞的诅咒的恐怖。利瑞和帕特里克的同伴圣本恩（St. Benen）一起站在马克·茵多克平原（Plain of Mac Indoc）上，冰冷的风差点把他们卷走。本恩说，那就是地狱之风，在库丘林之前到来。然后，浓雾笼罩了平原，一黑一灰两马所驾的疾驰的战车从雾中隐隐出现。车上是库丘林和他的车夫，两位巨人都散发着盖尔勇士的光芒。

库丘林和利瑞说话，并力劝他："相信上帝，相信神圣的帕特里克吧，因为出现在你面前的不是恶魔，而是苏尔塔木的儿子库丘林。"为了证明他的身份，他重述了自己英勇的事迹，以他令人同情的现状的叙述结束。

我所遭受的苦难，

哦，利瑞，海边的，陆地的——

是那个更为痛苦的单独的夜晚。

当魔鬼愤怒时，

宏大如我英雄的气魄，

坚硬如我的剑刃，

恶魔一指摧毁我，

在通红的炭里！

他恳求帕特里克让天堂接受他，那段传奇中祷告应验了，利瑞相信了上帝。

## 那撒之子康纳之死

库丘林的主人、乌尔斯特康纳王的死体现着基督思想。他死的方式如下：他对伦斯特王迈斯特德拉（Mesgedra）发动了一起残忍而不义的进攻，在袭击中，那位君主死在了常胜柯纳的手里。①柯纳取出这位已死国王的脑子，与石灰混在一起做成了人们所说的"脑球"，这被认为是最致命的子弹。这个球放在艾玛·玛恰国王的宝库里，被康纳希特的斗士——马嘉之子凯特（Ket）在伪装潜行穿过乌尔斯特的时候发现。凯特拿走了"脑球"，一直带在身上。不久康纳希特人从乌尔斯特拿走了骆驼和战利品。乌尔斯特人在康纳王的带领下，在西米斯一个叫做阿瑟查尔（Athnurchar）的河边，抢回了远超过了失物数量的战利品。一场战争近在眼前，很多康纳希特少女都来到河边一睹这些著名的乌托尼恩勇士的风采，尤其是康纳王，他是那个时代最英伟的男人。康纳喜欢表现，他眼中只有河对岸的女人们，他靠近了她们。但是凯特潜伏在灌木丛中，把"脑球"掷向了康纳，正中他的前额。康纳倒下，随从们把他抬了回去。当他被带回艾玛·玛恰的时候，他还活着。他的医生芬根（Fingen）说如果把球从他脑中取出，他肯定会死，金钱将球和脑连在一起，而且医生嘱咐国王不可以骑马，不可以过分激动，那么他就可以活得很好。

七年之后，康纳看到正午太阳是暗的，他传唤他的祭司来告诉他凶兆的原因。在出神的状态下，祭司告诉他在远处的山上有三个十字架，每一个上面都钉有一个人形，其中有一个像是永生的。

康纳问："他是囚犯吗？"祭司说："不，他是神子。"他向国王讲了基督之死的故事。康纳狂怒不已，拿起剑砍着圣林里的橡树，哭喊道："我会对付他的敌人。"由于激动和用力，"脑球"从他的头里出来了，他倒地而死。这就是迈斯特德拉完成的复仇。因为康纳和库丘林，红派的荣耀和乌尔斯特的优势不复存在。下一个爱尔兰传说，即莪相传说，赋予了这个故事不同的人物、不同的环境，同时还有不同的生活理想。


## 凯特和达叟之了的野猪


康纳希特的斗士凯特，也是传奇故事《切开达叟之子的猪》中的人物，他的主要功绩就是伤了阿德努查（Ardnurchar）的国王康纳。

从前，伦斯特省有一位热情好客的领主，名叫迈斯罗达（Mesroda），是达叟（Datho）的儿子。他有两样好东西：一个是狗，跑得比爱尔兰其他的狗和野兽都

---

① 整个故事在《芬恩的英雄事迹》（*High Deeds of Finn*）中有具体叙述。

快；一个是猪，是人们见过的最好最大的。现在那条狗人尽皆知，很多王子和领主们都想拥有它。乌尔斯特的国王康纳和康纳希特的女王梅芙派使者到达叟之子那儿，让他把狗作个价卖给他们。两地的使者同时到了达叟之子的住处。康纳希特的使者说："我们将用六百头奶牛与两匹马和车来交换你的狗，那些交换物是康纳希特最好的，到了年末，你将拥有两倍的牛马。"而康纳王的使者说："我们给你的不会少于康纳希特人，还加上与乌尔斯特的友谊和联盟关系，对你来说，那可要比和康纳希特的友好关系划算。"

后来，达叟之子迈斯罗达陷入了沉默，三天不吃不喝，晚上也睡不着，在床上翻来覆去。他的妻子看到这些，就说："迈斯罗达，放在你旁边的食物那么多，但你不吃饭好久了。夜里你把脸对着墙，但我知道你没有睡，到底是什么原因呢？"

达叟之子说："不要相信奴隶有钱，也不要相信女人有秘密。"

妻子说："那什么时候男人应该跟女人讲话呢？是事情出差错的时候吗？你不能解决的问题，或许别人可以帮你。"

然后达叟之子告诉他的妻子乌尔斯特和康纳希特同时请求交换他的狗的事情。他说："我应该拒绝哪一方呢？他们会掠夺我的牛，杀戮我的子民。"

妻子说："听我的建议，把狗同时给两方，叫他们自己来取吧。如果有任何的争夺，就让他们彼此争夺，但是你就失去那条狗了。"

达叟之子听了她的高见，叫乌尔斯特人和康纳希特人同一天来赴宴。对他们每一方都说，宴会之后你们会拥有那条狗。

于是在指定的那一天，梅芙、乌尔斯特的康纳和他们的随从以及一些大人物都聚集在了达叟之子的住所。在那儿，他们看到丰盛的宴席。为了准备主菜，达叟之子杀了他那人尽皆知的猪，那可是个庞然大物。现在的问题就是谁有幸可以切开这头猪。以毒舌而著名的布里克留，因为比较好斗，他提议说乌尔斯特和康纳希特的武士们应该对比一下他们军队的主要事迹。把切开猪的权利让与在边界相争中最出色的那个人，这种打斗在省份之间经常发生。经过很多的言语和嘲笑的周旋，马嘉的儿子凯特出来了，他站在猪上，手里拿着刀，向每一位乌尔斯特的领主挑战。他们一个接一个起来了，有库斯克里德（Cuscrid，康纳之子）、卡尔查（Keltchar）、穆里摩尔（Moonremur）、无敌利瑞和别的一些人——库丘林在这个故事中没有出现——在每一个回合中，凯特都有令人兴奋的故事去讲述一次遭遇，每一回合当中他都胜出。他们一个接一个惭愧地坐下，哑口无言。最后，大厅的门口传来了欢迎的欢呼声，乌尔斯特的人欢腾了起来。常胜柯纳出现在了那儿。他大步流星地走向了猪。凯特和他以骑士的礼仪打了招呼。

凯特说："欢迎你，哦，柯纳！你有着钢一样的心和火一样的血，像冰的光芒一样尖锐。永远胜利的头领，嗨！芬初姆伟大的儿子！"

柯纳说："你好，凯特，英雄之花，骑士之主，战争中猛烈的海，强壮而高贵的公牛，嗨！马嘉之子！"

柯纳继续说："现在从猪上起来吧，把地方让给我。"

"为什么呢？"凯特问道。

柯纳说："你在和我竞争吗？说真的，你该拥有它。可是，向着我们民族的神，我起誓，自从我第一次把武器拿在自己的手中，我从来没有一天不杀康纳希特的人，也从来没有一个晚上不袭击他们，也从来没有在睡觉时，不把康纳希特人的头放在膝下。"

然后凯特说："我承认，你比我强，我把猪让给你了。但是如果我的弟弟安兰（Anluan）在这儿的话，他就可以和你比了。令人悲痛和遗憾的是，他不在这儿。"

柯纳喊道："安兰就在这儿。"说着这些话，他把安兰的头从皮带中取了出来，抛到了凯特的脸上。

然后人们都冲向他们脚下，狂乱的喊声和暴乱开始了，剑都拔了出来，战斗在达叟之子的大厅里肆虐着。很快那些人都从大厅里冲出来，在外边杀戮，直到康纳希特的人逃走。达叟之子的狗追着康纳希特王艾勒尔的战车，直到车夫砍下了它的头。这次争斗中哪方都没有赢，达叟之子失去了他的狗，但是挽救了他的土地和生命。


## 凯特之死


在基廷的《爱尔兰历史》中叙述过凯特的死。在一个叫福特（Ford）的地方，凯特被柯纳追上了。他们进行了殊死而漫长的打斗。最后凯特被杀，但常胜柯纳也奄奄一息。当康纳希特的斗士贝尔库（Bealcu）[1]找到他的时候，他都快死了。柯纳说："杀了我吧，那样我就不会被传说是倒在了一个康纳希特人的手上。"但是贝尔库说："我可不想杀一个快死的人，我会把你带回去，治好你。当你再次有了力气的时候，你就可以和我单独打斗。"然后贝尔库把柯纳放到担

---

[1] 读作"Bay-al-koo"。

架上带回了家，并且照顾他，直到他的伤痊愈。

然而，当贝尔库的三个儿子看到乌尔斯特的斗士那威武的样子时，就想在决斗之前把他杀了。通过策划，柯纳反而让他们杀死了自己的父亲。之后，他取下了三个儿子的头颅，雄赳赳气昂昂地回到了乌尔斯特。

## 梅芙之死

梅芙王后之死，基廷也有所叙述。当罗伊之子弗格斯和梅芙王后在湖中沐浴的时候，艾勒尔掷矛杀死了他。后来艾勒尔又被柯纳所杀。梅芙隐退到了瑞福湖边的一个小岛上。[①]在那儿，她每天早晨都喜欢在登陆点附近的一个池子里沐浴。那撒之子康纳的儿子弗贝（Forbay），发现了王后的这种习惯，一天他想法神不知鬼不觉地溜到了池边，并且测量了从池子到陆地边的距离。之后他回到了艾曼尼亚，在那里他算出了测量的距离，在一端的一个杆子上面放了苹果，他不停地用弹弓射苹果，直到在那段射程之内成了一位出色的射手，弹无虚发。后来的一天，他在湖边看到机会，梅芙进了水，他在弹弓里放好了弹，正中她的额头中心，王后死在了水中。

据说，这位伟大的武士女王在康纳希特统治八十八年。

她是那种盖尔诗人们喜欢描述的女人的典范。温柔和谦逊一点都不是她们的特点，她们过着凶残的生活。像斯卡莎和爱珐这样的女武士随处可见，这使人想起了高卢女人，有着强壮而雪白的双臂，激怒她们实在是太危险了。关于她们，一些古典作家描述过不少。盖尔诗人不愿把女性和男人分开叙述，因为他们在很多方面都饱含了骑士的浪漫想法。他们像对男人那样判断和对待女人，不是作为劳工，也不是看做女神。我们清楚地知道在历史上，她们和男人同上战场，这种习俗在公元6世纪才逐渐消失。

## 丽达之子弗格斯和侏儒族

在没有把库丘林当做中心人物叙述的故事中，最有趣的就是丽达之子弗格斯（Fergus Mac Leda）和侏儒族（Wee Folk）的故事了。在这个故事当中，弗格斯

---

① Inis Clothrann，现称夸克岛（Quaker Island）。池塘已不存在。

是作为乌尔斯特的国王出现的，但是因为他和那撒之子康纳同时代，在哥尔尼争夺战中，他是作为康纳随从的身份去参战的。因此，我们可以断定他其实是一位代国王，就像库丘林和菲尔奈（Ferney）的欧文（Owen）那样。

这个故事在菲林（Faylinn）开场，或者也可以说是在侏儒族之地。侏儒族是一个小精灵的种族，他们的体格小巧，显得很滑稽，但是上天赋予了他们神奇的力量（基本上像早期文学中的侏儒人）。尤伯丹（Iubdan）①是菲林的国王。他在宴席上喝得面红耳赤的时候，就夸耀他的力量是多么大，他的军队是多么无敌。他们不是有格鲁威（Glower）那么强壮的人吗？据说他可以一斧子砍倒一株蓟。但是国王的诗人埃斯特（Eisirt）听说过海的那边乌尔斯特巨人的故事，他们的一个人就可以歼灭一个营的侏儒族。他很不谨慎地向这位夸口的国王暗示了很多，因为放肆立刻被押入大牢。他只有答应立刻去那个巨人之地并带回那难以置信的故事的证据，才可以得到自由。

埃斯特出发了。那是一个晴朗的日子，弗格斯国王和他的领主们在宫殿的门口看到了这个微小的家伙，他外表华丽，穿着皇家诗人的袍子，要求进入皇宫。他被放在阿伊达（Aeda）的手掌上带了进来，阿伊达是国王的小矮人诗人。说了些明智而又诙谐的话来取悦朝堂之后，埃斯特得到了很多的赏赐，但是他立刻把那些东西分给了乌尔斯特的诗人和侍卫们。他回家去了，他回去的时候带去了一位客人，就是矮人阿伊达。尽管埃斯特说，在普通的乌尔斯特人面前阿伊达就像小孩子一样，但即便在他面前小人族还是都四散逃避，觉得他是"弗魔族巨人"。但是埃斯特使国王尤伯丹很尴尬，内心的骑士精神使他渴望像埃斯特那样去弗格斯国王那儿品尝国王的粥，那种精神是爱尔兰首领从不抛弃的。见过阿伊达之后，尤伯丹很气馁，但是他还是准备去，他叫他的妻子贝波（Bebo）陪他去。他妻子说："当你把埃斯特投进监狱的时候，就是做了一件恶事；毫无疑问，天底下没有一个人能让你听道理。"

于是他们出发了，尤伯丹的仙马带着他们越过大海，到了乌尔斯特。半夜的时候，他们到了宫殿前。贝波说："我们按原来计划进去吃粥吧，在天亮前离开。"他们悄悄地走了进去找到了粥锅，尤伯丹站在马背上才能够得着锅的边缘。当他用力探身去取粥的时候，失去平衡掉进了锅里。他被牢牢地粘在了稠粥里，天亮的时候弗格斯的厨师发现了他，忠心的贝波在那儿悲痛欲绝。厨师们把他带到了弗格斯跟前，弗格斯很惊奇，在他的宫殿里竟然发现了另一个侏儒族男人和一个女人。他很热情地款待他们，但是拒绝了他们所有的请求，不让他们离开。故事在这儿很幽默地叙述了几个拉布莱西安（Rabelaisian）人探险的事，

---

① Iubdan 也作"Youb'dan"。

当中提到了贝波，而且提供了一首诗，说是由尤伯丹以建议的方式说给弗格斯的火导的，那是关于燃烧不同种类的木材的好处的。

不要烧有垂枝和白花的苹果树，人们会将手伸向枝头和花蕾。

不要烧高贵的垂柳，诗歌无尽的主体；蜂汲花中水，一切皆优雅。

精美，飘逸，巫师的树，有浆果的花楸树，可烧；不可烧小树，不可烧柔嫩的榛木。

有黑花的柞树（青桐）不可烧，其木刻为轮，可为车夫之鞭；木矛是战争之良器。

最后，来了很多侏儒族的人请求释放尤伯丹，都被国王拒绝了。他们就在这个国家到处破坏，带来了很多瘟疫，掐掉了麦穗的头，让小牛吸干了所有的奶牛，污染了所有的净水等等，但是弗格斯很固执。因为小矮人们拥有土地神的能力，他们答应使弗格斯宫殿门前的平原变得肥沃，不种不耕也会长着谷物，但一切都是徒劳。最后弗格斯同意尤伯丹用最好的仙器来赎出自己。尤伯丹在这里描述了那些宝物——一口永不空的大锅，自己演奏的竖琴，最后他提到了一双水鞋，穿上它，人可以如在陆地上那样在水上和水下行走。弗格斯接受了魔鞋，尤伯丹获释。

## 弗格斯受辱

然而，在仙境里，一介凡夫是占不到什么便宜的——在魔法的礼物中隐藏着邪恶，接下来发生的事情，便是明证。弗格斯喜欢在爱尔兰的湖泊和江河里探险，并且乐此不疲。不过，有一天，在如瑞湖边，他遇到了一头可怕的怪兽，名叫穆伊德里斯（Muirdris），这头怪兽还有个名字叫做大河之马，它的家就在那湖底下。弗格斯和它遭遇，飞到河边，死里逃生。经过这一次惊吓，他的脸部扭曲得不成样子。在爱尔兰，蒙受耻辱的人不能再做统治者。因此，王后和贵族虽然不情愿，却只好咬咬牙，让人把宫里的镜子都搬走。为此，他们还专门找了一些别的借口。这一切，他们都瞒着弗格斯。有一天，一名侍女玩忽职守，弗格斯便用软枝条打了她。侍女很不服气，大喊道："你呀，弗格斯！你有本事就去找大河之马报仇雪恨。是它把你的脸给扭歪了，找它报仇总比在女人面前逞凶要强得多！"弗格斯叫人拿来一面镜子，朝里一看，自言自语道："的确，如瑞湖边的大河之马确实把我的脸弄得歪七扭八的。"

# 弗格斯之死

萨缪尔·弗格森（Samuel Ferguson）以这件事为题写了一首优美的小诗，我们以此作为故事的结尾。

于是弗格斯穿着魔鞋，手中握着宝剑，只身前往如瑞湖边：

> 整整一天一夜，
>
> 他都隐没在波浪下面，不见踪迹。
>
> 然而，岸上所有的乌托尼恩人都瞧得见，
>
> 湖翻滚得如沸腾了一般，弗格斯的鲜血把河水都染红了。
>
> 接着，天亮了，天空也变成了红色。
>
> 他站起身来，手中握着穆伊德里斯的首级。
>
> 耻辱被洗刷掉了！他俊朗的脸庞，
>
> 显得十分匀称，五官各复其位。
>
> 人们看着他，就能从他的仪表中看到
>
> 一派君王的气宇，精神饱满却又镇定自若。
>
> 他微笑着，把他的战利品投到岸上，
>
> 说道："我赢了，我是乌尔斯特人！"说完，他就沉入河中。

斯坦迪什·欧格兰狄先生在其《席尔瓦盖尔语歌谣》中完整地讲述过这个故事。他所依据的是 Egerton 版的手稿。将神话成分处理得如此幽默，说明它属于晚期的爱尔兰传奇。然而，壮烈的带有悲剧性的结尾，表明它系乌尔斯特吟游诗人所表述，这也是毋庸置疑的。这篇故事和库丘林的故事即使并非产生于同一时期，二者的主旨也是同一类型的。

## 爱尔兰地名的重要意义

我们刚才探讨了传奇文学的伟大故事群，在转入新的话题之前，我们不妨来看看以下这一问题：爱尔兰的一些地名是从古代一直沿用下来的，那么在多大程度上，这些地名是为了纪念传奇故事中的主人公和情节的？这一问题已经吸引了一些读者。总的来说，爱尔兰传奇故事中的主人公和情节都成

了地名。①乌托尼恩人的故事尤其如此。扪心自问，经过了这么多世纪的黑暗和遗忘之后，我们今天花大力气要使英雄故事中的宝藏重见天日，然而，这些地名真的代表了故事中的这些宝藏吗？比如说，小城埃尔迪（Ardee）②，其名称是为了纪念弗迪亚的悲剧性死亡，他死在自己的挚友——盖尔人最高贵的英雄手中。丹巴鲁奇（Dan Baruch）废墟，在那里，弗格斯按照吩咐前往埋伏重重的盛宴。如今，站在废墟上，仍然可以俯瞰摩伊丽河（Moyle），正是在渡过这条河之后，纳西（Naisi）和迪尔德丽遭到了厄运。韦斯特米斯郡（Westmeath）的阿德努查（Ardnurchar）③是座小山，在那里，曾经投射大石，这小山使人联想起庄严的国君、目瞪口呆的妇女、蜷缩着的敌军以及致命的飞弹，这飞弹为迈斯特德拉报了仇。阿马郡，或是玛莎山，保留下了对仙女新娘以及她的壮烈牺牲的记忆。长满青草的防御土墙仍然有迹可寻，在那里，早期传奇故事中的女战神在发现了乌尔斯特的堡垒之后就用胸针上的别针画出了它的轮廓。这样的例子还可以写上很多页。或许，当今没有一个国家还像爱尔兰这样，诗歌和神话仍旧和这片土地紧紧地联系在一起。事实上，在这片土地上，随手可得的是一种最高贵的具有启发性的教育资源，关键是，我们要有足够的眼光去发现它，要有足够的智慧去善用它。

---

① P. W. Joyce 博士的《爱尔兰地名》一书，是这一主题方面的信息宝库。

② 参见霍尔德：《早期凯尔特语词汇》。

③ 这个名字同时给予了山 ard 和水（河）atha。

# 第六章　莪相神话故事群

## 爱尔兰的芬尼安战士

乌托尼恩故事群中的传奇故事以"库兰的猎狗"库丘林为中心展开，而莪相故事群中的传奇故事则以库之子芬恩（Finn mac Cumhal）①为中心。芬恩的儿子莪相（Oisin）②既是诗人，又是战士，他也是这些人物形象最初的作者。[在马克弗森（Macpherson）的译作中，他叫奥西恩，即 Ossian，那是这个人物第一次被西方世界所了解。]人们通常认为，乌托尼恩的故事群大约发生在基督诞生之时，而莪相的故事群则大体发生在阿特之子康马克（Cormac mac Art）统治时期，也就是公元 3 世纪。在他统治时期，爱尔兰的芬尼安战士的地位仅次于芬恩的上尉。他们通常被描绘成侍卫队，主要由巴斯卡那（Bascna）和莫纳（Morna）两个部落组成，其任务是保卫国王，抵御外敌。

古爱尔兰的研究者们认为芬恩以及芬尼安战士的故事大体上是史实。这种观点其实是不对的。在人们所认为的芬尼安战士兴旺时期，爱尔兰并没有外敌入侵，他们的故事没有反映爱尔兰当时真正的历史。那些研究者们所关注的只是一个仙境，居住着美丽抑或可怕的超自然力量，而不是一块实实在在的土地，居住着实实在在的人类。如今，一个具有批判性的读者在读这些故事时会发现为这个仙境去寻找现实依据纯属浪费时间。但是创造出这个仙境的诗人和作家们在文学上都有着无与伦比的才华，因此，这个仙境深深地影响了爱尔兰和苏格兰盖尔人的想象力。

---

① 读作 "mac Cool"。
② 读作 "Usheen"。

## 莪相故事群

关于莪相故事群，现存最早的是 11 世纪和 12 世纪的一些手稿，这些手稿可能在这之前的几个世纪时就已经编好了。然而，这个故事群却持续了一千多年，一直到米歇尔·考门于 1750 年编写了《不死乡的莪相叙事诗》（*Lay of Oisin in the Land of Youth*），总结了延续很久的盖尔文学。[①]据估计[②]，如果把所有现存的关于莪相故事群及诗歌印刷出来，将会有二十五卷，而每卷都与本书体量相仿。并且，即使这一文学没有留存任何手稿，其中的绝大部分依然会在这之前几个世纪里得以流传，因为那些生活在苏格兰高地和爱尔兰讲盖尔语的地方的农民们会将它们口传下来，而可笑的是这些农民却被称为"文盲"。这一文学竟然有着如此大的魔力，这不能不引起我们研究的兴趣。

## 乌托尼恩故事群的对比

首先，读者在本章将会感受到莪相故事群与乌托尼恩故事群的生成语境截然不同。在莪相故事群，生活要和缓、轻松一些。那时，人们大多居住在城镇或者固定的居民区里；达纳神族被认为是仙而非神；文学中，奇遇与浪漫是主要素材，而英雄主义与自我牺牲却很少被提及。在莪相的文学中，有种对大自然、自然景观、鸟儿的鸣叫声和它们在林间的追逐声以及对充满神秘与浪漫的冒险活动下意识的喜悦之情。毫无疑问，这说明在故事群中，人们开始怀念并理想化了那种在绿树荫下自由的野外生活。其次，故事发生的场所也有明显的转变。克纳瑞恩（Conorian）的传说来源于荒凉的山区或乌尔斯特周边那些岩石兀立的海岸。而在莪相故事群中，我们会发现自己置身于爱尔兰的中部或南部，多数故事发生在风景秀丽、令人心旷神怡的基拉尼（Killarney）。这两个地区之间的差异在传说中所体现的民族风格中得以反映。

在乌托尼恩故事群中，无论超自然因素被多么过分地夸大，但几乎所有故事

---

① 当然，当前盖尔语的复兴也许会为那段历史揭开新的篇章。

② 参见阿尔弗莱德·纳特（Alfred Nutt）：《奥西恩与奥西恩文学》（*Ossian and Ossianic Literature*），第 4 页。

的最终意义以及有自然力发挥作用的结局却都是真实并且人化的，都与人类的美德与罪恶、激情与职责相关。总体而言，在莪相故事群中却不是这样的。在莪相文学中高贵典雅的传统已经消失殆尽了，只是为了美而美，为了浪漫而浪漫，为了引起激动而创造恐怖或神秘。莪相故事群最好的也不过是："美好幻象的出现，只是为了一时的装饰。"

这些文学缺少高贵的人格品质中所体现的高贵的艺术，而这种艺术拥有着警示、慰藉以及命令的作用。

## 芬恩的出现

可以肯定，阿特之子国王康马克（Cormac mac Art）是个真正的历史人物，这也许比那撒之子康纳作为一个历史人物更为肯定。但是，在阿特王的上尉——芬恩这个光辉的人物形象背后是否存在着真实的人物原型就很难肯定了。不过，就我们的目的而言，没有必要探讨这个问题。芬恩是凯尔特民族特定时期、特定范围内所创造出来的人物形象，而我们的目的是要展现出爱尔兰人经常将其理想化、故事化的人物类型。

如同所有的爱尔兰英雄一样，芬恩有一半的达纳血统。他的母亲——白颈的穆尔娜（Murna of the White Neck），是银臂努瓦达的孙女。努瓦达与巴洛尔的女儿恩雅结婚，生下了太阳神卢赫。芬恩的父亲是淳莫（Trenmor）的儿子库（Cumhal）。库是巴斯卡那族（Clan Bascna）的首领，他曾和莫纳族争夺过芬尼安战士的领导权。后来，在诺克（Knock）①战争中，他被莫纳族所推翻并杀害。

在莫纳族中，有个叫利阿（Lia）的人，他是康纳希特地区鲁阿克（Luachar）的统治者，同时也是芬尼安战士的财库管理者，他持有他们的财宝箱。该财宝箱是用鹤皮制成的，里面装着从达纳时期流传下来的具有魔力的兵器以及价格不菲的珠宝。后来，他成为莫纳族的财库管理者，并且将这个财宝箱保存在拉丝·鲁阿克（Rath Luachar）。

穆尔娜在库死后，到布鲁姆山（Slieve Bloom）②的森林里去避难。在那儿，她生下一男婴，并给他起名叫戴姆那（Demna）。

---

① 现在的卡索诺克（Castleknock），在都柏林（Dublin）附近。
② 在王城的城郊。

因为害怕莫纳族人发现这个孩子并杀害他，她便将孩子交给在原始森林里居住的两位老妇喂养，而她自己则嫁给了凯利（Kerry）的国王。然而，当戴姆那长大成人后，人们都叫他芬恩，或者白人（Fair One），因为他的皮肤、头发颜色很浅。后来，他便以此名为人所知。芬恩做的第一件事就是杀了利阿——持有芬尼安战士财宝箱的人，并接管了财宝箱。然后，他找到了他的叔叔克里莫（Crimmal）。克里莫曾经和一些巴斯卡那族的首领们躲过了卡索诺克战争中的杀戮，在康纳希特的森林里的洼地中过着贫困艰难的生活。芬恩赐给他们一批随从和侍卫，这些人都是从他的亲信中挑选出来的，并将财宝箱也交给他们保管。他自己则去向费讷加（Finegas）学习诗学和科学。费讷加是一位德鲁伊特教的圣人，居住在博因河边。河边的榛子树枝上的知识之果会掉落到河里，就在那些树枝下面的水流里，生活着名叫芬坦（Fintan）的博学鲑鱼。任何人只要吃了这种鱼，就会拥有那些时代所有的智慧。在芬恩做他的学生之前，费讷加多次试图抓住它，但都失败了。芬恩成了他的学生之后，有一天，他抓住了这条鱼，并让芬恩去烤。他一点也不允许芬恩吃，只让他在烤好时告诉自己。当芬恩把这条鲑鱼拿来给费讷加时，费讷加发现他的肤色变了，就问芬恩："你吃这条鱼了吗？""没有，"芬恩答道，"但是当我把它放到烤架上时，我的大拇指被烫了，我就把大拇指放到嘴里了。""把这条鲑鱼拿去吃掉吧，" 费讷加说道，"因为在你身上，预言变成了事实。你走吧，以后我不能再教你了。"从此以后，芬恩就变得异常聪明，就如同他的强壮、大胆一样令人惊异。

据说，当他想要预知会发生什么事情，或者一个遥远的地方正在发生什么事情，只要把大拇指放进嘴里咬一下，他就会知道他想要知道的。

## 芬恩和妖魔

这个时期，莫纳的儿子高尔（Goll）是爱尔兰的芬尼安战士的首领。然而，这时已成人的芬恩想要接替他父亲库的位置。因此，他来到了塔拉。由于在大集会时，大家在塔拉区域内不会相互攻击，芬恩就坐在了国王护卫队和芬尼安战士之间。最后，国王发现他是个陌生人，就让他说出姓名和血统。"我是芬恩，库的儿子，"芬恩说道，"我来此是为了为您服务。"国王高兴地接待了他，芬恩向国王宣誓忠诚。不久后，塔拉被一个妖怪或是魔鬼所折磨。那妖怪在夜间出现，并向王城吐火球，使整个王城陷入一片火海之中。然而，却没有人能与它对抗，因为当它到来时，它用竖琴弹奏出很甜美的音乐，大家听了后都会被催眠，会为了听音乐而忘记其他所有事情。当芬恩得知这件事时，他对国王说："如果我杀了这个妖魔，我能不能像我父亲一样做芬尼安的首领？""当然可以！"国王回答道，并且为此发誓。

在那些战士中，有一位是芬恩的父亲库的老部下，他有一把有魔力的矛，矛尖是铜的，装在一个皮盒里，铆钉是阿拉伯的金子制成的。这矛有个特点就是当它的刃抵住人的额头时，它就会让这个人充满力量并且斗志昂扬，使得他战无不胜。菲尔莎（Fiacha）将这把矛交给了芬恩，并教他如何使用。于是，芬恩带着这把矛在塔拉的城墙上等待怪物的出现。当夜幕降临，雾气开始在山周围的平地上聚集时，他看到一个影子很快地向他移动过来，并听到了魔琴的音符，于是，芬恩把矛放在额头上驱走了魔咒，那怪物逃向了复阿德山（Slieve Fuad），芬恩穷追不舍，抓住了怪物，杀了它，将它的头颅带回了塔拉。

然后，康马克国王将芬恩带至芬尼安战士面前，让芬恩做他们的首领并命令众人都听令于他，否则，就会被驱逐。首先，莫纳之子高尔宣誓，其他人紧随其后也做了宣誓，这样，芬恩就成了爱尔兰的芬尼安战士的首领，并且一直统治着他们直到他死去。

## 芬恩的大侍者：利阿之子科南

随着芬恩的出现，爱尔兰的芬尼安战士进入了光辉时代；这光辉也随着芬恩的死亡而逐渐消逝。他强悍而明智地管理着这个民族，从来不怨恨任何人，那些人不管犯了什么错，只要没有背叛他，都会得到他的原谅。这种治理方式与别的首领完全不同。因此，据说鲁阿克首领的儿子科南（Conan），也就是财宝箱曾经的拥有者，被芬恩在拉丝·鲁阿克说服。他曾逃亡了七年，其间不断烧杀抢掠。当他发现自己无路可逃时，他偷袭了芬恩，当时芬恩刚追赶完猎物，正坐着休息。科南从芬恩的后面紧紧地抱住他，勒得芬恩动弹不得。芬恩知道是谁勒住了他，就说道："你为什么这么做？"科南答道："为了与你达成臣服与忠诚合约，这样我就不必再因为你的愤怒而躲避了。"芬恩笑道："好啊，如果你能做到忠诚与勇敢，我会守信的。"后来，科南为芬恩效劳了三十年，并且在战斗中比所有的芬尼安战士都要敏捷且卖力。

# 莫纳之子科南

　　这里还有另外一个科南（Conan），他是莫纳的儿子。他身材高大、秃顶，动起来时总显得格外笨拙，而且出口粗俗污秽。秃子科南对所有伟大而勇敢的事物都冷嘲热讽。传说他脱了衣服露出脊背和屁股，上面长着的是黑羊毛而不是男人的皮肤。故事是这样的：一天，当科南和一些芬尼安战士在森林中狩猎，他们到达了一个威严的华居，白色墙壁，多彩的屋顶，他们进去寻找主人。但进去后发现根本没有人，只有一个空荡荡的大厅堂，有许多雪松木的柱子，有柔软光滑的窗帘，像是个贵族的住处。厅堂的正中间，有一张桌子，摆着丰盛的宴席，有野猪肉和鹿肉，以及一个紫杉木大桶，里面装满了红酒，还有金银酒杯。他们就开始愉快地吃喝，大说大笑，因为他们狩猎一天，都饿坏了。但是他们其中的一个惊跳起来，又惊又怕地大喊大叫。于是，他们向周围看去，忽然发现挂着壁毯的墙变成了粗糙的梁柱，天花板变成烟熏得脏乎乎的茅草棚，简直就是个牧人的小屋，他们知道自己已经陷入仙族的魔法之中，连忙跳起向屋外奔去，方才还高大威严的大门现在却缩成了狐狸洞大小。而秃子科南却丝毫没有注意到这些，仍然陷在对桌子上的好东西的无尽贪欲之中。他们赶快去叫科南，当最后一个人跑出去时，科南才醒悟过来想跟上去，却发现自己被石灰水粘在椅子上怎么也起不来了。他陷入痛苦的困境，大家又不知道该拿他怎么办好，便就近找了件东西往他背上拍了拍，而那个东西是黑绵羊的皮，是他们从农夫的羊群中费尽周折才拿到的。后来，那张皮就长在科南背上了。

　　虽然科南是个胆小鬼，很少敢与芬尼安战士争斗，但据说曾经有猛士败在他手下。这事发生在凯利的斯牢特山（Slaughter）[①]上与一大群海盗的搏斗中。入侵者之中有一个叫利阿干（Liagan）的人，他站在首领面前，要单挑芬尼安战士中最勇敢的人。满目嘲笑的芬尼安战士们推搡着科南上前迎战。当他站在利阿干面前时，利阿干大笑他头脑简单四肢发达，说道："你这秃顶老头来应战简直傻得透顶！"而科南却继续向利阿干走近，利阿干恶狠狠地抬起手，科南说："确实，你后面的那个人对你的威胁更大，而不是你面前这个。"利阿干环视四周，就在那一刹那，科南砍下了他的头，然后扔了剑跑回正在大笑的芬尼安队

---

　　① 那座山仍然叫 Knockanar。

伍中寻求庇护，但是芬恩对此事却非常愤怒，因为科南是用诡计获胜的。

## 德莫特

外号叫做"爱的印记"的德莫特（Dermot）是芬恩最宝贵的朋友之一。他外表美丽高贵，没有哪个女人不爱他。据说他从不知疲倦，在漫长的战斗或捕猎的最后，他的脚步还是跟他开始追寻时的一样轻快。他和芬恩之间有着很深的情谊，但这份情谊却在芬恩的新婚之夜结束了。那时，芬恩已是一位老人，他将迎娶国王康马克的女儿葛拉妮雅。然而，在她的新婚之夜，葛拉妮雅利用芬尼安骑士精神的神圣律令要求德莫特同她远走高飞，虽然这和德莫特自己的意愿完全相反，但他听从了，这最终给他带来了杀身之祸。葛拉妮雅又回到了芬恩的身边，当芬尼安战士看到她时，整个营帐的人都尖酸地笑着，因为他们绝不会为了葛拉妮雅这样的人放弃自己的一根手指。

## 娄楠之子基塔和莪相

芬恩手下的另一个重要人物是娄楠之子基塔（Keelta mac Ronan），他是芬恩的管家，也是一名强壮的勇士，他很会讲故事和朗诵诗歌。芬恩的儿子莪相是盖尔最著名的诗人，后面，我们就开始讲莪相的故事。

## 奥斯卡

莪相有一个儿子，叫做奥斯卡（Oscar），是在所有芬尼安的战斗之中最凶狠的战士。他第一次战斗就砍死了三位国王。有次，他愤怒时杀死了他的朋友和同学莱纳（Linne）。他的妻子是漂亮的艾登（Aideen），奥斯卡在歌拉（Gowra）之战中死去，随后她因悲伤过度也随他而去。莪相把她埋葬在苯艾德加（Ben Edar），他为她树立的雄伟墓碑，至今还保留着。在这部作品中，奥斯卡作为一种强大的力量出现，他有一颗"就像保存在钢铁盒子里的变形的号角一样"的心，这个人物形象是为战争而生，就像剑和矛是为了战争而生一样。

# 路加之子吉纳

芬恩的另一个好部下是吉纳（Geena）。吉纳的父亲是路加（Luga），母亲是芬恩的一个女勇士，路加是她的一个近亲。吉纳是由一个叫做费尔玛讷（Fair Mane）的女人养大的，她曾将很多芬尼安战士抚养成人。当吉纳到了服兵役的年龄，他站在芬恩面前，宣誓忠诚，芬恩让他当队长。然而，吉纳却表现得懒散而自私，总是吹嘘自己的战术，从不训练他的士兵去追逐鹿群或是野猪，他还殴打狩猎犬和战士。最后，他手下的芬尼安战士全体到位于基拉尼（Killarney）的洛克勒纳（Loch Lena）面见芬恩，向芬恩抱怨吉纳并说道："噢，芬恩，你现在要作出选择了，是要我们还是要路加之子一个人？"

芬恩派人叫来吉纳，开始质问他原因，但吉纳却说不出为什么芬尼安战士不喜欢他。于是，芬恩就教给他了一些血统高贵的年轻人以及首领所应该做的事情，它们是如下的"芬尼安准则"。

# 芬尼安准则

路加之子，如果服兵役是你的计划，那么在大人物面前保持安静、谦逊。

如果猎犬没有犯错，不要打它；如果没有确定妻子犯罪，不要上告。

战争中，不要管闲事，否则只能被看成傻瓜。

不要责难权贵，不要与人争吵，不要理会疯子或邪恶之人。

对妇女、小孩、诗人亲切温和，对其余的人也不要施以暴力。

不要自吹自擂；不要妄自菲薄，轻言放弃；不要顽固不化，固执己见，除非所言之物切实可行。

一生之中，无论是为了首领，还是为了金银或是其他尘世的奖赏，都不可背信弃义，背离所立之誓言，抛弃所保护之人。

长官不能虐待手下，那不是文雅之人该做之事。

不要道听途说，捕风捉影；不要滔滔不绝，挑剔苛刻；不要惹祸上身。

不要常去酒馆，不要对长者吹毛求疵，不要与小人为伍。

　　免费分发自己的东西，对朋友、部下不要吝啬。

　　在首领面前不要有压力，但也不能给他留下话柄。

　　坚守位置，紧握武器，直至战争结束。

　　路加之子，多给与，少拒绝，待人温和。

　　根据记载，路加之子接受了这些建议，改掉了自己以前的坏毛病，成为芬恩最好的臣子之一。

## 芬恩的性格

　　芬恩把这些法则也教给了他的追随者，他们中的佼佼者变得和芬恩一样英勇、和蔼、慷慨。他们每一个人都爱戴其他战士的名誉更甚于自己的，他们每个人都认为这个世界上拥有全部高尚品质的人只有芬恩一个。

　　据说芬恩"视金子如林中之叶，视银子如海之水沫，将它们都分发掉了"。此外，就算他和一个人闹翻了，他也不会再要回任何已经送给他的东西。诗人莪相曾经这样向圣帕特里克赞颂他：

　　对芬恩而言最珍贵的是：战斗的喧嚣，宴会的欢闹，猎犬的吠声在荒芜幽谷中回响，山鸟也在一边快乐地鸣唱。

　　鹅卵石摩擦着海岸，当他们拖着战船下海，黎明的海风吹过长矛呼呼作响，吟游诗人魔幻的歌声四处飘荡。

## 对芬尼安勇士的测试

　　在芬恩时期，只有通过一系列能够体现自身价值的严格测试，才能够被承认为爱尔兰勇士。他必须精通《诗学十二书》(*Twelve Books of Poetry*)，而且熟练地用盖尔语韵律和节奏赋出诗篇。然后，他将与一块盾牌和一根浅褐色的手杖一同被埋在齐腰深的土里，同时防御来自九个勇士向他投射的矛，如果他受了伤就会被淘汰掉。随后，把他的头发编成辫子，他将被芬尼安战士追赶着穿过森林。

　　如果被芬尼安战士赶超，或者头上的辫子散开，又或者踩裂了一个干木棍，他也会被淘汰。同时，他必须跳过一块齐眉高的木板，并全速跑步通过一块低过膝盖的木板，而且必须在跑步的同时能够拔出扎进脚底板的荆棘，并不减速。此外，他不能收妻子的彩礼钱。

## 基塔和帕特里克

传说芬尼安战士中有一个名叫基塔的活到很大岁数，是帕特里克给他做的基督教徒的洗礼。基塔给帕特里克讲了许多关于芬恩及其族人的故事，帕特里克的记录员将这些记录了下来。帕特里克曾经问基塔，芬尼安战士是如何变得如此光荣和强大的，整个爱尔兰都歌颂他们的事迹，就像爱尔兰人一贯的做法那样。基塔回答道："我们心中的真理、我们体内的力量，再加上我们所说的话语，我们就因为拥有这些而成功。"

在见到帕特里克并接受了基督教义之后，基塔仍然这么说。一天，他偶然来到了康纳希特的勒内（Leyney），这正是住在杜马圆丘（Mound of Duma）的仙子们每年总遭到海盗骚扰和破坏的地方。于是，他们叫基塔来帮忙，在智勇双全的基塔的帮助下，他们战胜了入侵者，将其赶回了老家，但是基塔却受了重伤。基塔问仙族的预言家欧文（Owen），自己这个已经很长寿的人还能活多久。欧文告诉他："十七年，最后你会掉进塔拉池中，整个国家都会因此而悲痛。""我的领袖、我的上帝、我的监护者、我的保护者——芬恩，也是这样预言的，"基塔说道，"现在，我将你们从痛苦的深渊中拯救出来，你们给我什么回报呢？""丰厚的奖赏，"仙人说道，"青春，我们可以把你重新变成一个拥有青春活力的年轻人。""不，上帝不允许这样的事情，"基塔说，"因为那样我就会披着用魔法变来或者是其他的外形，而摈弃真实光耀的上帝所赐予我的外形。"仙人又说道："您说的正是一个真正的勇士和英雄的话，您是对的。"于是，他们治愈了他的伤口，除去了他身上的邪恶。他祝福他们胜利之后就离开了。

## 莪相的出生

有一天，芬恩和他的同伴带着他们的猎犬狩猎归来，要去他们在阿兰（Allen）山上的住所。突然，一只漂亮的小鹿跳到了路中间，他们便开始追赶它，小鹿使劲往它们的窝里跑。不久，除了芬恩和他的两只猎犬布朗（Branh）、斯哥洛

（Skolawn），其他所有追赶的人都被甩掉了。这两只猎犬都是奇异的品种。蒂兰（Tyren），即芬恩的母亲穆尔娜的姐姐，被一位仙女用魔法变成了一只猎犬，因为这个女人喜欢蒂兰的丈夫厄尔蓝（Ullan）。芬恩的两只猎犬是蒂兰变成猎犬后生的孩子。在爱尔兰所有的猎犬之中，它们俩是最棒的，芬恩非常喜欢它们，据说他一生之中只哭过两次，其中一次就是因为布朗死了。

最后，当芬恩追赶到峡谷边时，他看到小鹿停住，躺在地上，那两只猎犬也开始围绕着它玩耍，舔它的脸和腿。芬恩下令不许任何人伤害那只小鹿，小鹿与猎犬玩耍着就跟随他们到了阿兰山。

就在那个晚上，芬恩在睡梦中惊醒，他看到他的床边站着一位他有生以来见到的最美的女子。

她说："哦，芬恩！我叫萨巴（Saba），就是你们白天追赶的那只小鹿。因为我不爱仙族一个叫做黑皮肤达克（Dark）的巫师，三年前他用魔法把我变成了小鹿。他的一个奴隶可怜我，曾告诉我如果我能够成功地到达你的阿兰宅邸，哦，芬恩，我就将解脱咒语变回我原来的样子。但是，我很害怕被你的猎犬撕成碎片，或者被你手下的猎人打伤，最后我让你和你的猎犬布朗、斯哥洛追上我，因为它们有和人类一样善良的心，不会伤害我。""姑娘，请不要害怕，"芬恩说道，"我们芬尼安战士是自由的，我们的来客也是自由的，在这儿没人会强迫你什么。"

后来萨巴就和芬恩住在一起，做了他的妻子。芬恩很爱她，没有她，无论战斗还是狩猎都不能使他快乐，他整月整月地陪着她。萨巴同样也很爱他，他们之间的爱恋就像是不老乡里那些永生的人。但是，后来芬恩得知极北人（Northmen）的战舰到达了都柏林海岸，于是，他便召集手下的勇士应战。他对萨巴说："因为爱尔兰人给了我们礼物，恳求我们保护他们免受入侵者伤害，拿了别人的礼物而不履行承诺是可耻的行为。"芬恩回想起当他们得到巨大帮助时，莫纳之子高尔说的话，"一个人为了生命而生存，而不是为了名誉"。

芬恩离开了七天，他把极北人从爱尔兰海滨驱逐了出去。但是，到了第八天他回来时，当他走进屋子，从手下和他们的家属的眼睛里看出有了麻烦。他也没有看到萨巴在城墙上迎接他凯旋。芬恩问他们，他走这几天发生了什么，手下回答道："哦，当您——我们敬重的父亲和领袖——远征重击侵略者时，萨巴望眼欲穿，盼望您的归来。一天我们看到一个和您极像的人走近，布朗和斯哥洛也跟在您的脚边，同时我们似乎听到从风中传来芬尼安战士狩猎时的叫喊声，萨巴就赶紧向大门跑去，我们也拦不住，她不顾一切地奔向幻影。但是当她跑到跟前时，她站住了，并痛苦地大喊起来，你的幻影用浅褐色的棍子重击了她，然后她就消失得无影无踪，只听见一阵鹿鸣犬吠的嘈杂之声，听起来一个声音来自这边，另一个声音来自那边。随后，猎犬开始追赶那只鹿，当她重新跑到屋子的大门口时，猎犬都停止了前进。我们都抓起了手边的武器，跑出去驱赶那个巫师，但是当我们到了那个地方，却看不到任何东西，只能听到离去的匆匆的脚步声和狗叫声，也判断不出那些声音从哪个方向传来，后来，那声音就消失了，一切又恢复了平静。哦，芬恩，我们无能为力，萨巴就这样消失了。"

芬恩一言不发地走进了自己的房间。接连两天他都没再出现。后来，他出来像往常那样管理芬尼安的事务。但在那天之后的七年中，他一直在寻找萨巴的下落，从遥远偏僻的峡谷到幽暗的森林到爱尔兰的洞窟。他寻找时只带着布朗和斯哥洛。最后，他放弃了希望，重新像往常一样狩猎。

一天，当他狩猎来到位于斯里果（Sligo）的本布斑（Ben Bulben）时，他听到猎犬平静的叫声突然变成一阵狂吠，就好像正在和野兽争斗。他和手下迅速跑过去，发现在一棵大树下站着一个裸体的长发男孩。猎犬们正在男孩周围努力想要抓住他，但是布朗和斯哥洛却和那些猎犬们争斗使它们远离这男孩。那男孩身材高挑、相貌俊逸，当猎犬在他身边围攻时，他看起来镇定自若，一点也不害怕。芬尼安战士打退了那些猎犬，把男孩领回了家。芬恩沉默地看着他，打量着男孩的肤色。男孩终于开口，讲了这样一个故事。

他不知道自己的父亲是谁，他的母亲是一只温顺的雌鹿。他们一起生活在一个芳草萋萋、令人愉悦的山谷中，这个山谷的四周除了悬崖峭壁就是深沟险壑。夏天，他靠水果之类的东西维生，冬天就吃预先储存在一个山洞里的食物。有时，一个高大、黑皮肤的男人来他们这儿。这男人对他母亲讲话时，时而温和亲切，时而暴跳如雷，他母亲常常被吓走，而这个男人则生气地离开。终于有一天，这男人跟他母亲讲了很长时间的话，时而恳求，时而温和，时而愤怒，但他母亲却一直不理他，她除了害怕和憎恶外，没有其他任何表现。最后，这男人走近他母亲，用一根棕色的榛木棍重击了她，然后就转身离开了。但是这次，她却跟着这个男人走，并哀伤地看着她的儿子。当他努力跟上时，却发现自己四肢都动不了了。于是，他愤怒而哀伤地大喊一声倒在了地上，失去了知觉。

当他醒来时，发现自己在本布斑的山边。他在那儿逗留了几天，寻找那片芳草萋萋的隐秘峡谷，可他后来再也没有找到。不一会儿，猎犬就发现了他。但是，关于他母亲，也就是那只雌鹿，以及黑皮肤巫师达克，就没有人知道他们的结局了。

芬恩给他起名为莪相（小鹿），他后来成了一个很有名的战士，但是最负盛名的还是他所作的诗歌和讲的故事。因此，今天一提到所有关于爱尔兰的芬尼安战士的故事，人们就会说："唱一首吟游诗人的歌，他是芬恩的儿子。"

## 莪相和南木

在一个雾气迷蒙的夏日清晨，莪相和很多人在洛克勒纳的海边狩猎。他们看到一个美丽无比的女子骑着一匹雪白的骏马向他们走来，她身着皇后袍，头戴黄金冠。她那深灰色的丝质披风垂顺而下，拖曳在地上，上面还点缀着红金做成的星星。马蹄上钉着银蹄铁，马头上佩戴的金羽冠随马头摇曳着。她走近后，对芬恩说道："我千里迢迢来到这里，终于找到了你——库之子芬恩。"

芬恩问道："姑娘，你来自哪个国家，哪个民族？你想从我这里得到什么呢？"

她答道："我的名字叫金发南木（Niam），是青春之国国王的女儿，引我到这里来的是对您的儿子莪相的爱慕。"然后，她转向莪相，说道："莪相，你愿意和我一起去我父亲的国土吗？"她说这话的语气并不像询问，却像早已得到了肯定的答复。

莪相答道："是的，我愿意！我愿意与你一起走到世界的尽头。"因为那魔法已经萦绕在他的心头，他已不在意所有尘世之物，只想拥有金子之主南木的爱。

然后，南木开始向他们讲述关于大洋彼岸——她召唤她的爱人将要去的地方——的故事。当她讲述时，梦幻般的寂静笼罩了一切：马儿不咬嚼子，猎犬不吠，就连丛林中温和的风也都停止了拂动。她说的一切听起来那么甜美、奇妙，比他们后来回忆的要美好得多。他们后来所回忆的是这样的：

> 那里美丽无比，超出想象，
> 那里奇幻异常，前所未见。
> 那里水果终年不断，
> 那里鲜花四季盛开。
>
> 丛林的树枝上淌下蜂蜜，
> 美酒与蜜酒也从不匮乏。
> 人们没有疾病抑或痛苦，
> 衰老和死亡也不曾降临。

美食和狩猎从不使人厌倦，
永不停止的音乐响彻大厅；
青春之国的金银珠宝，
璀璨超乎想象。

你将骑上仙族的骏马，
你将带上风一般的猎犬；
你将在一百将领的拥护下战斗，
你将在一百美女的歌声中入眠。

头戴权力之冠，
腰悬魔力之剑，
你将是青春之国的主宰，
你将是金子之主的主人。

当仙曲终了，芬尼安战士们看到莪相跨上仙骑，怀抱南木，还没等他们反应过来，南木已经掉转马头，扬起马鞭，驰向林中空地，白驹过隙般消失不见了。

从那以后，芬尼安战士再也没有见过芬恩之子莪相。

然而，人们却知晓他后来所发生的事，他的结局如同他的出生一样神奇。他并未长生不老，但却目睹了青春之国里的神秘之事、奇异之物，并亲口讲述了这一切。

## 去仙境的旅程

当那匹白色的骏马驮着他们来到海边时，它轻快地从海浪上飞越而过。不一会儿，爱尔兰的森林、陆地都消失在视野里了。现在，强烈的阳光直射下来，他们驰入了一片金色的薄雾之中。莪相完全迷失了方向，不知道自己到底是在陆地上还是在海洋上。雾中有时会出现一些奇异的景观：宫殿隐约闪现，却很快又消失不见；一只无角的雌鹿在他们旁边跳跃，后面有只独耳白猎犬在追她；一个手捧金苹果的年轻女子骑着一匹棕马从他们身边驰骋而过，后面紧跟着一个骑白马的马术师，手里握着一把金柄的剑，紫色的斗篷在他身后翻飞。莪相想问问南木公主这些幻象到底是什么，但公主却什么也不让他问，她似乎一点也不在意这一路上所见到的种种幻象。

## 莪相归来

故事继续讲述了莪相如何在不老乡历险，其中包括如何从弗魔族巨人那里救出一位被囚禁的公主。莪相在不老乡旅居了三周后，感到自己已享尽了所有快乐，开始渴望回到自己的国土，再次见到自己的朋友。他许诺说当完成这些意愿时就会回来，于是，南木将那匹曾带他飞越大海来到仙境的雪白的仙骑给了他，并警告他说当他到达爱尔兰后，千万不要下马，双脚不能触碰到爱尔兰的国土，否则，返回不老乡的道路将永远向他封闭。随后，莪相就出发了。他再次穿越了那片神奇的海域，来到了爱尔兰的西海岸。他开始向阿兰山前行，因为以前芬恩的住所就在那里。但神奇的是，当他穿过森林时，连一个芬尼安猎人也没看到，只看到零零散散的几个人在田里耕作。

最后，他终于穿过林间小道来到了以前阿兰山耸立的地方。那时，阿兰山周围是一大片绿油油的草地，周边被堤垒围着，里面有许多白色墙壁的住宅，中央是一座高大宏伟的大厅。然而，现在映入莪相眼帘的却是一个个荒草丛生的小圆丘，有一头黄牛在其间吃草。看到这里，莪相突然感到一阵莫名的恐惧，他觉得是仙境的某种魔法蒙蔽了自己的双眼，自己现在看到的只是假象。于是，他张开双臂，呼喊芬恩和奥斯卡，无人应答，他想起猎犬或许能听到，于是大声呼喊布朗和斯哥洛，同时伸长了耳朵以捕捉最微弱的沙沙声和耳语声，可是他听到的却只有丛林里传来的风声。莪相感到万分恐惧，于是策马向东海岸驰去。他想穿越整个爱尔兰，以期从自己所中的魔法中逃离出来，看到事实的真相。

## 破碎的诅咒

然而，当莪相到达东海岸附近一个叫做斯路什峡谷（Valley of the Thrushes）①的地方时，他看到在一个小山坡的田野里有一群人在使劲将一块巨石从他们的

---

① 格兰尼斯莫，今都柏林附近。

耕地里推开，旁边有一个监工在指挥他们。于是，莪相便向这群人奔驰而去，想去问问他们关于芬恩和芬尼安战士的事。当他靠近时，那些人都停止了手里的活，盯着他看。在他们看来，他像是一个来自仙族的信使或是一个来自天堂的天使。莪相比他们所认识的人都高大得多，有着冰蓝的双眼、棕色的皮肤、红润的脸颊、珍珠般亮白的牙齿，头盔边下是一簇簇光亮的头发。莪相看到他们因操劳过度而身形瘦弱，而他们竭尽全力想要挪动的巨石却纹丝不动。看到这些，莪相心中充满了同情，想到：“当我离开爱尔兰前往青春之国时，这儿最低等级的人也不至于这么可怜。”于是，他从马鞍上弯下腰来帮助他们。他把手放在巨石上，使劲一拉，就举起了它，然后把巨石从山上滚了下去。人群中响起了一片赞叹声和掌声。然而不一会儿，欢呼声就变成了一片惊恐的叫喊声。那群人开始四处逃散，推推搡搡地互相拥挤着想要逃离这让他们感到恐惧的地方。这些都是因为刚才这里发生了一场让人胆战心惊的变化：莪相因为刚才拉巨石时扯裂了马鞍带而从马上瞬间摔落到地上。一眨眼间，那匹白色的骏马就像烟圈似的从他们眼前消失了；从地上跌跌撞撞地站起来的也不再是方才那个年轻力壮的战士了，而是一个年老体弱的白胡子老头，他一边伸手摸索着，一边痛苦地呜咽着；他那深红色的斗篷和丝般光滑柔顺的黄袍子变成了粗布的，用一根麻布带子系着；他原来的金剑柄也变成了粗糙的栎木柄，就跟挨家挨户讨饭的乞丐手里拿的木棍一样。

当那些人看到厄运并不是冲着他们来的，就又回来了。他们看到那个老头伏在地上，将脸深深地埋在臂弯里，便走过去扶他起来，询问他是谁，发生了什么事情。莪相用浑浊的双眼环视了一下四周，最后说道：“我是芬恩之子莪相。求求你们告诉我他住在哪儿，他以前在阿兰山上的住所已经一片荒芜。我从西海岸到东海岸，都没有找到他，也没有听到他狩猎的号角声。”那些人听了都面面相觑，那个监工问道：“爱尔兰有很多叫芬恩的，你说的是哪个？”莪相答道：“当然是淳莫的孙子、库的儿子芬恩，爱尔兰芬尼安战士的首领。”监工说道：“老头，你个蠢家伙！你刚才还让我们都愚蠢地以为你是个小伙子，不过现在我们都反应过来了！库之子芬恩和他那一代人在三百年前就已经死了，莪相之子奥斯卡是在歌拉之战中倒下的，而芬恩是在布瑞阿（Brea）之战中死去的——历史学家是这么说的。至于莪相，没人知道他是怎么死的，但是在大人物的盛宴上，竖琴师经常演奏他遗留下的诗歌。不过后来，托尔金（Talkenn）[1]帕特里克

---

[1] 托尔金，或者“扁斧头”（Adze-head），爱尔兰人给帕特里克起的名字，可能是源于他的发型。

来到了爱尔兰，向我们传颂唯一的神和神子基督。在帕特里克的影响下，原来那些老式的习惯全被抛弃了。人们都很敬畏他所传颂的修道士、圣女、圣歌以及每天帮我们洗刷罪恶，将我们从审判之火中拯救出来的传教士；而至于芬恩和他的芬尼安战士，他们的盛宴、狩猎、战歌以及情歌就无法产生这种敬畏感。"莪相只听了个大概，也没怎么听明白，他说道："如果是你们的神杀了芬恩和奥斯卡，那他真的是太强壮了。"那群人都冲他大喊大叫，有的还捡了石头，但监工让大家都不要动他，等着托尔金来跟他交谈，决定该怎么对他。

## 莪相和帕特里克

于是，他们把莪相带到帕特里克那里。帕特里克对他和蔼可亲，莪相把发生在自己身上的一切讲给他听，他让书吏把莪相所讲的全都仔细记录下来。那些莪相所了解的英雄的回忆，以及他们在爱尔兰的森林里、峡谷中、野地上无忧无虑、自由自在的生活应该永远留存在人们的记忆中。

这段非凡的传奇故事如今只能从米歇尔·考门（Michael Comyn）于 1750 年所写的爱尔兰现代诗歌中得以了解，这首诗歌也许算是爱尔兰文学最后的一部作品。毫无疑问，考门的诗歌是对早先的传统材料进行加工而成的，然而，尽管古老的莪相诗歌告诉了我们莪相后期的生活，使我们从中知道他遇见了帕特里克，还讲述了芬尼安战士的故事，但我们目前还是只能从米歇尔·考门的诗歌中了解到南木向莪相求爱的那一段故事，以及他在青春之国的那段生活。

## 魔洞

这个故事是我从斯坦迪什·欧格兰狄在《席尔瓦盖尔语歌谣》(*Silva Gadelica*)中的一个版本里引过来的。故事是关于芬恩在北康纳希特的考兰区（Corann）的一次盛大的狩猎活动。

该区是由考那汗，即达纳神族的一个领主所统治的。考那汗对芬尼安战士闯入他的狩猎区感到非常愤怒，于是派出三个巫婆去向他们复仇。

传说，芬恩、光头科南和芬恩最喜欢的那两条猎犬在开什考兰山(Keshcorran)山顶上观看这次狩猎，山下传来猎人们的呼喊声、号角声以及猎犬的吠声。他们在山顶上四处走动，来到了一个巨大的山洞洞口，洞口前坐着三个邪恶丑陋的巫婆。当芬恩他们走近时，她们正在把左手边的一堆纱线缠在冬青树三个弯下的枝桠上，并用那些线纺纱。为了近距离观察，芬恩和他的勇士们又走近了一点，却突然发现自己被蛛网一般的纱线给缠住了。他们感到软弱无力、浑身颤抖，很容易就被那三个巫婆紧紧缚住，然后被抬到洞窟深处。不一会儿，其他人赶来了，四处寻找芬恩，却都经历了相同的遭遇：当他们一触碰到被施了魔法的树枝，就四肢无力，勇猛不再，然后就被绑起来放进洞里。最后，所有的芬尼安战士都被绑在了洞里，只有猎犬在洞外嚎叫狂吠。

巫婆们举起了锋利无比、千锤百炼的阔刃宝剑。在挥剑斩杀这些俘虏之前，她们先环视了洞口四周，看看还有没有漏网之鱼。就在这个当口，被称作"狂怒的狮子、肇端的导火索、心灵的大师"的莫纳之子高尔出现了，与巫婆们展开了一场恶战。最后，高尔将其中两个巫婆劈成两半，不久又打败了第三个叫爱尔娜（Irnan）的巫婆，将她绑了起来。当高尔正要杀她时，她开始求饶，说道："你把那些芬尼安战士全带走吧。"于是，高尔说只要她放了战士们她就可以走。

于是，他们走进洞窟，给那些俘虏一个接一个地松绑。第一个是诗人弗格斯，他被称作"巧嘴"和"科学家"。随后，他们都坐在山上休息，弗格斯为解救者高尔唱了一首赞歌，这时，爱尔娜消失了。

不一会儿，他们看到一个怪物向他们靠近，这是个"疙里疙瘩的巫婆"。她喷火的双眼充满血丝，张开的嘴巴里满是粗糙的尖牙，指甲跟野兽的一样，武装得像一个战士。她让芬恩从他的人中挑选出一个来和她单打独斗，直到她失败为止。她不是别人，正是高尔放走的第三个巫婆爱尔娜。芬恩请求莪相、奥斯卡、基塔以及其他年轻力壮的勇士迎战，他们却都说因为之前受到了巫婆的虐待和侮辱而无力迎战。最后，芬恩决定自己出马，高尔说："噢，芬恩，和这样一个干瘪的丑老太婆对战，对您来说简直是种侮辱！"高尔再次拔剑与这个可怕的敌人对战。最终，在一场拼死之战后，他刺穿了她的盾牌，也刺穿了她的心脏，巫婆倒地而死。芬尼安战士洗劫了考那汗的住所，抢占了里面所有的财宝，芬恩将自己的女儿雪肤柯瓦（Keva of the White Skin）送给了高尔。他们烧毁了那处住所之后就离开了。

# 佳林山的追捕

这段美妙的故事是以诗歌的形式讲述的，就好像是我相本人在我相部族的"交易会"上叙述的一样。该故事讲的是关于住在阿马郡的佳林山山上——也许是山附近——的铁匠库兰（Cullan，这里被描绘成达纳民族的一个神）的两个女儿埃妮（Aine）和米路卡（Milucra）的故事。她们都爱着库之子芬恩，彼此相互嫉妒。有一次，埃妮说自己永远也不会喜欢银灰头发的男子，米路卡就想到了一个完全拥有芬恩的爱的办法。她把自己的达纳族朋友召集到佳林山山顶的一个银灰色小湖边，对湖水施了魔法。

也许你会发现这段开场介绍很像后来加在原故事里的，它产生于一个理解力较弱的时代或思想性贫困的时代，后来被后世承续。这段故事本来的形式所表达的意义也许更为深刻。

故事后来讲道：不久后，芬恩的两条猎犬——布朗和斯哥洛在阿兰山附近惊动了一只小鹿，然后一直向北追赶它，最后到了佳林山山顶。佳林山像南部的斯利乌纳蒙山一样，在古爱尔兰是达纳神族魔法和传说的真正聚焦点。芬恩独自跟着猎犬一直到那只小鹿消失在山边。然后，他在山崖边看到一个美丽异常的女子坐在那里哀叹哭泣。芬恩问她为什么如此哀伤，她解释说自己非常珍视的一只金戒指掉到湖里了，并请求芬恩跳进湖里帮她找回戒指。

芬恩照她所说的，在潜入湖中每一处洼地搜索之后，终于找到了戒指，他还没爬上岸就先把戒指给了那个女子，那女子却猛地扎进湖中转眼就消失了。芬恩猜测他可能被施了某种魔法，后来他终于知道是什么魔法了，因为当他踏上岸边的土地时，因虚弱无力而摔倒在地，他又爬了起来。他现在变成了一个颤颤巍巍、虚弱无力、头发苍白的老头，就连他那两条忠实的猎犬都认不出他了，它们绕着湖转来转去，寻找它们的主人芬恩。

同时，人们在位于阿兰山上的芬恩宫殿里看不到他，于是一队人马按着别人看到他追寻小鹿的路线一路找去。他们最终来到了佳林山山顶的小湖边，看到一个可怜兮兮、腿脚不灵的老头。他们问他话，他不回答却只是捶胸顿足、呜咽不止。最后，那个老头把基塔叫到跟前，轻声对他耳语了几句，啊！原来这老头就是芬恩！当芬尼安战士从狂怒和惊诧中平静下来之后，芬恩悄悄告诉了基塔自己被施魔法的事情，并告诉他们施魔法的肯定是铁匠库兰的女儿，他们就住在佳林山的仙丘里。于是，芬尼安战士用担架抬着芬恩很快就到了仙丘。他们开始卖劲地挖，一直挖了三天三夜，最终挖开了仙丘里最深的洞穴。一个女子突然出现在他们面前，她手捧红金角斛，呈给了芬恩。芬恩拿起斛喝了水，立刻又变得年轻俊美，但他的头发依然还是银白色的，只要他再喝一口，头发就会恢复，但是芬恩没有理会，他的头发后来就一直是银白色的。

后来，这个故事被用作一个非常有名的讽喻戏剧的主题，叫做"芬恩的假面"。编者就是斯坦迪什·欧格兰狄（Standish O'Grady），显而易见，他认为这个故事表现了通过受苦来获得智慧和理解力的主题。人民的领袖必须深入到泪水之湖中，体会无助与绝望，他的精神才能获得解脱，最终实现辉煌的结局。

在佳林山的山顶上有一块古老的墓碑，那个区域的农人们依然把它视为"湖水女巫"的住所，或者说是在寄宿学校出现之前他们是这么认为的。那儿还有一条被踏平了的神奇小路，它从那块石碑一直通向湖边，但却从未有人类走过，人们认为是超自然力量来来回回地经过那里而踏成小路的。

## 圣贤语录

莪相文学最有趣也最吸引人的一个遗俗要算《圣贤语录》（即 *Agllamh na Senorach*）了，它是一部始于 13 世纪的长篇叙述诗。曾同斯坦迪什·欧格兰狄所翻译的《席尔瓦盖尔语歌谣》（*Silva Gadelica*）一同出版。与其说它是一部小说，不如说它是一部神话框架下巧妙安排的故事集。《圣贤语录》开篇即给我们展示了娄楠之子基塔（Keelta mac Ronan）和芬恩之子莪相的画像，每个人身后都分别有八个士兵。他们都是歌拉（Gowra）战役和其后的大疏散中的芬尼安士兵。我们可以清楚地看到一个须发斑白的老者，他已是耄耋之年，最后一次应曾经叱咤风云的女宗族长堪哈（Camha）的邀请来与她见面，他们伤感忧郁地谈论着逝去的时光，最终陷入沉默。

### 基塔与帕特里克的相遇

最终基塔和莪相决定分开，莪相打算去仙山，那儿有他的母亲在达纳（这儿称为布莱，即 Blai）的住所，而基塔则踏上了经过米斯大平原通往庄穆德戈

（Drumderg）的旅途，在路上他偶遇帕特里克以及他的修士。作者并没有费力去解释这件事在时间上的可能性，对于莪相在青春岛的传说亦只字未提。书中这样记载："牧师们看见基塔和他的同伴朝他们走来，对这个身材高大的人及他身后跟随的狼狗感到很恐惧，因为他们并不是牧师所处时代的人。"接着帕特里克就将圣水洒向那些英雄，随即缠绕在魔鬼脚上的脚镣飞进山林峡谷，接着"巨人们坐了下来"。帕特里克在问过来者的姓名之后恳求能够找一口水质纯净的水井来为布利加和米斯地区的百姓进行洗礼。

## 楚德班之泉

基塔对每一条小溪、每一片山林、每一株小草及每一棵树木都无比熟悉，之后他立即为帕特里克带路，"直到他们看到一个泉眼，泉面冒着半透明的水泡，水面上浮着的水芹与婆婆纳的大小和厚度实在令人感到惊奇"，作者如是描写道。接着帕特里克开始讲述该地的声誉和繁荣，提到了一首令人叫绝的赞美此泉的抒情诗：

代表着两个女人的泉呀，你的水芹那么美，那么浓密；如果你的功劳被忽视，那么婆婆纳就不会在此生长了。

你所养育的鲑鱼从岸边清晰可见，野猪在荒地里徜徉；鹿群在峭壁上涌现，这些布满斑纹的栗色脖颈的小东西是多么可爱啊！旗杆挂在树枝上，鱼群涌现在江口，涓涓溪流颜色多么美妙！你映出蔚蓝色的天空，倒映着翠绿的灌木丛。

## 帕特里克与爱尔兰传说

款待过士兵们后，帕特里克问道："库之子芬恩可否算得上一位明君？"基塔褒奖了芬恩的宽宏大量，接着又开始详细叙述他家族的光辉历史。

帕特里克说："但愿这对我们来说不是在消减我们虔诚的生命，更不是一次忽视我们自己的祈祷，而放弃与上帝之间的交流的巧合，和你们在一起谈话让我感到时间过得真是太快了。"[1]

---

①欧格兰狄翻译。

基塔又继续讲述另外一个关于芬恩的传说,而帕特里克则被这传说深深地迷住了,他不禁呼喊道:"哦,基塔,成功与祝福在向你召唤!这对我来说是一次心灵和思想上的升华。再给我们讲一个吧。"

于是《圣贤语录》的绪言到此结束。同其他爱尔兰传说一样,我们从中无法得出更多的猜测与想象:如蜻蜓点水般,轻轻地将痛苦、诗歌与幽默组合得多么完美,粗略几笔将所要介绍人物的性格特征勾勒得多么高贵!后面的内容展示了基塔关于地形和传说的博学多闻,和他同行的还有呼喊着永恒的"成功与祝福在向你召唤"的帕特里克。

士兵和圣徒一起朝着帕特里克去往塔拉的道路前行。

一路上任何时候只要帕特里克或者他们中其他人看到山、堡垒或者井,他们便会向基塔打听,基塔就会说出它们的名字以及与其相关的传说。由此故事总是落入传说的迷宫中而离题愈来愈远。直到他们遇到一个从国王居住的塔拉来的路人,他便承担起发问者的角色了。我们已经提到过的《圣贤语录》突然到此中断,大家开始描述《命运之石》(Lia Fail)这个故事是如何从爱尔兰起源。[1]《圣贤语录》的精华就在于关于基塔以及他在旅途中向他们讲述的诗歌的传说。这些传说有一百多个,讲述关于芬恩的光辉战斗史,他所做的善事以及节日盛宴,但其中绝大多数都与传说人物和芬恩之间的交流有关。芬恩与这些人一直保持着联系,不论是与其战斗抑或相亲相爱。有些传说对于细节的描述很详尽,作者尽其所能塑造最为合适的文章风格。其中最好的一篇要数关于布鲁夫(Brugh)的传说了,抑或是帕特里克和基塔偶然经过的位于斯利乌纳蒙(Slievenamon)的官邸。基塔讲述了下面这个关于此官邸的故事。

## 斯利乌纳蒙的布鲁夫官邸

一天,正当芬恩和基塔及其他五个芬恩的随从在托拉驰(Torach)打猎,他们看到北边有一只美丽的小鹿从他们前面跑过,他们一整天都在追这只小鹿,直到晚上他们追到斯利乌纳蒙的山谷旁边,那只小鹿似乎突然从地面消失了。在袭相文学中,类似这样的打猎经过,往往是去往仙境探险的前奏。夜幕很快降临,又突降暴风雪,大伙都在寻找避身之处,突然他们发现在丛林中有一个灯火辉煌的布鲁夫官邸,于是他们开始寻找入口。他们刚一进去就发现这是一个

---

① 参见本书第三章中"达纳神族的宝物"。

宽敞的大厅，灯火通明，有二十八个士兵和众多肤色白皙的金发妙龄少女，后面的那个坐着水晶椅，弹着竖琴奏出美妙的音乐。芬恩的士兵享受完美酒佳肴后，有人告诉他们今晚款待他们的是东（Donn）和他的兄弟。东是骄傲的米迪拉的儿子，他们正在与达纳族的残余人马打仗，而且每年要在府邸前的草地上对决三次。起初这二十八个士兵每人手下都有一千名小兵，而今除了眼前的之外其余人都牺牲在战场上了。这些幸存者派遣其中一个少女以小鹿的外形去诱使芬恩来到他们的仙境，希望芬恩能帮助他们在明天的战斗中取得胜利。事实上，关于营救仙境这一主题有许多广为流传的不同故事。芬恩和他的士兵们总是时刻准备着战斗，而且他们与敌人的殊死搏斗总是能从早上持续到晚上，为这些神仙在夜间受到的侵袭雪耻。神奇的草药医好他们的伤口，紧接着又是更多的战斗和冒险，直到一年以后，芬恩终于迫使敌人叫停并且甘愿服输，他重新回到陆地上并且和其他的人汇合了。基塔刚一讲完这个故事，就在风雪之夜他们发现仙境的地方，有一个年轻的士兵在向他们走来。大家这样描述他："他里面穿着高贵的绸缎衬衣，外面穿着同样质地的束腰外衣；披着一件带流苏的深红色的披风，胸部护着一个黄金锥子；手里拿着黄金手柄的剑，头上戴着金色的头盔。"此类文学描述的一大特点就是：色彩鲜艳明丽，生活奢华富足。这个人就是米迪拉之子东，芬恩所援救的二十八个士兵之一，他来向帕特里克表达他和他的人民的敬意与感谢，帕特里克接受了他当晚的邀请，因为在《圣贤语录》中教会和仙境的关系很融洽。

## 三个年轻的士兵

在凯尔特文学中，再没有什么能同《圣贤语录》一样，把对奇迹和神秘的喜好描写得如此淋漓尽致。这一部分的作者可谓创造大帅，他把事物的立体结构表现得如同它们本来那样透明；他通过这些结构向我们展示了另外一个世界的美妙与魅力，这个世界与我们现有的世界混合却又截然不同，它拥有不同的法令条例和特征。至于这些法令条例具体是什么，我们却无从了解。至少在爱尔兰凯尔特人没有将这些未知的东西系统化，只是伴随着这个不透明的世界让其如昙花一现，接着在我们尚未了解到我们到底看到了什么之前就将这些美妙与魅力消灭得一干二净。例如，基塔对芬恩的描述这件事就是一个明显的例子。有三个年轻士兵在芬恩的手下服务，他们还带着一只体形巨大的猎犬。他们就所能提供的服务以及他们所希望得到的报酬与芬恩达成一致，同时要求他们的扎营地要与芬恩的分开，并且夜幕降临后任何人都不得靠近或者来窥探他们。芬恩询问他们这样做的原因。原来是这样：这三个年轻的士兵其中一个每晚都必须死一次，而另外两个必须看着他，这样的话他们就不会被打扰了。作者对这些并没有作详尽的解释与说明，只是将神秘所带来的恐惧留给了我们。

## 美丽的女巨仙

让我们再次将目光转向关于美丽的女巨仙的故事。一天，芬恩和士兵们猎杀到午餐的猎物后正在休息的时候，看到一个塔形的东西朝他们移动过来。最后发现是一个年轻高大的仙女，她自称名叫薇薇安（Vivionn），是特瑞安（Treon）的女儿，来自女儿国。她手指上的黄金戒指犹如牛轭一般宽，她简直美得令人神魂颠倒。在她摘下镶满珠宝的金色头盔的那一刹那，她卷曲的金色头发分成七缕垂落下来，芬恩惊呼道："我们所崇拜的伟大的上帝呀，康马克和艾琳娜以及芬尼安战士们将会把与薇薇安即特瑞安如花似玉的女儿的会面看做一个奇迹。"薇薇安解释说她违背自己的意愿被许配给一个名叫艾达（Eda）的求婚者，他是邻国的一个王子；她被海风吹到海滨，并从一个渔人那儿听说了芬恩无上的权力和高尚的人格，特地来寻求芬恩的帮助与庇护。她正在说话的时候，芬恩察觉到另外一个巨人就在附近。那是一个年轻小伙子，相貌俊朗过人，带着一个红色的盾牌和一个巨大的矛。他默默地走过来，在芬恩尚未回过神来跟他说话的时候他一把将长矛刺进薇薇安的身体，然后转身离去。芬恩被他破坏自己的保护的行为激怒了，召唤首领们追杀这个凶手。基塔和其他人一直追到海边，随他冲入海浪里，然而他大步跨过大海，走向一艘大船，这艘船将他带往未知的地方。

他们的追击以失败告终，当他们回到芬恩旁边时，发现那个女孩已经奄奄一息。她将黄金和珠宝分给他们，芬尼安战士将她葬在那个此后被称作长眠仙女桥的山脊的大土墩下面，在她的坟墓旁边立起一个石碑，上面用欧甘文字刻着她的名字。

在这个故事中我们能感受到的，除了神秘因素外，还有美貌。在凯尔特这一时期的文学中这是一种对时常发生的事件产生的联想。其产生的原因可能在于这样一个事实，即尽管这些故事看似无任何出处，亦无任何意义，只是在没有屠杀的梦境中出现，最终似乎以到达仙境而结束，并且没有与现实的需要或者目标有任何关联的屠杀，在现实中一切问题都可以在一束神奇之光的力量下得到解决，并且可以像清晨的薄雾那样任意变换，然而这些故事在记忆中伴随着那难以忘怀的魅力而游移，这种魅力使它们长久以来在盖尔农民的炉边代代相传。

## 帕特里克、莪相和基塔

在我们结束《圣贤语录》故事的叙述之前，必须提及另一个与之相关的有趣现象，那就是对绝大多数人来说，可能第一部莪相文学（Ossianic literature-Ⅰ）中最知名的当数其名下的盖尔语诗歌，而非马克弗森（Macpherson）常常用幽默的夸张或讽刺手法对比异教徒与基督徒的理想的伪莪相。这些篇章最早发现于名叫《里斯莫尔牧师全书》（the Dean of Lismore's Book）的手稿中，在这本书里詹姆士·马克格瑞格（James Macgregor），即在阿吉斯赛（Argyllsgire）的里斯莫尔牧师，1518 年前某些时候记录下来所有他所能想起来或者发现的流传在他那个时代的传统盖尔语诗歌。可能有人观察到直到这一时期，乃至在其后很长的一段时间，苏格兰和爱尔兰的盖尔语隶属于同一种语言和文学，这种语言和文学的文字纪念碑是在爱尔兰发现的，尽管它们同样属于高地凯尔特人，但这两个分支都毫无疑问地传承了诗歌的传统。这些"莪相和帕特里克"式的对话不仅在爱尔兰十分常见，而且在高地也很多，尽管正如我之前说的那样，《里斯莫尔牧师全书》是他们现存最早的文字记录。那么，这些对话又与我们在《圣贤语录》中所了解到的基塔和帕特里克之间的对话有什么关联呢？第一个问题就是，它们各自源于何处，它们代表或者包含了怎样的思想趋势及观点，正如阿尔弗莱德·纳特（Alfred Nutt）所指出的那样，这是一个最受关注的文学问题，同时也是一个没有批评家曾尝试解决或者实际上直到最近尚没有评论家尝试唤起人们广泛关注的问题。原因在于，尽管这两种以虚构的和艺术的形式展示异教信仰与基督教之间联系的尝试在体系和框架方面几乎如出一辙，只不过一种是用韵体的而另一种是用散体的，但它们在观点方面大相径庭。

在莪相对话[①]中，有很大一部分不雅的幽默和拙劣的神学，更像英语的神迹剧而非其他任何我所了解的凯尔特产物。这些民歌中所描述的帕特里克——如

---

① 这些对话及其译本在《莪相中心学报》一书中已经公开。

纳特先生所言——"是一个酸腐愚昧的狂热者,喋喋不休地重复着乏味的对芬恩及他的士兵们的诅咒;这无异于一个心肠狠毒的工头不但不给可怜而又年老的盲巨人食物,还用卑鄙的手段捉弄他,以此来威胁他信奉基督教"。而在《圣贤语录》中,关于这一点只字未提。基塔全心地信奉基督教,但他并没有因此放弃救赎他年轻时的朋友和同伴。事实上,帕特里克向基塔承诺要救赎其中几个人,包括芬恩本人。

达纳神族中有一个曾是芬恩的吟游诗人,他就向帕特里克展示他的吟游技艺以博得其欢心。帕特里克雇来专门记录芬恩传说的书吏布罗甘(Brogan)说道:"如果天堂有音乐的话,那么人间怎么可以没有?因此取消吟游诗人是不正确的。"帕特里克回答道:"我从未说过这样的话。"而且事实上,吟游诗人将会因其对艺术的贡献而在死后升入天堂。

这就是两首史诗所表述的友好关系。基塔代表着所有谦逊有礼、品质高尚、宽容大度、勇敢无畏的异教信徒,而帕特里克则代表了和蔼仁慈、亲切高尚的基督徒。这两方并不是势不两立、互相对抗以致陷入不可逾越的隔阂,相反,两者杰出的特性互相融合、互相补充。

## 德莫特的传说

很多古怪的传说围绕着德莫特·奥迪纳(Dermot O'Dyna),据说他是库之子芬恩最著名的战友之一。他很有可能被描述成盖尔的阿多尼斯——一个极富魅力的翩翩少年、众多爱情故事中的男主人公;和阿都尼斯一样,他最终被野猪攻击致死。

## 本布斑的野猪

野猪是再平常不过的动物了。这个故事的开始是这样的:德莫特的父亲,即东,曾将他的孩子交由安古斯·欧戈(Angus Og)在其位于博因河畔的宫殿里抚养。德莫特的母亲对他的父亲东不忠,为安古斯属下洛克(Roc)生下了一个孩子。一天,正当洛克的孩子为了躲避那些在大厅里撕咬的猎犬而从东的膝盖间跑过的时候,东加紧双腿,用膝盖当场将小孩勒死,然后他将小孩的尸体扔向大厅里的猎犬。洛克发现自己孩子的尸体并且（在芬恩的帮助下）得知死因后，他买了一个巫师用的棒子，在小孩的尸体上重重敲击，于是在小孩惨死的地方出现了一只体形庞大的野猪，没有耳朵也没有尾巴。他对野猪说道："我命你将德莫特·奥迪纳咬死。"野猪旋即冲出大厅，在本·别波（Ben Buibe）与克·斯里格（Co. Sligo）的林中来回徘徊，直到它完成自己的使命。

然而德莫特出落成一个光鲜照人的花样少年，追逐猎物时精神百倍，战争中勇往直前，而且他刚到年龄就迫不及待地做了芬尼安战士，和他们并肩作战并且备受喜爱。

## 德莫特如何赢得"爱的标记"的美名

人们称德莫特为"爱的标记"（Love Spot），由道格拉斯·海德（Douglas Hyde）[①]记录的一个古怪离奇而又十分唯美动人的故事讲述了他这一称呼的由来。一天，他和他的三个同伴高尔、科南、奥斯卡一起打猎，夜幕降临后他们寻找一处可以休息的地方。不一会儿，发现了一个小棚屋，里面有一个老头、一个年轻的姑娘、一只阉过的公羊和一只猫。他们请求借宿一夜，主人应允了。但是，正如这些故事以往的情节一样，这是一所神秘的房子。

他们坐下来享用晚餐的时候，那只阉过的公羊站了起来，爬到了桌子上。这几个芬尼安战士分别试图将它赶下去，但是他们自己却摔到了地上。最后高尔终于成功地使它离开了桌子，但是自己也从桌子上滑下来，被羊踩到了脚底下。那个老头吩咐那只猫将羊带回去并将其拴起来，猫十分轻易就完成了任务。四个战士感到十分羞愧，纷纷请求马上离开；然而老头解释说没有什么好耻辱的，与他们抗争的那只羊就是"世界"，而那只猫则是可以毁灭世界的力量，也就是死亡。

夜间，这四个战士在一个宽敞的房间里休息，那个年轻的女孩也过来和他们睡到同一个房间，据说她的美貌仿佛蜡烛一样照亮了房间。这几个芬尼安战士接连地来到她的床边，她将他们一一赶走。"我只能属于你一次，"她告诉他们每个人，"再没有第二次了。"最终德莫特走了过去。"哦，德莫特，"她说道，"你也一样，我只能属于你一次，再也不能重来了，因为我是青春。过来吧，我

①摘自克·高威（Co. Galway）的一位农民的叙述，在海德博士（Dr. Hyde）的 *An Sgeuluidhe Gaodhalach* 一书第二期中出版（无译本）。

在你身上做个标记，这样没有任何一个看见你的女人不爱你。"她摸了摸他的额头，留下了爱的标记，这使得他在有生之年赢得无数女人的爱慕。

# 追逐吉拉·达卡

追逐吉拉·达卡（Gilla Dacar）是另外一个芬尼安传说，德莫特是其中主角。故事是这样的：一天芬尼安战士们在芒斯特的山林中打猎。正当芬恩和其他首领们站在山坡上辨听猎犬的狂吠声以及从下面隐秘的林子里传出的芬尼安战士们的声音时，他们看见一个体形巨大、面貌奇丑、奇形怪状的乡下人牵着缰绳，驾着一辆套着母马的车，朝他们跑来。他说自己愿意为芬恩效劳，并且告诉大家他的名字叫吉拉·达卡（又叫辛勤的吉拉），因为不论是提及他对主人的尽职尽责或者是绝对服从，他都可以算作最勤恳努力的仆人。且不论这一老套的开端，芬恩的原则是从不拒绝任何一个请愿者，接受他们的服侍。芬尼安战士们开始以这个粗俗的伙伴为笑柄，开各种各样低俗的玩笑，最后他们之中十三个人包括秃头科南甚至骑到了吉拉·达卡的马上。这个新加入的人抱怨自己总是被嘲弄，他满腹牢骚地默默走开，越过山脊，脱下裙子，风驰电掣般朝西方跑去，一直跑到克·凯利（Co. Kerry）的海边。在那十三个战士不停地鞭打让它跑动的时候，那匹马一直站着不动，奋拉着耳朵。然而突然间它却昂头长嘶，朝着主人离去的方向疾驰而去。芬尼安战士们紧随其后，又放声大笑，而科南又惊又气，斥责他们不去搭救他及他们的伙伴。最终事情发展得更为严重。吉拉·达卡跳入海中，母马载着那十三个战士，还有在她离开海滨时紧抓它的尾巴不放的一个人紧随其后，很快所有人都消失在了杳渺的西方。

# 德莫特在井边

芬恩和其余的芬尼安战士商量接下来该怎么办，最终决定坐船去寻找吉拉·达卡。在海上漂流了许多天之后，他们到达了一个悬崖峭壁环绕着的岛屿。德莫特·奥迪纳作为这群人中身手最为敏捷的，被派去爬过这些峭壁并且尽其所能为其他人寻找入口。爬到顶端的时候，他发现自己置身于一片优美宜人的土地，这里鸟鸣清脆，蜜蜂来回嗡鸣，水流潺潺，但是却看不到人影。他走进一片浓密的树林里，很快就发现一口井，旁边挂着造型古怪的牛角用来饮水。他把牛角装满水正打算喝的时候，从井里传来一声低沉的喃喃声，令人毛骨悚然，但是他口渴难耐，根本没有注意到这个声音，于是他将牛角里的水喝光了。没过多久，就有一个全副武装的士兵从林子里走了出来，强烈谴责他喝了井里的水。水井骑士和德莫特展开了争斗，打了一个下午，难分胜负，天色越来越晚，最终黑夜来临，那个骑士突然纵身跳进井里，消失了。第二天，同样的事情重复发生。第三天，骑士正要跳起的时候，德莫特突然死死地抱住他，两人一起跳了下去。

## 仙境救援

德莫特在突如其来的黑暗中恍惚了一下，紧接着他就发现自己已经置身于仙境中了。一个外表高贵的人将他带到国王的城堡里，在那里他受到了热情款待。据说像他这样的战士要来效力国王，必须与仙境的争斗之王进行搏斗。这与我们了解的库丘林在芬德的经历有着同样的目的，这一主题在凯尔特神话故事中出现的频率很高。芬恩和其他人发现德莫特并没有回到他们身边，于是他们爬上峭壁，穿过森林，进入了一个巨大的洞窟，这个洞窟最终将他们带到德莫特已经到达的地方。他们在那儿也被告知那十四个被辛勤的吉拉和母马带走的芬尼安战士都在那里。吉拉·达卡理所当然的是需要他们效力的国王了，他也是用这种方法诱骗了三十多个爱尔兰勇士效力于他。芬恩和他的同伴们开始奋勇抗敌，他们将敌人像谷壳一样驱散；奥斯卡杀死了争斗之王（人称"希腊王"）的儿子。芬恩赢得白军的女儿雪臂塔莎（Tasha）的爱情，故事的结尾既令人欢欣鼓舞又让人感到神秘莫测。"我该怎么报答你呢？"神仙国王问芬恩。芬恩回答道："你曾经为我效力，不计较报偿，就算互相抵消吧。"秃头科南大喊道："我绝不同意，我真希望没有被野马强行带来，又随它漂洋过海！""那你想要怎么样呢？"神仙国王问道。科南回答说："我既不要金子也不要实物，我的名誉受到破坏，我要求恢复名誉。放十三个仙界女子到母马背上，将国王和王后绑到它的尾巴上，它怎样将我们带来，就让它怎样将他们带到爱尔兰。这样我就相信我们所蒙受的耻辱得到了适当的补偿。"国王听完后微微一笑，转身对芬恩说："芬恩，你瞧瞧这些人。"芬恩转身看了一眼，然而当他再次转身的时候，情景完全不一样了，神仙国王和他的宫殿以及仙界都消失了，他看到自己和同伴们还有楚楚动人的塔莎站在克·凯利的海边，辛勤的吉拉和母马就是在这儿下水并带走他的士兵的。然后所有人都在阿兰的芬尼安阵营高兴地庆祝芬恩和塔莎的婚礼。

## 基督教对爱尔兰文学发展的影响

这一传说十分迷人，混合着幽默、浪漫、神奇以及对大自然的热爱，可谓芬恩传说鼎盛时期的最佳典范。

正如我前面所指出的，与克纳瑞恩（Conorian）传说相比，该传说缺乏英雄因素或者严肃情感的特征。随着基督教占据主导地位，华丽的特性逐渐消失，前者为了特定的宗教目的而只是挪用了凯尔特天才们那些严肃和崇高的特点，给世俗文本留下的只是些奇闻怪谈和风流韵事。芬恩传说在说盖尔语人之间的流传直到这个时候仍很完整，直到盖尔语作为书写文字的时候都是文学写作的主题，起初的故事在大众的记忆中几乎完全枯萎消失，抑或只以歪曲的形式流传下来。至于在早期的手稿中这些故事幸运地被人铭记在心，例如《古奥里劫牛记》，这无疑是凯尔特的天才们所创造出来的最伟大的故事了，怎么能让它失传呢？

## 迪尔德丽和葛拉妮雅的传说

除了对比我们将要提到的迪尔德丽和葛拉妮雅的故事之外，没有什么比这更能说明这两个故事群之间的差异了。后一个故事读起来更像是在模仿前一个，两者之间结构要点十分相近。以下面的故事梗概为例："一个貌美如花的女子被许配给一个赫赫有名、势力强大的求婚者，这个求婚者比她年长很多，她却要找一个年轻的情人，她喜欢上了他的一个殷勤聪明、风度翩翩的侍从。她不顾他的反对，劝说侍从和她私奔。他们躲过被欺骗的未婚夫的追击之后，在离他不远处停了下来稍作休息，而他却在等待时机，直到最后，他假装要与他们和解，趁机杀死侍从，重新占有这个女子。"如果要求一个学习凯尔特神话的学生仔细聆听以上的故事梗概，并且说出这是哪个爱尔兰故事，他定会回答说这不是追击德莫特和葛拉妮雅的故事，就是乌斯纳（Usna）的儿子们的命运的故事。但是究竟是哪一个，他却毫无头绪。然而就语气和感情而言，这两个故事却相差甚远。

## 葛拉妮雅和德莫特

在芬尼安故事中，葛拉妮雅是爱尔兰高地国王阿特之子康马克（Cormac mac Art）之女，她被许配给库之子芬恩，我们认为在这一时期芬恩是一个年事已高、饱经沙场，但仍宝刀未老的老头。芬尼安战士中著名的首领们都聚集在塔拉参加喜宴，他们刚一落座，葛拉妮雅就观察他们，询问他们的名字，并且向她的父亲巫师达拉说道："芬恩并没有让我去找莪相，他自己也没有去，这太奇怪了！"达拉说道："莪相没有胆量带走你。"葛拉妮雅在仔细观察所有人之后问道："那个额头上长着一颗痣，声音充满磁性，长着一头暗黄色卷发，面颊红润的人是谁？""他叫德莫特·奥迪纳，"巫师说，"他牙齿洁白，笑容可掬，是全世界所有女人的梦中情人。"葛拉妮雅开始准备迷药，她将迷药放进水杯里，让侍女将水杯递给芬恩以及除了芬尼安首领外在场的所有人。药效开始发挥的时候，她来到莪相面前。"莪相，你愿意接受我的爱吗？"她问道。莪相说："不会，我不愿意接受任何与芬恩有婚约的女人的求爱。"葛拉妮雅对莪相言出必行的性格十分了解，于是她朝她真正的意中人德莫特走去。起初德莫特拒绝做任何与她有关的事情。"德莫特，我将你放在笼子里，你今晚和我离开塔拉。"德莫特说："葛拉妮雅，这些枷锁会带来麻烦。从国王的儿子们的饭桌旁经过时，你怎么解释你将我放在牢笼里的原因？"葛拉妮雅解释说，许多年前德莫特参加在塔拉举行的曲棍球比赛并且获胜时，她在凉亭里第一次看见他，那时她便对他一见钟情，不能自拔。德莫特还是十分的不情愿，他提起芬恩的丰功伟绩，劝她说芬恩掌管着皇家堡垒的钥匙，因此他们晚上也逃不出去。葛拉妮雅说："我的凉亭里有一个暗门。"德莫特回答道："我有禁忌，不能走暗门。"他仍在与命运的安排抗争。葛拉妮雅不理会这些托词，有人曾告诉她，每一个芬尼安战士都能以剑为支撑跳过木栅；她自己也时常为私奔做准备。德莫特感到十分迷茫，转而向莪相、奥斯卡、基塔，还有其他人寻求帮助。他们一致同意他遵守盖什，葛拉妮雅与他约定要去救她，他含泪离开了他们。

在暗门外，他再次请求葛拉妮雅放弃计划。"我绝不会再回去，"葛拉妮雅说，"也不会离开你，只有死亡能将我们分开。""那我们走吧，哦，葛拉妮雅！"

德莫特说。他们走了近两公里的路程，葛拉妮雅说："哦！迪纳的子孙呀，我实在太累了。""你累得可真是时候，"德莫特边说边尽最后一丝努力驱赶内心的纠缠忧虑，"现在重新回到王宫去吧，因为作为一个真正的士兵，我曾发誓绝不带走你或其他任何一个女人。"葛拉妮雅回答道："没有必要这样。"她告诉他哪里可以找到马匹和战车，而此时的德莫特终于接受了这一必然命运，他套上马，于是他们踏上了前往香浓河卢安浅滩①的行程。

## 芬恩的追击

第二天，芬恩怒火中烧，和士兵们一起去追他们。芬恩找到了他们歇脚的地方，发现了德莫特用藤条做成的栖身小屋，用灯芯草铺成的床，还有他们吃剩的食物。他在他们住过的每个地方都发现了一块完整的面包，或者一个未煮过的鲑鱼，这是德莫特给芬恩留下的细小信息，他暗示自己尊重芬恩的权力，一直把葛拉妮雅当妹妹看待。然而德莫特这些微妙的暗示丝毫没有引起葛拉妮雅的怀疑，她将自己的愿望以海因里希·冯·佛瑞伯格讲述的关于特里斯坦（Tristan）和伊苏里特（Iseult）的故事的方式告诉德莫特。他们穿过一片湿地的时候，水滴溅到葛拉妮雅身上，她对德莫特说："哦！德莫特，你以前是个勇敢的士兵，长期处在战争和奔袭中，但是我觉得这滴水都比你更大胆。"这暗示着德莫特与她保持着十分恭敬的距离。他开始将生死置之度外，他再也不会见到芬恩和昔日的战友，除非他死在他们的长矛之下。

这个故事刚一开场便失去了新意和吸引力，以一种略显机械的方式叙述了大量的故事，这些故事中德莫特受到芬尼安战士们的袭击或者围攻，他凭借自己的勇敢机智抑或是他养父安古斯·欧戈发明的具有神奇力量的配置保全了自己和葛拉妮雅。

他们在整个爱尔兰被通缉，国内所有的史前墓石牌坊都与他们有关，在民间被称为"德莫特和葛拉妮雅的席梦思"。

葛拉妮雅的性格被描绘得十分坚韧。她并非一个英雄式的女人，也不同于简单的充满激情的毫不动摇的迪尔德丽。与前者相比，后者要简单得多。葛拉妮雅是一个古怪精灵的、时髦的或者所谓的神经质型的女人，她任性，冲动，激情满怀，但是又充满了女性的魅力。

---

① 即现在的阿斯隆。

## 德莫特和芬恩和解

经过安古斯在康马克国王及芬恩间的斡旋商谈，德莫特在流浪了十六年之后，终于和芬恩讲和了。德莫特得到了奥迪纳（O'Dyna）的遗产，还有位于遥远的西部的一些土地，康马克也将他另外一个女儿嫁给了芬恩。"他们和平共处，据说当时没有人比德莫特·奥迪纳所拥有的金银和牛羊更多，也没有人的猎物比他的多。"①葛拉妮雅为德莫特生下了四男一女。

然而葛拉妮雅并不满意，直到有一天"爱尔兰最优秀的两个男人，即阿特的儿子康马克和库之子芬恩在她的家里受到款待。"谁知道呢，"她补充道，"我们的女儿说不定会因此选中一个合适的丈夫呢。"德莫特表示赞同，但略带疑虑。国王和芬恩接受了她的邀请，他们和随从在拉思·葛拉妮雅那儿度过了一年。

## 芬恩复仇

一年的款待即将结束的时候，有一天夜里，一声犬吠将德莫特从睡梦中惊醒。他立即起来，葛拉妮雅抓住他，双手抱住他，问他看到了什么。"是犬吠声，"他回答，"夜间怎么能听到犬吠声，太奇怪了！""保护好自己，"葛拉妮雅嘱咐他，"是达纳族传说在你身上灵验了，睡吧。"但是犬吠声三次将他惊醒。翌日，他带着剑和弹弓，背后跟着他的猎犬，出去看究竟发生了什么事情。

在斯里格的本布斑（Ben Bulben）山上，他与芬恩和正在打猎的芬尼安战士相遇。然而他们并非在打猎，而是正在被追杀，因为他们激怒了那只被施了魔法的无耳无尾的野猪，那只野猪那天早上杀死了他们中的十三个人。"你让开！"芬恩故意喊道，因为他深知德莫特绝不会在危险面前逃跑。"你应该待在笼子里，不应该来与野猪对抗。""怎么回事？"德莫特问。芬恩向他讲述了这一怪诞离奇的故事，把侍从儿子之死及其以带着复仇使命的野猪形式复活的经过向他娓娓道来。"听我说，"德莫特说，"哦！芬恩，被杀的应该是我；如果我注定要死在这儿的话，我已无路可退。"野猪出现在山的正面，德莫特命猎犬去咬它，猎

---

① 对邻国的袭击在讲凯尔特语的爱尔兰是最为平常并且值得乡绅们大力称赞的事情，这个幼稚的故事十分重要。对比斯宾塞（Spenser）受那一时代爱尔兰吟游诗人的影响对理想的描述，参见《爱尔兰现状综述》（世界版），第 641 页。

犬却被吓跑了。德莫特接着将一块石头朝它掷去，正好砸在它的前额中央，但对它而言就像挠痒一样。野猪离他已经很近了，德莫特用长矛刺它，长矛断成两截，野猪毫发无伤。

在与野猪的搏斗中，德莫特落在了野猪背上，被它驮着走了一段，最后野猪将他摔到地上，使他"突然重重地摔了下来"，野猪狠狠地挤出他的肠子，而与此同时德莫特也用手里的剑柄朝野猪的头戳去，它终于倒在了他的身旁。

## 德莫特之死

焦躁不安的芬恩跑了过来，站在痛苦的德莫特的身旁，他说："哦！德莫特，看见你如此境况我感到很满足，现在爱尔兰所有的女人都可以看到你了，因为你那俊美的外表已经变得十分丑陋，你那伟岸的身躯已经畸形。"德莫特提醒芬恩他曾从险境中将他救出，当时他们正在德尔克（Derc）的房子举行盛宴，敌人攻了进来。他请求芬恩用他手掌中的井水医治好他，因为芬恩有个神奇天赋——他的两个手掌中掬来的井水可以让任何一个伤者恢复健康。芬恩说："没有井，不可能！"德莫特喊着："你走九步就能看见最好的井，井里的水是世界上最纯净的井水。"最后，奥斯卡和其他芬尼安战士一再恳求芬恩，德莫特又列出许多过去他曾为芬恩所做的事情，芬恩终于走到了井边，然而在他用手将井水送到德莫特身边时，他把井水全从指缝中洒了。第二次他去的时候，井水又洒完了，德莫特见此情景，痛苦地叹了一口气，说："他是想起葛拉妮雅了。"奥斯卡于是告诉芬恩，如果他再不赶快将井水弄来的话，他和芬恩中就有一个人不能活着离开这儿。芬恩于是再次来到井边，但是已经太晚了，在救命水尚未送到德莫特的唇边时，他已经永远地闭上了双眼。芬恩带走了德莫特的猎犬，芬尼安战士的首领们纷纷将他们的斗篷盖在他的尸体上，接着他们回到了葛拉妮雅身边。葛拉妮雅看见芬恩牵着猎犬，已经猜测到发生什么事情了，晕倒在拉思的城墙上。她苏醒过来后，我相违背芬恩的意愿，将猎犬交还给她，芬尼安士兵们走了，将痛苦留给了她。葛拉妮雅的家人打算去将德莫特的尸体抬回来的时候，他们发现安古斯·欧戈和他达纳族的同伴们哭喊过三声以后，已经将尸体装进镀金棺材里，安古斯宣称尽管他不能让德莫特复活，"我会向他体内遣派一个魂魄，以便他可以每天和我说话"。

## 葛拉妮雅的归宿

对于类似这样的故事，现代人更倾向于一种浪漫而又伤感的结局。事实上在乔伊斯（Joyce）所改编的《古凯尔特罗曼司》（*Old Celtic Romance*）一书中已经加上了这样的结局，这和许多现代作家处理迪尔德丽故事时的做法一样。[①]然而对于凯尔特故事，每一个讲述人的感觉都不一样。迪尔德丽故事的结局非常悲惨，而葛拉妮雅故事的结局却十分愤世嫉俗、荒谬可笑，两者都没有丝毫的感伤色彩。葛拉妮雅起先对芬恩充满了仇恨，将儿子送到海外学习战斗的本领，以便他们能在时机成熟之际为父亲报仇。芬恩就像故事中所描述的那样，老谋深算，目光长远，他十分清楚如何先发制人，消除危险。随着本布斑的悲剧在葛拉妮雅浅薄的灵魂中日益模糊，芬恩向她负荆请罪，尽管刚见面的时候她充满愤慨，对他斥责嘲讽，但是他如此甜蜜而又柔情满怀地向她求爱，最后他终于征服了她。他像背着新娘子一样，一路将她背到阿兰山。芬尼安战士们看到他们如此"恩爱"地走过来的时候，不由自主地迸发出充满嘲弄的大笑，"为了让葛拉妮雅感到羞愧难当"，"哦！芬恩，"莪相大喊道，"你今后要好好待葛拉妮雅。"于是葛拉妮雅让芬恩和她的儿子们讲和了，此后一直以妻子的身份与芬恩生活在一起，直到终老。

## 芬尼安传说的两个分支

很显然，在这个故事中芬恩并没有表现得十分令人同情。我们都站在德莫特一边。从这一点上来说，这个故事在某一类芬尼安传说中是十分典型的。正如在芬尼安团体内有巴斯卡那（Bascna）和莫纳（Morna）这两个时常通过战争来争夺统领权的部落，芬尼安传说也有两个分支，这两个分支分别以这样或那样的原始记载为起点，一种将芬恩描述得极富美名，而另一种则将他描述得在莫纳之子高尔或者其他任何一个与他有过争端的英雄面前显得非常渺小。

①我认为约翰·托德航特博士（Dr. John Todhunter）在其《三个爱尔兰吟游诗人的故事》一书中对迪尔德丽的故事只保留了原来的结尾。

# 芬尼安战士的归宿

关于芬尼安战士这一故事的结局，流传下来的有很多种版本，其中有散文，有诗歌，然而所有这些文体一致将它作为一个庄重的历史事件来对待，不带任何超自然的色彩或者神秘色彩。

阿特之子康马克辞世之后，他的儿子凯尔布瑞（Cairbry）统治着爱尔兰境内的高地。他有一个貌美如花的女儿，名叫西格穆·索莱（Sgeimh Solais，美丽之光的意思），她被许配给德希斯（Decies）国王的儿子。婚事已经安排妥当，芬尼安战士们勒索他们，要求他们进贡二十锭金子，并且声称通常这种情况下别人都会照做。

很有可能这群芬尼安战士此时已经发展成为爱尔兰境内一支独特的、残暴的武装力量，他们向诸侯随意征收苛捐杂税，享有种种特权。凯尔布瑞下定决心要削弱他们的力量，而且他认为机会已经来临了。因此他拒绝向他们进贡，并号召其他地区的国王联合起来对抗这些芬尼安战士，大部分国王立即和他并肩作战，要夺回本属于他们的权力。巴斯卡那和莫纳这两个部落之间的世仇再度爆发，后者由高地国支持，前者只有反对凯尔布瑞的芒斯特王和他的军队撑腰。

# 歌拉战役

这一切听起来都很平常，真正发生的可能性也很大，但是很难说清楚其中究竟有多少真实的历史事件。起决定作用的一战发生在歌拉（Gowra，又名Gabhra），这个名字是从都柏林郡的加里斯顿（Garristown）流传下来的。军队整编完作战队形，出发前跪下亲吻神圣的爱尔兰土地。在《裁相中心学报》收录的"会议记录"中，或者另一个更完善的版本，即坎贝尔（Campbell）的《芬尼安战士》（*The Fians*）[1]中描述的这一战役的诗歌版本，应该是裁相叙述给帕特里克的。他在诗中极力强调他的儿子奥斯卡的英勇事迹：

我那儿子勇往直前，

---

[1]《凯尔特传统中的漂泊流浪者》，阿吉斯寨（Argyllshire）系列。这个故事是从罗德里克·马克·费登（Roderick mac Fadyen）1868年在帝瑞（Tiree）口述的诗歌中逐字逐句摘录下来的。

穿越塔拉山区的军营，

如鸟群中飞过的雄鹰，

似山腰上耸立的岩石。

## 奥斯卡之死

这是最后一场战役，双方损失都很严重。据说战争结束后爱尔兰只剩下老人和孩子，芬尼安战士几乎全被消灭。奥斯卡和爱尔兰的国王凯尔布瑞单独决斗，拼得你死我活。奥斯卡遍体鳞伤，只剩一口气的时候，他的父亲看到他：

我看见我那孩子躺下来，

左肘撑在身旁的盾牌上，

右手紧紧握着剑，

鲜血从盔甲涌出。

他抬起头盯着我，

多么悲凉的景象！

他朝我张开双臂，

挣扎着要起身抱住我。

我紧紧握住他的手，

在他左边坐了下来，

从那时起，

我已与尘世绝缘。

在苏格兰流传的版本里这样描述芬恩哀悼他的孙子的情景：

奥斯卡，让我感到悲哀的不是

我在空旷晴朗的歌拉战斗中的失利，

而是你曾东奔西走

带领着芬尼安的战士们。

然而奥斯卡说：

如果你

在空旷晴朗的歌拉的战斗中失利，

那么我一声叹息，

你将永远听不到了。

人知道，

我胸中有颗血肉之心，

他们都只当它是个扭曲的牛角，

带着钢铁的外壳。

然而身旁狗的嚎叫声，

逝去的英雄的哀号声，

夹杂着女人的啜泣声，

这一切使我心烦意乱。

奥斯卡谢过诸神保护了他父亲之后闭眼了，莪相和基塔将他抬进枝条编织成的棺材里，放在写着"恐怖之地"的旗帜下面，以便在他死去的地方举行葬礼，这个地方有个高高的土堆仍与他的名字有关联。芬恩并没有参战。据说他后来"乘船"观看了当时的战场，他哀悼奥斯卡，以此来作为对被他误杀的猎犬布朗的补偿。很可能这儿提到的船暗示这个时候他已经辞世，从死亡的海外王国回来重访故地。

在歌拉战役这个故事中，一种略带忧郁的庄严感在莪相文学中消失了。这是一首唱给伟大传奇史诗的挽歌。坎贝尔告诉我们，苏格兰的佃农和牧羊人在叙述这个故事的时候常常习惯于脱帽以示敬意。他又以此为基础加上一个稀奇古怪令人胆战心惊的民间传说。据说有两个人，可能夜里出去偷盗羊或者掠夺其他东西，他们边走边讨论芬尼安战士的故事，突然发现两个巨大的黑影聊着天从峡谷穿过。其中一个黑影对另一个说："你看见下面的那个人了吗？歌拉战场上我是第二个类似门柱的人，那个人知道的比我还多。"

## 芬恩之死

至于芬恩本人，令人费解的是现存的大量的莪相文学中对他的死并没有完整的描述。诗歌传奇中有所涉及，编年史作者甚至标出了具体的日期，然而它们互相矛盾，日期也令人费解。这一主题在年表作者和诗人那里并没有什么进展。似乎芬恩并没有死，只是躺了下来，蒸发到神奇的晨雾中去了，就像巴巴罗萨大帝（Kaiser Barbarossa）那样，受到了诅咒，而当时他正在被施了魔法的山洞里等待着恢复荣耀并从暴君那里收回土地这一时刻的到来。

# 第七章　梅尔顿之旅

　　除了那些充满伟大英雄的名字，或至少假托历史人物形象的传说之外，还有许多其他的传说。它们具有伟大的历史意义而又短小精悍，超越了早期的时空束缚，讲述着一次次浪漫的冒险。在这一章里，我以《梅尔顿之旅》（*The Voyage of Maeldun*）作为这些传说的典型代表并加以摘录。《梅尔顿之旅》是一部充满新鲜气息的杰出创作，它是经过对题名为《奶牛邓恩之书》（*Book of the Dun Cow*）的手稿及其他早期资源的采集与整理，由怀特雷·斯多克博士（Dr. Whitley Strokes）1888 年及 1889 年在《凯尔特歌舞剧》（*Revue Celtique*）中翻译而成（译稿应归功于以下摘录）。它只是早期爱尔兰文学中众多奇幻之旅之一，却被认为是它们中最早出现的，并成为之后其他作品的范本，同时又独具特色。在对乔伊斯的《古凯尔特罗曼司》修订及预先提供《梅尔顿之旅》的主题基础上，丁尼生（Tennyson）将它作为一部富有韵律及色彩的爱尔兰历史的象征。尽管其作者没有声明这个创作只是以路程中的时间顺序排序，最终我们会注意到我们是站在一个不寻常的角度来了解它的作者的名字。不幸的是我们无法弄清其作者的生卒时间，但是从我们拥有的资料推断，故事可能发生在 9 世纪。它完全笼罩在基督教的氛围之中，除了提到人们应该听从巫师们玄妙的指令之外不具有任何神话学的特征。以下对于该故事的总结中对重要信息及细节未作篡改，以便读者详尽了解它所展示的大篇幅关于爱尔兰传奇浪漫的重要部分。《凯尔特歌舞剧》是我非常感激的研究资源，除此之外，我没发现任何忠实反映这个传奇故事的副本。

　　与爱尔兰故事一样，《梅尔顿之旅》开篇就介绍了其中关于主角形象的构想。

　　主人公是阿瑞恩（Aran）手下一名著名的年轻战士，名叫战争之刃艾伊尔（Ailill Edge of Battle），在故事中他追随国王参加对另一领土的突袭。一天夜间，他们宿营在一座教堂及修道院的附近。午夜时分，艾伊尔在教堂附近发现一名修女正要击钟祈祷，就抓住了她。古时候，爱尔兰的宗教信徒们在战争时期不大受到世人的尊敬，艾伊尔非礼了这位修女。当他们分开的时候，修女问道："你从哪儿来？你叫什么名字？"男主角回答道："艾伊尔，战争之刃就是我的名字，我是阿瑞恩军团的一员，祖国是多马得。"

之后不久，艾伊尔被一群雷克斯（Leix）的劫匪杀害了，这些劫匪还烧毁了都克路恩（Doocloone）的教堂。

不久后，修女产下了一个男孩，取名为梅尔顿。男孩被秘密地交由一个朋友（该国的王后）抚养。"美丽其实只是他的外表，而他体内流淌的血液是否如外表一样俊美是值得怀疑的。因此直到成为一名适合使用武器的年轻勇士时他才算长大成人。他非常聪明、活泼、喜爱玩耍，和同伴相比，他的掷球、奔跑、跳跃、掷石及骑马的能力是最优秀的。"

一天，一名败在梅尔顿手下的骄傲的年轻武士把梅尔顿所不知道的自己的身世之谜告诉了他。梅尔顿来到他的养母王后面前说道："如果你不告诉我谁才是我真正的父母，我就绝食。""我就是你的母亲，"女王说道，"没有人可以像我待你这样疼爱他们的儿子。"但是梅尔顿坚持要知道全部真相，最后，王后将他带到他的亲生母亲面前，修女告诉他："你的父亲名叫艾伊尔，是阿瑞恩军团中的一名武士。"随后，梅尔顿和他的家族成员们见了面，同时将他的养兄们（养育他的国王和王后的儿子）作为客人介绍给他的家族。

过了一段时间，梅尔顿偶然与年轻勇士们结伙来到已经毁掉的都克路恩的教堂的坟场上进行掷石竞赛。当他举起一块石头时，他的脚却陷入一块烧焦发黑的石板之中，这时，一位名叫布里肯（Briccne）的修道士恰好经过[1]，对他说："与其在他被烧焦的尸骨上掷石，还不如报复那些将他烧死在这儿的人。"

"谁被烧死在这？"梅尔顿问道。

"艾伊尔，你的父亲。"他这样告诉他。

"谁害死了他？"他问道。

"雷克斯的劫匪们，"他说道，"他们就是在这里杀害他的。"

梅尔顿扔下手中的石块，披上斗篷回到了家。当他打听去雷克斯的路线时，人们告诉他只有渡海才可以到达那里[2]。

在巫师的建议下，梅尔顿为自己的远行制作了一艘船，或称为柳条船。它的三层互相重叠的外壳一层压一层。巫师还告诉他只可十七人随他出行，以及哪天必须开始造船和哪天必须出海。

---

[1]我们在这里可以明确看到，布里肯这个名字显然是对布里克留（Briccria）的怀旧，希里克留是乌托尼恩人的离间者。

[2]阿瑞恩斯位于加拉弯海湾的入门处，是三座岛屿的总称。该地原有一座被摧毁的拜神的博物馆。

因此，当他的随行人员都准备好后，他升起船帆准备出海，刚刚行进了一小段路程，他的三位养兄弟就追到了海岸，恳求他带他们一同出行。"回家去！"梅尔顿说道，"因为可以随我前往的人数已经足够。"但是，三位年轻人仍不愿与梅尔顿分开以至投身海水以示追随的决心。梅尔顿改变了初衷，担心三位兄弟会被淹死而把他们拉进船里。我们所能见到的之后的所有劫难都是对这一违背巫师指令的行为的惩罚，梅尔顿也被宣告有罪必须一直在海上漂流，直至期满为止。

爱尔兰吟游诗人们笔下的故事远远胜过其开头。因此，与往常一样，这个故事发生的背景很好地加入了很多人为因素，接下来的故事讲述了在一个岛上发现他的杀父仇人之后，梅尔顿及他的团队却无法登上岛屿，并被海风吹至远海，遇见大量岛屿并经历了许多奇怪的冒险。事实上，故事发展成为各种传说及事件勉强拼凑的组曲，其中有些部分并不吸引人，而有些部分，例如银柱岛上和火堡岛上的探险或者关于鹰的插曲部分，或许只存在文学作品中，都非常全面地表达了凯尔特文化中关于美、浪漫及神秘的意识形态。

接下来的部分中我将省略由乔伊斯在每次冒险之后填写的诗句。这些诗句无非是对之前故事的概括，也并未出现在最早的手稿中。

## 凶手之岛

梅尔顿和他的同伴们奋力划桨，经过一天又半夜，他们来到了两个荒岛边，岛上有两个城堡，远远能听到岛上全副武装的人的争吵声。其中一个喊道："离我远点，因为我比你强多了。我曾经亲手杀了战争之刃艾伊尔，还烧掉了都克路恩的教堂，但没有一个他的亲族为他的死而向我复仇。你又何曾有过这样的壮举？"

听罢，梅尔顿准备登陆，戈尔曼[①]和诗人戴尤恩呼喊道，是上帝把他们指引到了他们要去的地方。但就在这时，狂风骤起，又把他们吹回到了无边的海面上。梅尔顿对他的三位养兄弟说道："这是你们所引起的，不听巫师的话非要挤到船上来。"他们无言以对，狭小的空间里只剩下沉默。

---

① 发音为 "Ghermawn"。

## 蚂蚁岛

他们在海上漫无目的地漂流了三天三夜，不知道该往哪儿划。第三天的日落时分，他们听到了碎浪的声音。旭日初升的时候，他们到达了一个小岛。在他们登陆以前，遇到了一大群凶残的蚂蚁，每一只蚂蚁都和驴驹一样大小，它们顺着海滩爬到海里向他们扑来。他们赶紧掉转船头迅速离开，接下来的三天他们再没看见陆地。

## 巨鸟岛

这个岛上都是梯地，周围绿树环绕，树上卧着巨鸟。梅尔顿先一个人登岸，仔细检查岛上有没有什么邪恶的东西。他排除危险之后，其余的人尾随登陆，他们捕食了很多巨鸟，把剩下的带回了船上。

## 猛兽岛

这是一个大沙岛，岛上住着一个像马一样的巨兽，它长着猎犬一样的爪子。怪兽俯冲过来准备吃掉他们，但他们及时撤退了。当划船离开的时候，他们在海滩上还被怪兽抛来的卵石击中。

## 巨马岛

这个岛平坦又广阔，所以戈尔曼和戴尤恩凭运气最先发现了它。他们看到了一个绿草覆盖的跑马场，上面留有马蹄印，每个马蹄印都有船帆那么大，旁边还有体积惊人的坚果壳。他们顿时害怕了，又迅速退回到船上。在海上，他们看到了一场进行中的赛马[①]，伴随着人群的呼喊声，这些或白或棕的巨马跑得比

---

① 赛马是古爱尔兰人特别喜欢的一项活动，在一首 19 世纪赞颂五月的诗作中，它被描述为五月最吸引人的活动。在古高卢的日历中，五月的名字意思就是"赛马之月"。

风还快。看到这里他们觉得自己进到了怪兽群中，赶快竭尽所能地划船离开。

# 石门岛

整整一周过去了，他们发现了一个巨大的高耸的岛屿，岸边还矗立着一幢房子。房子有一个朝向大海的石门，海浪把鲑鱼源源不断地送到这个门里。梅尔顿和他的同伴们步入其中，发现房间里空无一人，但有一张为首领准备好的大床，还为他的随从们每三个人准备了一张床，每张床旁边都摆放着酒和肉。梅尔顿和他的随从们坐下来大快朵颐，然后启程出发。

# 苹果岛

他们到达这座岛时已经连续航行了很长时间，弹尽粮绝，饥肠辘辘。这个岛的一侧十分陡峭，上面有树木垂下。当他们经过其下时，梅尔顿揪下了一根嫩枝擎在手中。他们在悬崖周围徘徊了三天三夜都没有找到上岛的入口，但就在这时，梅尔顿所持的那根树枝上结出了三个苹果，一个苹果就够全体船员吃四十天。

# 怪兽岛

这个岛有一圈石头砌成的围墙，在围墙里面，一头巨兽在围着岛一圈又一圈地跑，然后巨兽开始表演一种奇特的技艺。它的身体在皮毛之内打转，皮肤却一动不动，然后皮毛又围着身体一圈圈旋转。当它看到这一行人的时候就向他们猛冲过来，但他们还是侥幸逃脱了，回船的路上被猛兽掷来的石块击中，有一块石头击穿了梅尔顿的盾牌，嵌在了船的龙骨上。

# 咬人马岛

这个岛上有很多像马一样的野兽，它们不断地从彼此身上撕扯下新鲜的肉来，因此岛上鲜血横流。他们见状迅速划船离开了，此时他们士气低落、满腹牢骚，因为他们既不知道该去何处，也不知道如何寻求指引和援助。

## 烈猪岛

他们抵达第十个岛时已经疲惫不堪、饥肠辘辘、焦渴万分，而这个岛上则长满了结着金苹果的树。一种红色的野兽在树下走来走去，看起来很像暴戾的猪，它们用自己的腿猛踢苹果树，然后吃掉落下的苹果。这些野兽只在清晨出来，当大群的鸟儿飞离该岛时，它们向海里游去，直到五祷时①的时分。然后它们开始掉头向回游，直到傍晚时分回到岛上，然后整夜都在吃苹果。

梅尔顿和他的同伴们是夜间到达这个岛的，当时他们能感到脚下的泥土因为洞里的野猪们而微微发热。他们尽可能地采集苹果，因为苹果既可以充饥又能止渴。他们在船上装满了苹果，然后满载而归。

## 小猫岛

他们到达第十一个岛上的时候又渴又饿，苹果已经吃完了。这个岛上有一个白色的高塔直插云霄，在它周围的防御带上有一些雪白的房子。梅尔顿一行人进入了最大的那个房子，发现里面空无一人，但屋子中间的四根柱子上有只小猫正在自己玩，它在几个柱子之间跳来跳去。它回过头打量了一下这些爱尔兰勇士们，但并没有停下自己的游戏。屋子的墙上挂着三排东西，一排是金银做的胸针，一排是金银做的项圈，这些项圈每一个都有桶箍那么大，第三排是金银手柄的长剑。被子和闪亮的衣服堆在屋里，还有烤好的牛肉和火腿以及大量的饮料。梅尔顿问那只小猫："这些是留给我们的吗？"猫瞥了他一眼就继续玩去了。于是他们坐下来吃饱喝足然后睡了一觉，还把剩下的食物充作储备。第二天，他们准备离开房间时，梅尔顿的一个兄弟从墙上拿了一个项圈，并且准备拿着走出去，那只猫顿时像飞箭般向他扑来。他应声倒地，变成了一堆灰烬。梅尔顿原本就禁止他们从房间里偷窃宝贝，于是他安抚了这只小猫，并且把项

---

① Nones：五祷时，宗教名词，通常指日出后第九时的祈祷；一日七次中的第五次祈祷。——译注

圈放回原处。他们把这个年轻人的骨灰撒入港口，然后重新启程。

## 黑白羊岛

这个岛被黄铜做的栅栏一分为二，栅栏的一边是黑色的羊群，另一边是白羊。中间有个人在照料羊群，这人时而拿起一只白羊放在黑羊群里，这只羊迅疾变成黑色，他时而又把一只黑羊放在白羊群里，它就会顷刻间由黑转白。①为了试验，梅尔顿把一根剥了皮的棍子扔到了黑羊的那边，棍子马上变成了黑色。他们惊恐万状，还未登陆就掉头离开。

## 巨牛岛

这个宽广平坦的岛上有一群猪。他们杀掉了一只小猪并在火上炙烤，但就连这个都太大了搬不到船上去。岛上拱起一座高山，戴尤恩和戈尔曼想要爬到顶上去遥望故土。

在路上他们遇到了一条很宽的河流。为了试探河水的深浅，戈尔曼把长矛的柄探进水里，但矛柄立即消失了，就像被流动的火焰吞噬了一般。在河的对岸好像有一个巨人在看管着一群牛，这人向他们喊话，让他们不要惊扰了牛犊，于是他们就没有继续前行并且迅速乘船离开了。

## 磨坊岛

这个岛上有一个巨大的、缓慢转动的磨坊，还有一个巨人在碾磨谷物。巨人说道："你们国家有一半的谷物都卸在这里，所有互相嫉妒的人都将留在这里。"他们看到那里的船密密麻麻满载而往，并且货物卸载后都被运往西方。他们赶紧驶离了这个岛。

---

①据记载派瑞德尔（Peredur）也曾经见过同样的现象，并以同样的名字记录在《马比诺吉昂》中。

# 黑悼者之岛

这岛上到处都是不停啼哭哀悼的黑人。剩下的两个养兄弟中的一个登上了这个岛，但他一登陆马上变成了黑色并且开始像其他人一样哭泣。两个人试图去抓回他，也落得同样的命运。另外四个人把头包在衣服里下船去，这样他们就不会看到岛上的事物或者呼吸到那里的空气，他们抓住了那两个迷失的船员，并把他们强行带走了，但他们没有把梅尔顿的那个养兄带回来。这两个回来的人也没法解释他们的行为，只是说看到周围别人都那么做自己也没办法停止。

# 四栏岛

这个岛上有四个栅栏，分别是金子、银子、黄铜和水晶做成的，这些栅栏把岛分成四个部分。其中国王占一块，王后占一块，武士居第三块，仆人们住第四块。

船员们登陆时，一个仆人给了他们一种类似奶酪的食物，每块尝起来的味道都是各人想要的味道。仆人还给了他们一种醉人的饮料，喝完之后他们都大醉了三天。等他们醒来的时候，发现自己已经在船上漂流，那个岛及其上的居民都无影无踪了。

# 玻璃桥岛

这里我们遇到了整个航行奇遇中编织得最为精巧有趣的故事。他们现在到达的这个岛上有个堡垒，门是黄铜做的，有一座玻璃桥通往大门。当他们试图过桥的时候，这桥就会把他们扔回去。①一个女子走出堡垒，手里拿着一个铁桶，然后掀起了桥上的一片玻璃。她把水桶沉到水面之下，然后转身回到堡垒中去了。他们击打面前的黄铜吊闸，想要获准入内，但金属发出的声响却把他们催眠了，直到第二天他们才醒过来。这样的事情连着发生了三次，每次那女人都

①就像斯卡莎之地的那座桥一样，参见本书第五章中"库丘林在斯卡莎的领地"。

对梅尔顿好一番冷嘲热讽。第四天，她又过桥向他们走来，身披一件白色斗篷，头发上戴着金环，玫瑰般的嫩足穿着一双银凉鞋，紧挨着皮肤还有一层薄膜。

"欢迎你啊，梅尔顿！"那女子说道。不仅如此，她还能叫出每个随从的姓名，并向他们表示欢迎。然后她把他们引入大房子之中，那里摆放着首领的卧榻，还给他的随从们每三个人准备了一张床。她还给他们准备了充足的食物和饮品，这些都是从她的桶里掏出来的，每个人都能从里面找到自己最渴望的东西。她离开后，众人问梅尔顿是不是要向这个女人求婚。

"你们跟她说说不会有什么坏处吧？"梅尔顿答道。他们就如此行事，那女子回答道："我不了解，也从未知晓那原罪所在。"这个问答被重复了两遍。最后她说："明天，你们就会得到答案。"天亮时分，他们发现自己又漂流在海上了，再也不见堡垒或那姑娘的身影。

## 唳鸟岛

他们远远听见很大的叫喊声和咏叹，听起来好像在唱赞美诗一样，他们奋力划了一天一夜，来到了一个岛边。岛上满是各色的鸟儿，有黑色的、褐色的、斑点的，所有这些鸟儿都在喊叫交谈。他们没有登陆就驶离了这个岛。

## 隐士岛

他们又到了一个草木葱茏、鸟语花香的岛，岛上有一个离群独处的人①，他以长发遮体。他们询问他的祖国和亲人的情况，他回答说，自己是个爱尔兰人，他被放在一块故乡的草皮上扔到了海里。上帝将草皮变成了这个小岛，每年给这个岛增加一足的宽度和一棵树。那些鸟儿就是他的亲人和朋友，他们一起在这里等待着世界末日到来，他们将得到天使奇迹般的照料。他连续款待了他们三个晚上，然后船员们启程离开。

---

① 或许我们能理解为，他是一个寻找能够独居和冥想的小岛的隐士。爱尔兰西边的岛屿上就有很多和尚或小团体修建的小棚屋或礼拜堂之类的遗迹。

# 奇泉岛

这个岛拥有一座金色堡垒和像丝绒一样柔软的白色土壤。他们在岛上发现了一位只以头发遮体的隐士。岛上有一口奇泉，泉水在每年的高峰时节的周五和周三会生产乳浆或清水，周日生产乳汁，同时制作为纪念殉难者的盛宴，除此之外还为使徒、圣母和施洗者约翰的盛宴出产淡色啤酒和白酒。

# 铁匠岛

当他们接近这座小岛时，从很远的地方就可以听到身形魁梧的铁匠打铁的铿锵声，以及铁匠们关于船员们的谈话。其中一个说道："他们看起来像小男孩，坐在一个小木盆里。"他们迅速地划离岛屿，为了避免看起来像逃走，他们没有掉转船头，但很快便有一名巨人铁匠手持一把夹着一大块灼热铁块的火钳走出冶炼场，他将铁块扔向船员的方向，铁块坠入船后的海水中，周围的海水瞬时沸腾起来。

# 清镜海

上次历险之后，他们一直航行进入了一片仿佛绿色玻璃的海洋。它是如此纯净以至海底的砂砾和细沙都清晰可见；峭壁间没有猛兽及怪物，只有纯净的砂砾和绿色的细沙。他们在这片海中划行了一天，深深为它的光彩与美丽所吸引。①

# 海下岛

接着他们发现自己置身于另一片薄如雾的海域中，海水看起来十分浅，似乎无法撑起他们的船。他们注意到海面下深处的有顶的堡垒和周围平坦的土地。一

---

① 丁尼生（Tennyson）特别喜欢这些关于海面下的描绘。

个可怕的怪兽在一棵树下看守，它的周围是一群牲畜，它下面是一名全副武装的武士。

除武士之外，怪兽每隔不久便要伸长脖子，从牲畜群中捉出一只来吃掉。船员们都非常担心自己沉入这样一个似雾的海域，迅速地扬帆离去了。

## 预言岛

他们到达这座岛时发现水面在小岛周围的峭壁处升高，向下可以看到一群向他们大声叫喊的人，"是他们，是他们"，一直喊到上气不接下气。随后，一名妇人站出来，从他们的下方向他们投掷大坚果，船员们将坚果收集起来随身携带。即将离去时，他们听到人们之间的谈话："他们现在在哪？""他们已经走了。""他们还没走。""好像是啊，"一个人说道，"岛民们知道一个关于他们中一员的预言，预言说这个人将毁灭他的国家并将他的子民驱逐出境。"

## 喷水岛

该岛的一侧喷射出一股强大的水流，它呈拱形的喷射弧线使它看起来像一道彩虹，水流落向小岛另一侧的海滩。船员们将鱼叉伸入经过他们头顶的水流时可以扎到非常多的鲑鱼，岛上随即充斥着船员们无法忍受的恶臭味。

## 银柱岛

这是他们的旅程中所创造的另一个最引人注目且最具想象力的插曲之一。这是一个巨大的银柱，四面呈四方形，由海中升起。它四条边中的每一条都同划船时拨动两次船桨时船所走的距离一样长。它不是由一片草皮变成的，而是在无边无际的海洋中拔地而起，柱顶也消失在天空中。

柱顶上掷下一张银网罩住了附近的海，船员们从网眼中扬帆驶过。在他们驶过网眼的时候，戴尤恩砍断了一片网。"不要毁坏它，"梅尔顿说道，"因为我们现在所见到的都是伟人的作品。"戴尤恩说道："以上帝的名义，我想要这样做，这样我们的故事才可能被相信，如果我可以再次回到爱尔兰，那么在进贡时这银片应由我献至阿马郡高高的祭坛上。"之后在阿马郡祭坛上称重得知这银片重达 2.5 盎司。

随后他们听到了柱顶传来的洪亮、清晰而又富有特点的声音。只是他们无法分辨声音的来源及所用的语言。

## 柱脚岛

下一个岛矗立在一个柱脚上，柱脚在海中拔地而起，船员们无法找到小岛的入口。柱脚的底部是一扇关闭上锁的门，他们无法打开这扇门。没有看到一个人，也没与一个人讲过话，他们只好扬帆离开。

## 女人岛

在这座岛上他们发现了一座被巨型浮雕堡垒围住的大厦。他们登上岸，坐在高楼附近的一片小丘上观看四周。堡垒中有十七名少女正在忙着准备一个巨大的浴盆。片刻之后，一位衣着华丽的骑士乘在一匹赛马的背上快速奔驰而来，轻盈地下马走入堡垒，坐骑则交给其中的一个女孩看管。骑士进入浴盆，这时船员们才发现她其实是一个女人。之后不久，少女们中的一个走出堡垒，邀请他们进入，说道："女王有请。"他们走入堡垒，沐浴之后列座进餐，每位船员的对面都坐着一位少女，梅尔顿的对面坐着女王。

当晚，女王献身于梅尔顿，其他的每位少女都献身于她对面的男人，夜幕降临时，他们均被分到了一个有罩盖的卧室房间。次日清晨，他们正准备离开时，女王阻止了他们，并说道："留下来吧，这样你们永远都不会变老，你们会永远保持现在的状态，昨天晚上你们所拥有的一切也都可以继续拥有下去，你们也不必在海洋上的众多岛屿之间漫无目的地漂流下去。"

而后，她向梅尔顿诉说了自己的故事。她是他们所见到的那十七名少女的母亲，她的丈夫曾经是这个岛的国王，国王死后她便继承了王位统治全岛。每天她都要到岛屿内陆宽阔的平原上去裁决人们的争端，夜晚回到堡垒中。

于是，他们在岛上停留了三个月以避寒冬，但三个月结束时，船员们感觉似乎已经在岛上生活了三年，厌倦和疲倦的他们期待着赴航回到祖国。

"我们在祖国可以得到的东西，"梅尔顿讲道，"就一定能比在这里得到的好吗？"

即便如此，仍然有人私语埋怨，最终船员们说道："梅尔顿对他的女人的爱的确是伟大的。如果他愿意，就让他独自留下来，我们回祖国去吧。"但是梅尔顿不愿被他们单独留下，有一天，当女王外出裁审她的子民时，他们坐上了三桅帆船扬帆出海。在他们尚未走远之时，女王手持一团细麻线从后面骑马追来，她将细线扔向他们的船后方。梅尔顿用手接住了它，但细线随即粘住了他的手使他无法甩脱，女王则握着细绳的另一端将他们拉回岸边。这样，他们又在岛上停留了三个月。

又有两次同样的事情发生以后，最终，船员们坚持认为梅尔顿是因为他对女王无限的爱才故意拉住绳子，所以当他们再次决定离开时由另外一名船员拉住了绳子，绳子却像前几次一样粘住了抓绳人的手。于是，戴尤恩砍断了这名船员的手，断手便随着细绳沉入海中。"女王看到这一切立刻开始恸哭和尖叫，整片岛屿也随她一起恸哭起来。"船员们终于逃离了女人岛。

## 红莓岛

这座岛的树上挂满硕大的红莓，这种红莓可以生产出醉人且催眠的果汁。船员们将果汁与水混在一起来减轻其威力，并将这种混合液体装入桶中扬帆离去。

## 鹰岛

这是一个幅员辽阔的大岛，岛的一侧生长着橡木、紫杉木一类的树木，另一侧的一个有小湖的平原上想息着羊群。他们在岛上还发现了一座小教堂和一座堡垒，以及一位仅以头发遮体的牧师。梅尔顿询问了他的身份。

"我是布尔·圣·布兰纳（St. Brennan of Birr）十五名僧侣之一，"他说道，"那时我们正在朝拜的路上，在海洋上他们全都死去了，只留下我一个。"他向船员们出示了圣·布兰纳的刻写板（日历），船员们都拜倒在刻写板前，梅尔顿亲吻了它。他们在岛上停留了一个季度，靠吃岛上的羊来生存。

一天，他们看到了一片乌云一样的东西从西南方飞来，当它接近时，他们注意到了前翼的扇动从而断定这是一只巨鸟。它落到岛上，疲倦地飞近那片湖，开始从它带来的像完全长熟的橡木的巨大树枝上采食像葡萄一样的红莓，果汁及果肉掉入湖中染红了整片湖水。因为担心这只巨鸟会用它的钩爪捉住他们并扔进海里，船员们都躲在树林中静静地观望着它。一段时间后，梅尔顿走出山脚，但巨鸟并没有伤害他，随后其他船员也都谨慎地用盾牌保护着自己而紧随其后，他们中的一个采摘了几个巨鸟爪中的红莓，即便如此，巨鸟仍然无视他们，没有作出任何邪恶的举动。这时他们发现这只巨鸟已经年老，全身的羽毛已经腐烂并且暗淡无光。

正午时分，两只鹰从西南方飞来落在巨鸟面前，休息片刻之后它们开始从巨鸟的嘴、眼、耳中啄食不断侵扰它的虫子。这项工作一直持续到黄昏，之后它们三个一起啃食红莓。第二天，巨鸟被清洁干净，它跳入湖中，之后，两只鹰继续为它拣虫。第三天，巨鸟为自己理毛并扇动前翼，这时它的羽毛变得光滑丰满，它高高飞起，盘旋小岛三周之后向它飞来的地方飞去，而这时它的飞行已经变得敏捷而有力。船员们发现这显然是一种返老还童的过程，就像预言者们说的那样：你的青春可以像鹰一样复原。

这时，戴尤恩说道："让我们到这个湖中沐浴吧，这样我们就可以像那只鸟一样获得重生。""不行，"另一个人说道，"那只鸟已经在湖水中留下了它体内的毒物。"但是戴尤恩还是跳进湖中并饮用了湖水。

从那时起，很长时间之后他的眼睛都非常明亮而敏锐，他的牙和头发全都没有掉，而他再也没有受到体弱及疾病的侵扰。

他们向隐士道别之后重新启程。


# 笑民岛


在这个岛上他们发现了一大群不停笑闹的人。船员们抽签决定谁该上岛视察，最终抽到了梅尔顿的养兄弟。当他一踏上这片土地，他便马上变得像其他人一样开始笑闹，并无法离开，也不愿意回到他的同伴们身边。船员们只好丢下他继续出海。[①]

---

① 这次就把那些本来不该上船的养兄弟中的最后一个抛弃了。

## 火堡岛

现在他们来到了一个不大的小岛，小岛四周是一圈绕岛不断旋转的火焰堡垒。堡垒的一侧有一个入口，当入口正对船员的方向时他们可以看见岛内的居民。这些居民无论男女都相貌俊俏，穿着精心装饰的衣服，手中拿着装满金子的容器。居民们节日的音乐传入岛外漫游者的耳中。船员们在岛周围停留了很久，他们一直观看着岛内的惊奇事物，"并且认为注视这些是一件快乐的事情"。

## 托利僧岛

穿过重重波浪他们看到一只像落在水中的白鸟。一靠近才发现原来是一个趴在石板上只以白发遮体的老者。

"我是从托拉驰来到这里的，"老者说道，"我在那里长大。我曾经在那里的一座僧院里做饭，并将卖食物赚到的钱据为己有。因此我曾经拥有很多财富，包括华服、坚船和带金边的书，这些都是人们一直想要拥有的。当时的我非常傲慢。"①

"一天，当我正挖坑准备把一个外地来的守财奴的尸体埋在岛上时，地下传来一个圣人的声音，他说：'不要把那个罪人的尸体放在我上面，我是一个圣洁虔诚的人！'"

在一阵争执后，僧人将尸体埋到别处，并得到了圣人的承诺，说他会因为他的这个行为而终生受益。不久后，他就带着一船自己积攒的全部财宝准备出海，很明显他是要逃离这座被他掠夺的小岛。一阵大风将他远远地吹出海，当岛屿陆地都消失在视野中时他的船静止在海上的一个地方。他看见身边不远处有个人（天使）正坐在海浪上。"你要去哪？"天使问道。"正在通往快乐的路上，那里也正是我要寻找的地方。"僧人回答。"如果你知道环绕你的是什么，你就不会觉得那是一段快乐的旅程了，"天使说，"我们现在可以看到的这片区域内有很多魔鬼正聚集在你身边，这些都是因为你的贪婪、骄傲、偷窃及其他一切罪恶的行为。你的船已经无法继续前行，除非你愿意按照我说的去做，否则地狱之火将俘获你。"

---

① 托利岛靠近德尼格港口，上面建有献给圣哥伦布的修道院和教堂。

天使来到船边，将手放在决心按照他的意志行事的逃亡者的手臂上。

"将你所有的财富都扔到海里去。"天使说道。

"太可惜了，"僧人说，"这将是多大的损失啊。"

"绝不会有损失的。一定会有某人得到你的这些让人憔悴的财富。"

僧人将所有东西以及船桨和方向舵都扔进大海，只留了一个木制的小杯子。天使给了他一些乳浆和七个蛋糕作为食物，吩咐他要一直坚持到船停下来。风浪带他随意地飘荡着，最后船停在了这片漫游者们发现他的岩石旁。这里除了光秃秃的岩石之外什么都没有，但是谨记天使嘱咐的他还是登上了被海水冲洗的岩石的一角，船马上离开了，岩石也马上为他的到来而增大了面积。他在这里待了七年，依靠水獭从海中带给他的鲑鱼和柴火度日，他的杯子也每天总能盛满美酒。"在这里，无论潮湿、酷热或是寒冷都无法侵扰到我。"

正午时分，水獭们呈上的神奇午餐中竟然包括为船员们准备的那一份。随后，老者告诉他们："你们全都会回到你们的祖国。梅尔顿，你也将会在你们将到达的小岛上找到杀死你父亲的人。但是不要杀他，饶恕他吧。因为上帝已经从各种巨大的危险中将你们解救出来，而你们曾经也是注定应该死去的人啊。"

之后，船员们向老者道别，像往常一样扬帆启程。

## 猎鹰岛

这是一个只给羊群和牛群留下的无人居住的岛屿。他们登上小岛并饱餐了一顿。他们中的一个发现了一只巨大的猎鹰。

他说道："这只猎鹰，很像是爱尔兰的猎鹰。""盯紧它，"梅尔顿说道，"看它怎么离开这里。"它向东南方飞去，船员们紧随其后直到黄昏。

## 回到故乡

夜幕降临时，他们看到了一片像是爱尔兰的土地，很快他们到达了一座小岛。他们登上了这座小岛，而这正是杀死艾伊尔的人居住的那个小岛。

他们向岛上的堡垒走去，听到城堡内围坐在一起的一群人的谈话声。其中一个说道："如果我们现在见到梅尔顿就太倒霉了。"另一个说道："梅尔顿已经淹死了。"第三个人说道："今晚叫醒你的那个人可能就是梅尔顿。"第四个人说："如果他来了，我们怎么办？"他们的首领说道："这很简单。如果他来的话我们就一定要热烈地欢迎他，这段时间以来他也经历了不少苦难。"

梅尔顿上前敲打门上的木质门环。"谁？"看门人问。

"是梅尔顿。"他回答道。

他们平静地进入房间，受到房间里人们的热烈欢迎，他们还穿上了新衣服，被打扮一新。随后，船员们将上帝展示给他们的所有惊奇事物都讲给人们听，就像《圣诗》中说的那样，总有一天我们会因为记得这些事情而开心①。

梅尔顿回到了他的家乡和他的族人身边,诗人戴尤恩把自己从柱网上砍下的一片银放了阿马郡高高的祭坛上以感谢上帝带给他们的奇迹。他们又将降临在他们身上的和他们在海上和岛上看见的全部奇迹及经历的危险讲述了一遍。

故事以这样的文字作为结束：②

现在由爱尔兰主要的圣人爱德·芬恩将这个故事记录成我们现在见到的这个版本，他的成果会给爱尔兰及其后人带来心灵上的愉悦。

---

① "总有一天，我们会因为记得这些事情而开心。"原文出自维吉尔《埃涅阿斯记》第一卷，第203页。"圣诗"乃 Vates Sacer of horace 之译文。

② 该圣贤与诗人已无迹可考，但人们将永远缅怀他。

# 第八章　威尔士人的神话传说

## 吟游诗人的哲学体系

在本书第三章的开头我们已经谈到，在凯尔特的早期文学作品中，并没有关于世界观的神话，也没有任何关于万物起源及其运行法则的哲学解释。在我所知的盖尔人作品中，根本没有任何内容涉及早期凯尔特人对此类问题的观点。但是在威尔士情况则有所不同。在相当长的一段时间内，威尔士一直存在着一个群体，他们所传授的知识在某种程度上包含了远古德鲁伊特思想的部分内容，恺撒在书中写过，这些知识只传授给群体内的成员，从未见诸文字。我们对于这种传授方式的了解，主要来自16世纪末的一位格拉摩根（Glamorgan）的威尔士诗人兼学者卢埃林·锡安（Llewellyn Sion）根据他手头的资料编辑的两卷名为《巴达斯》（*Barddas*）的著作，后来，威廉姆斯（J. A. Williams ap Ithel）为威尔士的 MS 社团翻译并编辑了这部作品。然而现代的凯尔特学者却从未重视这类著作中所包含的古代思想。伊沃·约翰（Ivor B. John）先生是这样说的："任何吟游诗人的神秘教义，只要涉及基督教诞生前的神话哲学，都必须被抛弃。"他还说："之所以会有这些涉及这一主题的无聊言论，就是因为那些16至18世纪的伪古代学家们盲目的无端猜想。"[①]然而吟游诗人们的叙述体系必然曾经包含这样的神秘教义，并且在威尔士持续地存在过一段时间。可是既然没有任何不盲目的思想家自信能够以16世纪的文件记录为基础来建立一种关于前基督时期教义的理论，那么武断地完全否认远古知识的某些片段的确有可能被保留下来，并存在于吟游诗人的传统当中，显然并非明智之举。

从任何角度看，《巴达斯》都是一部关注于哲学思想的著作，即便这本书中除了16世纪的某些凯尔特思潮之外别无他物，有关凯尔特文明的学习者仍然应

---

[①] 摘自《马比诺吉昂》（*The Mabinogion*），第45页及第54页。

对它给予关注。书中大量涉及基督教人物以及基督教历史人物的事迹，看起来似乎不是一本纯粹关于德鲁伊特教的思想著作。可是书中的内容却经常会给人这样的印象，无论这些想法是什么，它们都与基督教无关，而且读者还会发现这本书叙述的是一个完全独立的哲学系统。

在这一系统中，有两个最基础的存在，分别是代表生命能量的神（God）和代表毁灭的混沌（Cythrawl）。混沌又具体化为阿农（Annwn）①，意为深渊或混乱。创世之初，天地间只有神和阿农，当神那不可言及之名被念出，最初的生命开始出现，宇宙中最原初的物质"原子"（Manred）随之形成。凯尔特人认为原子是大量微小的、不可再分的粒子。神完整地存在于每一颗粒子当中，因此它们都是一个个微观世界，而同时所有粒子又都是神的整体的一部分。所有存在的整体由三个同心圆来表示，最内圈的圆叫做"人界"（Abred），来自阿农的生命在这里奋斗、进化，并与混沌进行斗争；中间的圆名为"净土"（Gwynfyd），这里的生命已经战胜了邪恶，以纯洁、欢乐的力量存在；最靠外也是最终的圈被称为"无限之境"（Ceugant），这里无法用言语描述，这一圈的图形不再以线为界，而是发散的射线，这里只有神单独存在。

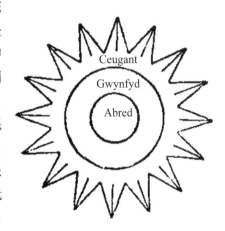

存在之环

以下内容节选自《巴达斯》，诗人以问答的方式传授知识，它展现了这种世界观，同时作者的思想也在其中体现。

> 问："汝自何而来？"
>
> 答："吾自广大世界而来，秉混乱而生。"
>
> 问："汝现何在？如何为现时之汝？"
>
> 答："吾现处有限世界，过人界而来。吾现为人，吾至多为人。"
>
> 问："尚未于人界之中，为人之时，汝为何？"
>
> 答："彼时吾于混乱之中，彼处生极难而死极易。吾于人界经历万千生之形态方得为人，吾之境地惨且难，已有万世矣。后神以其博爱赐吾出混乱之地。"
>
> 问："然则汝所历之形态为何？所历之事为何？"

① 发音为"Annoon"，在早期文学作品中意为"冥界"或"仙境"。

答:"吾于水、土、气中,历所有生之形态,以及所有悲惨、所有艰难、所有邪恶、所有痛苦。于人之前,吾所经之事,甚少善事,不若净土。……欲致净化之地,则非眼见、心知世间种种不可;欲眼见、心知世间种种,则非亲身体验其苦不可。……唯有完美之爱可赋予臻致净化之地之识。"

以吾辈所知,世间万物终将臻于净土。①

以上节选中包含许多诺斯替教或东方思想。它们与 16 世纪的正统基督教思想截然不同。这部著作是在当时的威尔士凯尔特思想指导下写作的,阅读时读者完全不必担心古代学家们的理论或相反观点,而只需关注其价值所在。

以下我们将讨论真正的远古作品,这些中世纪不列颠诗人和寓言家的作品中包含的哲学思想并不多,但却充满创造力和想象力。不过在开始阐述这些作品的内涵之前,我们首先需要探讨一些不具有这种内涵的东西。

## 亚瑟王传奇

大部分的现代读者都没有专门研究过这一课题,当提到早期不列颠传奇时,他们必然会想到亚瑟王辉煌的传奇故事:建于乌斯克(Usk)河畔的卡利恩(Caerleon)的宫殿;圆桌骑士们的行侠故事;圣杯之谜;兰斯洛特的禁忌恋情;骑士之花;为了女王;在北部海边的最终大战,亚瑟王虽有不死之身,却还是受了重伤,最后漂洋过海,隐于神秘的阿渥伦(Avalon)岛山谷之中。可是事实上中世纪威尔士的本土文学作品中却甚少谈及这些事迹,在当地人从国外得知这些东西之前,可以说根本没有圆桌骑士,没有圣杯,没有兰斯洛特,也没有阿渥伦岛。虽然,其中的确有亚瑟这个人物,但是他与我们现在所知的亚瑟王的传奇毫不相干。

## 南尼斯

现存最早关于亚瑟的记载是英国史学家南尼斯于约公元 800 年所写的《不列颠历史》(*Historia Britonum*)。作者为这本书搜集了大量资料,既有英国和爱尔

---

① 摘自《巴达斯》,第 1 卷,第 224 页。

兰的远古碑文和记录（为了表现与后来这个国家的联系，他还记录了帕特兰的传说），有罗马史书，又有圣人传记，特别是圣日曼谙（St. Germanus）的传记。这本书所呈现的是对英国历史的一种奇妙的、拉丁化的、有基督教倾向的观点，并把英国人归于特洛伊及罗马人谱系。书中的亚瑟可谓生平坎坷，他生活在16世纪，并不是国王，家族也没有其他当时的英国酋长们高贵，只是因为他英勇善战而被选为军事领袖以对抗撒克逊人。亚瑟历经十二场战斗终于取得了胜利，而最终一战的地点是巴顿山丘（Mount Badon）。毫无疑问，亚瑟的统治继承了罗马式的军事组织，并且他也是真实存在过的人物。在那个苦难的年代，亚瑟为了秩序与文明而奋战，而现在用来掩盖他的英勇和功绩的假象则显得非常荒诞。

## 蒙茅斯的杰弗里

接下来要介绍的是蒙茅斯的杰弗里（Geoffrey of Monmouth），他是圣阿瑟夫（St. Asaph）的主教，于12世纪上半叶在南威尔士创作了《不列颠诸王纪》（*Historia Regum Britaniae*）。这是第一部试图从大量神话和传说资料中探寻历史真相的著作，作者自称他大部分的资料来自他叔叔的一本古书，这位叔叔生于布列塔尼，后任牛津地区副主教。在下文中我们将会看到，这里提到的布列塔尼具有十分重要的意义。杰弗里写作的目的明显是纪念亚瑟王的丰功伟绩，书中亚瑟成为一位国王，他是尤瑟·彭德拉根（Uther Pendragon）和依格娜（Igerna）的儿子，但后者却是康瓦尔（Cornwall）公爵哥洛亚斯（Gorlois）的妻子，尤瑟（Uther）在巫师梅林（Merlin）的魔法的帮助下变成她丈夫的样子，从而得到了她。这本书将亚瑟王统治的开始设于公元505年，讲述了他与撒克逊人之间的战斗，亚瑟最终不仅征服了整个不列颠，还包括爱尔兰、挪威、高卢，以及达西亚（Dacia），他还成功抗拒了罗马人进贡和臣服的要求。亚瑟的宫殿建于乌斯克河畔的卡利恩。当亚瑟离开本土，在欧洲大陆继续与罗马人战斗之时，他的侄子摩德瑞（Modred）窃取了王位，并霸占了他的妻子圭尼维尔（Guanhumara）。于是亚瑟回国，在温彻斯特击败了叛乱者，又在康瓦尔的最终战役中杀死了他的侄子，同时亚瑟自己也身负重伤（542年）。王后最后退隐于卡利恩的一间修道院。亚瑟死前，将他的国家托付给他的亲戚康斯坦丁（Constantine），自己则秘密前往阿渥伦岛疗伤，其后便"杳无音信"。杰弗里也提到了亚瑟王的魔法宝剑"石中剑"[威尔士《石中剑》（*Caladvwlch*），第224页，注释]，在书中这把剑铸于阿渥伦，暗指仙境，或死者之地，又或者挪威神话中的万灵殿。直到近代，人们才确定阿渥伦的所在，即英国的格拉斯顿伯里（Glastonbury）。在杰弗里的描述中，没有圣杯，没有兰斯洛特，也没有圆桌骑士，除了对于阿渥伦的臆想之外，书中也没有亚瑟王传奇的任何神秘内容。和南尼斯（Nennius）一样，杰弗里所讲述的也是典型幻想式的不列颠人起源。他在书中自称的"历史"对于探究史实毫无价值，却为诗人和编年史家们提供了一个资源宝库，人们普遍认为是这本书为最早的英国悲剧提供了丰富的素材，比如《高布达克》（Gorbuduc）和莎士比亚的《李尔王》，杰弗里也被看做亚瑟王传奇的鼻祖，至少在历史方面是这样。他写作的资料一部分来自南尼斯的历史传记《战争之王》（Dux bellorum），另一部分则来自居住在布列塔尼的威尔士流亡者的后代们以这些记录为基础创作的诗歌，这些流亡者正是在亚瑟与撒克逊异教徒作战时逃到布列塔尼的。杰弗里的这本书广受欢迎，很快，卫斯（Wace）结合布莱顿（Breton）的一些资料创作了该书的法语版本 Li Romans de Brut，莱亚门（Layamon）又把卫斯的法语版本译成了盎格鲁－撒克逊语，这本译作又促成了马洛礼（Malory）对后来法国传奇散文的改编。虽然有少数学者持有异议，但是人们仍然相信它的历史真实性，这本书的巨大影响使得欧洲大陆和英国王室都对不列颠的早期历史重新认识，并给予高度尊敬。虽然既非亚瑟的后人，也没有任何不列颠血统，金雀花王朝（Plantagenet）的统治者们仍然认为，坐在亚瑟坐过的王座上，本身就是一项荣誉。

## 布列塔尼的传奇——法兰西的玛丽

下来我们必须了解一下布莱顿的资料。令人遗憾的是，没有任何远古布莱顿人的文学作品能够保存到现代，因此我们只能从法国作家对这种文学的描写中去了解它。这其中最早的一位是盎格鲁－诺尔曼女诗人，她自称为法兰西的玛丽，从 1150 年开始写作。她多次明确表示在她的作品中有相当多的传说故事是由布莱顿文学作品翻译或改编的，下面是一段玛丽自称引述一位布莱顿作者的原文：

> Les contes que jo sai verais
>
> Dunt li Bretun unt fait les lais
>
> Vos conterai assez briefment；

Et cief　[sauf]　di cest coumencement

Selunc la letter e l'escriture. ①

　　其实在这些传说中基本没有提及亚瑟，但是其中的事件的发生时间却被设为亚瑟的年代（en cel tems tint Artus la terre），而且其中还提到了圆桌骑士的故事，这些显然都暗示着对这些事迹主角的普遍性认知。其中也没有兰斯洛特的内容，但是却有一个叫"兰沃"（Lanval）的人，故事中亚瑟的王后爱上了他，而他却因为阿渥伦岛的一位女士拒绝了这份爱情。加温（Gawain）也出现在传说中，还有一篇叫做《金银花》（Chevrefoil）的传说讲述了特里斯坦（Tristan）和伊苏里特（Iseult）的故事，在提到他的女仆布兰甘尼（Brangien）时，作者预设读者已经知道了这位女士在伊苏里特的新婚之夜中所起的作用。总之，有证据表明：在布列塔尼，有关亚瑟这个人物的骑士传奇已经发展成熟，并且广泛传播。这些故事广为流传，就如同今天我们引用丁尼生（Tennyson）所作的《国王之歌》（Idylls）中的内容一样，仅仅提到其中人物的故事或者传说，大家就心领神会了。因此，尽管并没有提到圣杯（Grail），法兰西的玛丽这部作品还是有力地证明了布列塔尼就是亚瑟王传奇中有关骑士和浪漫故事的内容的发源地。

## 特华的克雷蒂安

　　最后，我们来简单谈谈特华（Troyes）的法国诗人克雷蒂安（Chrestien）的作品。他从1165年开始翻译布莱顿的传说故事，他的工作和法兰西的玛丽的有些类似，他把亚瑟王的传奇写入了欧洲的诗体文学，并且设定了故事大纲和角色。他创作了《特里斯坦》（Tristan，现已佚失）。他（另一说是沃特马普，即Walter Map）还在故事中加入了兰斯洛特这个角色。圣杯和波西瓦尔（Perceval）都是从他的《圣杯骑士》（Conte del Graal）中开始出现的，遗憾的是这本书并没有完成，作者也没有给出圣杯的真相。②他还写了一部长篇冒险故事《艾莱克》（Erec），其中有杰兰特（Geraint）和伊妮德（Enid）的故事。这些是现存最早的

①　"有一个关于真理的传说，存在于风平浪静的海边。讲述得极其简短，即：获得平安，靠的是字母的利剑。"

②　圣杯的特征一开始就并非固定，也许我们看了这些很奇怪，在渥佛兰·冯·艾森巴赫（Wolfram von Eschenbach）的诗中，圣杯被描绘成一块具有魔法力量的石头。"Grail"这个词是早期寓言家们从"greable"这个词变化出来的，它指得到后使人快乐、享受的东西。圣杯的传奇故事我们将在后面谈到威尔士传说《派瑞德尔》（Peredur）时再行探讨。

讲述具有骑士传奇色彩的亚瑟的故事。那么克雷蒂安的写作素材又是从何而来的呢？这些素材当然主要来自布莱顿。特华属于香槟省，这一地区曾经在 1019 年被布卢瓦（Blois）伯爵厄德（Eudes）置于布卢瓦辖区，1128 年被布卢瓦伯爵提奥巴尔德（Theobald）放弃，后来又被重新归于该辖区。香槟区女伯爵玛丽是克雷蒂安的庇护人，而且布卢瓦和布列塔尼的统治者之间的关系十分亲密。10 世纪，布列塔尼的一位公爵阿兰二世（Alain Ⅱ）娶了布卢瓦伯爵的一位妹妹为妻，13 世纪的前二十五年中，布列塔尼的简一世（Jean Ⅰ）与香槟省的布兰茜（Blanche）成亲，而 1254 年，他们的女儿艾利克斯（Alix）又嫁给了布卢瓦伯爵——切斯提兰（Chastillon）的简（Jean）。因此，很有可能，自 10 世纪中叶起，布莱顿统治者的随从诗人们便开始在布卢瓦的宫殿内活动，而大量的布莱顿传说和传奇故事，则在 11、12 和 13 世纪，通过他们进入了法国文学。然而，布莱顿的传奇故事自身也肯定受到了法国的极大影响，演变成中世纪作家所说的法兰西资料（Matiere de France），即查理曼大帝（Charlemagne）和他的圣骑士的传说①，也就是圆桌骑士和骑士学院，只是被我们归于亚瑟建于乌斯克河畔的卡利恩的宫殿。

## 布莱瑞斯

正如杰西·韦斯顿（Jessie L. Weston）女士在对亚瑟王的传奇所作的无比宝贵的研究中提到过的，我们不能忘记这位德南的戈蒂耶（Gautier de Denain），他是以克雷蒂安的作品为基础而继续写作，或重新创作的作家中最早的一位。他是一位土生土长的威尔士诗人，主要作品是关于布莱瑞斯的葛温（Gwain one Bleheris）的故事，这位名不见经传的诗人被肯布伦西斯（Giraldus Cambrensis）认为与著名寓言家布莱德海瑞凯斯（Bledhericus）一样，并和布列塔尼的托马斯（Thomas）所说的布莱瑞斯（Bleheris / Breris）一样，对特里斯坦的故事颇有研究。

## 亚瑟王传说起源的结论

由于无法知道布莱瑞斯在何时，究竟写了些什么内容，所以我们应该留有余地，即今天我们所知的亚瑟王传奇，并非威尔士版本，也不是纯正的布莱顿原

---

① 这里以此与另一派诗歌传奇相区别，布列塔尼的玛蒂耶，也即亚瑟传说。

版。6 世纪时聚居于布列塔尼部分地区的威尔士逃亡者必然带来了许多有关历史上的亚瑟的故事，同时也必然有凯尔特神祇亚塔尤斯（Artaius）的传说。这位神祇的祭坛曾经在法国被发现。这两个人物最终被合并成了一个，正如在爱尔兰，基督教信徒圣布瑞吉特（St. Brigit）和异教女神布瑞吉多（Brigindo）[①]被合并成一个人一样。于是一个神秘的人物出现了，他具有神的某些特征，却又在历史上真实存在。亚瑟王的传奇故事就这样产生了，而在布莱顿（并非产生于威尔士）版

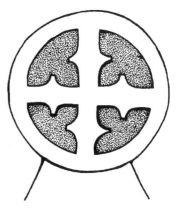

中世纪德国的凯尔特十字圆圈

本中，又被加入了查理曼大帝及其伙伴们的传奇故事。于是不论在布列塔尼，还是在威尔士，它都是由一个核心发散出来的大量涉及凯尔特人物——包括人类和神话人物——的传奇故事的共同体。特华的克雷蒂安以布莱顿的资料为基础，创作了这一传奇的最终形态，并流传于世。在 12 和 13 世纪，它又变成了后来浮士德传奇的样子，成为时代精神和主流观念的载体。

## 威尔士的传奇

经过改编和夸大之后，亚瑟的故事又从欧洲大陆，尤其是布列塔尼传回了威尔士。后来海因里希·基墨（Heinrich Zimmer）博士曾就这一问题进行了卓有成效的研究，他写道："在威尔士文学作品中，有切实的证据表明，南威尔士王子泰德沃之子莱斯（Rhys ap Tewdwr）曾经去过布列塔尼，并于 1070 年把流传于该地区的亚瑟王的圆桌骑士的故事引入了威尔士，而在此之前威尔士并没有这样的故事。"[②]我们知道，许多布莱顿的领主曾跟随征服者威廉姆（William the Conqueror）的旗帜进入了英国[③]，于是当有人想在威尔士传播这个传奇故事时，却发现那里已经有大量有关亚瑟的故事了，只是其中的角色大相径庭而已。除了南尼斯的《战争之王》（Dux bellorum）中描述的历史上真实存在的亚瑟之外，还有凯尔特神祇亚塔尤斯。在现存唯一的威尔士原版的亚瑟王故事，即《马比诺吉昂》中有关凯尔维奇（Kilhwch）和欧文（Olwen）的故事里出现的亚瑟

① 参见本书第三章中"达纳神族的到来"。
② 摘自《当代文化》（Cultur der Gegenwart），i. ix。
③ 在洛宾埃的《英国历史》（Histoire de Bretagne）中有这些领主的名单。

中世纪的龙，比利时安特卫普人类学博物馆

中世纪二龙浮雕，慕尼黑皇家博物馆

这个人物可能只是对这个神祇的回忆。亚瑟王传奇中的大部分故事都是从克雷蒂安和其他欧洲大陆作家的作品翻译改编而出，随后被威尔士及大陆上的其他国家接受。然而事实上，与其他国家相比，威尔士受到的影响要小得多，生效也慢一些。因为在历史和神话中，这些故事与威尔士的传统有冲突，不论是历史观，还是神话论；相较于威尔士精神，故事中的大部分内容有明显的外来性，始终都没能融入威尔士文化当中。至于爱尔兰人，他们则根本从未接受这些故事。

当然，以上少数介绍性的评论，并未涉及有关亚瑟王传奇本身的任何讨论，它的内容众多，并且在历史、神话、神秘学方面有无数的衍生故事。我们仅仅说明了这一传奇与凯尔特本土文学存在关联，因此在下面对凯尔特神话和传奇的解释中，我们很少从这里摘取内容，而是讲述一种伟大精神的传说，它是从我们上面提到的各种来源的共同体中产生的，传播于整个欧洲大陆。虽然其中的英雄在战争中取得过胜利，但是却并非凯尔特人所专有，而且除了那些以凯尔特口吻进行的翻译和改编，也并非始终和现存内容一样。

## 盖尔和威尔士凯尔特传说的对比

由威尔士语流传至今的凯尔特神话和传奇与我们从盖尔语中得到的内容在一些方面有着不同的特征。威尔士的材料不像盖尔语资料那样完整，时间上也要晚一些。《马比诺吉昂》的故事主要来自14世纪一本名为《哈里斯特的红皮书》（*The Red Book of Herest*）的手稿。而其中塔列辛的故事则来自另一本17世纪的手稿。学者们认为，《马比诺吉昂》中四个最古老的故事是在10世纪或11世纪演变为现今形态的，可是一些爱尔兰传说，包括伊腾和米迪拉的故事，以及康纳瑞之死，则早至 7 世纪或 8 世纪。需要记住的是，南尼斯知道帕特兰入侵的故事，而他是在公元 800 年左右进行写作的。正如大家由此想到的那样，与更早的爱尔兰故事相比，威尔士传说中的神话成分通常更加杂乱，而且更难以破译。神话性越少，故事性就越强。吟游诗人的目的更多是取悦皇族宫廷，而不是传承神圣的文本。我们还应记得，来自欧洲大陆骑士小说的影响在威尔士的故事中是清晰可见的，并且事实上最终占据了统治性的地位。

## 盖尔与大陆传奇的对比

在许多方面，爱尔兰的凯尔特人都影响了欧洲大陆的传奇。比如敌对双方相互表现出的崇高礼节①；战士们奇妙的高傲，禁止他们在对手受伤时利用这一优势②；极端刻板地遵守与个人等级相对的职责和规定③。当人们在古典作品中看到这样的思维和感觉方式，可能会感到奇怪，可是在 12 世纪及其后几个世纪的大陆传说故事中却显得熟悉而自然。而在那之前的几个世纪，这却是盖尔语文学作品的显著特征。虽然人们据此认为，这些因素是浪漫故事最主要的推动力，可是在爱尔兰故事中，不论是乌托尼恩还是裘相文学中，几乎都没有任何这样的内容，即所谓爱情的元素，或者说是女性崇拜。对大陆寓言家而言，没有这一推动力，就写不出任何作品。但是普遍见于英国、法国、德国的骑士们，因对"淑女的爱"而产生的风度，以及承受无限艰难险阻的优雅，也不存在于盖尔语文学中。在爱尔兰的凯尔特人看来，把严肃的故事情节与中世纪杜西尼（Dulcinea）用来鼓励她忠实骑士们的那种激情写在一起是极为可笑的。在两个最著名、最受欢迎的盖尔爱情故事迪尔德丽和葛拉妮雅的故事中，女性都是求爱者，而男性则知道这种爱会使他们失去理智，因而极其不愿被其左右。然而，那种骑士味道的浪漫爱情却把女性理想化为女神，并且把为女性服务当成骑士的神圣任务，虽然在威尔士这种故事从未达到像在大陆和英国小说中那样的影响力，却也明显地存在着。我们可以在凯尔维奇（Kilhwch）和欧文（Olwen）的故事中发现这种痕迹，虽然这相对来说是一部远古的故事了。在稍后的派瑞德尔（Peredur）

①参见本书第五章中"弗迪亚卷入纷争"的注释。
②参见本书第五章中"库丘林之死"。在另一本书《芬恩的英雄事迹》（*High Deeds of Finn*）中也有类似内容。
③参见本书第五章中"库丘林之死"及"天恩的复原"。

和圣泉女士（The Lady of Fountain）那里，这种浪漫进一步发展成熟。这表明与爱尔兰相比，威尔士文学因受到国外的影响而使得凯尔特传统缺失的程度更大，当然，我并不是说它完全消失了。

## 盖尔与威尔士神话：努德

最古老的威尔士故事，即《马比诺吉昂》的四个故事①，富含着最多的神话元素，这些内容几乎可以在所有的中世纪故事中发现。在经过多次演变后，甚至还能在马洛礼（Malory，1395—1471）的作品中看到这些内容。我们可以明显看出，在所有凯尔特风俗中存在某些相同的神话角色。比如这位叫做努德（Nudd）或鲁德（Lludd）的人物，显然就是一位太阳神。我们已经在塞文河畔的利德尼（Lydney）发现了一座建于罗马时代，以诺登（Noderns）的名字供奉他的神庙。在该地点附近的一枚青铜印章上，还发现了这位神祇的象征物，他被光环环绕，四周有飞翔的精灵和法螺。这使人们想起了达纳神族的神祇们，以及他们与海洋的密切联系。当我们发现在威尔士传奇中努德还有一个称号，意为"银手"（虽然没有任何现存威尔士传说给出这一称号的含义），我们还是可以轻松确认努德就是在摩伊图拉战役中领导了达纳神族的银手努瓦达②。以鲁德的名字供奉他的神庙据说曾建于现在伦敦的圣保罗大教堂（St. Paul's Cathedral）的位置，根据蒙茅斯的杰弗里的观点，在不列颠语中这座神庙的入口叫做鲁德之路（Parth Lludd），而撒克逊人把它翻译成鲁德之门（Ludes Gate），也就是现在的鲁德门（Ludgate）。

## 里尔与马南唯登

同样的，我们还发现了一位叫做里尔的神话人物，他的儿子叫做马南唯登，在威尔士传说中占有显著地位。我们完全可以把他们和爱尔兰的李尔（Lir）以及他的儿子海洋之神玛那南（Mananan）联系起来。对里尔崇拜的中心地点是里尔彻斯特（Llyr-cester），现在叫做莱彻斯特（Leicester）。

---

① 四个故事即戴伏德之王皮威尔（Pwyll King of Dyfed）、布隆与布隆温（Bran and Branwen）、麦森威之子马瑟（Math son of Mathonwy）、里尔之子马南唯登（Manawyddan Son of Llyr）。

② 参见本书第三章中"第一次摩伊图拉战争"。

# 鲁尔·劳尔·盖菲斯

最后，我们还需要关注一位在《马比诺吉昂》中的麦森威之子马瑟故事里的角色。他的名字是鲁尔·劳尔·盖菲斯（Llew Llaw Gyffes），威尔士的寓言家翻译成神手之狮（The Lion of the Sure Hand）。稍后的一个故事会给出这个名字的解释。这位英雄所显示出的特征表明他是一位代表太阳的神祇，他从幼年到成年的快速成长令人称奇，而且莱斯教授还告诉我们，盖菲斯（Gyffes）原本的意思并非"稳定"或"确定"，而是"长久"，这时我们就可以确信，这其实是盖尔人的神祇长臂卢赫（Lugh of the Long Arm）[1]的模糊、片面的残存物，只是以错误的名字流传了下来，而围绕着这一误解的传奇事迹也广为流传，并演变成了新的故事。

这种对应还可以进一步发掘其细节，只是在本书中，只需要以它们的存在来证明盖尔人和威尔士的神话故事群的共通性[2]就可以了。这两种文学处于同一个神话观念的体系之中。然而，在威尔士这种观念很难发现，在威尔士，奥林匹斯众神自身以及他们之间的关系都没有准确的描述，而且经常变动。看起来似乎是大量不同的部落拥有的概念在基础上是相同的，但是人物不同，事迹也不同。现存的吟游诗人的文学作品可以证明，有时是其中一个部落的宗教占据统治地位，有时又是另一个。要去除这些种类繁多的描述而把它们统一在一起是不可能的，不过我们还是可以为读者提供一些线索来理解它们。

# 丹神族和里尔神族

有两个伟大的神性族群或家族是可以辨别的。一个是丹（Don）神族，丹是一位母神，代表着盖尔人的达娜（Dana），她的丈夫是比利（Beli），即威尔士的死神比勒（Bile），他们的后代叫做光之子（Children of Light）。一个是里尔（Llyr）神族，里尔也就是盖尔人的李尔（Lir），他在这里代表的不是达纳族神祇，而是

---

[1] 参见本书第二章中"光明之神"和第三章中"卢赫的到来"，&c. Lugh, -Lux, Light。凯尔特语 Lamh 和 Llaw 都是手或胳膊的意思。

[2] 斯奎尔（Squire）先生的《不列颠群岛神话》（*Mythology of the British Islands*，1905），清楚而又富有吸引力地展示了这一主题最近的研究成果。

更像爱尔兰的弗魔族。在爱尔兰神话中，这两个神族以通婚的形式结盟。丹的一个女儿潘那德恩（Penardun）嫁给了里尔。丹神还有一位叫做马瑟的兄弟，他的名字代表着财富或财宝。他们的祖先则是一位特性不明的人物麦森威（Mathonwy）。

## 亚瑟家族

亚瑟领导的另一群神祇亚塔尤斯神族是后来从其他部落的神话中加入到《马比诺吉昂》里的神族中去的。他占据了丹神的儿子葛威迪恩（Gwydion）的位置，而他领导的神祇们也或多或少地取代了原先神祇们的地位。后面的家族表将帮助读者对这些人物之间的关系以及他们各自的特征有一个概括的认识。可是我们必须知道，下表中表现出来的准确性与连贯性，在把实际神话看做一个整体时并不存在，因为其中的人物往往多变。而且，由于所要描述的是复杂而模糊的问题，表格本身只是大概的描述，它只能帮助第一次接触这方面内容的读者找到兴趣所在，这也就是此表设计的初衷。

## 努德之子葛威恩

和盖尔传说中的芬恩①一样，这位叫做葛威恩（Gwyn）的神祇据说比其他神祇在主流威尔士故事中产生的影响更加深刻和久远。他是一位超凡的战士和猎人，因以猛击撞断尖矛而获得荣耀，和奥丁一样，他把死去英雄的灵魂收集到他的阴影王国，虽然属于光明神祇的阵营，但是冥界却是他的特别领域。每年的五月，他和葛瑞达沃之子葛威瑟（Gwythur ap Greidawl，也即斯高彻之子维克多）都要为争夺凯瑞迪莱塔（Creudylad）而进行战争，这显然暗示着冬天和夏天为了开满鲜花的肥沃土地而进行的争斗。查尔斯·斯奎尔先生这样写道："后来，他被当做威尔士仙境泰尔威斯·泰格（Tylwyth Teg）的国王，因此在他最后的居所传奇山谷尼斯（Neath），他的名字至今仍然存在，威尔士和英格兰西部荒野的猎人在荒凉的大地上追逐猎物时，有时还能听到他的猎犬群的声音。"②在

① 芬恩（Finn）和葛威恩（Gwyn）分别是盖尔人和威尔士凯尔特人对同一名字的不同称呼，意为美好或白色。
② 摘自斯奎尔：《不列颠群岛神话》（*Mythology of the British Islands*），第 225 页。

《赛尔马森的佚书》（*Lack book of Caermarthen*）的一段美丽诗歌中，他被描写为战争和死亡之神。一位叫葛威努尔·高兰海尔（Gwyddneu Garanhir）的王子请求他的保护，诗歌中描述了他们的对话。这里只是引用了其中的几句，在斯奎尔先生的著作中可以看到这首诗的全部。

> 我自战争与冲突中来，
> 手中是我的盾牌，
> 我的面罩被矛刺破。

> 我的马蹄是圆的，那是战争的磨难，
> 我被称为仙人[①]，努德之子葛威恩，
> 我的爱人是鲁德之女克瑞尔迪莱（Crewrdilad）。

> 我曾去过葛温多兰（Gwendolen）的死亡之地，
> 他是赛多（Ceidow）之子，欢歌支柱，
> 那里血流成河，野鸦哀鸣。

> 我曾去过布隆的死亡之地，
> 他是艾维瑞德（Iweridd）之子，声名远播，
> 战场上哀鸿遍野。

> 我去过来彻（Llacheu）的死亡之地，
> 他是亚瑟之子，人们以欢歌赞颂，
> 那里鸟鸦因鲜血欢歌。

> 我去过麦瑞格（Mewrig）的死亡之地，
> 他是凯瑞恩（Carreian）之子，名声极佳，
> 那里鸟鸦因血肉欢歌。

> 我去过葛沃卢赫（Gwallawg）的死亡之地，
> 他是高合赖斯（Goholeth）之子，是陪伴者，
> 是莱瑙格（Lleynawg）之子洛格亚尔（Lloegyr）[②]的抵抗者。

---

① 这里似乎有些模糊，并且有多个演化版本。
② Lloegyr——撒克逊－不列颠。

我去过不列颠战士们的死去之地，
从东到北，我守护着坟墓。

我去过不列颠战士们的死去之地，
从东到南，他们死去，我却活着。

## 梅尔迪恩或梅林

在亚瑟神话圈中有一位女神梅尔迪恩（Myrddin）占据了天空与太阳之神努德的位置。威尔士三部曲（Welsh Triads）中的一个告诉我们，在有人居住之前，不列颠被叫做"女神的空间"（Clas Myrddin）。这一点被保留了下来，多数爱尔兰人把他们喜爱的地方叫做"阳光下的牛栏"，迪尔德丽就是这样称呼她热爱的位于格兰艾提夫（Glen Etive）的苏格兰故乡的。莱斯教授认为：巨石阵就是专门用来拜祭梅尔迪恩的，而根据蒙茅斯的杰弗里记载，传统的不列颠人认为巨石阵是梅林（Merlin）建造的，这位魔法师就是梅尔迪恩在基督教影响下弱化后的变形。据说梅林住在玻璃房中，或是开满花朵的山楂丛中，也有人说那是某种飘移在空中的烟或雾，或是"一个非金属非钢铁，也不是木质或石质的密闭空间，而仅仅由空气构成，具有强大的魔力，就算世界终结也不会消亡"[1]。最终，他降于巴塞（Bardsey）岛，"远离卡娜温斯尔（Carnarvonshire）的最西边，随行的还有九位诗人，带着不列颠的十三件珍宝，从那以后人们就失去了他们"。莱斯教授指出，一位叫做迪米西斯（Demetrius）的希腊旅行者，据说在1世纪去过不列颠，曾提到过克兰诺斯（Kronos）和他的从属神就是被囚禁于西边的岛上，而布瑞鲁斯（Briareus）则在他沉睡时一直监视着他们，"因为沉睡就是他的宿命"。这显然是对不列颠故事的希腊式改写，就如同经典作家处理吟游诗人的神话通常所做的那样，这是一个不列颠故事，讲述了太阳神坠落于西海，和光明与生命的所有物和魔法力量一起，被黑暗的力量囚禁于该处。[2]

---

① 莱斯（Rhys）：《希伯特文学》（*Hibbert Lectures*），摘自梅林（Merlin）的远古传奇，English Test Society 出版，第 693 页。

② 斯奎尔：《不列颠群岛神话》（*Mythology of the British Islands*），第 325 页、第 326 页。莱斯（Rhys）：《希伯特文学》（*Hibbert Lectures*），第 155 页，参见 Edward Williams 收集的 "Iolo MSS"。

# 丹家族的神谱（Gods of the House of Don）

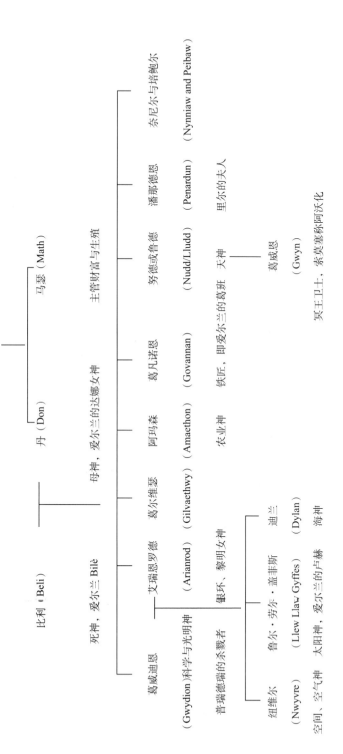

# 里尔家族的神谱 (Gods of the House of Llyr)

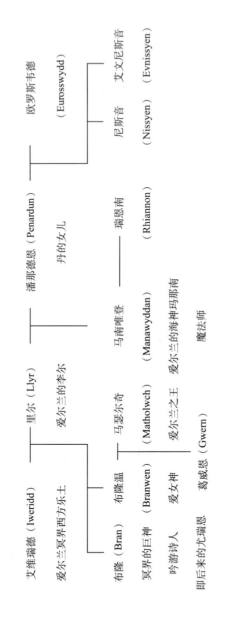

# 亚瑟王及其亲属

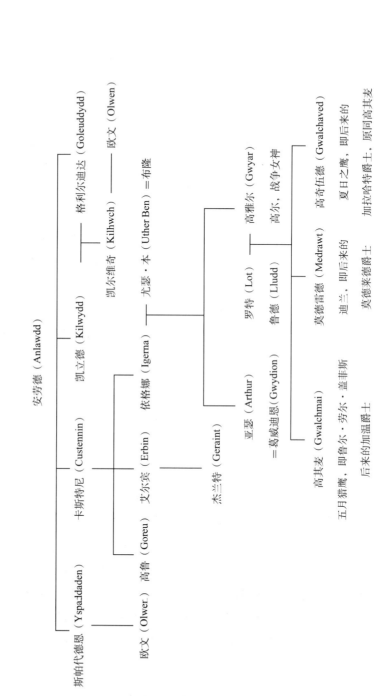

# 奈尼尔和培鲍尔

·这两位叫做奈尼尔（Nynniaw）和培鲍尔（Peibaw）的人物在威尔士凯尔特神话族谱中所占的地位并不重要，但是有一个关于他们的故事却很有趣，并且具有道德价值。他们以一对兄弟的形象出现，都是不列颠的国王，在一个星光闪动的夜晚，两兄弟一起散步。"瞧啊！我的土地多么广阔肥沃啊！"奈尼尔说道。培鲍尔就问："在哪啊？"奈尼尔指着天空说道："在高处，一直延伸到你视线的尽头。"培鲍尔就说："可是看看我的牛吧，它们正在你的土地上进食。""它们在哪？"奈尼尔问。培鲍尔回答道："就是那些金光闪闪的星星啊，而月亮就是牧羊人。" 奈尼尔喊了起来："它们不能在我的土地上进食。"培鲍尔回应："我说它们可以的！""不能！""可以！"他们就这样继续，首先是争吵，继之以战争，人们被杀死，土地也荒芜下来，最后，作为对他们的愚蠢和争执的惩罚，两兄弟被变成了牛。

# 《马比诺吉昂》

现在我们要谈到的是由夏洛特·盖斯特女士（Lady Charlotte Guest）于 60 年前收集的威尔士凯尔特神话和传说的主要精华，这部作品翻译成英文介绍给全世界后也成为英国文学作品中的佳作。这部作品的名字"Mabinogion"是 Mabinogi 的复数形式，意为"见习吟游诗人所传唱的故事"。这些故事是每位吟游诗人在受训时都必须学习的，无论他此后会如何丰富自己的表演内容。从严格意义上讲，该部作品中的马比诺吉昂其实是阿尔弗莱德·纳特（Alfred Nutt）先生最初所述的四个故事。这些故事被冠以《马比诺吉昂》四部曲"之名，彼此呼应，构成了一个整体。同时，这也是最为古老的威尔士神话传说。

## 冥界王皮威尔

这四个故事的第一个，是关于冥界王皮威尔的。其中描写了他成为阿农（Pen

Annwn），抑或是"地下之王"的过程（Annwn 在威尔士文学中意为凯尔特人的"冥界"或"仙境"）。故事虽富有神话色彩，但却闪耀着无比纯洁和高贵的侠士精神。

相传，有一天皮威尔在格兰·卡奇（Glyn Cuch）的林中狩猎时，发现一群猎犬在追逐一头牡鹿。猎犬通体雪白，双耳赤红[①]。倘若当时的皮威尔有过此类经历，他立刻就会明白这些猎犬的来历——眼前的正是红发仙人！赤耳的猎犬亦总是与魔法联系在一起的。然而皮威尔却驱散了这些奇异的猎犬，并放开自己的狗去追赶牡鹿。就在此时，一位半人马样的人出现在他面前，并开口责骂皮威尔无礼。皮威尔因而提出补偿，于是故事的主题便转变成了人们所熟悉的"拯救仙境"。

出现的这位陌生者名叫阿沃恩（Arawn），是冥界的一位国王。他遭到了敌人黑根（Haygan）的摧残，并被逐出了自己的故乡。阿沃恩向皮威尔寻求帮助，祈求他与黑根在一年后决一死战。在此期间，两人会互换外形掌管对方的国度。阿沃恩对皮威尔说："你必须一击便杀死黑根，否则第二次攻击会使他立刻复生，毫发无损。"

皮威尔接受了冒险，于是他变成阿沃恩的样子前往冥界。在那里，他遇到了自己从未料到的一个难题——阿沃恩美貌的妻子将他误认成了自己的丈夫。日落而息时，皮威尔面壁而卧、一言不发，也不去碰她。天色破晓时，皮威尔便起身，然后狩猎、料理朝政，仿佛自己便是这个国度的君主一样。无论白天皮威尔在众人面前对王后表现出怎样的爱慕，到了夜里他始终和她相敬如宾。

决战的时刻终于来临，如同盖尔人传说中的酋长们一样，皮威尔与黑根在一条河流的浅滩上交手了。厮杀中，黑根初一交手，胯下的马便被长矛洞穿了后腿。黑根摔落在地奄奄一息[②]，他祈求道："看在老天的分上，了结了我吧！"皮威尔回答："这会令我后悔的。别人或许会杀你，而我不会。"听到皮威尔的回答后，黑根自知一败涂地，于是便吩咐仆从们背着自己落荒而逃。这一战后，皮威尔拥兵统一了地下世界，成为整个地下世界的主宰，并赢得了王公贵族及地下世界万民的尊敬。他如期地前往格兰·卡奇履行与阿沃恩的约定。阿沃恩感谢了皮威尔所做的一切，并告诉他："当你回到自己的国度时，就会发现我为你所做的一切了。"于是二人又换回了各自的容貌，并回到属于自己的领地，重掌权力。

---

① 参见本书第六章中"去仙境的旅程"。

② 这里已经离开原始的凯尔特传说很远了。英雄们如同中世纪的骑士们那样战斗，以长矛互相攻击，而不是坐战车或是步行，也没有使用盖尔战争故事中特有的奇怪武器。

回到地下世界的阿沃恩日日笙歌、纵情畅饮，除了他自己以外，并没有人发现这些日子与以往的不同。可当夜幕降临，阿沃恩像往常一样亲吻、爱抚自己的妻子时，王后对阿沃恩的举动和此前一年中的变化深为不解。沉思中的王后对阿沃恩三番两次的询问置若罔闻，于是阿沃恩便问她为何默不作声。王后应道："我且告诉你吧，在这一年中你我从未说过像今晚这么多话。""难道你我从不交谈吗？"阿沃恩追问。王后说："从不，在这一年里我们从不交谈，也不对彼此表示亲昵。"

"天哪！"阿沃恩心中暗想，"竟然有对友情如此忠贞的人，这不正是我所寻找的挚友的人选吗？"于是阿沃恩将所发生的一切告诉给了自己的妻子。"您果然结识了一位忠心的朋友。"王后也表示同意。

皮威尔回到自己的国度后，召集众臣，并询问他们对自己这一年间的政绩如何评价。众臣回答："陛下，您在过去的一年中显得比以往任何时候都圣明！您礼贤下士、慷慨大度，您明辨是非、伸张正义！"皮威尔便告诉了群臣自己的历险。大臣们惊叹："结识这样的一位朋友，陛下洪福！而您更慷慨大度，没有削去吾等在这一年中所享有的恩惠，众臣们不胜感激啊！"皮威尔许诺群臣："上天为证，我绝不会夺去对你们的赏赐的。"

此后，两位君王结成了深厚的友谊，并互赠宝马、良犬以及各种珠宝。为了纪念这段历险，从此之后，皮威尔便有了"冥界之王"的称号。

## 皮威尔与瑞恩南的婚礼

距皮威尔的皇庭那沃斯（Narverth）城堡不远处，有一座名为阿伯斯（Arberth）的山。据说，登上山顶的人均会获得一段离奇的冒险——或遭到雷击受伤，或遇到奇迹。一日，皮威尔令众臣们在阿伯斯山下集结，并宣布自己将登上山顶看看会怎样。

登上山顶，片刻之后，皮威尔便看到通往山顶的路上，一位衣着光鲜、金光闪闪的女子，骑着匹雪白的马儿，正缓缓地向他走来。皮威尔问众臣道："你们当中可有人认识这位女子吗？"众人回答："臣等不识。请臣等前往询问。"然而，当众臣们靠近女子的时候，她却挪向了另一处。无论他们如何策马疾奔，女子始终与他们保持着相同的距离，奇怪的是她却从未改变来时的步伐。皮威尔数次想赶上女子相询，却总是无法靠近她。

次日，皮威尔再次登上山顶又看到了同样的情景。这次皮威尔亲自去追赶女子，但与大臣们的遭遇一样，他无论如何也无法靠近她，直到他高呼："啊，姑娘。看在有人对你如此爱慕的分上，请为我驻足吧！"女子听到后便道："我非常愿意为了您而停下，可您和您的马儿却迟迟未要求啊。"

后来皮威尔询问女子的来历时，她告诉皮威尔："我叫瑞恩南（Rhiannon），是海威·德温（Hevydd Hen）①的女儿。父王他们无视我的意愿，要为我寻找一位夫婿，可我却无意于任何人，只因我的心早有所属——你便是我的最爱，如果你无意于我，那么我宁愿与孤单为伴。""天哪！"皮威尔叹道，"若要我择爱于世间所有女子的话，你便是我的爱人！"于是二人便约定，一年后的这一天，由皮威尔前往海威·德温的宫殿迎娶瑞恩南。

皮威尔信守诺言，带着一百名骑士前去迎娶新娘，并受到了海威·德温的盛情款待。席间，正当他同海威·德温父女聊天时，一位身材高挑、发色赤褐、身着绸缎的贵族少年走了进来，向皮威尔和他的骑士们行礼。皮威尔邀少年入座。

"谢谢，我是来向您请愿的，"少年道，"恳请您帮助我。"

"说吧，只要我办得到，"皮威尔毫不怀疑地答道，"不论您有怎样的愿望我都会为你实现它。"

"啊！"瑞恩南大呼，"你为何要如此回答？"

"他已在所有贵族面前许下了诺言，不是吗？"少年笑道，"那么，我所恳求您为我做的，就是请您将自己的新娘，连同这酒宴一并拱手让我。"

皮威尔无言以对。

瑞恩南怨道："怎么，你无话可说了吗？没有人比你更愚蠢！"

随后，她告诉皮威尔，这位褐发男子名叫葛沃尔（Gwawl），是克鲁德（Clud）之子，也是瑞恩南千方百计回避的追求者。逃离了他，瑞恩南才来到了皮威尔身边。

由于皮威尔是一位言出必践的君子，瑞恩南便辩驳道，这酒宴不能给予葛沃尔，因为它超出了皮威尔的能力范围，但她自己却会在一年后嫁给葛沃尔。到那时葛沃尔来迎娶自己，他们自然会为他准备一场婚宴的。与此同时，瑞恩南却悄悄同皮威尔商计，并递给他一只有魔力的袋子，吩咐他在必要的时候使用。

一年之后，葛沃尔如约而至。皇宫里再次设宴，只是此次受到礼遇的却不是皮威尔。

然而，当众人饮酒作乐的时候，一名衣衫褴褛的乞丐走进了大殿。同其他乞

① Hen，即远古的意思，这个称号一般表示与神话传统相关的远古遗物。

丐一样，他也背着只袋子。乞丐谦恭地向葛沃尔乞食，并表示只要用席上的食物填满他的袋子便可。葛沃尔欣然地答应了，并吩咐侍者前去装满这只袋子。可无论侍者们装进了多少食物，最后连桌上的美味也塞了进去，袋子永远也不见满。葛沃尔大叫："老天，难道这袋子是无底洞吗？""是的，"这时乔装成乞丐的皮威尔答道，"除非让拥有权势和财富的人钻进袋子，脚踩着袋子的底部说，这袋子已经装满了。"瑞恩南听后，便催促葛沃尔钻入袋中看看里面有多大。葛沃尔刚将双脚放入袋子，皮威尔就迅速地从旁兜住了他，封上袋口，然后吹起号角。这时，皮威尔隐藏在外面的骑士一拥而入，制服了葛沃尔的随从们。骑士们见到袋子大奇："里面装的是什么？"有人回答："一只獾。"于是，一群人玩弄起了袋子，在大殿上将它踢来踢去。最后袋子里传出葛沃尔的声音："陛下，如果您听得到我的话，请不要就这样杀了我。"海威·德温应道："他说得对。"

于是葛沃尔被迫与皮威尔立约，答应他满足所有前来参加婚礼的请愿者和吟游诗人们的愿望，并离开瑞恩南且永远不会伺机报仇。誓约得到公证后，葛沃尔和他的随从们便被放了回去。

皮威尔与瑞恩南终于结合，他们慷慨地款待众人，并馈赠他们礼品。宴会结束后，这对新人便返回了戴伏德的那沃斯宫，瑞恩南为她新的臣民们送去了手镯、戒指、宝石等大堆的礼物，二人从此过着安定的生活。然而，读者诸君却会发现，我们还没有了结葛沃尔的怨恨。

## 瑞恩南的忏悔

皮威尔至今仍然没有后代来继承他的王位，贵族们都在催促他另娶一位妻子。"再给我们一年的时间吧，"他是这样回答的，"如果那时我还没有继承人，就按你们说的办。"在那一年中他们在那沃斯生下了一个儿子，可是尽管有六个侍女被派去守护母亲和孩子，在黎明时她们却都睡着了，瑞恩南自己也同样沉沉睡去，等到侍女们醒来一看，孩子已经不见了。侍女们这样说："我们会因此被烧死的。"因为恐惧，她们制造了一起可怕的阴谋：她们杀死了一只刚刚出生的猎犬幼崽，把它的骨头放在瑞恩南的旁边，趁着她还没醒，把血涂在她的脸上和手上，当她醒来询问孩子的下落时，侍女们说她自己在夜里吃掉了孩子，她们也曾试图阻止，可是却被她以怪力制服了。不管她如何问，怎么做，侍女们都坚持这就是事实。

当皮威尔得知这个消息时，尽管贵族们都恳求他离开瑞恩南，可是他仍然拒绝。但是却要求她忏悔，她必须每天坐在城堡大门的上马石旁，对每一个进城的陌生人讲述这个故事，并且要背着他们进入城堡，她就这样忏悔了几个月。

## 找到普瑞德瑞

有个叫做泰尔恩杨（Teirnyon）的人，他有一匹全世界最美丽的母马。但是这匹马命运坎坷：虽然它在每个五月的第一天都会产下马驹，可是马驹却总是失踪。

最终泰尔恩杨决定探寻这件事情的真相，于是在母马产崽的那一天他带着武器躲在马厩里监视。母马产下幼崽，接着马驹站了起来，泰尔恩杨正赞叹马驹的体型和神采，突然从外面传来一声巨响，一个长着爪子的手臂从马厩的窗户伸了进来，并抓住了马驹，泰尔恩杨用他的剑狠狠斩向了那只手臂，把它从肘部砍断开来，马驹就又掉回了马厩，同时外面响起了吵闹的哀嚎声。他冲了出去，没有关门，可是在黑夜中什么也看不见，然后他顺着叫声走了几步，接着就回来了，在门口发现了一个被一堆衣服和一个绸缎斗篷包裹着的婴儿。他把孩子抱回了妻子的住处。她正好没有孩子，第一眼看到这个婴儿就喜欢上了他，第二天还告诉周围的女人这个孩子是她亲生的。他们就把孩子叫做金发的格尔瑞（Gwri），因为他的头发就是金黄色的。孩子长得非常快，在两岁时就和六岁的孩子一样高了，而在此之前，那天晚上出生的马驹在训练好后，也就交给他来骑了。

这期间泰尔恩杨听说了瑞恩南的故事和她所遭到的惩罚。婴儿长大后，他仔细观察了他的脸孔，发现孩子与戴伏德之王皮威尔长得极像，他就告诉了妻子，两个人都觉得应该把孩子带到那沃斯，这样瑞恩南也就可以从忏悔中解脱出来了。

泰尔恩杨和另外两个骑士以及骑着马驹的孩子一起来到了城堡前，瑞恩南就坐在上马石边上。"首领们，"她说，"从这里开始你们不用自己走了，我会把你们每一个人都背进宫殿去，这是我杀死自己的儿子并吃掉他后所进行的忏悔。"但是他们拒绝了，自己走进了城门。皮威尔见到泰尔恩杨很高兴，安排了宴会招待他们。接着泰尔恩杨向皮威尔和瑞恩南讲述了自己和马驹的故事，以及孩子是如何被找到的。"请看吧，女士，这就是你们的儿子。"泰尔恩杨说道，"不管是谁对你们撒谎，他们都错了。"在座的人都认为这个孩子就是皮威尔的儿子，瑞恩南哭了起来："如果这是真的，那我终于可以大声宣布，我的苦难结束了。"一位叫做潘德兰（Pendaran）的头领说："那就把你们的儿子叫做普瑞德瑞（麻烦）吧，他就是皮威尔的儿子，冥界的王者。"大家也都同意孩子的名字就叫做普瑞德瑞（Pryderi）①，从此这就是他的名字了。

泰尔恩杨满载着谢意、敬爱和欢喜，骑马回到了家里。皮威尔送给他大量的马匹、珠宝和狗作为礼物，不过他都拒绝了。而普瑞德瑞则被按照王子的高贵标准和要求培养，当他的父亲皮威尔死后，他就在戴伏德继承了王位。他在位时国土大为扩展，后来他娶了葛威恩·高沃尔（Gwynn Gohoyw）的女儿卡克娃（Kicva），这位女士拥有不列颠王子卡斯那（Casnar）的血统。

## 布隆和布隆温的传说

蒙福的布隆（即 Bendigeid Vran），这个名字是在他于哈莱奇（Harlech）的宫殿成为不列颠岛的国王后得到的。他的身边有他的兄弟，里尔的儿子马南唯登（Manawyddan），还有他的妹妹布隆温（Branwen），以及潘那德恩和欧罗斯韦德（Eurosswyd）生下的两个儿子尼斯音（Nissyen）和艾文尼斯音（Evnissyen）。尼斯音是一个脾气温和的年轻人，即便家人怒火高涨，他也能够使他们之间保持友好。但是他却不会对任何事情太过关切，以致把和谐变成斗争和冲突。

一天中午，里尔的儿子布隆正坐在哈莱奇海边的石头上眺望大海，他看见有十三艘船顺着风从爱尔兰快速驶了过来。这些船都装扮得十分华丽，漂亮的旗帜在桅杆上飘扬，等船来到近处，就能看见在第一艘船上有个男人高举着盾牌做出和平的标志②。

登陆后，陌生的人们向布隆问好并说明了自己的来意。他们是爱尔兰的国王马瑟尔奇（Matholwch）③的下属；国王本人就在船上，他希望能够娶布隆的妹妹布隆温为妻，这样爱尔兰和不列颠就可以结成联盟，从而更加强大。"布隆温是岛上三名女头领之一，也是全世界最好的年轻女人。"

爱尔兰人受到了友好的接待，在和其他的领主们商量后，布隆同意把他的妹

---

① 发音为 "Pry-dairy"。

② 很明显这是一个三角形诺曼底盾牌，而并非凯尔特的圆形或椭圆形盾牌。前面已经提到过，在这些威尔士故事里，骑士们战斗是用长矛互相攻击的。

③ 这里可以发音为 "Matholaw"。

妹嫁给马瑟尔奇。婚礼的地点定在阿伯福沃（Aberffraw），因为没有房子能够容纳布隆的巨大身躯，所以婚宴在帐篷内举行。他们狂欢作乐，为和平友爱而欣喜。

第二天，艾文尼斯音偶然来到了马瑟尔奇的住所，就询问他们是什么人。"这些是马瑟尔奇的马匹，他娶了你的姐妹。""他们竟然这样做，"他说，"她这样的女人，我的妹妹，没有我的同意就出嫁了？这是最大的耻辱。"于是他冲进马群，割下了它们的嘴唇、耳朵和尾巴，又割下了他能够抓到的马的眼皮。

当马瑟尔奇听到发生的事情时，他既愤怒又困惑，就吩咐手下准备出海。布隆派来信使了解情况，得知这件事情后，他派马南唯登和另两个人来试图弥补。他们将根据受伤的马的数量补偿相等数量的好马，马瑟尔奇还将得到和他身体一样高一样大的银子，和他的脸一样尺寸的金子。"请他来见我吧，"他说，"为了和平我们将满足他的任何条件。"至于艾文尼斯音，因为是布隆母亲所生，尽管他已经犯了死罪，布隆却不能将他处死。

## 魔釜

马瑟尔奇接受了这些条件，但不是很高兴，于是布隆又送给他另一件宝物，一个魔釜，把一个死人放进去，他就会复活，和从前一样健康，只是不能说话而已。因为这个釜似乎是从爱尔兰来的，马瑟尔奇就告诉了布隆关于釜的故事。在爱尔兰，有一个靠近堤岸的湖泊（可能是虚构的），叫做釜之湖。在那里马瑟尔奇曾经见过一个高个子、病恹恹的人，他和高大强壮的妻子在一起，这个釜就用皮带绑在他的背上。后来他们就为马瑟尔奇工作。六周后，他的妻子生下了一个儿子，这孩子一出生就是一个全副武装的战士。我们明显能够明白，她每六周都会生下一个孩子，于是到了年底，这对看起来像是战争之神和女神的奇怪夫妇有了不少的孩子，他们不停地斗嘴，到处捣乱，人们都讨厌他们。最终，为了除掉他们，马瑟尔奇下令建造了一座铁制的房子，把他们都骗了进去。他又把门拴住，在房间周围堆满了煤，并把这些煤烧到白热，希望能把这一家子都烤死。虽然铁制的墙壁很快就变得白热并且变软了，那个男人和他的妻子却从房子里冲出来逃走了，可他们的孩子都留在里面并被烧死了。布隆是这个故事的下一个主角，那个叫做莱萨·莱斯格奈韦德（Llassar Llaesgyvnewid）的男人和他叫做开米德·开米恩沃尔（Kymideu Kymeinvoll）的妻子来到了不列颠，布隆接纳了他们，而作为对他的善意的回报，他们给了他这口釜。从那以后，他们的后代就遍布整个国家，他们住在防御强大的堡垒中，并且拥有最好的武器。

于是马瑟尔奇接受了这口釜，和他的妻子一起返回了爱尔兰，布隆温使那里的每一个领主和女士都满意，并且在他们离开时送给他们每个人"一个胸针、戒指或是名贵的珠宝，戴着这些东西离开让他们觉得很荣耀"。一年后布隆温给马瑟尔奇生下了一个儿子，叫做葛威恩（Gwern）。

## 对布隆温的惩罚

故事在这里出现了一处难以理解的地方。似乎在第二年，或者在那之前，爱尔兰人对艾文尼斯音对他们国王的侮辱感到愤怒，作为报复，他们把布隆温贬为厨娘，并且让屠夫每天都打她一巴掌。他们还禁止所有的船或者渡船驶往威尔士，此后所有进入爱尔兰的威尔士人都被投入监狱，以防布隆知道布隆温所受到的虐待。但是布隆温在她揉面的房间的角落里养了一只小八哥，一天她把一封信绑在八哥的翅膀下面，并教给它如何做。八哥飞向了不列颠，并在阿沃恩（Arvon）的凯伊尔·塞恩特（Caer Seiont）找到了布隆，八哥落在他的肩膀上，抖动羽毛，信就被发现并阅读了。布隆读罢大怒，当即集结大军，组织舰队去攻打爱尔兰，把不列颠的领土交给他的儿子凯瑞达沃克（Caradawc）和其他六位头领管理。

## 布隆的入侵

很快就有人告诉马瑟尔奇发现了一个奇景：有一棵树长在海上，旁边还有一座山峰，高耸的山脊两边各有一个湖泊，树和山都在向爱尔兰海岸移动。布隆温被找来，人们要求她解释这意味着什么。她告诉他们，树是不列颠舰队的桅杆，山峰则是她的哥哥布隆，他在浅水中行走，"因为没有船能够装下他"，山脊是他的鼻子，湖泊是他的两只眼睛。①

爱尔兰国王和他的贵族们立即商议如何应对这个危机。他们制订了如下的计划：建造一座大厅，大到足够容纳布隆，他们希望这能平息他的怒火，还要为他的手下提供丰盛的宴会，马瑟尔奇应该把爱尔兰王国献给他，并表示敬意。这

---

① 请与本书第四章中"康纳瑞及其随从"对达·德尔加客栈中马可·西特所作的描述相比较。

些都是布隆温的建议。但是爱尔兰人也有狡猾的安排。大厅中共有一百个柱子，每两个中间都挂两个皮袋子，武装好的战士就藏在里面，时机一到，他们就会落到客人们的头上。

## 食袋

然而，艾文尼斯音在其他客人之前进入了大厅，他"用凶猛野蛮的眼神"审视着周围的环境，他看到了挂在柱子上的袋子。"这是什么？"他问其中的一个爱尔兰人。"是食物，好心人。"爱尔兰人如此回答。艾文尼斯音把他的手放在袋子上，用他的手指来感觉，他摸到了里面人的头部。然后"他挤压这个脑袋，直到他的手指伸进骨头里，在脑袋里互相接触"。他来到下一个袋子前，又问了同样的问题。"食物。"爱尔兰侍者回答。艾文尼斯音又一次挤碎了战士的头，他对所有的袋子都做了同样的事情，其中一个战士的头上还戴着钢盔。

接着，宴会开始了，气氛和谐平静，马瑟尔奇放弃了爱尔兰的主权，由年幼的葛威恩继承。人们都抚摸亲吻这可爱的孩子，可是艾文尼斯音却突然抓起他，把他扔进了壁炉内燃烧的火焰中。布隆温本想阻止他，可是布隆拉住了她。接着人们迅速武装起来，躁动着，喊叫着，爱尔兰人和不列颠客人打了起来，直至深夜。

## 艾文尼斯音之死

可是到了夜里，爱尔兰人烧热了魔釜，把战死者的尸体投了进去，第二天他们就复活了，只是不能说话。看到这一切，艾文尼斯音深深自责把不列颠人带入了这样的困境："如果我不能在这里找到一条出路，我就是罪人。"于是他躲在死去的爱尔兰人当中，并和其他尸体一起被投进了釜里，第二天，他伸展自己的身体，把釜撑裂成了四块，而他自己的心脏也因此炸裂开来，他就这样死去了。

# 神奇的头颅

终于，所有的爱尔兰人都被杀死了，而除了布隆，不列颠人也只剩下七个，他自己也被一支毒箭射中了脚。普瑞德瑞和马南唯登都在幸存的七个人当中。布隆便命令他们割下自己的头颅。他说："把我的头带回伦敦去，把它埋在能看见法国的白山（White Mount）<sup>①</sup>上，只要我的头在那里，就没有外敌能入侵我的国家。在路上我的头会和你们说话，你们要像我活着时一样高兴。在哈莱奇(Harlech)举办七年的盛宴，瑞恩南的鸟儿会对你们歌唱。在潘沃的葛沃斯（Gwales in Penvro）举办八十年的盛宴，我的头会一直和你们说话，不会腐烂，直到你们打开能望见康瓦尔（Cornwall）的大门。在那之后你们不能停留，必须前往伦敦并把头埋掉。"

然后那七个人就割下了布隆的头颅并上路了，布隆温也遵从布隆的命令，和他们一起回去。但是当布隆温来到阿伯·阿鲁（Aber Alaw）之地时，她哭了起来："我活在这个世上真悲哀啊，两个岛都因为我被毁灭了。"接着她大声地哭泣，她的心破了。那七个人就在阿鲁的岸边为她建了一座四方的坟墓，这个地方现在叫做音尼斯·布隆温（Ynys Branwen）<sup>②</sup>。

回来后那七个人发现，布隆不在的时候，比利的儿子凯斯沃兰（Caswallan）征服了不列颠，并杀掉了凯瑞达沃克的六个队长。他用巫术让凯瑞达沃克被幻象缠绕，让他只能看到挥动的宝剑，却看不到挥剑的人，他的心就这样碎掉了。

接下来他们来到了哈莱奇，在那住了七年，聆听瑞恩南的鸟儿的鸣叫。"比起来，他们以前听到的所有歌曲都没有鸟的叫声好听。"然后他们来到潘沃的葛沃斯，发现了一座高大漂亮的大厅，可以俯瞰大海。在进去时，他们忘记了过去的一切不幸，也忘记了所有发生的事情，他们在快乐和欢愉中在那里度过了八十年，那颗神奇的头颅一直和他们说话，就好像还活着一样。吟游诗人们把这叫做"高贵头颅的娱乐"。大厅里有三座门，其中一面面向康瓦尔（Cornwall）和阿伯·温韦恩（Aber Henvelyn）的大门是关着的，另外两个则开着。当时间来到，葛威恩的儿子海兰（Heilyn）说："如果我不打开那扇门，看看他说的是

---

① 即现在伦敦塔的位置。

② 这些爱尔兰和威尔士的故事中，总会出现现实的坟墓地点。1813 年，在传统上被认为是布隆温的坟墓的地点，一个装有骨灰和烧了一半的骨头的骨灰罐被发现了。

否属实，那我就是罪人。"于是他就打开了门，回忆和伤感瞬间降临在他们身上，他们便立刻动身前往伦敦，并在白山埋葬了头颅，那颗头就一直埋在那里，直到亚瑟把它挖了出来，因为他只愿意用强大的武力来守卫国土。这就是不列颠"第三次致命失败"。

这段野史最终充满了神话色彩，其中的关键早已丢失。故事中有北方特点的暴力行径让批评家们怀疑它现存的版本受到了挪威或冰岛文学的影响。艾文尼斯音的特征就是这种猜想的有力支持。这种喜好搬弄是非的典型人物一般出现于纯粹的凯尔特传奇中，而很少和艾文尼斯音的死亡那样的英雄结局一起出现，也不会和爱尔兰"毒舌"联系在一起，并上升为某种类似戴门尼克（Daimonic）风格的狠毒的东西。

# 普瑞德瑞与马南唯登的传说

上则故事结束后，两人回到戴伏德，马南唯登娶了好友普瑞德瑞的母亲瑞恩南为妻，从此过着幸福快乐的生活。直到一天，他们经过纳泊尔（Narberth）附近的哥塞的（Gorsedd）山上时，突然雷声大作，浓雾忽起，四周目不见物。

浓雾散去之后，抬眼一片荒芜，人畜罕见。纳泊尔宫依然矗立在远处，但里面已空无一人。除了普瑞德瑞、马南唯登和他们各自的妻子卡克娃与瑞恩南。

四人靠原先所剩的食物和采集蜂蜜与狩猎生活了两年后，感到枯燥厌倦。于是马南唯登提议："我们去洛格亚尔（Lloegyr）①吧！或许会对我们有所帮助。"众人便去了希尔福特（Hereford）并住了下来，马南唯登与普瑞德瑞开始制作马鞍和其他马具，马南唯登依照以前从匠人莱萨·莱思维德（Llasar Llaesgywydd）处学到的方法，用蓝色的珐琅装饰马具。不久之后，希尔福特的其他马具匠人便发现客人们纷纷前去购买马南唯登的货物，于是便密谋杀死他们四人。普瑞德瑞得悉后欲图除掉这些密谋者，可在马南唯登的劝说下，还是迁居别处。

四人来到另一座城市，在那里，由于他们会制作人们从未见到过的盾牌，所以又遭到其他工匠的排挤，被赶出了城去。他们前往另一座城市卖鞋，结果又受到了相同的待遇。于是，众人决定返回戴伏德去，和从前一样带着猎犬狩猎为生。

有一天他们发现了一头白色的野猪，并追着猎物一路来到了一座高大的城堡

---

① 撒克逊人在不列颠的领地。

前。两人以前在这儿从未见过这座城堡。野猪在猎犬的追逐下，逃进了城堡中。马南唯登发现城堡被魔法笼罩，可普瑞德瑞却不顾他的劝阻进入了城堡寻找猎犬。

追到一处庭院中，普瑞德瑞发现一座大理石砌成的喷泉。泉旁边的石板上，倒着一只金色的碗。震撼于这只碗精美的工艺，普瑞德瑞俯身拾起了它想一看究竟。可还不及他抽手或发出任何声响，他便定在了泉旁，一动不动。

马南唯登回到纳泊尔告诉了瑞恩南所见到的一切。瑞恩南怒道："你这无情无义的人，居然置同伴于不顾！"次日，她亲自前往城堡，发现普瑞德瑞依然抓着金碗，矗立在原处，便用手触碰了金碗，结果也难逃厄运。接着，一声炸雷，浓雾四起……当一切恢复原样时，城堡连同受了诅咒的两人都失去了踪影。

马南唯登回到纳泊尔，这时只剩下了他和普瑞德瑞的妻子卡克娃。

卡克娃发现只有马南唯登一人回来时，他告诉她："瑞恩南悲伤至极，不顾死活，所以……"

他顿了顿，接着说道："你若是以为我是因为惧怕而无所作为的话，我可以向你保证，若我还如同少年时一般强壮的话，我一定不会置他们两人不顾的。"

"愿上天保佑您，"卡克娃说，"我错怪您了。"

于是她鼓起勇气，走出了悲伤。

这一次，卡克娃与马南唯登试图靠做鞋来维持生计，但又被嫉妒的匠人们赶回了戴伏德。然而这回，马南唯登带回了一袋麦子。他开出了三块田，将麦子种了下去。

时光流转，转眼便到了收获的季节。

马南唯登看着其中的一块地说道："明天就收割这一块吧。"

可次日，天还蒙蒙亮的时候，他起身来到田里一看——发现所有的麦子都被人割走了，只剩下光秃秃的麦秆。

接下来的那天，第二片田里又发生了同样的事情。于是第三天，马南唯登趁夜拿着武器守在第三块田边，想看看到底是谁在偷自己的麦子。

他一直等到午夜，突然听到一声巨响。定睛一看，只见大群的老鼠拥进田间，爬上麦秆，咬下麦穗，并把它们搬了回去。马南唯登大怒，他追向鼠群，可老鼠们跑得远比他快，只勉强抓到了一只跑在最后的老鼠。他将老鼠捏在手套里，拿回去让卡克娃看，并告诉她所发生的一切。尽管卡克娃觉得对一只老鼠寻仇有失他的尊严，他依然嚷道："明天我要把抓到的这只强盗绞死！"

次日，马南唯登爬上纳泊尔山，在山顶竖起两柄叉子做成一个绞架。这时，一位穷酸的学者冲他走来——这是他在发生巨变后在戴伏德遇到的第一个陌生人。

学者问清他在做什么之后，请他放了那只老鼠。

学者愿意给他一镑钱让他放了那只老鼠，可马南唯登说道："对天发誓，我绝不！"

"我是无所谓啊，只要我不会看到一位有身份的人触碰这只爬虫。"说完这些，学者便离开了。

正当马南唯登将一根十字梁放在绞架上时，一位牧师骑着马向他赶来，对他说了同样的话。牧师愿意给他三镑钱让他放了那只老鼠，可马南唯登拒绝了他。"做您想做的事吧。"说完，牧师也离开了。

接着，正当马南唯登将套索套在老鼠的脖子上，准备绞死它时，他看到一位大主教在成群的车马和随从的簇拥下朝他走来。马南唯登停下了手中的事情，上前祈求主教的赐福。"愿上天赐福与你，"主教说道，"你在做什么？"

马南唯登回答："绞死一个小偷。"

主教拿出七镑钱，说道："我真不愿见到一位您这样的人如此粗暴地对待一只爬虫。"

马南唯登拒绝了主教。

于是主教拿出四百二十镑钱，然后金额又翻了一番，后来主教把随行的驮马和行礼都给了马南唯登，可仍然遭到了拒绝。

"只要你放了这老鼠，"主教许诺，"你要什么我都会满足你。"

马南唯登听后便说道："好吧，我放了这老鼠。可瑞恩南和普瑞德瑞必须重获自由。"

"如你所愿。"冒牌主教许诺道。

随后马南唯登又要求去除笼罩在戴伏德的魔咒与幻象，并一再要求主教告诉他，这只老鼠的来历和魔咒为何会笼罩整个国度。

"我是路维德（Llwyd），岂尔科德（Kilcoed）之子，"施咒者回答，"这老鼠是我的妻子。若不是她怀有身孕，你永远都别想抓住她。"

接着他还告诉了马南唯登，一切的恶果都归因于我们的第一个故事《瑞恩南的婚礼》——施加在这片土地上的咒语，其实是为了路维德的朋友，克鲁德（Clud）之子葛沃尔（Gwawl）所受到的羞辱复仇而吟唱的。因为普瑞德瑞的父王曾同自己的骑士一起，在海威·德温（Hevydd Hen）的庭院中玩弄过葛沃尔。那些偷麦子的老鼠，其实是路维德宫殿中的大臣和宫女们。

路维德还许诺再不会对普瑞德瑞、瑞恩南与马南唯登进行复仇，于是马南唯登放了老鼠。同时，两名中了诅咒的人质也得以释放。路维德用魔杖触碰了一下那老鼠，她就变成了一位年轻貌美的女子。

环顾四周，马南唯登发现四处生机勃勃，人丁兴旺、屋舍俨然、牛羊成群。他问道："普瑞德瑞和瑞恩南受到了怎样的惩罚？"

"我将宫殿大门的门环套在普瑞德瑞的脖子上；瑞恩南的脖子上则挂满了扛完干草的驴子颈项上的毛。"这便是对他们的惩戒。

## 麦森威之子马瑟的传说

上一则故事充满了魔法与幻象，但缺少了些神话的元素，因为我们不得不认为现在的自己正处在一个独特的神话领域。这则故事的主要目的是向我们展示为了得到恶魔掌管的财宝（这里指一群有魔力的猪），而用来对付恶魔的"光明之力"。在本章的一开始，我们就认识了马瑟。吟游诗人告诉我们，除非大地被战争所袭扰，否则只有当马瑟的两脚放在处女的双膝上时，他才能得以存活。[①]他被描述为圭奈德（Gwynedd）的领主，而普瑞德瑞却统治着一百二十座南部的城邦。和马瑟一起的还有他的侄子们，即丹（Don）的两位儿子葛威迪恩（Gwydion）和葛尔维瑟（Gilvaethwy）。丹为了玩乐而周游整个大陆，而此时，马瑟便将双脚放在了这个国度最美丽的少女——阿沃恩的培宾之女（Dol Pebin in Arvon）格尔薇恩（Goewin）的膝上。

## 葛威迪恩与普瑞德瑞的猪

葛尔维瑟深深地爱上了格尔薇恩，并将这一秘密倾诉给了他的兄弟葛威迪恩。后者承诺要帮助哥哥达成这一愿望。于是有一天，他前去恳求叔叔，允许自己向普瑞德瑞讨要一群冥王阿沃恩所赐的猪作为礼物。葛威迪恩说："这些猪是我们这座岛上从未见过的动物……他们的肉比牛肉还要鲜美。" 马瑟准许了他，于是兄弟两人带着十名随从出发前往戴伏德。

他们扮成吟游诗人，来到普瑞德瑞的宫里，并受到了款待。酒过三巡后，葛

---

①一个传自于威尔士皇室的习俗，稍经人们的曲解。据传，当国王就座时，他身旁的大臣须将国王的双足置于自己的膝盖上。

威迪恩应邀为殿上的人们讲了一个故事。他凭借自己的能言善辩博取了所有人的欢心，这时他便恳求国王赐给自己一头猪作为奖赏。然而，普瑞德瑞同他的子民订下了契约：直到这些猪的数量繁殖到两倍时，才允许用来买卖或赠予。"或许，"葛威迪恩劝道，"您可以用它们来交换。"说完，他施动法力变出了十二匹骏马、十二只猎犬，并将这些送给普瑞德瑞，牵了他的猪逃之夭夭了。葛威迪恩对手下的人说："快点！这些幻象不会持续太久的！"

一切如兄弟二人设计的一样，他们的诡计导致普瑞德瑞率着大军前来夺回他的猪，马瑟领兵迎战。于是葛尔维瑟趁机将格尔薇恩抢来做了妻子。

## 普瑞德瑞之死

这场战争以两位君主的一役定了输赢。

"凭借着强大的武力和葛威迪恩的魔法，普瑞德瑞最终被杀死，葬于迈尔伦莱德（Melenryd）的迈恩·泰里奥克（Maen Tyriawc）。坟冢至今尚存。"

## 葛威迪恩与葛尔维瑟赎罪

马瑟出征归来后，知道了葛尔维瑟所设的骗局，就将格尔薇恩娶为王后。葛威迪恩兄弟二人逃亡到了边疆，后来他们又回到宫中，听候叔父的发落。马瑟怒斥："即便普瑞德瑞死而复生，你们的所为也无法令我消除这耻辱。可既然你们前来等我处置，那我就满足你们吧！"于是他将兄弟俩变成了鹿，命他们一年之后再来见他。

一年之后，兄弟二人回来了，并且还带着一只小鹿。小鹿被变成人形并受到了洗礼，弟兄俩则被变成了野猪。又一年后，他们带着一头小野猪回来，小野猪也受到了小鹿那样的待遇。这次，兄弟俩又被变成了狼。第三年后，当兄弟俩带着一只狼崽回来的时候，他们的赎罪就被视为结束，人性又回到了他们身上。马瑟下令为他们沐浴净身，并赐予华服。

# 艾瑞恩罗德之子迪兰

失去了托足的处子，马瑟不得不另选择一人，葛威迪恩便引荐了自己的妹妹艾瑞恩罗德（Arianrod）。她应宣上殿后，马瑟问她是否是处子之身时，她说："千真万确，陛下。"可在马瑟用魔法测试她时，她却被证明撒了谎，并诞下了两名男婴，一个起名迪兰（Dylan），意为"海浪之子"——毫无疑问，他便是威尔士人海神的化身。迪兰刚受过洗礼便"纵入海中，如鱼般畅游时，他身下的海水不泛起一丝波澜"。在威尔士传说中，一首渔歌里反复吟唱他的名字。据说，他死于叔父葛凡诺恩（Govannon）之手。死后，不列颠与爱尔兰所有的海浪都为他发出悲鸣。至今，康威（Conway）河口处潮水的轰响声仍被人们唤作"迪兰死前的呻吟"。

# 鲁尔·劳尔·盖菲斯

另一个孩子，被葛威迪恩带了回来，并在他的庇护下长大成人。和其他正派的主人公一样，婴儿成长得非常迅速——四岁的时候看起来便如同八岁的孩子一样大，变成了一位俊朗的少年。一天葛威迪恩带他去参拜他的母亲艾瑞恩罗德，却遭到了母亲的仇视，因为他暴露了母亲对领主撒的谎言。

艾瑞恩罗德责怪葛威迪恩将孩子带来见她，并问道："这孩子叫什么？"

葛威迪恩说道："尚未取名。"

艾瑞恩罗德回复道："那他的命运就交由我决定吧——我要让他永无名氏，直到我赐他名字为止！"

闻言，葛威迪恩勃然大怒，当夜便回到了凯尔·戴塞尔（Caer Dathyl）的城堡中。

尽管在这则故事中未被提及，但有必要一提的是，在更早期的神话中葛威迪恩其实就是艾瑞恩罗德两个孩子的父亲。

## 鲁尔得名

葛威迪恩决意为儿子起一个名字。次日，他带着孩子来到凯尔·艾瑞恩罗德（Caer Arianrod）城下的河滨。他坐在滩旁，用魔法把自己和儿子变成了鞋匠师徒。他把用莎草、水草做成的鞋，变成状似科尔多瓦（西班牙城市）的皮革做的。"有位陌生的皮匠能制作出精致优雅的鞋子"，听到传闻，艾瑞恩罗德便派人送去了自己的尺码想要订制一双。葛威迪恩故意将鞋做得很大，于是她再次派人订制。这次鞋子又故意做得很小。最后，艾瑞恩罗德亲自前来。量测尺码时，一只鹬鹩飞来，落在了船的桅杆上。男孩拿起弓箭，一箭射穿了海鸟的腿，却未伤其筋骨。艾瑞恩罗德对男孩这精妙绝伦的一箭十分赞赏，便说道："只有拥有稳健的双臂（llaw gyfes），雄狮（lew）才能做出这样的一击。"葛威迪恩闻言大悦，说道："多谢！现在这孩子终于拥有自己的名字了。从今以后，他就叫雄狮之臂鲁尔·劳尔·盖菲斯（Llew Llaw Gyffes）！"

自此，我们可以看出，这名字确实和盖尔语长臂卢赫"Lugh Lamfada"（光之长臂）含义相同。所以，我们眼前的这则传说是出自一个被误解的名字，一个出自被遗忘的神话之名。

## 鲁尔得到兵刃

带回去的鞋子即刻就变回了莎草和水草，这激怒了艾瑞恩罗德。于是她再次诅咒儿子："我要他永远也无法触碰任何兵刃，除非我赐他一把！"

然而葛威迪恩将自己和儿子打扮成吟游诗人，再次来到凯尔·艾瑞恩罗德城，他制造出城堡被一群持刃的歹徒包围的幻象。于是艾瑞恩罗德惊慌中赐给他们武器，要二人助自己抵御来犯，结果她再次受到了葛威迪恩法力的愚弄。

## 鲁尔的花妻

被愚弄的母亲第三次诅咒鲁尔："我要他永远也别想娶这世上的女子为妻！"

这诅咒的魔力超越了葛威迪恩的力量，于是他向通晓一切魔法的马瑟求助。

"这样吧，你我二人试着用花朵来为他做一位妻子吧。" 马瑟说道。

于是二人采集了橡树花、金雀花和绣线菊，炼化成了一位世间最为美丽、优雅的少女。他们为少女洗礼后，给她起名为布罗德薇德（Blodeuwedd）（意为"花样的容颜"），并将她许配给鲁尔。随后，又将汀诺迪格（Dinodig）的土地封赏给夫妇俩统治，鲁尔和妻子受到了子民们的爱戴，但二人仅恩爱了一个花季。

## 鲁尔之妻的变节

漂亮的布罗德薇德美丽的名字与身世并不相配。一天，鲁尔出门去拜访马瑟，一个名叫葛朗·派卑赫（Gronw Pebyr）的贵族在鲁尔的宫殿附近打猎，轻浮的布罗德薇德对贵族一见倾心。当晚，两人便有了奸情。此后两人夜夜偷情，最终，他们决定永远地除掉鲁尔。然而鲁尔，他像哥特史诗《尼伯龙根之歌》中的英雄人物齐格弗里德一样，几乎是不可战胜的。于是布罗德薇德便装出一副忧心丈夫的表情，伺机套问他的弱点。可这弱点是如此的难以击破——只有用耗时一年锻造出的长矛，才能杀死鲁尔，并且只能在周日圣餐祭祀的时间里锻造这柄矛。更苛刻的是，鲁尔死时，既不能在屋内也不能在屋外，既不能骑在马上也不能双脚沾地——唯一杀死他的办法，就是让他一只脚踏在死鹿身上，另一只脚放在洗澡用的大锅里，锅要用茅草做的锅盖盖住——只有在鲁尔处于这样的情况下，使用特制的长矛，才能给予他致命的一击。

一年后，葛朗锻造好了长矛，布罗德薇德央求丈夫向她演示，如何身处险境时自我保护。鲁尔为了取悦妻子，便摆出了上文所述的姿势。这时，埋伏在左旁林中的葛朗奋力地掷出枪尖淬了毒的长矛，长矛一下便刺入了鲁尔的身体，可是矛杆却断裂了。身受重伤的鲁尔化作一只鹰，一声尖啸，冲天而起，消失在了云际……葛朗便抢占了他的城堡和领地。

这一切最终传到了葛威迪恩和马瑟耳中，于是葛威迪恩便动身前去解救儿子。他来到一位汀诺迪格的封臣的家中，得知封臣家中有头大母猪每到白天就消失不见、踪迹全无，可到了夜里又会准时地回来。葛威迪恩跟着这只猪，跟了很远，来到了一条当时叫做纳提·鲁尔（Nanty Llew）的小溪。猪在溪边的一棵树前停了下来，开始进食。
葛威迪恩走上前去，
想看看它在吃什么，
结果发现，猪所吃的
是一只栖在树上的鹰
身上掉下来的腐肉。
他觉得这只鹰貌似他
的儿子鲁尔，于是便
出声抚慰它，将它缓
缓地从树上抱下来，
放在自己膝上。葛威
迪恩对鹰挥动魔杖，

鹰形浮雕，慕尼黑皇家博物馆

它便恢复了原形，变成了鲁尔，只是显得骨瘦如柴，哀怨之情难以言喻。

## 鲁尔康复

鲁尔伤愈后，他便和父亲携手向变节的妻子等人寻仇。他们将布罗德薇德变成了一只无法面对天日的猫头鹰，葛朗则被鲁尔透过一堵石板而掷出的长矛刺死。这块被鲁尔用长矛刺出洞的石板，今天还留在阿丢得威（Ardudwy）的柯克威尔（Cvcvael）河畔上。

鲁尔重夺失地，从此统治着这片土地走向繁荣。

以上的四则故事，便称为"《马比诺吉昂》四部曲"。在《马比诺吉昂》故事集中，它们是最为重要和古老的部分。

## 马克森·莱丁的梦境

依次讲述完纳特先生在《马比诺吉昂》故事集中所述的故事后，我们现在来讨论一部纯粹原创、不夹杂任何神话或传说元素的作品。它叙述了罗马的皇帝马克森·莱丁（Maxen Wledin）做了一个梦，梦见自己被带往一个奇异的国度。

在那里，他看到了一位坐在象牙椅中的国王在用钢锉将一根金棒雕刻成象棋。国王身旁，站着一位美绝天下的女子。梦醒后，马克森发现自己爱上了梦中的美人，于是便派人四处打探，看看他们能否找到他梦中的人和国度。后来他发现，自己梦到的是不列颠，于是就前往求婚并娶了梦中的少女为妻。

在他离开罗马期间，篡位者发动了政变企图颠覆帝国，但他在不列颠友人们的帮助下，夺回了王权。之后，他的这些朋友们一些定居在了罗马，另一些则带着所娶的罗马妻子又回到了不列颠。据说，这些回到不列颠的人割下了异国妻子们的舌头，以免她们玷污不列颠的语言。所以说，早在这一时期，这些人就表现出了对自己凯尔特语的强烈眷恋。神话吟游诗人塔列辛这样唱道：

> 他们颂扬自己的神灵，
> 他们笃信自己的语言，
> 即使失去自己的家园，
> 他们勇气尚存。

## 鲁德与莱伍里斯的故事

这个故事，与《不列颠野史》（*Romantic British History*）中的一章节有关。它讲述了比利（Beli）之子鲁德（Lludd），以及他的兄弟莱伍里斯（Llevelys）各自如何治理不列颠和法国的故事。篇中还记叙了鲁德是如何向他的兄弟寻求帮助，驱散袭扰不列颠的三场灾难的。这三场灾难分别是：恶魔一族克兰尼恩斯（Coranians）的出现；每逢四月的最后一天夜里便能听到的，令不列颠人举国发狂的怪叫；皇宫里所有东西一夜之间都不翼而飞。鲁德同莱伍里斯商量对付这些怪事的方法，商谈时他们通过一根黄铜管说话，因为人们所说的每句话，都会随风传到克兰尼恩斯的耳朵里（麦森威的儿子马瑟也具有这一能力）。莱伍里斯交给鲁德大量的毒虫，叫他把这些虫子捣碎，在集会上洒在人们头顶。这些虫子会杀死克兰尼恩斯，但却不会伤害不列颠的百姓。就这样，克兰尼恩斯被消灭了。

莱伍里斯向鲁德解释，令人发狂的怪叫声，其实是两条龙在每年的这个时候搏斗时发出的。只要在不列颠岛的正中央挖一个坑，向里面注满蜂蜜酒，两条龙就会被吸引过来，到时就可以杀死它们了。经过测量后，坑的位置恰好要挖在牛津城。

至于宫中丢失的东西，莱伍里斯发现，原来是被一个巫师偷走的。于是，鲁德依言查探发现了巫师并与之搏斗，最后将他变成自己忠实的奴仆。从此之后，鲁德和莱伍里斯兄弟便将不列颠岛从灾难之中解救了出来。

## 亚瑟王的传说

接下来，我们来看看五个关于亚瑟王的传说。其中，只有关于凯尔维奇（Kilhwch）与欧文（Olwen）的故事是威尔士文学中唯一原创的亚瑟传奇。其余的，则都或多或少地受到了欧洲其他地区亚瑟传奇的影响。

## 凯尔维奇与欧文

凯尔维奇是凯立德（Kilydd）与格利尔迪达（Goleuddydd）所生之子，亚瑟的堂兄。其生母死后父亲凯立德便即续弦，可继母却不容凯尔维奇，令他去完成一项充满坎坷且危机四伏的任务。"这即是你的造化，"继母宣道，"或是盖尔人常言的盖什'geis-'。你这一生，只能娶斯帕代德恩·派恩达澳（Yspaddaden Pendawr）①之女欧文为妻。"凯尔维奇听到这美丽的名字不禁面红耳赤，魁梧的身躯亦掩盖不了他悸动的心。他听从父亲的意见，前往亚瑟的宫中，去打听如何才能找到这位少女并迎娶她。

于是，这位英姿飒飒的少年，胯下骑着一骑金光灿灿的良驹，身旁跟着两条项毛艳如红玉的猎犬踏上了拜访亚瑟的旅途。一段文字精彩地描述道："他驾马御光而行，所经之处片草不折。"

## 凯尔维奇访亚瑟

在同看门人以及亚瑟②的管家凯（Kai）一番纠缠后，凯尔维奇终于见到了国王，并向他告知了姓名和来意。"我向您及您的骑士们乞求帮助。"他恳求道。随后，呈给亚瑟一张写着柏德威尔（Bedwyr）、努德之子葛威恩（Gwyn ap

---

① "豪瑟恩（Hawthorn）是巨人国的国王。"

②此处的亚瑟分明是大神亚塔尤斯（Artaius），而丹（Don）一族的诸神在此则被视为亚瑟的仆从。

Nudd）、凯（Kai）、马南唯登（Manawyddan）、杰兰特（Geraint）以及其他神话人物的名单，其中也包括泰基德（Tegid）之子莫兰（Morvran）。莫兰因其面目狰狞被人们视为恶魔，从而在卡姆兰（Camlan）之战中未逢敌手。相反，桑德斯·布瑞德·安琪儿（Sandde Bryd Angel）却因其俊美的面容被人们当做大天使，而在卡姆兰之战中无人冒犯。

这份名单涉及的名字众多，还包括了许多女性的名字。诸如：白银之手鲁德之女凯瑞迪莱塔（Creiddylad）——英伦三岛最美丽的女子。为了她，葛瑞达沃之子葛威瑟（Gwythur）与努德之子葛威恩（Gwyn）每逢五月的第一天便打得昏天黑地。名单上还有两位伊苏里特人和亚瑟的王后格温希瓦。

凯尔维奇恳请名单上的所有人协助自己实现愿望。虽然亚瑟从未听说过欧文及她的族人，他还是许诺帮凯尔维奇寻找她。派人寻觅了一年仍杳无音信，于是凯尔维奇决意就此离去。这令亚瑟蒙羞，于是凯、柏德威尔在凯恩德里奇的指引下决定前去搜寻。

## 卡斯特尼

一行人一路搜寻，来到了一座巨大的城堡。城堡前，有一位牧羊人牵着一群羊，身旁还伴着一只巨如马般的猛犬。

据说，牧羊人的吐息可以点燃一棵树，并且这个家伙不放过任何作恶的机会。然而，他却接待了众人并告诉他们，自己是斯帕代德恩的兄弟卡斯特尼（Custennin），面前的城堡便是他兄弟的。卡斯特尼将众人带回家中介绍给他的妻子，原来他的妻子便是凯尔维奇母亲格利尔迪达的一位姐姐！她对自己侄子的到来感到很高兴，可想到他是来寻找欧文时便面露忧伤。"无人能从搜寻中活着回来！"——似乎卡斯特尼一家受尽了斯帕代德恩的折磨，因为他嫉妒兄弟分占了自己继承的家产，便杀死了卡斯特尼所有的儿子，只有一位幸免于难。于是卡斯特尼一家也加入了搜寻的行列。

## 欧文的白色足迹

次日里，欧文像往常一样，来到牧羊人的家中梳洗头发。每逢周六她都会来此，洗完后便将所佩戴的数枚戒指留在盆里且再不来索要。在一篇附有插图的文章中，凯尔特人对她美丽的容貌作了激情洋溢的描写：

> 　　她身着火红的丝袍，华贵的金领上缀满了奇石。她额似金雀花，双
> 颊嫣红如玫瑰，肌肤洁白似海浪，双手与十指美若开放在绿地泉水中的
> 五叶银莲花。
>
> 　　闪动的双眸，令雄鹰的眼睛也黯然失色，丰满的酥胸宛若昂首的天
> 鹅。任何看到她的人都会满怀爱慕之情。她步履姗姗，所经之处，便会
> 开出四束白色的三叶草。因而得名欧文。①

凯尔维奇与她交谈之后，二人便坠入了爱河。欧文让凯尔维奇向她的父亲提亲，并接受他所提的一切要求。她曾向父亲许诺，需得到他的恩许才可嫁人。因为在她立定婚约后，父亲的生命便会结束。


## 斯帕代德恩


次日，一行人进入城堡拜见斯帕代德恩，可他找着种种借口回避众人，并在他们离去时掷出一柄浸过毒药的标枪。柏德威尔一把接过标枪，将它掷了回去，刺中了斯帕代德恩的膝盖。斯帕代德恩用恶毒的语言诅咒他，吼出的每句话都如同火焰一样噼啪作响。骂过三句后，斯帕代德恩才告诉了众人须如何才能带走欧文。


## 凯尔维奇的任务


摆在众人面前的是一系列艰难困阻。首先，他们要在一天之内将一座山岭开垦、播种，并在同一天就收获。只有刀的儿了阿玛森（Amathaon）才能办到这些，可他却拒绝帮助。铁匠葛凡诺恩（Govannon）才能锻造出开垦用的犁铧，而他也不愿伸出援手。高威尔德（Gwlwlyd）的两头神牛才拉得动犁，但他却不愿将牛借给众人。其次，婚宴用的甜品，必须用比蜂蜜甜九倍的蜜糖做成。此外，众人还必须找来能变出任何美味佳肴的釜与篮子、一把拥有魔力的号角，以及巨人高纳奇（Gwrnach）的宝剑。

---

① 试参照对伊腾的描述。参见本书第四章。

浮雕鸦神，布鲁塞尔皇家博物馆

　　种种艰难非常的任务共有四十条，只有全部完成，凯尔维奇才有资格娶欧文为妻。最为艰难的一条，是拿到摆在托奇·崔尔奇（Twrch Trwyth）双耳之间的一把梳子和剪刀。托奇·崔尔奇是一位被变成野猪的国王，为了捕到他，同时还必须完成其他许多任务——要打败魔兽艾瑞（Eri）之子格瑞德（Greid），并用特制的束带拴住他，束带系结脖子的部分需用特殊的铁链。要邀来莫德伦（Modron）的儿子麦本（Mabon）做猎手，神马葛韦德（Gweddw）做猎人的坐骑，还要努德的儿子葛威恩协助他（努德是神任命来掌管冥府诸恶鬼的人）。相较之下，这些任务的难度令所要捕捉托瑞恩（Turenn）的子嗣埃里克（Eric）显得微不足道。斯帕代德恩得意地说道："要得到这些换取新娘的宝物，你将遇到无尽的险难和不眠之夜，如果你失败，就将永远见不到她！"凯尔维奇听完所有条件后，并不反驳。他缓缓说道："或许你认为这些事无人能够做到，但我告诉你，这一切对我而言都易如反掌。你就等着将女儿嫁给我，然后交出自己的性命吧。"

　　别过了斯帕代德恩父女，一行人便踏上了探险的道路。途中，他们遇到了巨人高纳奇，凯假扮成磨剑师，用计取得了他的宝剑。回到亚瑟的宫殿，众人告诉了亚瑟所要做的一切，亚瑟许诺帮助凯尔维奇。他们完成的第一项壮举，是发现并解救了莫德伦的儿子麦本。麦本出生刚三天，便被从母亲身边带走，无人知道他被带到了何处，生死难测。高海尔（Gwrhyr）向希尔格瑞（Cilgwri）的乌鸫打听，这只鸟活了很久，以至于它用来啄嬉的一块铁砧都被磨成了核桃般大小。然而乌鸫却从未听说过麦本，而是将众人带到活了更久的牡鹿莱蒂恩维（Redynvre）面前。牡鹿又将众人带去见猫头鹰凯姆（Cwm

鸦神的现代美术再造，阿姆斯特丹画廊

Cawlwyd）与老鹰格文（Gwern Abwy），最终，众人被带到了鲑鱼林恩（Llyn Llyw）的面前，它是世上最古老的生物。一番询问后，他们找到了麦本，他被囚禁在格洛彻斯特（Gloucester）的一处石窟里。在亚瑟的带领下，一行人救出了人质。同样，他们又完成了第二项任务。

凭借着智慧、勇气和魔法，众人完成了所有的任务，包括最为凶险的任务——取到黑女巫奥毒（Orddu）的血液。奥毒是白女巫奥文（Orwen）的姐姐，她住在地狱里的潘纳·格维德（Penn Nart Govid）。这一战如同分恩在开什考兰山（Keshcorran）山洞中的战斗一样惨烈，可最终，亚瑟一剑将女巫一分为二，北不列颠的卡尔（Kaw）取了她的血。

随后，一行人返回斯帕代德恩的城堡，他承认了自己的失败，卡斯特尼（Custennin）之子高鲁（Goreu）便砍下了他的头颅。当夜，欧文成为凯尔维奇幸福的新娘。至于亚瑟所率的众人，则回到了各自的领地。

# 荣纳贝的梦境

荣纳贝（Rhonabwy）是玛瑞德（Maredudd）之子玛德克（Madawc）手下的一名士兵。玛瑞德的胞兄罗沃斯（Lorwerth）发动叛乱，并与之为敌，于是荣纳贝随同玛德克的大军前去讨伐。当他和几位同伴在一所破旧的小屋中过夜时，其他人睡在污秽的草榻上，而他却躺在火旁一张黄色的牛皮上睡着了。入夜，他做了一个奇妙的梦，梦到了亚瑟王的宫殿和军队——这里的亚瑟是指历史上存在的那位君王，而不是上一部故事中充满传奇色彩的神，更不是法国浪漫主义骑士传说中的亚瑟。梦中的亚瑟正率军前往巴顿（Badon）山准备与野蛮人作战。一个名叫伊达奇（Iddawc）的人将他带到了亚瑟面前。

国王笑着问荣纳贝和周围的朋友："伊达奇，你在哪里找到的这帮小个子？"

"回禀陛下，在稍远处的路上。"

"身形如此孱弱的人们也要为了自己祖祖辈辈守护的家园而战，这真令我同情。"亚瑟叹道。

他让荣纳贝注视着他指环上的一颗宝石，亚瑟继续说道："这颗石头可以使你想起今晚的所见所闻，如果你没看到它，那么你将永远也想不起来这些事。"

荣纳贝的梦境中，分毫不差地描述了亚瑟王军中的伙伴和将领。每一处细节，都透露着凯尔特寓言家们所钟爱的传奇色彩。其中，主要描写到的事件，是一盘亚瑟与尤瑞恩（Urien）之子骑士奥温（Owain）所下的象棋。随着棋局的变化，起先亚瑟的"骑士"不断骚扰着奥温的"乌鸦"，奥温不断抱怨，可亚瑟却只对他说："专心下棋。"之后，"乌鸦"的棋势峰回路转，情势变成了奥温在督促亚瑟专心于棋局。后来亚瑟拿过金色的棋子，将它们碾成了粉末并恳请奥温不要用"乌鸦"进攻。奥温照做后，棋局便恢复了平静。据说，荣纳贝在这张牛皮上睡了三天三夜才从梦中醒来。

在尾声中，故事告诉人们，"因为马匹、甲胄、头巾以及宝石等事物繁多的颜色"，没有任何吟游诗人能够将整个故事默记下来。所以，《荣纳贝的梦境》绝不是一般言辞粗浅的叙事故事，而是对亚瑟时期历史片段的恢宏描述。

# 圣泉女士

现在，我们来看一篇威尔士人重新诠释的小故事，题为《狮子骑士》(Le Chevalier au lion)，是关于特华的克雷蒂安的，主人公便是尤瑞恩之子奥温。故事中，他的形象有些背离凯尔特传说的神韵，因为他更接近盛行于欧洲的游侠形象。

## 凯门的历险

我们在序章中便知道，凯门 (Kymon) 是亚瑟麾下的一名骑士，他经历了一场奇异且不幸的历险。他骑着马行侠仗义，一路来到了一座奇妙的城堡。在那里，他受到了四百二十位女子的盛情款待。其中，最为逊色的女子，也美过在基督降生日或复活节时出席各种盛典的亚瑟的妻子格温希瓦。和女子们一起的，还有一位王室贵族。凯门餐罢，贵族问到他的身份时，他解释到自己在寻找对手一决胜败。贵族闻言笑了笑，要他做如下事情：

沿着通向山谷的路，穿过森林，行至一片中间拱起一座山的林间地。爬上山，凯门就会看到一位身材巨硕、只有一只脚的独眼黑人手持一根巨大的铁棒。这人便是森林的看护者，他在林中饲养着牡鹿、毒蛇以及不计其数的动物。他将告诉凯门所寻找的对手在哪里。

凯门依言行事，护林人指引他来到一棵大树下，身前是一处泉水。泉边的大理石石板上，摆放着一只银碗。

凯门要依言拾起碗，将泉水泼在石板上。这时，便会电闪雷鸣，下起冰雹。之后，会突然响起鸟儿醉人的鸣叫声——一位身披黑色铠甲的骑士便会骑着漆黑的战马前来，手中的长枪上系着黑色的燕尾旗。护林人告诉凯门："如果你的历险一帆风顺的话，你将不枉此生。"

## 威尔士传奇的特征

这里，我们停下来看看我们对中古时期的浪漫传奇有多了解，看看我们距离凯尔特人的神话有多远。或许凯尔特人的"不老乡"是把这些美丽且神秘的地方隐喻到了那些亚瑟王朝的探险的骑士的身上。但是那些风景、动机和事件却完全不同。他们是那么的美丽,沐浴在传奇的奇异之光当中!当我们跟随着孤独的骑士,沿着郁郁葱葱的小路进入一个充满危险和刺激的未知世界的时候,我们发现,那里的颜色是鲜活闪光的,森林在我们耳边低吟。从某种意义上讲,比起威尔士传说,欧洲大陆传说气势更为宏大,思维更为缜密,意义更为深刻,然而,欧洲大陆传说不追求外在形式上的、充满魔幻气息的、引领读者的高雅艺术性,在文学作品中几乎找不到一点点出色的特点和方式。很遗憾,几个世纪以来,这些就在我们身边的无价之宝却被熟视无睹!

我们应该深深地感谢那些创造了这一切的无名诗人们以及那些首次将这一切变为英语世界国家财富的崇高而才华横溢的作家们。

## 凯门之败

现在重新回到我们的故事:凯门按照指示去做,黑骑士果然出现了,两人轻轻地将长矛放在托架上,开始决斗。凯门被击倒在地。而他的对手黑骑士却连看都没看他一眼,将自己的长矛缠在凯门的马缰上,朝着自己来的方向扬鞭而去。凯门只好徒步回到城堡,没人问他是如何回来的,而是又给了他一匹马,"一匹棕红色的、鼻孔猩红的马",凯门骑着它回到了故乡卡利恩。

## 奥温和黑骑士

奥温被凯门的故事所感染,第二天早晨拂晓之前,他骑马径直前行去寻找同样的历险奇遇。整个过程和凯门的经历相似,但是奥温却重创了黑骑士,使得他掉转马头仓皇而逃。奥温在后紧追不舍,他们二人来到了一个"宏伟高大、金碧辉煌"的城堡跟前。二人骑马一前一后穿过吊桥,黑骑士进城之后城堡的铁闸门就关上了,这使得紧随其后的奥温的马车马鞍处被铁闸门一分为二。而奥温本人也被困在吊桥的外门和内门之间。正当他身处困境的时候,一位少女来到他的跟前给了他一枚戒指,握紧这枚戒指可以使他隐身。当城堡主的仆人来抓奥温的时候,奥温却隐了身跟随少女而去。

显然，这位少女知道奥温是谁，"因为你是最真诚的朋友、最真诚的爱人"。

奥温听从了少女的安排，少女把他藏了起来。那天晚上噩耗传来——城堡的主人黑骑士因伤致死。不久，奥温见到了城堡的女主人，对她一见钟情，不能自已。少女伦德（Luned）此前救了他的命，此刻又代他向女主人求婚。于是奥温成为女主人的丈夫、圣泉城堡和黑骑士所有领地的主人。之后，奥温和先辈一样用长矛和宝剑保护圣泉，并且他从战败者那里收取大量的赎金，并把这些赎金分发给他的男爵和骑士们。就这样，奥温在城堡中住了三年。

## 寻找奥温

在这之后，亚瑟王派自己的侄子和凯门为向导，走在整个队伍的最前列，去寻找奥温的消息。他们来到了圣泉城堡并见到了奥温，可是因为双方都戴着头盔而彼此没有认出来。凯门先被打倒了，接着奥温和高其麦（Gwalchmai）又战，不久高其麦的头盔被掀去。奥温看到后认出是高其麦，说道："我的主人，我没能认出你来，请拿走我的剑！"高其麦说道："奥温，你才是胜利者，你该拿走我的剑。"亚瑟王最后取走了他们二人的剑，结束了两个人的互相推让。然后他们一起骑马来到圣泉之城，奥温盛情款待了他们。之后奥温跟随亚瑟王一起回了卡利恩，临行前奥温答应夫人只在那儿待三个月便回来。

## 奥温忘记妻子

但是奥温在亚瑟王的王宫里忘记了自己的爱人和承诺，结果在那儿一待就是三年。之后有一天，一位贵妇人骑着一匹黄金装饰的马，找到奥温并拿回了那枚戒指。贵妇人说道："对待骗子、叛徒、背信弃义者、没有信誉的人就该这样！"说完这番话她便掉转马头，扬鞭而去。而此时的奥温，内心充满了羞愧和自责，从此便从人们的视线中消失，住进一个野兽出没的荒野乡村，直到身心疲惫，长发蓬乱，衣衫褴褛。

## 奥温和狮子

当奥温身心交瘁的时候，他被一位寡居的伯爵夫人和她的女仆所接纳，并且借助一种神奇液体的力量而恢复了力量；虽然她们恳求奥温留下来，可是他却再次骑马远行，去寻找孤寂而荒凉的地方。这次他遇见了一只与大毒蛇搏斗的狮子。奥温杀死了巨蛇，而狮子从此跟随着他。狮子和奥温在一起简直就像他从小喂大的灰狗一样。狮子为奥温捕鹿，鹿肉奥温自己吃一部分，剩下的给狮子，夜晚狮子为奥温守夜。

## 伦德被释

接下来，奥温碰见了一位被监禁的女子，确切地说是听见了她的叹息声，因为彼时他们互相看不见对方。问到时她说她的名字叫伦德，是一位丈夫久去不归的伯爵夫人的女仆，"他是我在这个世界上最爱的朋友"。伯爵夫人的两个侍从诽谤了奥温，因为女仆挺身为他辩护，所以她就被判了刑：假如在一年之内他（即尤瑞恩之子奥温）没有来解救女仆的话，她就得被烧死。而到明天就是整整一年了。第二天奥温见到了那两个行刑的年轻人，并和他们打了起来。在狮子的帮助下奥温取胜了，救了伦德并回到圣泉城堡，在那儿和自己的爱人和解了。之后奥温带着自己的爱人来到亚瑟王的王宫，在那儿她成为奥温的妻子，直到终老。最后还有一个传奇故事，也是在狮子的帮助下，奥温征服了一个黑巨人并且释放了四百二十名贵族妇女，这个巨人发誓要改邪归正，要开一个旅馆给路人提供方便，直到他去世为止。

"从那之后，奥温就在亚瑟王的宫廷内定居下来，作为家族的首领备受人们的爱戴，直至他仙逝而去。这就是康耶臣（Kenverchyn）①留给他的三百乌鸦军，无论到哪儿，这乌鸦军都会给奥温带来胜利。这就是有关圣泉女士的传说。"

---

① 此处没有其他关于康耶臣（Kenverchyn）或奥温得到乌鸦军的记载，又见于"荣纳贝的梦境"。这里，我们显然拥有一项"新瓶装旧酒"的古老神话记载。

## 伊妮德和杰兰特的传说

这一传说似乎是根据特华的克雷蒂安所讲的艾莱克（Erec）的故事改编的。其主题既不是神话，也不是冒险，而是关于情感的。伊妮德（Enid）是一个落难地主的女儿，传说中讲述了杰兰特（Geraint）如何找到他的爱人伊妮德并向她求爱，如何为了她与艾德伊尔（Edeyrn）决斗——艾德伊尔是努德之子，后来演化成"鹰骑士"。在这个传说中，杰兰特因为坠入爱河而将责任与荣誉抛于脑后。伊妮德误以为杰兰特睡着了而在他的耳边低声呢喃，杰兰特听到了这些话开始怀疑妻子的忠贞。因此他三番五次考验妻子，而伊妮德则忍辱负重最终证明了自己的清白与爱情。丁尼生曾经以此为基础创作了《伊妮德》，他的改编相当忠于原著，因此对于英语读者来说，这些故事并不陌生。

## 圣杯传奇与派瑞德尔的传说

派瑞德尔（Peredur）传说与圣杯传奇的由来密切相关。派瑞德尔就是特华的克雷蒂安笔下的波西瓦尔人，现存最古老的关于圣杯的诗句就来自他们。但是作者并没有把他的圣杯故事写完，我们无从知道这"圣杯"到底是什么东西，它何以具有重大意义。当我们想弄清楚"派瑞德尔"是什么的时候，却困难重重，因为毫无疑问它是比关于圣杯传奇更古老的一种形式。因为"派瑞德尔"或许被描述成没有圣杯的圣杯故事[①]，就像通向神秘宝藏的入口一样，奇怪的人、物、事组成了很平常的背景，我们呼吸着圣杯城堡的气息，而关于圣杯本身却只字未提。故事讲述的是这位英雄为被杀的亲族复仇，以及他在神奇城堡看到的神秘事物。

我们在故事一开始便知道，派瑞德尔作为第七个儿子，这使得他处在特殊的位置上。第七个儿子，就意味着在这个充满神秘浪漫的世界当中，注定要继承数目巨大且奇异的财富。他的父亲，艾瓦拉克（Evraec）是北方的一位伯爵，他的六个兄长已经为财富打成一团。然而，派瑞德尔的母亲担心自己最小的孩子

---

① 这类似于布列塔尼神话《笨蛋佩龙内克》，见于 Emile Souvestre 所译 *Le Foyer Breton*。"Per"这一音节见于这位英雄的各种名称中，在威尔士和康瓦尔语中意为"碗"或"容器"。而这一名称后半部分的音节，则一直没有发现其语源。

也会有同样的命运，就把他从小抚养在森林里，让他远离骑士精神或者是战争，诸如战马和武器等等。这样，一种乡村的气质和知识伴随他长大，但同时也使他拥有了惊人的力量和体魄。

## 派瑞德尔去历险

有一天他在森林边看见三名骑士，高其麦、戈纳（Gene）和奥温，他们都效忠于亚瑟王。看着眼前的人物，派瑞德尔着迷了，问母亲这三人是谁。母亲答道："他们是天使，孩子。""我敢说，我和他们一起的话我也会是天使的。"派瑞德尔说道。他来到三人跟前，很快就得知他们是谁。奥温亲切地给他解释马鞍、盾牌、剑以及所有作战军人装备的作用。当晚派瑞德尔找来一匹瘦骨嶙峋的花斑马，套上马鞍，自己也穿着用树枝条编的衣服，模仿白天看见的三位骑士。派瑞德尔的母亲看到孩子对追求骑士精神着了迷，也只好祝福并再三叮嘱他要去寻找亚瑟王朝，"在那里有最好、最勇敢同时也是最完美的骑士"。

## 第一项壮举

派瑞德尔给自己的罗斯纳特（Rosinate）配上马鞍，用一把削尖的木棒作为武器，径直奔向亚瑟王的宫廷。而凯，因为派瑞德尔一身乡下人的装束而鲁莽无礼地对待他。可是，有一位身材矮小的侏儒，在宫廷里侍奉一年多了都未曾开口，此刻看到派瑞德尔却高声喊道："优秀的派瑞德尔，艾瓦拉克之子，欢迎你来到天堂，你是骑士的典范、骑士精神的榜样。"凯呵斥了这侏儒，因为他大声喧哗竟然是为了赞扬像派瑞德尔这样的人。派瑞德尔要求去见亚瑟王，却被要求首先要战胜一位奇怪的骑士：他把一杯酒洒在了格温希瓦（Gwenhwyvar）的脸上。这无疑对宫廷里所有的骑士都是一种挑衅，也使得所有人对他望而生畏。派瑞德尔迅速地到了外面，来到了怪骑士的旁边，他正扬扬自得，等待对手。在接下来发生的格斗中派瑞德尔用木棒刺穿并杀死了他。奥温这时出现了，看见派瑞德尔拖拽着死尸。"你在干什么？"奥温问道。"这铁甲，怎么也脱不下来，至少我是毫无办法。"派瑞德尔答道。在奥温的帮助下，派瑞德尔穿上盔甲，拿起武器骑上战马，继续寻找或许能碰到的历险。

至此我们清楚而生动地刻画了托尔神的性格特点，勇敢真诚，但缺乏智慧。

派瑞德尔在离开亚瑟王宫的时候遇到了重重阻碍，但是他都成功化解且引以为豪。战败的骑士们被送回到卡利恩，同时传递出一种信息——他想得到亚瑟王的尊敬并为其服务。可是派瑞德尔再也不会回到王宫，除非他雪洗凯给那位侏儒带来的耻辱，凯因此受到亚瑟王的责备而懊悔不已。

## 神奇城堡

读者可能会马上指出，我们下面所讲的内容与圣杯传说的氛围极其相似。派瑞德尔来到一处临湖的城堡，发现一位庄严的长者正和仆从们在湖里打鱼。派瑞德尔正要靠近，那老人起身走进城堡。派瑞德尔发现他的腿脚不大灵便，就跟了进去，他在大厅内受到盛情款待。酒足饭饱之后，老人问他是否懂得剑术，并许诺教授他骑士的所有壮举和"不同国家的礼仪习俗及谦恭、亲和、高贵的气质"。他说："我是你的舅舅，是你母亲的兄弟。"最后，老人吩咐派瑞德尔骑马前行，并叮咛他牢记，除非旁人主动告诉他，否则无论看到什么惊奇的事物，都不要去打听其含义。这其实是为了考验他服从与自制的能力，是以后冒险经历的开端。

派瑞德尔于是策马前行，来到一片广阔而荒芜的枯树林，树林的另一头是座宏大的城堡，即神奇城堡。城堡之门大开，他径直进入其中。一位庄严的头发灰白的老人坐在一间大厅内，两侧侍立着众多随从，他热情地款待了派瑞德尔。进餐之时，派瑞德尔坐在城堡主人旁边，用餐完毕，老人问他是否懂得剑术。派瑞德尔说："如果有人指点，我想我会掌握的。"老人给他一把剑，让他去砍地上的 U 形钉。派瑞德尔照着吩咐将其砍为两段，而那剑也被崩成两截。那城堡主人说道："把那两截合起来。"派瑞德尔按着指示，果然使剑和钉都恢复了原样。第二次砍也是同样的结果。但到了第三次，无论是剑还是钉都无法复原。

那主人说："你已经可以发挥三分之二的力量了。"然后老者称自己也是派瑞德尔的舅舅，是前一晚留宿派瑞德尔的那位打鱼老者的兄弟。二人交谈之际，两个青年捧着一根硕大的长矛进入大厅。长矛尖端淌下三股血流，滴在地面上。看到这一幕时，在场所有人顿时失声痛哭，只有城堡的主人仿佛没有看见似的，继续与派瑞德尔交谈。接着，两位侍女捧着一个巨大的托盘走了进来，托盘内有大量的血，中间放着一颗男子的头颅。此时，众人痛哭声更高。但最后，大家都归于沉静，派瑞德尔由人领进他的房间。派瑞德尔将打鱼老者的嘱咐铭记于心，对刚才的所见所闻没有表现出丝毫惊诧，更没有去打听其中的含义。然后，他继续骑马前行，完成其他经历。他经历的事数不胜数，不过其他经历就与我们的主题没有太大关联了。直到故事即将结束时，城堡的秘密才得以揭开。那银色托盘中的是派瑞德尔表兄的头颅，那长矛便是杀死他的武器，也是导致派瑞德尔那个打鱼的舅舅跛足的凶器。之所以让派瑞德尔看到这些，就是为了激励他惩罚恶人，证明自己有能力完成使命。据说，"格洛彻斯特九女巫"就是对派瑞德尔的亲人做下恶事的罪魁祸首。了解了来龙去脉之后，派瑞德尔在亚瑟王的帮助下攻伐了那些女巫，并将其一一处死，为亲人们报了仇。

## 圣杯骑士

特华的克雷蒂安的传说《圣杯骑士》（*Conte del Graal* 或称 *Perceval le Gallois*），使这些故事进入了欧洲文学。它大约创作于 1180 年。其前半部分与派瑞德尔的故事相同，不过这位英雄的名字现在换成了波西瓦尔。一位年长的骑士贡曼斯（Gonemans）训练他去完成骑士的壮举，并告诫他不要说太多话、提太多问题。当波西瓦尔来到神奇城堡时，捧进大厅的东西是一支滴血的长矛、一只银盘、一把剑、一个圣杯，圣杯上面带有两支烛架，每支烛架上有两个分叉，其中那把剑被交给了波西瓦尔。这里没有出现威尔士传说中滴血的头颅，我们也不清楚圣杯到底是什么。第二天，波西瓦尔继续骑马前行，遇到一位少女。少女指责他为什么不去打听他所见所闻的含义，称如果他问了，那么那跛足的国王（此处等于神奇城堡的主人）就能恢复健康。波西瓦尔曾违背了母亲的意愿，这种罪孽导致他没有提问以打破诅咒。这一段创作是非常拙劣的，因为派瑞德尔显然命中注定要拿起武器去完成圣杯历险，这样的行为没有任何罪孽可言。故事接着说，波西瓦尔遇到一位面目狰狞的女子，这女子因为他没有打听那长矛和其他奇事而诅咒了他，并称如果他提了问题，国王就会恢复健康，他的王国就会恢复平静，然而现在，少女们脸面无光，骑士们将遭屠杀，许多孤儿寡妇孤苦无依。

在我看来，这一关于提问的概念完全不同于威尔士版本中的方式。派瑞德尔的特征是，权威者吩咐他做什么，他就做什么。这里的问题是对他服从与自制能力的考验，而且他也成功通过了考验。在神话文学中，一个人受到惩罚常常是因为受到好奇心的驱使，而从来没有因为谨慎、克制而受罚的例子。我认为，威尔士传说保留了这一故事的原初形式。然而法国作家们却认为，这位英雄没有提问是他的失败之处，并为之创作了一个肤浅的、不当的理论及后果。不过奇怪的是，法国这种观点进入了威尔士传说的晚期版本，其中一个就是《马比诺吉昂》中的版本。故事的后半部分，派瑞德尔遇到一位面目狰狞的女子，故事对其恐怖之处有着生动的描写，少女因他没有打听城堡中那些奇事而严厉斥责他："如果你问了，国王将恢复健康，王国就会恢复平静。然而自此以后，国王将要经受战争与对抗，他的骑士们将会丧生，妻子们将会守寡，少女们将没了嫁妆，这一切的一切都是因为你。"我认为，这一令人生厌的少女明显是被肆意添加进威尔士传说的。她直接来源于克雷蒂安的故事。她起初并非派瑞德尔故事中的人物，其证据是，根据这一少女的说法，故事中告诫派瑞德尔不要提问的跛足长者，正是可以通过派瑞德尔的提问而受益的人。事实上，派瑞德尔从未提问，这一点在故事结尾也没有提及。

克雷蒂安那未完成的故事告诉了我们波西瓦尔及他的朋友骑士高万其他的冒险经历，却没有解释城堡中那些神秘事物的含义。以戈蒂耶为首的后继者们称，圣杯是最后的晚餐中所使用的圣杯，长矛是耶稣受难时刺穿耶稣的长矛，并称派瑞德尔最终返回城堡，询问了必要的问题，接替他的舅舅成为城堡的主人及其财宝的守护者。

## 艾森巴赫

渥佛兰·冯·艾森巴赫（Wolfram von Eschenbach）的故事创作于 1200 年左右，比特华的克雷蒂安晚了约 20 年。在他的故事中，我们看到了一个关于圣杯的全新的、独特的观点。他提到圣杯城堡的骑士时称：

> Si lebent von einem steine
>
> Des geslahte ist vil reine...
>
> Es heizet lapsit （lapis） exillis,
>
> Der stein ist ouch genannt der Gral. [1]

---

[1] "一块石头具有价值，品质纯粹……这石头名叫 lapsit exillis，这石头又名圣杯。" lapsit exillis 一词似乎是 lapis ex celis 的讹误，后者意为"天界之石"（青金石）。

圣杯起初由一群天使从天堂带下，安放在最恰当的地方。一只鸽子为其提供能量，这鸽子每到耶稣受难节便从天堂飞来，将一块圣饼放在圣杯之上。圣杯置于芒撒瓦切（Munsalvasche/Monsalvat）城堡，由四百名骑士守护，除骑士之王以外，其余骑士皆宣誓其童贞。国王可以结婚。实际上，为了延续后嗣，圣杯要求国王必须结婚。圣杯的意愿以文字形式显现在圣杯上以传达给人类，解读之后自行消失。帕西发尔（Parzival）时代的国王是安弗塔斯（Anfortas）。他不能在圣杯面前死去。他有着世俗的骄傲，却追求不伦的爱情，并因此受伤，直到这命定的传递者打破诅咒，圣杯的影响才会消除。帕西发尔本应去问这样一个问题：“叔父，您怎么样？”法国版本的传说没有表现帕西发尔的好奇心，渥佛兰视这种失败为忠诚。不管怎么说，他是失败了。第二天早上，他发现城堡空空如也，他的马站在门口已经准备好出发。他离开之时，侍从出现在塔楼的窗口嘲笑他。经历了很多与克雷蒂安的《圣杯传奇》和《派瑞德尔》中截然不同的奇遇后，帕西发尔与少女贡德拉姆（Condwiramur）成婚，返回圣杯城堡——除了命定的英雄和被圣杯亲自挑选的人，没人可以做到这一点——并打破了诅咒。他的儿子罗兰格莱（Loherangrain）成为天鹅骑士，走出门去匡扶正义，和所有圣杯骑士一样，他不能向外界透漏自己的姓名和身世。渥佛兰告诉我们，他故事中的内容来源于普罗旺斯诗人科特（Kyot 或 Guiot）——而 Kyot（或 Guiot）则承认，他的故事来源是发现于托莱多的一本异教徒弗莱格塔尼斯（Flegetanis）所作的阿拉伯语著作——不过，这也许只是一个美好的幻想。

## 克雷蒂安的后继者

我们不知道在特华的克雷蒂安之前确切的材料是什么，但是他的许多同事与后继者，尤其是曼索（Manessier），都详述了波西瓦尔在城堡中所见事物的基督教特征。这里有一个问题：它们是如何具备这种特征的呢？威尔士传说显然是一种最古老的传说，它在一开始并没有表现出这种特征。克雷蒂安的圣杯的一种法国版本为我们提供了一些暗示。其作者戈蒂耶告诉我们，高万爵士试图完成圣杯历险。他获得了部分成功，这一结果使城堡原本的沙漠荒地变为良田。因此，除去其他的特点，圣杯在促进繁殖、增加财富和返老还童方面的确具有魔力。

# 圣杯——富裕充足的象征

装满花果象征富饶的羊角，就是活力与充裕的符号和代言，在传奇的各种版本中都紧紧地和圣杯联系在一起。即使是在最神圣的、最崇高的"帕西法尔"（亚瑟王传奇中寻找圣杯的英雄人物）中，仍浓重地体现这种品质。一个生病或是受伤的人，只要看一眼圣杯，在一周之内就不会死，他的仆人亦不会变老："谁看它一眼可活 200 年，他的头发永不变白。"圣杯骑士就靠它生活下去，因为圣杯可以变出形形色色的食物和饮料，这在书中都有描述。每一个人都可以依照自己的喜好从圣杯那儿得到想要的食物，它可以满足一切欲望。在渥佛兰的诗中，尽管圣杯与圣餐紧紧联系在一起并像我们已经看到的被描写成一块石头而不是一个杯子，这也显示出了古时人们的石头崇拜情节。一块类似的丰裕之石出现在威尔士的传奇《派瑞德尔》中，这是意义非凡的。

这宝石由一条黑色的巨蛇保护着，后来巨蛇被派瑞德尔所杀，之后派瑞德尔把宝石给了自己的好朋友伊特雷（Etlyn）。

# 凯尔特富足之釜

至此读者已经熟知，凯尔特神话中有一个物件，它具有富足与生机的魔力。达格达之釜是随达纳神族从其神秘仙境来到爱尔兰的。威尔士传奇人物"被护佑的布隆"从爱尔兰得到这釜，将其作为布隆温嫁妆的一部分。塔列辛所作的一首奇异神秘的诗将其描绘成亚瑟王从哈德斯或阿农处获得的战利品，但这一悲剧历险经历不见于其他著作。塔列辛声称它被存放于凯尔·派荔湾（Caer Pedryvan），即皮威尔的四方城堡，几个侍女以呼吸鼓动火苗加热此釜，釜的边缘用珍珠镶嵌，懦弱或无信之人无法用它来烹煮食物：[①]

> 难道我的声名不能被传扬？
>
> 难道不该在凯尔·派荔湾的歌中四次传唱？
>
> 当九位少女呼吸，

---

① Wolfram 也曾对圣杯的选择性特征有过类似描述。只有纯洁的少女才能将其搬至大厅，异教徒则看不到它、无福消受。Robert de Borron 作于 1210 年左右的故事也持同样观点：不洁之人、有罪之人不可受用。然而，Borron 的故事并未涉及波西瓦尔或"追寻"等情节。

这釜的第一个字被徐徐加热。

难道这釜不属于冥王的首领？它是什么模样？

它的边缘镶嵌珍珠。

懦弱无信之人无福消受。

勒米娜乌（Lleminawg）将得到闪闪发光的剑，

这把剑当归他掌管。

冥王（Uffern）[①]的门前有灯火燃烧，

当我们与伟大的亚瑟王同去，

除了七个，无人逃脱凯尔·韦德（Caer Vedwyd）。[②]

这釜甚至可以代表太阳，因为在早期雅利安神话中，这是一口金黄色的釜，可以释放光明、热量和丰产。长矛是雷神因陀罗闪光的武器，在挪威神话中即为托尔的铁锤。强调这些东西代表了一种观念，即由一些具有神性的武士来恢复季节秩序，因为这一秩序被那些混乱的因素暂时打乱，比如至今给印度带来饥馑和荒芜的因素。

至此，我们已从威尔士传说中的《派瑞德尔》看到了原始凯尔特传说的清晰轮廓，不过这里并没有圣杯的影子。然而，我们或许可以从戈蒂耶续写克雷蒂安的诗中推测，这一传说的早期欧洲大陆版本中，可能是布列塔尼版本，描写了一种象征丰产的宝物。至少是在一种版本中——即渥佛兰关于"帕西发尔"（Parzival）的版本中——这一宝物是一块石头。但一般情况下不是石头，而是一口釜或一种容器，一种凯尔特神话所称的具有魔力的釜。这种容器与滴血的长矛相关。这里是一些启示性的因素，一位不知名的歌手灵光一现，将古代关于复仇与救赎的传说编入神秘的浪漫歌曲中，顿时占据了克里斯特姆（Christendom）的心灵。这个神奇的釜成为圣餐之杯，而长矛则被赋予比那杀死派瑞德尔亲族的长矛更多罪过。[③]凯尔特诗歌、德国神秘主义、基督教骑士精神，以及依附于西欧那些粗陋的石质纪念碑的魔幻思想，共同构成了圣杯的故事，并附于它奇异的吸引力，使后世七百年间的艺术家们一再对其进行加工。即使是在今天，谁又能说这种创作已经走到尽头？谁又能说芒萨瓦特（Montsalvat）的塔楼已经消散于雾霭之中？

---

① 哈德斯。

② Caer Vedwyd 指狂欢城堡。我此处所引是斯奎尔所著《不列颠群岛神话》中的诗。

③ 圣杯城堡中的器物意义重大。其中有一把剑、一支长矛、一个容器，其他版本中是一块石头。这就是达纳族带到爱尔兰的具有魔力的宝藏：一把剑、一支长矛、一口釜、一块石头。参见本书第三章中"达纳神族的宝物"。

# 塔列辛的故事

　　神话般的吟游诗人塔列辛出生与历险的故事，只见于被夏洛特·盖斯特称为《马比诺吉昂》的故事集里，而不见于 14 世纪的《赫杰斯红皮书》（*The Red Book of Hergest*）中。它取自 16 世纪晚期或 17 世纪的手稿中，从未在威尔士广泛传播。其中可见塔列辛所作的许多晦涩难懂的诗歌，比散文要早得多。正如纳特先生在其《马比诺吉昂》版本中所指出的，故事的目的不在于将那些被认为是塔列辛所作的诗歌串起来形成一个框架，而在于讲述他和他的事迹。

　　这位英雄的出生，是整个故事之中最吸引人的地方。据说在"圆桌骑士的统领亚瑟王时代"[①]，有一个叫做潘林的泰德·沃（Tegid Voel of Penllyn）的人，他的妻子叫做克里德文（Ceridwen）。他们的儿子阿瓦杜（Avagddu）是世界上最不幸的人。为了弥补他长相上的不足，他的母亲决意将他培养成一个智者。根据巫师佛尔特（Feryllt）著作的指示[②]，她得到了一口具有神奇力量的凯尔特大釜。她"为儿子煮了一釜灵感与科学，这样他就可以预知未来，从此受人尊敬"。这釜里的汤要不停地煮，持续一年零一天，而且只有三滴汤具有魔力。

　　她让兰菲尔·格朗（Gwreang of Llanfair）的儿子衮·巴克（Gwion Bach）来搅拌釜里的汤，让一个名叫莫尔达（Morda）的盲人烧火，为那釜施咒，并按照佛尔特书中的指示不时添加神奇的药草。但是，一年将尽之时，有一天，三滴神奇的液体从釜中溅出，滴到了衮·巴克的手指上。与库之子芬恩的情况类似，衮·巴克舔了舔手指，于是马上具备了超自然的能力。他预见到自己获取了本应属于阿瓦杜的东西，并预见到克里德文会因此而杀他。于是他赶紧逃回自己的国土。神奇液体已从釜中溅出，剩下的只是毒药。毒药的药力毁了那釜，液体流到附近，毒杀了葛威杜诺·高兰海尔（Gwyddno Garanhir）的马。从那以后，那溪流被称为葛威杜诺之马的毒药。

　　这时，克里德文回来了，看到自己一年的努力付之东流。盛怒之下，她用一根烧火的木头敲打莫尔达，把他的眼睛击了出来，然后去追衮·巴克。衮·巴克看到她追来，变身成一只野兔，克里德文就变成一只灰狗。衮·巴克跳进水里变成一条鱼，克里德文就变成水獭穷追不舍。衮·巴克变成一只鸟，克里德

---

　　① 15 世纪之前的威尔士传说中没有圆桌骑士。

　　② 维吉尔（Vergil），中世纪具有巫师能力的人。

文就变成一只鹰。然后衮·巴克变成一颗麦粒，掉在打谷场上与其他麦粒混在一起，克里德文就变成一只黑色的母鸡吞下了衮·巴克。九个月后，克里德文生下衮·巴克，她本想置他于死地，却因为他长相俊美而没有下手，"于是将他包在一个皮革包裹内投进大海，让他自生自灭"。

## 幸运的艾尔芬

马匹被下药的葛威杜诺在迪威（Dyvi）与阿波利斯维斯（Aberystwyth）之间筑起了鲑鱼鱼梁。他的儿子艾尔芬（Elphin）是一个贫穷而背运的小伙子。一天，一个皮制包裹撞到鱼梁上，艾尔芬捞了起来。他和父亲打开包裹，发现里面躺着一个婴儿[①]。"看哪，他的面色多么红润！"葛威杜诺说道。艾尔芬说："我为他取名塔列辛。"他们小心翼翼地把孩子抱回家，把他当作亲生骨肉抚养。这就是塔列辛，威尔士一流的吟游诗人。他的第一首诗歌是赞美艾尔芬并寄语美好未来的叙事诗。他的话应验了，艾尔芬逐渐变得富有而荣耀，得宠于亚瑟王。

然而有一天，当大家赞颂亚瑟王及其无价的财富时，艾尔芬自夸称，他的妻子淳良胜过王室所有妃嫔，他的吟游诗人比国王的诗人更有才华。于是他被投入监牢，直到证实他说的都是实话才会放他出来。他的脚被银链缚着。艾尔芬入狱期间，众人派遣一个名叫胡恩（Rhun）的粗俗男子前去向他的妻子求爱，欲以此证明他的妻子很放荡。据说不管未婚还是已婚女子，都不愿和胡恩交谈，他为人们所不齿。

于是塔列辛告诉女主人隐藏起来。这女主人将自己的衣装首饰让一位做饭女子穿戴起来，假扮自己去见胡恩。晚饭过后，胡恩用酒将女子灌醉。女子手上戴着艾尔芬不久前送给女主人的图章戒指。在其熟睡之际，胡恩砍下了她戴戒指的手指，将其带到亚瑟王的宫廷。

第二天，艾尔芬被放出监狱，看到那手指和戒指。他说："伟大的王，我承认这戒指，但那戴着戒指的手指绝不是我妻子的。第一，这是一根小指，戒指牢牢地套在上面，但戒指在我妻子的拇指上还绰绰有余。第二，我妻子习惯每个星期六晚上修剪指甲，可这手指上的指甲已经一个月没剪了。第三，这手指所属的手掌三天前揉过黑麦面团，但我妻子自从出生就从来没有揉过黑麦面团。"

---

①塔列辛。

阴谋失败，亚瑟王很是恼怒。他把艾尔芬重新打入大牢，直到他证明他所说的都是实话才放他出来。

## 不列颠一流的吟游诗人塔列辛

于是塔列辛来到宫廷。一天正逢节日，所有的吟游诗人都要在国王面前吟唱表演。塔列辛开始静静地坐在一个角落，当那些诗人经过他身旁，他一根手指放在嘴上，撅起嘴唱道："blerwm，blerwm。"当其他诗人准备在国王面前表演时，他们像是被施了咒语，不能自已地向国王鞠躬，并把手指放在嘴唇上，唱道："blerwm，blerwm。"诗人的统领海因（Heinin）说："哦，国王，我们并非因酒而醉，是那坐在宫殿角落的孩子使我们愚钝。"塔列辛被带上前去，众人问他姓名来历。他唱道：

> 我是艾尔芬的首席吟游诗人，
> 我的故乡在那夏日群星的国度；
> 尹诺（Idno）与海因称我梅汀（Merddin），
> 最终世人将称我塔列辛。
>
> 我曾与主同在最高空，
> 撒旦堕落坠入地狱中；
> 我在亚历山大面前有一杆旗帜，
> 我知道天空里群星的姓名。
>
> 我曾在亚洲与诺亚乘同一方舟，
> 我曾目睹所多玛和哥摩拉的覆灭；
> 我在印度之时罗马建了起来，
> 我现在来看特洛亚的遗民。①
>
> 我曾与主同在马槽②，
> 我用约旦河的水使摩西强壮；

---

① 暗指布立吞人的特洛伊祖先。
② 原文为 ass's manger，似有误。

我曾与玛丽·马格德林同在苍穹，

我曾从克里德文的大釜中获得了缪斯之录。


我将永存直到地球末日，

不知我的身躯是血肉还是游鱼；

我在女巫克里德文的子宫，

待了九个月的时光；

我曾被称为小衮，

最终世人将称我塔列辛。①

　　塔列辛吟唱之时，刮起了强劲的暴风，城堡被撼动了。于是，国王吩咐将艾尔芬带上殿。塔列辛的歌声和竖琴声使艾尔芬身上的链条自行掉落，他自由了。塔列辛还在国王与领主们面前吟唱了其他很多关于过去未来神秘事物的诗歌，他预言撒克逊人将来到这个国度，将压迫威尔士人，并预言定数到来之时他将逝去。

---

　　① 笔者对此诗作了些许删减。与端·麦克·凯瑞（Tuan mac Carell）的传说相同（参见本书第三章），其与轮回思想的关系是比较明显的。大家可能会想起，端的最终形态就是一条鱼，而塔列辛是从鲑鱼鱼梁打捞上来的。

# 结　语

　　至此，我们即将结束对凯尔特传奇文学的漫长考察。我们的材料数不胜数，当然，比较可行的办法，只能是从这些材料中探寻神话与传奇因素完全消失、自由文学创作开始发展以前那段时期传奇文学发展的主流。不过我们希望，读者们能够大致理解本书主题，这样就可以帮助读者理解这些传说的意义，并将这些传说置于凯尔特传奇中合适的环节。细心的读者会发现，本书并未进入凯尔特民间传说的广阔王国。在目前研究的视野下，民间传说并未没落。民间传说有时代表降格的神话，有时则代表创作中的神话。不管是这二者中的哪一类，民间传说都以其鲜明的特征从属并发源于日常生活与土地密切相关的一个阶层——田地、森林中的劳动人民，他们在故事中展现自己简单直率的性格，以及他们对与自身生活息息相关的自然或超自然力量的看法。当农民的理解力与想象力达到一定高度，即当人们开始整理自己支离破碎的看法，并希望对之进行诗化创作以反映普遍思想时，严格意义上的神话才会产生。当然，神话与民间传说之间没有不可逾越的鸿沟，但我认为，二者之间的差别又是真实存在的，我试图在本书中作一辨析。

　　在最初两个关于历史的章节之后，本书的目的是文学的，而非科学的。然而由于机缘使然，我努力给出近期关于凯尔特神话与传说遗迹的批评性研究的成果，这至少可以向读者说明与之相关的问题的性质。我希望这能够增加研究的价值以便于学生学习，同时又不会削弱广大读者的兴趣。此外，本书竭力避免为了迎合大众口味而改变素材，从这一点上来说，本书是科学的。如果是为了公开的艺术目的而进行改变，那么当然是完全合理的，但如若不是，那么我们就应该谴责世界上近半数的伟大诗作了。但本书的目的，是要呈现凯尔特神话与传说的真实面貌。生硬之处还有待改进，不妥之处还有待完善，不过在个别章节中我们必须明确，本书是为了引起广大读者的兴趣，而并非只是为科学研究而作。本书所呈现的，是仍然过着自由、独立、自然的生活，说着凯尔特语，没有过多吸收外来资源的凯尔特人对生活和世界的看法。这里的记载是完全公正的，而非过度理想化的，因此我想，本书是值得信赖的。以这种方式呈现出来的传奇文学，是欧洲最为古老的非经典文学。我想，仅此一点就足以引起我们的高度关注。如果说还少些什么的话，那就是还应当补充马修·阿诺德（Matthew Arnold）以来一些非凯尔特人明智的赞扬之语。不过，就让此书自己证明自己吧。我相信，就像迈尔登（Maeldon）前往仙境之时赞叹他所遇到的一处奇观那样，本书必将告诉我们："我们所看到的，是一群杰出之人的作品。"

# 译名对照表

## A

Abdera　阿布德拉

Aber Alaw　阿伯·阿鲁

Aberffraw　阿伯福沃

Aber Henvelyn　阿伯·温韦恩

Aberystwyth　阿波利斯维斯

Acrisios　阿克里西俄斯

Aeda　阿伊达

Aeduan　阿伊端

Aesus　阿依苏斯

Agnoman　安格诺曼

Aideen　艾登

Aifa　爱珐

Aine　埃妮

Ainle　艾因勒

Aileach　艾里克

Ailell　艾勒尔

Ailill　艾伊尔

Ailill Olu　艾伊尔·欧鲁

Alba　阿尔巴

Alesia　阿列西亚

Alfred Nutt　阿尔弗莱德·纳特

Alix　艾利克斯

Allen　阿兰

Allia　阿里亚河

Alllia　阿利亚

Amathaon /Amaethon　阿玛森

Amergin /Amorgin　埃摩根

Ammianus Marcellinus　阿米亚努斯·玛
尔塞努斯

Amyntas II　阿敏塔斯二世

Anfortas　安弗塔斯

Angus　安古斯

Angus Og　安古斯·欧戈

Anlawdd　安劳德

Anluan　安兰

Annwn　阿农

Aoife　奥伊菲

Aonbarr　奥巴尔

Apollo　阿波罗

Aquitaine　阿基坦

Aquitani　阿启塔阶人

Aran　阿瑞恩

Arawn　阿沃恩

Arberth　阿伯斯

Ardan　阿尔丹

Ardee　埃尔迪

Ardudwy　阿丢得威

Argyllsgire　阿吉斯寨

Arianrod　艾瑞恩罗德

Arrian　阿里安

Artaius　亚塔尤斯

Arvon　阿沃恩

Aryans　雅利安人

Asaph　阿瑟夫

Athgowla　阿特格拉

Athlone　阿斯隆

Atreide　阿忒德

Augustus　奥古斯都

Augus　奥古斯

Auvergne　奥弗涅

Avagddu　阿瓦杜

Avalon　阿渥伦

Avaricum　阿瓦利肯

Avonv Dia　艾芳迪雅

## B

Backa　巴卡

Badon　巴顿

Balor　巴洛尔

Banba　班巴

Banblai　班布莱

Bann　班恩河

Barddas　巴达斯

Bardsey　巴塞

Baruch　巴鲁奇

Bascna　巴斯卡那

Bave　贝伍

Bay　贝

Bealcu　贝尔库

Beara　贝阿若

Bebo　贝波

Bedivere　白帝威尔

Bedwyr　柏德威尔

Belgae　比利其人

Beli　比利

Beltene　贝尔特尼

Ben Buibe　本·别波

Ben Bulben　本布斑

Ben Edar　苯艾德加

Berri　贝里

Bertrand　伯特兰

Bibracte　布拉克特

Bile　比勒

Birog　碧茹格

Black Sainglend　黑桑林

Blanche　布兰茜

Blanid　布莱尼德

Bledhericus　布莱德海瑞凯斯

Bleheris　布莱瑞斯

Blodeuwedd　布罗德薇德

Blois　布卢瓦

Boadicea　布狄卡

Boanna　波安娜

Bov the Red　红波夫

Boyne　博因河

Brain　布兰恩

Bran　布隆

Brangien　布兰甘尼

Branh　布朗

Branwen　布隆温

Brea　布瑞阿

Breg　布莱格

Bregia　布利加

Bregon　布里根

Brenos　布勒努斯

Bres　布莱斯

Breton　布莱顿

Brian Boru　布赖恩·勃鲁

Briareus　布瑞鲁斯

Briccne　布里肯

Briccriu　布里克留

Brigindo　布瑞吉多

Brigit　布瑞吉特

Bri Leith　布里·雷司

Britan　不列颠

Brittany　布列塔尼

Brogan　布罗甘

Brugh　布鲁夫

Buic　布伊克

Buino　布伊诺

# C

Caer　凯伊尔

Caer Arianrod　凯尔·艾瑞恩罗德

Caer Dathyl　凯尔·戴塞尔

Caerleon　卡利恩

Caermarthen　赛尔马森

Caer Seiont　凯伊尔·塞恩特

Caer Vedwyd　凯尔·韦德

Cairbry　凯尔布瑞

Cairpre　卡普里

Calatin　克兰亭

Cambrensis　肯布伦西斯

Camha　堪哈

Camlan　卡姆兰

Caradawc　凯瑞达沃克

Carnac　卡尔纳克

Carnarvonshire　卡娜温斯尔

Carreian　凯瑞恩

Carthage　迦太基

Cascorach　卡斯克拉赫

Casnar　卡斯那

Castleknock　卡索诺克

Caswallan　凯斯沃兰

Cathbad　卡斯伯德

Cato　加图

Cattle Raid　卡特莱德

Ceidow　赛多

Celsus　赛尔休斯

Celtae　凯尔特人

Cencho　森柯

Ceridwen　克里德文

Cerna　塞纳

Ceugant　无限之境

Chaldea　卡尔迪亚王国

Charlemagne　查理曼人帝

Charlotte Guest　夏洛特·盖斯特

Chastillon　切斯提兰

Chevrefoil　金银花

Chrestien de Troyes　特华的克雷蒂安

Cilgwri　希尔格瑞

Clan Morna　莫纳族

Clastidium 克拉斯提迪奥

Cleena 科里娜

Clud 克鲁德

Clusium 克鲁西姆

Co. Armagh 阿马郡

Co. Cork 科考克

Co. Donegal 康唐格尔

Co. Kerry Kenmare 康科里肯迈河

Columba 哥伦巴

Co. Mayo 科马尤

Conall 柯纳

Conan 科南

Conann 柯南

Conary Mor 康纳瑞·摩尔

Condery 康德里

Cong 空

Conn 科恩

Connacht 康纳希特

Connla 科恩拉

Conor 康纳

Conorian 克纳瑞恩

Constantine 康斯坦丁

Conte del Graal 圣杯骑士

Conway 康威

Coranians 克兰尼恩斯

Corann 考兰区

Corcadyna 康卡蒂纳

Cormac 康马克

Cornelius Lentulus Crassus 科尼利厄斯·郎图路斯·克拉苏

Cornwall 康瓦尔

Corpry 柯普瑞

Co. Sligo 克·斯里格

Covac 考瓦克

Craftiny 克雷丁

Creudylad /Creiddylad 凯瑞迪莱塔

Crewrdilad 克瑞尔迪莱

Crimmal 克里莫

Crofot 克罗夫特

Crom Cruach 克劳姆·克里奇/血色新月神

Crundchu 库兰德初

Cuailgne 库兰尼

Cuchulain 库丘林

Cullan 库兰

Cumals 库玛勒

Cumhal 库

Curoi 库尔若

Cuscrid 库斯克里德

Custennin 卡斯特尼

Cvcvael 柯克威尔

Cwm Cawlwyd 猫头鹰凯姆

Cythrawl 混沌

# D

Dacia 达西亚

Dagda 达格达

Dagda Mor 达格达·莫尔

Daimonic 戴门尼克

Dalan 达兰

Dall 多尔

Dalny 达尔妮

Daman　达曼

Damen　达门

Dana　达娜

Danaan　达纳

Dan Baruch　丹巴鲁克

Dara　达拉

Dark　达克

Datho　达叟

Decies　德希斯

Dectera　德克特拉

Đee　迪河

Deirdra　迪德拉

Deirdre　迪尔德丽

de Jubainville　阿布亚

Delphi　德尔斐

Demetrius　迪米西斯

Demna　戴姆那

Deoca　迪欧卡

Derc　德尔克

Dermot Mackerval　德莫特·迈克沃

Dermot O'Dyna　德莫特·奥迪纳

Derryvaragh　得利菲拉

Desa　德萨

Diancecht　迪安森特

Dineen　蒂尼

Dinodig　汀诺迪格

Dinrigh　丁莱

Diodorus　狄奥多罗斯

Dis　帝斯

Dithorba　迪斯巴

Divran　戴尤恩

Dodder　达德河

Don　丹神族

Donegal　德尼格

Donn　东

Donny brook　多尼溪

Doocloone　都克路恩

Dowth　道斯

Druid　德鲁伊特

Druidism　德鲁伊特教

Druid Morann　杜伊德·莫罕

Drumderg　庄穆德戈

Duach　杜阿赫

Duftach　杜夫塔克

Dulcinea　杜西尼

Dundalk　敦多克

Dunseverick　敦希维利克

Dupaix　杜帕克斯

Dyfed　戴伏德

Dylan　迪兰

Dyvi　迪威

# E

Earl Gerald　厄尔·格拉德

Eber Donn　黑艾波

Eber Finn　白艾波

Echid Yellowheal　安其德·耶罗威尔

Ecne　厄克纳

Eda　艾达

Eimena　埃门纳

Ein　艾因

Eisirt　埃斯特

Elatha　伊拉萨

Elphin　艾尔芬

Elva　艾尔瓦

Emain Macha　艾玛·玛恰

Emania　艾曼尼亚

Emer　艾美

Enid　伊妮德

Eochaid Airemm　伊俄赛

Eochy　尤奇

Eochy O'Flann　尤奇·奥佛兰

Ephorus　埃弗鲁斯

Erbin　艾尔宾

Erc　厄尔克

Erec　艾莱克

Eremon　埃勒蒙

Eri　艾瑞

Eric　埃里克

Erin　埃林/爱尔兰

Eriu　埃利欧

Erris　埃里斯

Etar　伊塔

Etain　伊腾

Eterskel　埃特斯科

Ethal Anubal　伊萨尔·阿努巴尔

Ethlin　艾丝琳

Ethlinn　恩雅

Ethne　艾琳娜

Etive　伊缇芙

Etlyn　伊特雷

Eudes　厄德

Eurosswyd　欧罗斯韦德

Euxine　欧克辛斯海

Eviric　艾维利克

Evnissyen　艾文尼斯音

Evraec　艾瓦拉克

# F

Fabii　法比

Fachtna　菲特那

Fair Mane　费尔玛讷

Falias　法利亚斯

Fand　芬德

Faylinn　菲林

Fedelma　芙德玛

Felim　菲利姆

Fenian　芬妮亚

Feramorc　法拉默克

Fercartna　菲尔卡特娜

Ferdia　弗迪亚

Fergar　弗加

Fergus　弗格斯

Ferlee　弗里

Ferney　菲尔奈

Ferrogan　弗洛甘

Fiacha　菲尔莎

Fiachra　菲亚希拉

Fial　菲艾尔

Fianna　芬尼安

Finchoom　芬初姆

Finchory　菲克瑞

Findabair　芬德白

Finegas　费讷加

Fingen　芬根

Finias　斐尼亚斯

Finn　芬恩

Finnbenach　芬博纳赫

Fionuala　费昂努娜

Firaba　菲瑞柏

Firbolgs　弗伯格人

Fir-Domnan　弗－多南

Fitzgerald　费茨格莱德

Flegetanis　弗莱格塔尼斯

Flinders Petrie　弗林德斯·皮特里

Florus　佛罗鲁斯

Fohla　福赫拉

Foill　弗伊尔

Follaman　弗洛曼

Fomorians　弗魔族

Forbay　弗贝

Forgall　弗加尔

Forgull　弗尔高

Fothad　弗萨德王

Fragarach　弗拉格拉赫

Fuad　复阿德

Fuamnach　芙纳什

# G

Gades　加德斯

Gae Bolg　腹矛

Gaeldom　盖尔顿

Gaesati　吉萨特

Galahad　加拉哈特

Galatia　加拉提亚

Galioin　噶利欣

Garach　格若斯

Gaul　高卢

Gautier　戈蒂耶

Gauvain　高万

Gavr'inis　嘉里尼斯

Gawain　加温

Geena mac Luga　吉纳·马克·路加

Geis　盖什

Geoffrey　杰弗里

Geraint　杰兰特

Germanus　日曼谙

Gilla Dacar　吉拉·达卡

Gilvaethwy　葛尔维瑟

Glamorgan　格拉摩根

Glandore　戈兰道尔

Glastonbury　格拉斯顿伯里

Glen Etive　格兰艾提夫

Glondath　格罗达斯

Gloucester　格洛彻斯特

Glower　格鲁威

Glyn Cuch　格兰·卡奇

Goban Smith　葛班·史密斯

Goewin　格尔薇恩

Goluleth　高合赖斯

Golasecca　戈拉塞卡

Goleuddydd　格利尔迪达

Goll　高尔

Gondwiramur　贡德拉姆

Gonemans　贡曼斯

Gorbuduc　高布达克

Gore 高尔

Goreu 高鲁

Gorias 格瑞亚斯

Gorlois 哥洛亚斯

Gorsedd 哥塞的

Govannon 葛凡诺恩

Gowra 歌拉

Grail 圣杯

Grania 葛拉妮雅

Greid 格瑞德

Greidawl 葛瑞达沃

Grohan 格罗根

Gronw Pebyr 葛朗·派卑赫

Grunn 格兰

Guanhumara 圭尼维尔

Gwalchaved 高奇伍德

Gwalchmai 高其麦

Gwales 葛沃斯

Gwallawg 葛沃卢赫

Gwawl 葛沃尔

Gweddw 葛韦德

Gwendolen 葛温多兰

Gwenhwyvar 格温希瓦

Gwern 葛威恩

Gwern Abwy 老鹰格文

Gwlwlyd 高威尔德

Gwrhyr 高海尔

Gwri 格尔瑞

Gwrnach 高纳奇

Gwyar 高雅尔

Gwyddneu Garanhir 葛威努尔·高兰
海尔

Gwyddno Garanhir 葛威杜诺·高兰
海尔

Gwydion 葛威迪恩

Gwyn 葛威恩

Gwynedd 圭奈德

Gwynfyd 净化之地

Gwynn Gohoyw 葛威恩·高沃尔

Gwythur 葛威瑟

Gymric 吉姆里克人

# H

Hallande 哈兰德

Hallstatt 哈尔施塔特

Harlech 哈莱奇

Haygan 黑根

Hecataeus 赫卡泰俄斯

Heilyn 海兰

Heinrich 海因里希

Heinin 海因

Hellanicus 赫兰尼科斯

Hereford 希尔福特

Hevydd Hen 海威·德温

Hibbert 希伯特

High King Guary 伽利大帝

Hound 宏德

Howth 豪斯

Hugh 休

Hugh Guairy 休·盖里

# I

Iberians　伊比利亚人

Iddawc　伊达奇

Idno　尹诺

Igerna　依格娜

Ildanach　伊达纳赫

Illan　伊兰

Illyria　伊利里亚

Indra　因陀罗

Ingcel　因瑟

Inishglory　伊尼斯格里

Inverskena　伊恩斯基娜

Irnan　爱尔娜

Isaktscha　伊撒喀查

Iseult　伊苏里特

Ith　伊斯

Iubdan　尤伯丹

Iuchar　卢卡尔

Iucharba　卢卡巴

Iveagh　艾威

Iweridd　艾维瑞德

# J

Jastrow　加斯特罗

Jessie L. Weston　杰西·韦斯顿

Julius Caesar　朱利叶斯·恺撒

# K

Kai　凯

Kaiser Barbarossa　巴巴罗萨大帝

Kaw　卡尔

Keelta mac Ronan　基塔·马克·娄楠

Keevan　科凡

Keltchar　卡尔查

Kerry　凯利

Kesair　柯赛尔

Keshcorran　开什考兰山

Keva　柯瓦

Kian Smith　凯恩·史密斯

Kicva　卡克娃

Kilcoed　岂尔科德

Kilhwch　凯尔维奇

Killarney　基拉尼

Kilydd　凯立德

Kimbay　金贝

Knock　诺克

Kronos　克兰诺斯

Kymideu Kymeinvoll　开米德·开米恩沃尔

Kymon　凯门

# L

Laeg　拉伊

Laery　利瑞

Laery Mac Neill　利瑞·马克·尼尔

Laighne　利那

Lairgnen　莱尔戈恩

Lanval　兰沃

La Tene　拉坦诺

Layamon　莱亚门

Leda　丽达

Leicester　莱彻斯特

Leinster　伦斯特省

Leix　雷克斯

Len　莱恩

Lerga　勒迦

Lesbos　莱斯博斯岛

Letourneau　勒图尔诺

Levarcam　莱沃康姆

Lewy　路威

Leyney　勒内

Lia　利阿

Lia Fail　利阿法尔

Liagan　利阿干

Liffey　利菲河

Linne　莱纳

Lir　李尔

Livy Ambicatus　李维·阿姆比卡图斯

Llacheu　来彻

Llasar Llaesgywydd　莱萨·莱思维德

Llassar Llaesgyvnewid　莱萨·莱斯格
　奈韦德

Lleminawg　勒米娜乌

Llevelys　莱伍里斯

Llew　鲁尔

Llewellyn Sion　卢埃林·锡安

Llew Llaw Gyffes　鲁尔·劳尔·盖菲
　斯

Lleynawg　莱瑙格

Lloegyr　洛格亚尔

Lludd　鲁德

Llwyd　路维德

Llyn Llyw　鲑鱼林恩

Llyr　里尔

Llyr-cester　里尔彻斯特

Locha Lein　罗卡莱恩

Loch Gara　洛克加拉

Loch Gur　洛克古尔

Loch Lena　洛克勒纳

Locmariaker　洛克玛希克

Locronan　洛克兰

Lodan　罗丹

Loherangrain　罗兰格莱

Lorrha　罗拉

Lorwerth　罗沃斯

Lot　罗特

Loughcrew　拉夫克鲁

Lourdes　卢尔德市

Luachar　鲁阿克

Lucan　路坎

Ludgate　鲁德门

Lug-dunum　莱顿

Lugh　卢赫

Luned　伦德

Lusca　卢斯卡

Lydney　利德尼

# M

Mabinogion　马比诺吉昂

Mabon　麦本

Mac Cecht　马克·西特

Mac Cuill　马克·丘伊

Mac Erc　马克·厄尔克

Mac Grene　马克·格勒

machadeos　玛查迪欧

Macpherson　马克弗森

Mackineely　麦克肯尼里

Mac Roth　马克·鲁斯

Madawc　玛德克

Maeldon　迈尔登

Maen Tyriawc　迈恩·泰里奥克

Maev　梅芙

Maeve　美伊芙

Maga　马嘉

Maines　缅恩斯人

Malory　马洛礼

Mananan　玛那南

Manawyddan　马南唯登

Manessier　曼索

Manetho　马内托

Manogan　玛诺甘

Maredudd　玛瑞德

Marie　玛丽

Math　马瑟

Matholwch　马瑟尔奇

Mathonwy　麦森威

Matthew Arnold　马修·阿诺德

Maxen Wledin　马克森·莱丁

Mayo　迈伊欧

Meath　米斯

Media　米底亚

Medrawt　莫德雷德

Melenryd　迈尔伦莱德

Menw　门

Mercure/Mercoirey/Mercoeur　墨丘利山

Merddin　梅汀

Merlin　梅林

Mesgedra　迈斯特德拉

Mesroda　迈斯罗达

Messbuachalla　麦斯布哈拉

Mewrig　麦瑞格

Michael Comyn　米歇尔·考门

Midas　弥达斯

Midir　米迪拉

Miled　米莱德

Milesian　米莱西安人

Milucra　米路卡

Minerva　密涅瓦

Minoan　米诺斯文明

Minorca　米诺卡

Modred　摩德瑞

Modron　莫德伦

Mofebis　莫菲比

Monasterboice　莫那斯特博伊斯

Mongan　摩根

Monmouth　蒙茅斯

Monsalvat　芒撒瓦切

Montmartre　蒙马特高地

Montsalvat　芒萨瓦特

Moonremur　穆里摩尔

Mordred　莫德莱德

More　摩尔

Moriath　茉莉塔

Morna　莫纳

Morrigan　摩里岗

Morvran　莫兰

Mound of Duma　杜马圆丘

Mourne　莫恩

Movillem　莫维勒

Moyle　摩伊丽河

Moyrath　莫伊拉斯

Moyrein　莫伊恩

Moytura　摩伊图拉

Muirdris　穆伊德里斯

Munsalvasche　芒撒瓦切

Munster　芒斯特

Murias　穆瑞亚斯

Murna　穆尔娜

Murtagh　穆塔

Murthemney　摩尔提尼

Myrddin　梅尔迪恩

## N

Naisi　纳西

Nanty Llew　纳提·鲁尔

Naqada　纳伽达

Narberth　纳泊尔

Narverth　那沃斯

Natchrantal　纳奇兰特

Neath　尼斯

Nechtan　诺科特

Neit　内特

Nemed　诺曼德

Nemglan　尼姆格兰

Nennius　南尼斯

Nessa　那撒

Neuchatel　纳沙泰尔湖

Niam　南木

Nissyen　尼斯音

Noderns　诺登

Northern　极北人

Nuada　努瓦达

Nudd　努德

Nwyvre　纽维尔

Nynniaw　奈尼尔

Nyrax　尼拉克斯

## O

O'Donovan　欧德诺万

Ogham　欧甘

Olbiny　奥利比尼

Ollav　奥拉夫

Olwen　欧文

Orddu　奥毒

Origen　奥利金

Orlam　奥兰姆

Orwen　奥文

Osiris 奥西里斯

Ossian 奥西恩

Ossianic/Oisin 莪相

Osthanes 奥赛尼斯

Owain 奥温

Owel 奥维尔

Owen 欧文

## P

Partholan 帕特兰

Pebin 培宾

Peibaw 培鲍尔

Penardun 潘那德恩

Pendaran 潘德兰

Penn Nart Govid 潘纳·格维德

Penvro 潘沃

Perceval 波西瓦尔

Perdiccas II 帕迪卡斯二世

Peredur 派瑞德尔

Perilous Glen 危险峡谷

Philostratus 斐洛斯特拉图斯

Picts 皮克茨

Plantagenet 金雀花王朝

Pliny 普林尼

Plutarch 普鲁达克

Pluto 普鲁托

Polybius 波利比奥斯

Portna Delig 波特纳·德里格

Posidonius 波西东尼斯

Procopius 普罗克尤斯

Ptolemy Soter 托勒密

Pwyll 皮威尔

Pytheas 皮西亚斯

## Q

Quelgny 哥尔尼

## R

Rabelaisian 拉布莱西安

Rathcroghan 莱斯克罗根

Rath Luachar 拉丝·鲁阿克

Redynvr 莱蒂恩维

Rhiannon 瑞恩南

Rhonabwy 荣纳贝

Rhun 胡恩

Rhys 莱斯

Roc 洛克

Roscommon 罗斯康芒郡

Rosinate 罗斯纳特

Ruadan 瑞丹

Ruby 如碧

Rury 如瑞

Rustun 拉斯顿

## S

Saba 萨巴

Sanchan Torpest　桑山·妥派斯特

Sandde Bryd Angel　桑德斯·布瑞德·安琪儿

Sara　萨拉

Sawan Smith　萨万·史密斯

Scoriath　斯高利亚斯

Semion　西蒙

Sencha　桑卡

Sergi　塞吉

Setana　赛提纳

Setanna　森特纳

Severn　塞文河

Sgeimh Solais　西格穆·索莱

Shannon　香浓河

Sidhe　希族

Silva Gadelica　席尔瓦盖尔语歌谣

Sinend　斯尼埃德

Skatha　斯卡莎

Skena　斯基娜

Skolawn　斯哥洛

Slane　斯莱恩

Slaughter　斯牢特山

Slayney　斯雷尼河

Slemon Midi　斯里门米地

Slieve Bloom　布鲁姆山

Slieve Callary　斯里维·加拉里

Slieve Fuad　复阿德山

Slievegallion　佳林山

Slievenamon　斯利乌纳蒙

Sligo　斯里果

Soharb　索哈尔

Sreng　斯瑞恩

Standish O'Grady　斯坦迪什·欧格兰狄

Stariat　斯塔瑞特

St. Finnen　圣菲楠

Stonehenge　巨石阵

Strabo　斯特拉波

Sualtam　苏尔塔木

# T

Tabu　塔布

Tain　天恩

Taliesin　塔列辛

Taliessin　塔利森

Talkenn　托尔金

Taltiu 或 Telta　塔尔提

Tara　塔拉

Taranus　塔拉纳斯

Tasha　塔莎

Tegid　泰基德

Teirnyon　泰尔恩杨

Telltown　泰尔镇

Teltin　特尔亭

Tennyson　丁尼生

Terreni　特瑞尼

Teutates　陶塔特斯

Tezcatlipoca　泰兹查里波查

Theobald　提奥巴尔德

Thor　托尔

Thrushes　斯路什

Tiberius　提比略王

Tierna　提尔纳

Tiernmas　帝尔马

Tmu　图姆

Torach　托拉驰

Tor Mor　托利岛托墳

Tory　托利

Tradaban　楚德班

Trendorn　特莱多

Treon　特瑞安

Trenmor　淳莫

Tristan　特里斯坦

Tuan　端

Turenn　托瑞恩

Twrch Trwyth　托奇·崔尔奇

Tylwyth Teg　泰尔威斯·泰格

Tyren　蒂兰

## U

Ugainy the Great　尤力尼大帝

Ullan　厄尔蓝

Ulster　乌尔斯特

Ultonian　乌托尼恩

Urien　尤瑞恩

Usk　乌斯兑

Usna　乌斯纳

Usnach　乌斯纳克

Uthecar Hornskin　犹森卡·宏斯金

Uther Pendragon　尤瑟·彭德拉根

## V

Vedantic　吠檀多

Vercingetorix　韦辛德托里克斯

Vitra　维特拉

Vivionn　薇薇安

## W

Wace　卫斯

Walter map　沃特马普

Wayland Smith　维兰德·史密斯

Wee Folk　小人族

Westmeath　韦斯特米斯郡

Whitley Strokes　特怀雷·斯多克

Wolfram von Eschenbach　渥佛兰·冯兰·艾森巴赫

## X

Xerxes　艾克萨斯

## Y

Yellow Book of Lecan　莱肯黄皮书

Ynys Branwen　音尼斯·布隆温

Yspaddaden Pendawr　斯帕代德恩·派恩达澳

# 附录

## 西方文化寻根的 "凯尔特复兴"

叶舒宪

关于西方文化的根源,一般流行的说法是 "二希",即古希腊文明和希伯来文明。这种自近代以来几乎成为定论和常识的说法其实是一种笼统的 "熟知",它掩盖了另一条重要的文化根脉——凯尔特。20 世纪的西方文化寻根运动终于把这个被主流意识形态的 "熟知" 所埋没的文明揭示出来,并在非常可观的程度上使之在当代文化中 "复兴"。我们中国人一般较难去辨析复杂的欧洲文化中的人种构成和族群源流,这样,在阅读西方文学和理解文化现象方面,常常由于碰到知识上的盲区而难免感到隔膜,或者囿于 "熟知" 的偏见而产生这样那样的误读。本文从文学作品入手,考察和论述西方文化在 "二希" 以外的有机成分——凯尔特人传统,并立足于现代性的展开背景,评析当代凯尔特复兴运动在知识考古上和文化寻根上的意义。

### 一、从《苹果树》和《尤利西斯》看 "凯尔特人"

20 世纪早期英国现实主义小说家高尔斯华绥的短篇代表作《苹果树》,被批评家称为优美的田园牧歌式作品,一出凄婉的爱情悲剧。小说描写一个大学生徒步旅行到乡下农庄,和一位淳朴美丽的姑娘相恋,却始乱终弃的故事。

作者在常见的爱情题材中寄寓了敏感的族群认同问题,让英格兰的大学生与凯尔特族姑娘成为恋爱的双方。通过爱情悲剧颂赞了凯尔特人刚烈坚毅的民族性格。

故事开始,48 岁的弗兰克·艾舍斯特和妻子在他们的银婚日乘车去荒原外的托尔基过夜,那里是他们初次相遇的地方。艾舍斯特触景生情,引发了埋藏在心底二十六年的回忆,"想起一段放纵、甜蜜但被迅速地扼杀了的时光"。那时,他和同学罗伯特·加顿到托尔基去,遇到一个乡下姑娘,由衷地发出赞美的感叹:"多美啊!"

> 风吹动她的粗绒裙子,拂着她的腿,掀起她那压扁了的孔雀蓝的苏
> 格兰圆帽;她的浅灰色的短罩衫已经破旧了,鞋也裂开了,两只小手又

粗又红，脖子晒成了紫褐色。她的黑发散乱地飘拂在宽阔的脑门子上，脸是短的，上唇也是短的，露出一排闪亮的牙齿，眉毛又直又黑，睫毛又长又黑，鼻子笔直；但是她的灰眼睛却是了不起的妙物——水汪汪的仿佛今天才第一次睁开似的。

他们向她打听附近可有让他们过夜的农庄，姑娘带路让他们到自家的农庄去投宿。加顿一路询问，得知她叫梅根·戴维，17岁，住在姑母家。

加顿问："那么是哪儿人呢？"

梅根答："是威尔士人。"

加顿："啊！我刚才就猜到你是凯尔特人呢。"

他们来到梅根姑母家，享用丰盛的茶点。加顿在席上发表了关于凯尔特人的长篇大论。他谈的是凯尔特人的觉醒时期；发现主人一家有着凯尔特血统，使自信也是凯尔特人的他十分兴奋。他那两道冷冷的针锋似的目光直射在艾舍斯特的眼睛里，口里赞扬着威尔士人的教养。离开威尔士到英格兰来，真像舍瓷器而用陶器一样！弗兰克，作为一个可憎的英格兰人，当然看不到那威尔士姑娘的温文尔雅和丰富情感！她是多么确切地用她的活生生的形象例证了12世纪威尔士诗人摩尔根的作品。

加顿继续说："在感情方面，她可能是了不起的，她需要唤醒。"

"你打算唤醒她吗？"

加顿瞧着他，笑了笑。"你是多么粗俗而英格兰气呀！"他这堆起满脸皱纹的一笑似乎这样说。

接下来是艾舍斯特与梅根的几句对话。

"他（加顿）说了些什么，叫你们都笑了？"

"他说我是 Bards 的女儿。Bards 是什么人呀？"

"威尔士诗人，生活在几百年前的。"

"为什么我是他们的女儿呢，请问？"

"他是说，你是他们所歌唱的那种姑娘。"

"他还说，乔是萨克逊型的。这是什么意思？"

"哪个是乔？是那个蓝眼睛红脸儿的吗？"

"对。我姑夫的外甥。"

"好，他是说，乔像四百年前到这儿来征服英格兰的那些人。"

她走后，艾舍斯特想起诗人说的"美人是一朵花"，心中思忖着：瞧那姑娘！她的鞋是破的，手是糙的；但是——本质的东西到底是什么呢？难道真是加顿所说的她那凯尔特血统吗？——她是天生的大家闺秀，是一颗明珠，虽然除了粗通文墨，也许什么也不懂得了！

以上的引述可以表明，小说家在叙述人物出场情景时，特别突出了族群的认同问题，这在英国文学中是非常特殊的，实际上也是文学中的文化认同问题。

如果没有对于凯尔特文化源流的知识，小说的这些描写是无法读懂的。高尔斯华绥虽然是地道的英格兰人，出身富豪家庭，上的是英国最好的大学牛津大学。但他在作品中的文化认同却十分耐人寻味。从上面引文不难看出，他要颂扬的不是英国贵族身份，而是乡下的异族女子——凯尔特人的美德及其传统。尽管"她的鞋是破的，手是糙的"，但是在来自城市代表英国文化的青年大学生眼中，却成了"天生的大家闺秀"和"一颗明珠"。作为读书人，男主人公知道英伦三岛上的多次移民历史和文学传统差异，能够清楚地分辨现存文化表象背后的不同源的文化成分。所以当梅根说她是威尔士人时，加顿马上就猜到她是凯尔特人血统，还打趣地称她为"Bards 的女儿"。从词典上就可知道，Bards 专指古代凯尔特自编自弹自唱的吟游诗人。而对于居住在英格兰的后来的入侵和征服者盎格鲁—萨克逊人，作者却给予了辛辣的嘲讽：像艾舍斯特那样，"多么粗俗而英格兰气呀！"或者像梅根姑夫的外甥乔那样，"蓝眼睛红脸儿"，傻里傻气的。用那个形象的比喻说，英格兰的萨克逊人与威尔士的凯尔特人相比，就好像粗糙的陶器比精细的瓷器。如果这样的比喻出现在当今美国，难免会招致"种族歧视"的指控，闹到法庭上去。

"Bards 的女儿"对于文化传统的溯源来说，意蕴深远。我们知道凯尔特人祖先们的神话传说不仅构成爱尔兰文学的根基，也是欧洲口传文化传统的一个重要组成部分。从现代主流文化观点无法去分析和理解这些传说。它们属于那个和我们今天的社会大大不同的社会。这些故事本身在特定语境中被赋予了非凡的力量，任何听到这些故事的人会得到祝福和好运。在古老的凯尔特时代，这些传说都是靠着吟游诗人口头吟唱而得以代代相传下来。流行的说故事是背诵传说艺术的残存形式，如同盲诗人荷马背诵传播希腊史诗，或藏族艺人背诵大史诗《格萨尔王传》。尤其是在爱尔兰和赫布里底群岛，吟游诗人们并没有把传说分成不同的部分。所有故事被按照以下的类目收集在一起：出生、私奔、历险、旅行、战争、盛宴、求爱、幻想、奇袭、侵扰、毁灭、屠杀、侵入、爱情、远征、洞穴、死亡、围攻、狂热。这些故事题材的吟诵是要根据不同场合的情景而即兴做出的。20 世纪在人类学影响下的口传文化研究，把这些昔日不登大雅之堂的民间作品视为亟待抢救的文化珍宝。

从来源上看，这些传说起初都在民间口耳相传，中世纪以后受到外来的书面文化影响，人们才开始将它们部分记录下来。这种早期爱尔兰文学许多已经遗失了，但仍然有一些保存至今的手稿。它们是：

《奶牛邓恩之书》（*Book of the Dun Cow*，11 世纪）；

《伦斯特省志》（*The Book of Leinster*，12 世纪）；

《巴雷莫特书》和《莱坎黄皮书》（*The Book of Ballymote & The Yellow Book Of Lecan*，14 世纪）；

《李斯莫书》（*The Book of the Dean of Lismore*，15 世纪）。[1]

这些文献见证着盎格鲁—萨克逊人到来以前的英伦诸岛文化基层的凯尔特性质。在 19 世纪末到 20 世纪 20 年代的"爱尔兰文艺复兴"热潮中，它们发挥了很大的作用。其核心人物叶芝 1893 年的文集《凯尔特的曙光》（*Celtic Twilight*），就试图把民间神话传说所代表的光荣的民族历史重新发扬出来。吟游诗人在凯尔特的古代是很重要的人物，其首要任务是颂扬英雄和王者，也娱乐集会团体，有时赞美，有时讥讽，他们和巫师、战士、银匠一起构成社会的核心。从某种意义上说，他们就是古代凯尔特文化传承的化身。

高尔斯华绥虽然在作品中认同了英伦岛上的少数族裔的文化价值，却没有给他笔下的凯尔特"Bards 的女儿"美好的命运。男主人公始乱之、终弃之并且另寻新欢的做法，对于这个情窦初开的乡间少女来说，是无法承受的。她毅然以结束生命的激烈方式告别了这个世界。

熟悉凯尔特文学的人，很容易联想到类似的刚烈自杀的女性形象。除了闻名于世的 10 世纪凯尔特传说《特里斯丹和绮瑟》中的女主人公，还有爱尔兰传说中著名的鲍迪西娅（Boadicea 或 Boudicca）女王，她是东英格兰 Iceni 部落的女王。公元 60 年，她领导人们反叛罗马统治，摧毁罗马人占领的多座城池，攻下伦敦。可是最后她仍然败给罗马人，不愿受异族凌辱，以服毒方式自尽。在罗马作家笔下，鲍迪西娅被描述为一个可怕的、强有力的女人，甚至还有人记下她率军出征前的演说："我们英国人在战争中习惯于女人领导，我是贵族的女儿，但我现在不是为我的高贵权利而战。我是作为一个失去了自由的普通人而战，我在为我被伤害的身体而战。诸神将会支持我们应做的复仇。我们或者胜利或者

---

① Jean Markale，*the Celts：Uncoverng the Mythic and Historic Origins of Western Culture*，Inner Traditions International，Rochester，Verinont，1993.

战死，这就是我，一个女人，要去做的。如果那些男人想的话，让他们像奴隶般活着吧，我不想。"

从古代的鲍迪西娅到当代作家高尔斯华绥塑造的梅根,酷爱自由的凯尔特人民族性格的鲜明特色,可以略见一斑。如果说高尔斯华绥是以英国作家的身份反弹琵琶式地发掘凯尔特文化遗风,那么比他小十五岁的詹姆斯·乔伊斯则是以爱尔兰作家的身份正面表达两种文化之冲突的。他的《芬尼根的守灵夜》通过人名的字母编码套用凯尔特的《特里斯丹和绮瑟》传奇,以及大量的爱尔兰神话与历史题材,使小说获得立体象征的蕴涵,已为文学批评家们津津乐道。[①]而《尤利西斯》开端的人物对话,也显示出与《苹果树》开篇相似的族群认同问题。

"先生,您讲的是法国语吗?"老妪对海恩斯说。

"爱尔兰语,"勃克·穆利根说。"你有盖尔族的气质吗?"

"我猜那一定是爱尔兰语,"她说,"就是那个腔调。您是从西边儿来的吗,先生?"

"我是个英国人。"海恩斯回答说。

"他是一位英国人,"勃克·穆利根说,"他认为在爱尔兰,我们应该讲爱尔兰语。"

老妪说:"会这个语言的人告诉我说,那可是个了不起的语言哩。"

"岂止了不起,"勃克·穆利根说,"而且神奇无比。"[②]

根据注释可知,盖尔语是苏格兰人和古代爱尔兰盖尔族的语言。"你有盖尔族的气质吗?"意思就是:"你会说爱尔兰话吗?"19世纪初,爱尔兰民族主义的发展使人们重新对爱尔兰的语言、文学、历史和民间传说发生兴趣。当时,除了在偏僻的农村,盖尔语已衰亡,英语成为爱尔兰通用语言。穆利根这个人物的原型,据理查德·艾尔曼的《詹姆斯·乔伊斯》,是爱尔兰作家、爱尔兰文艺复兴运动的参加者奥利弗·圣约翰·戈加蒂。《尤利西斯》这部长篇以此人物开场,显然寄寓着爱尔兰民族解放的思想。尽管乔伊斯从早年起就反对狭隘的民族主义,对爱尔兰文艺复兴运动有保留态度,自己也离开祖国移居欧洲大陆,但他作品中的文化认同还是鲜明的。在穆利根眼中,英国和爱尔兰,即萨克逊人与凯尔特人,完全可以用我们中国成语"泾渭分明"来说明。如果把语言比喻

---

① M. Magalaner, "The Myth Of Man: Joyce's Finnegans Wake," *Myth and Literature*, ed. John B. Vickery, Lincln: University Of Nebraska Press, 1966, pp. 201-212.

② 詹姆斯·乔伊斯:《尤利西斯》,萧乾译,译林出版社,1994年,第一章。

为家，那么母语与祖国（英语 motherland，即指母邦）的关系就成为文化认同的最直接表征。从人类学的文化相对主义立场看，世界各种语言之间没有高下之分。穆利根认为爱尔兰语神奇无比，当然出于民族自豪的成分要多一些，主要是针对爱尔兰的压迫者——英国而言的。

乔伊斯在 1920 年说过《尤利西斯》"是一部两个民族的史诗"，实指以布卢姆为代表的犹太民族和以斯蒂芬·迪达勒斯为代表的爱尔兰民族。作者为什么要以双重受压迫族群来构思呢？因为他要反叛的对象就是双重的，如迪达勒斯所说："我是两个主人的奴隶，一个是英帝国，一个是神圣罗马天主教会。"

犹太人身份成为异教的一面，而爱尔兰人的身份则是英帝国的异己族类。在受压迫的层面上，二者是两相对照的。布卢姆在给"民族"下定义后紧接着就说："我也属于一个受人歧视、被人迫害的民族。"小说中这种弱势群体反抗文化霸权的呼声随处可见。第一章有一句将边缘转化为中心的颠覆性宣言，呼应着被压迫的反叛口号：

我们自己……新异教教义……中心。

萧乾译本注云："我们自己"是 19 世纪 90 年代开展的复兴爱尔兰语言文化的运动所提出的口号。意思是："爱尔兰人的爱尔兰。"斯蒂芬联想到要求爱尔兰民族独立的自救口号，进一步想到把异教与基督教相调和而成的新异教教义。"中心"，原文为希腊文，指雅典西北山谷里的一块圣石，转义为人体中心部位：肚脐。这里隐喻斯蒂芬等人所住的圆塔是爱尔兰艺术的发祥地。

表面看来，斯蒂芬的口号似乎是出于白日梦的自我中心呓语。如果了解到盎格鲁—撒克逊语言——英语，如何随着英帝国的扩张而压抑、灭绝着更为古老的凯尔特语，那么这些类似呓语的话就显露出文化意蕴了。如今在欧洲被称作"凯尔特边缘区"的爱尔兰、苏格兰、威尔士等地，总共有人口一千多万，其中至今还使用凯尔特语的人微乎其微，他们成为边缘中的边缘：如威尔士有百分之二十六的人讲威尔士语；苏格兰只剩下百分之一点五的人讲盖尔语。而这种处在灭绝边缘的语言却是曾经养育西方文学名作的摇篮之一：《亚瑟王与圆桌骑士》《夺牛长征记》《特里斯丹和绮瑟》等都已成为世界性的文学遗产。

小说第 12 章中主人公布卢姆与市民的一段对话，更加辛辣地表达出语言之争背后的文化权利冲突：

"喏，"市民说，"关于爱尔兰语，那些锯锅匠们在市政厅召开的秘密会议上都做了什么决定？"

这座无比忠顺的城市，国内第二大都会的神情肃穆的元老们，关于该采取何等措施才能让一衣带水的盖尔族那崇高的语言得以光彩地在世间复兴，严肃地进行了审议。

"正进展着哪，"市民说，"该死而野蛮的撒克逊佬和他们的土音，统统下地狱去吧。"

……布卢姆尽力支持他，同时讲着做事不可过火，以免招来麻烦，还说到他们的属地和文明等等。

"你说的是他们的梅毒文明喽！"市民说，"让那跟他们一道下地狱去吧！音乐，美术，文学全谈不上，简直没有值得一提的。他们的任何文明都是从咱们这儿偷去的。鬼模鬼样的私生子，那些短舌头的崽子们。"

懂得一点外语皮毛的利内翰说："打倒英国人！背信弃义的英国！"[1]

也许没有比这更明确的文化立场了。假如古老而光荣的"盖尔族那崇高的语言得以复兴"的条件，就是首先打倒压迫者英国人的英语，那么这种复兴就太渺茫了。当今的国际互联网时代就连法语和德语都日益感到英语的全球霸权威胁到自身的存活与发展了！至于同章里市民的另一处发问："咱们这里本来应该有两千万爱尔兰人，如今却只有四百万。咱们失去了的部族都哪儿去啦？"多少透露出要向压迫者讨还血债的意思。我们从这里可以体会到英伦三岛虽然在地理上是一个区域，在行政上有一个"大不列颠及北爱尔兰联合王国"的统一国名，但是在族群与文化上埋藏着多么深远的矛盾与仇恨。从这个文化背景出发，对于当今国际新闻里时常出现的北爱尔兰共和军的激进暴力行为，就会有根源性的理解。

《尤利西斯》还告诉人们，古老的被压抑的文化传统的现代复兴，除了通过语言和文学以外，还有体育竞技等其他方面。布卢姆就说到在爱尔兰军主持下，古色古香大厅里一场有趣的讨论：

谈到古代盖尔体育运动的复兴，谈到古希腊罗马以及古代爱尔兰的人们怎样懂得体育文化对振兴民族的重要性。针对着复兴我们古代泛凯尔特祖先那历史悠久的竞技和运动之可取性，进行了一场饶有兴趣而富有启发性的讨论。这些竞技是当年芬恩·麦库尔所朝朝暮暮操练的，旨在复兴自古以来的无与伦比的尚武传统。[2]

也许在 20 世纪的国际拳击赛的苏格兰或爱尔兰"勇士"身上，特别是有"凯尔特人"队出场的美国 NBA 篮球赛和苏格兰超级足球赛上，我们还依稀可以看

---

① 詹姆斯·乔伊斯：《尤利西斯》，萧乾译，译林出版社，1994 年，第十二章。
② 詹姆斯·乔伊斯：《尤利西斯》，萧乾译，译林出版社，1994 年，第十二章。

到，"复兴自古以来的无与伦比的尚武传统"的文化梦想如何在日益全球化的体育竞技活动中获得回光返照似的表达。这些通过电视转播而有数亿观众的赛场上的"凯尔特人"，与20世纪凯尔特文化复兴运动的潜在联系，恐怕没有多少观众能够品味出来吧。

## 二、凯尔特文化溯源

凯尔特文化传统是当今的西方文化构成中最主要的几大要素之一，同时它也是最古老的要素之一。据《美国传统词典》："凯尔特人，印欧民族的一支，最初分布在中欧，在前罗马帝国时期遍及欧洲西部、不列颠群岛和加拉提亚东南部，尤指不列颠人或高卢人。讲凯尔特语的人及其后代，尤指现代盖尔人、威尔士人、康沃尔人或布列塔尼人。"关于凯尔特人出现在世界历史舞台的时间，目前尚未有统一的看法。较保守的看法认为凯尔特人大约起源于公元前700年，距今约两千七百年。①主要的依据在于古希腊早期著作者的零星记录。如希罗多德《历史》一书中仅有的两处记载。第2卷33节讲道："凯尔特人（Celti）居住在海拉克列斯柱之外，与居住在欧罗巴最西端的库涅西欧伊人为邻。"②第4卷49节又说："因为伊斯特河发源于仅次于库涅铁斯人而为欧洲最西端的居民的凯尔特人的地方，它贯流全部欧罗巴而从侧面流入斯奇提亚。"③在历史学之父希罗多德以前，没有更多的传世文献可以参考，所以凯尔特人的存在必然早于希罗多德的时代。

最新出版的《新时代百科全书》则依据晚近的考古学资料，把凯尔特人的起源定在公元前1500年，并且认为他们在公元前5世纪前后扩张到欧洲其他地区。④从活动的空间上看，凯尔特人的部落早期兴盛于中部欧洲，即阿尔卑斯山以北地区。后来由于掌握了铁的冶炼技术而称雄于欧洲北部的大部分地区，从大西洋到巴尔干半岛之间。

关于凯尔特人的文化特性的认识，从希罗多德《历史》到汤因比的《历史研究》，可以说两千五百年来大致没有改变，那就是欧洲的野蛮人。⑤美国人类学史

① Nigel Pennick, *The Celtic Cross*, London：Blandford Books，1997，p.9.
② 希罗多德：《历史》，王以铸译，商务印书馆，1959年，第124页。
③ 希罗多德：《历史》，王以铸译，商务印书馆，1959年，第285页。
④ Gerry Maguire Thompson, *The Encyclop edia of the New Age*, London：Time Life books，1999，p.52.
⑤ 汤因比《历史研究》列举世界史上的26个文明中没有凯尔特人的位置，只在第三部附表四"蛮族军事集团"里提到他们。

研究者威廉·亚当斯在《人类学的哲学之根》一书中指出，16世纪西班牙人拉斯·卡萨斯（Las Casas）就将凯尔特人作为欧州古代历史上的原始人代表，同美洲印第安人的文化与习俗相互比较，指出二者共有的原始性特征。[1]《尤利西斯》第12章从另一意义上出现了同类的比较："在黑色的四七年，他们被赶出了家园。他们的土屋和路旁那些牧羊窝棚被大槌砸坍后，《泰晤士报》搓着双手告诉那些胆小鬼萨克逊人说：爱尔兰的爱尔兰人很快就会减到像美国的红皮肤人（印第安人）那么稀少。"

如今的西方历史学家已经普遍承认，凯尔特人也是印欧人种的一支，他们的文化与信仰吸收并且取代了在他们之前生活在欧洲的信奉萨满教的新石器时代居民。[2]德尼兹·加亚尔等合编的90年代历史学新教材《欧洲史》，将凯尔特人视为"泛欧民族"，其中写道："凯尔特人即使没有形成一个民族，也没有成为一个种族单位，但他们与北方的日耳曼人和东方的斯拉夫人，仍有明显的区别。凯尔特文明是欧州史前史的顶峰之一，凯尔特人在中欧建立了第一个欧洲的文化实体。"[3]20世纪的考古学为复原凯尔特文化的历史提供了大量惊人的物证：这是一个勇猛坚毅的尚武的族群，身材高大，体格强壮，在战场上视武士的荣誉高于一切。由于很早掌握冶铁技术，而且善骑马，他们的生产和战斗力都十分可观，曾经在欧洲南部的比邻社会中引起恐慌，被希腊罗马作家说成是手提着敌人头颅、喝人血的可怕武装群体。意大利考古出土的一些埋葬形制和铁制武器表明，公元前4世纪，凯尔特人进入了希腊、罗马地区，还有部分人定居下来，与当地人通婚，转入农业生活。也有部分战士成为马其顿王国和罗马的雇佣军。

然而，如果把凯尔特人仅仅当成是马背上打天下的武夫，那就大错而特错了。他们在艺术、工艺制造、服饰、音乐和文学方面的才华同样令人感到惊讶。爱尔兰文艺复兴以来，在世界文坛上赫赫有名的叶芝、奥凯西、辛格、奥康诺、狄兰·托马斯、萧伯纳、乔伊斯、贝克特等作家，作为古代吟游歌手传统的现代传人，足以让文学史家惊叹当代爱尔兰英语文学中一股强劲的凯尔特文化旋风。若再加上古代文学中的斯威夫特、斯摩莱特、斯梯尔、彭斯、司各特以及19世纪的王尔德等名家，其阵容就更加可观了。

---

①Willian Y. Adams, *The Philosophical Roots of Anthropology*, CSL IP ublications, Stanford, 1998. p.144.

②戴尔·布朗主编：《凯尔特人》，任帅译，华夏出版社、广西人民出版社，2002年。

③德尼兹·加亚尔等：《欧洲史》，蔡鸿滨等译，海南出版社，2001年，第73页。

如今，英国最老牌的大学牛津大学（中古和近代语言学院）依然设有"凯尔特研究"专业。毕业生共需交六篇论文，其中三篇题目固定：①凯尔特语言的比较语言学；②古代和中古的爱尔兰文本；③古代和中古的威尔士文本。另外的三篇可以在凯尔特文学或凯尔特考古学、历史学中任选题目。①除了这些传统科目外，考察和追溯西方文化中被遮盖和被遗忘的凯尔特元素，已经成为类似于福柯所说的"知识考古学"工程，成为欧美人文学界的一大显学。英语书店中大量的出版物就是这项"知识考古学"工程发达昌盛的明证。早在古典人类学家弗雷泽的《金枝》里，就有从凯尔特祭祀习俗探讨欧洲篝火节的由来、橡树崇拜的意义、万圣节源于凯尔特人新年等论述。②荣格派的美国神话学家坎贝尔在其《原始神话》中考论凯尔特女神宗教时代与欧亚大陆早期文明传播的关系。③美国考古学家克拉普从天文考古学的角度考察了欧洲史前巨石文化（包括英格兰西部著名的斯通亨机圆形石阵）与凯尔特宗教的对应特征。④凡此种种的知识考掘，对于从新的高度理解这个失落的文明，是很有帮助的。可以说，人类对凯尔特文化的整体认识从来没有像今天这样清晰。

比如，我们在反映鸦片战争和八国联军的各种影片中早已看惯了的那种英国米字旗，怎么看都是一个整体图案。现在根据图像考古学才得以分辨出，那是由三种不同图案组合建构出来的：一个是英格兰的圣乔治十字（白底红色正十字），一个是苏格兰的圣安德鲁斯十字（兰底白色斜十字），还有一个是爱尔兰的圣帕特里克十字（白底红色斜十字）。原来这些十字都是由文化渊源更加深厚的凯尔特人神圣象征符号脱胎出来的。⑤那就是在各种艺术史和宗教史书籍中屡见不鲜的所谓凯尔特十字（CELTIC CROSS ETC）的艺术母题。

再比如，在《尤利西斯》中受到嘲讽的英格兰文学大师莎士比亚，也曾吸收"蛮族"凯尔特文化的成分。学者伯格曼就指出：莎士比亚戏剧中最著名的喜剧形象福斯塔夫，其戴角形象源出于凯尔特人的神——色那诺斯（Cernunnos），其神格相当于"群兽之主"。⑥

① University of Oxford, *Graduate Studies Prospectus*, Oxford, 1987, p. 113.

② James Frazer, *The New Golden Bough*, New York：a Mentor book, 1959, pp. 718-721；p. 107.

③ Joseph Campbell, *Masks of Gods：Primitive My thology*, New York：The Viking Press, 1959, pp. 431-434.

④ E. C. Krupp, *Skywatchers, Shamans and Kings*, New York：Jhon Wiley, 1997, pp. 133-141.

⑤ Nigel Pennick, *The Celtic Cross*, London：Blandford Books, 1997, pp. 72-80.

⑥ Charles Bergman, *Orion's Legacy：A Cultural History of Man as Hunter*, London：Plum, 1997, pp. 166-167.

失落的文明虽然在历史上沉寂无声了，但是其遗产仍然可以给今人以借鉴。性学研究专家提莫西·泰勒在《性的史前史》中特别解释了凯尔特人为什么会有一种别称"蹲踞的人"。他认为那是一种民俗：以蹲为休息的主要姿势。蹲踞的最大生理好处是可以使骨盆底部肌肉得以调试均衡，那是最有利于性活动的。从古希腊艺术中反映的形象资料看，当时的人把坐当做最主要的休息姿势，罗马帝国以降，坐姿便和基督教一样推广到了整个世界，如今已经成了全球化的标准姿势。提莫西提醒说，只有在欧亚大草原上的萨满巫师以及印度修炼密教功夫的人，如今依然保留着蹲的功夫，而在大多数发达社会里几乎失传了，这是会引起性活动退化的可悲的失落。①作为回应和补充，我们还可以举出提莫西·泰勒所不熟悉的中国情况：不少地区都保留着蹲踞的休息姿势。比如陕西，蹲至今仍是关中乡间最普遍的姿势，顺口溜"陕西八大怪"称为"板凳不坐蹲起来"，恰恰体现了这种古风。民间方言里叫"咯臼"（蹲）或"咯臼哈"（蹲下）。村民们吃饭的标准姿势也是这种端着大碗而蹲在大门口。不过这样的蹲之习俗与性活动之间的关联，国人是不明所以的。

至于在大众文化和时尚中，从风靡世界的酒吧文化中的威士忌（威士忌在凯尔特语里意指"生命之水"），以及兑有威士忌的咖啡（小说家说喝了它会让人焕发出无比旺盛的生命力），到法国时装设计大师范思哲试图复兴的苏格兰风格的褶叠短裙（kilt），再到欧美流行音乐和歌星的演唱风格，凯尔特文化复兴的迹象几乎是无处不在的。就连欧洲旅游业所标榜的自然风光也被打上了凯尔特的标记②，可以说它早已弥漫在当今全球化的文化生活中了。

## 三、凯尔特的精神遗产与新时代运动

自近代以来，英联邦成为工业革命和全球贸易的重要策源地，在世界的殖民化进程中一直扮演着主角的作用。20世纪以降，特别是第二次世界大战以后，随着世界经济的重心从欧洲向北美的转移，昔日充当资本主义扩张先锋的大西洋文化圈，因受到新崛起的太平洋文化圈的挑战，而出现发展停滞的情况。大英帝国也从当年的"日不落帝国"衰退为今日的夕阳帝国。英伦内部的文化冲突再度彰显出来，主要表现在南部的英格兰人与北部的苏格兰人、西北的爱尔兰人之间的离心张力。较早自欧洲移居到英伦岛上的凯尔特人与后来入侵并且占了上风的盎格鲁—撒克逊人的文化之间长期的对抗格局并未消除。由于凯尔特

---

① Timothy Taylor，*The Prehistory of Sex*，New York：Fourth Estate Ltd，1997，pp. 266-267.

② 参看：Nigel Pennick，*Celtic Sacred Landscapes*，London：Thames & Hudson，2000.

人在人口和技术上处于劣势，不得不退让出英格兰的较富庶而平坦的土地，据守在北部的岛屿和山地高原。这就是今日与英格兰貌合神离的苏格兰国家和北爱尔兰共和国的由来。

以牧羊为主的苏格兰人虽然在社会组织和生产方式上都落后于英格兰，但是其独特而刚毅的民族性格却使他们在两千年的历史上从不屈服。即使是威震天下的罗马大军也只是征服了英伦的南部，为抵御英武善战的苏格兰人而沿山修筑了防御性的长城。当今的苏格兰不仅有自己独立的国家议会、银行、《苏格兰人报》、电视台、博物馆、图书馆，还发行与英镑并行的苏格兰货币，所有这些都表明族群认同上的强烈独立性。其学术上的主要表现是重新强调和发掘被压抑的凯尔特文化传统，甚至把凯尔特传统抬升到足以同西方文明两大源头相提并论的高度去认识。简·马凯尔著《凯尔特人：重新发现西方文化的神话与历史根源》一书便是代表。书中认为，过去的历史学家把凯尔特人当成一个比罗马人次要的民族，然而事实上，西方世界的萨满的、神话的和精神的传统却植根于凯尔特文化。作者认为神话是历史的不可分割的部分。虽然史书记载不详，但通过详尽地探讨凯尔特人神话，进而揭示其所滋生的文化，就可以把凯尔特人作为从古欧洲先民到希腊罗马统治的过渡，恢复凯尔特人文化在欧洲文明发展中的重要性。[1]

20世纪后半叶在英格兰、爱尔兰和北美出版了大量有关凯尔特文化的书刊，研究者从考古、历史、地理、民族、宗教、艺术、文学、社会、习俗等各个方面探讨该文化与盎格鲁文化的不同之处，从而为确立当代爱尔兰和苏格兰文化身份的独立性提供佐证。西方发达社会70年代以来新兴的精神解放运动——新时代运动在这方面起到了推波助澜的作用。奥椎斯考等人编的《凯尔特意识》一书，较全面地讨论凯尔特文化认同与当代欧美社会思想和社会运动的关系，其中有专门从天文学角度探讨凯尔特精神对新时代运动的影响的论述；[2]也有关于凯尔特民间精神复兴对现代生活之意义的专题研究。[3]这些观点把文化寻根作为反思现代性的一种方式，希望在以"二希"为源头的现代资本主义理性秩序发生危机的时刻，凸显另类文化价值的疗救可能性。更为激进的观点如莫里逊的

① Jean Markale, *The Celts: Uncovering the Mythic and Historic Origins of Western Culture*, Inner Traditions International, Rochester, Vermont, 1993, pp. 10-15.

② Alexander Blair-Ewart, "The Celtic Spirit in the New Age: A Astrologer's View," *The Celtic Consciousness*, ed. Robert O' Driscoll, New York, 1992, pp. 589-592.

③ Marianna Lines, "The Rebirth of the Celtic Folk Soul," *The Celtic Consciousness*, ed. Robert O' Driscon, NewYork, 1992. pp. 593-595.

著作，认为平庸化的资本主义的工商社会现实中，人完全丧失了精神性—灵性的存在土壤，所以只有靠个人日常的魔法与仪式活动拯救幻想力，才能维系现代的生存。[1]新时代运动者为了突破僵化的基督教教会的长期统治，千方百计地在异教传统中提炼多样化的精神目标，而凯尔特智慧与诗歌女神引导下的那种科学、巫术与艺术不分的灵性世界观，成为最具号召力的一种理想境界。

前基督教时代的凯尔特的信仰被称作"德鲁伊特教"。它是以该教的领袖群体人物德鲁伊特（the Druids）命名的。比较宗教学家把他们的实际职能确认为萨满—巫师、医生、诗人、祭司、哲学家、法官、占卜师和王者的智囊高参。[2]这些相当于萨满—巫师的德鲁伊特们认为，洞察了自然的奥秘，发现其规律和力量就可以从整体上与自然沟通。巫术—艺术只是实现这一目的主要手段；巫师—诗人，实际上就是科学代言者，他是在人们头脑中点燃思想火焰的神。诗人也就是大自然，是风和海浪，是野生动物和斗士们的臂膀。诗人是科学的人格化身，他不仅是人，还是秃鹰、树木和花草，是命令、剑和矛。他是吹过海面的风，是海洋中的波浪，是波涛的低语，是草原上的湖。他会计算月历，他可以洞察星星，宇宙对他来说没有秘密。他是科学，是诗人，是梦想家，他精通音乐。他是女神在人间的化身形象。相传第一个德鲁伊特尤其伟大，能通过诗歌播下灵感的种子，他就是在公元前1530年从古西班牙海岸来到爱尔兰的阿莫金（Amergin），登陆时他吟诵的一首诗，流传至今。

> 我是吹过海面的风，
> 我是海洋中的波浪，
> 我是波涛的低语，
> 我是七次搏斗中的公牛，
> 我是岩石上盘旋的秃鹰，
> 我是草原上的湖。
> 我是科学的代言人，
> 我是发起战争的枪尖，
> 我是创造人们脑海中思想的火焰的神。
> 是谁领导了山巅的集会，如果不是我？

---

[1] Dorothy Morrison, *Everyday: Spells & Rituals for Modern Lining*, St. Paul, Minnesota: Llewellyn Publications, 2001.

[2] Gerry Maguire Thompson, *The Encyclopedia of the New Age*, London: Time Life books, 199, p. 53.

是谁说出了月亮的年龄，如果不是我？

为什么是制造魔法的神，

改变战争和风的魔法？

这样一种近乎童话般的魔法艺术的世界观，提供出前基督教和前资本主义时代人与自然万物沟通为一体的乌托邦景象，也正是韦伯所说的现代理性"祛魅"以后，在西方文明中逐渐绝迹的那种精神景观。新时代人反叛现代性的"复魅"追求，自然将凯尔特信仰的精髓奉为解救现代商业社会人性退化的妙方。他们在现代艺术革命的大师那里已经看到这种精神拯救的希望。英国 Sussex 大学开设萨满主义课程的高级讲师麦克·杜克尔援引神话学家坎贝尔的见解，认为乔伊斯和毕加索一样，在艺术创作上的革命秘诀就是完全地打开无意识世界的大门，让古老的被理性压抑已久的萨满精神发扬出来。[1]这样的一种文化并置——把当今艺术家和古代萨满在精神状态上的对应和相似加以比照的认识，足以启发思想史和文学艺术史家，从原始主义的反现代性意义上，去重新理解 20 世纪的"现代主义"创作的实际文化价值取向。

在世纪之交，把凯尔特文化的巫术传统和女神传统复活起来，并且成为大众文化的全球热点的，是新时代人的音乐与文学创作。前者的代表是来自爱尔兰西北端的国际音乐明星恩雅，后者的代表首推来自苏格兰的畅销书《哈利·波特》女作者罗琳。二者相似的一点是，通过神话—童话世界的艺术再造来突出爱的精神与灵性世界观。

恩雅 1961 年出生在 Donegal 县的一个小村，那正是残存至今的凯尔特方言盖尔语（Gaelic）流行地。恩雅一名，来自古代凯尔特的同名女神 Enya。出身于民间音乐世家的她，将爱尔兰传统民谣重新编曲，形成具有鲜明特色的音乐创作，实际上是叶芝和乔伊斯在诗歌和小说上成功经验的音乐翻版，上世纪 80 年代中期以来她成为国际乐坛上雅俗共赏的新星，作品有《水印》（*Watermark*，1988）、《牧羊人之月》（*Shepherd Moons*，1991）、《凯尔特人》（*The Cels*，1992）、《树的回忆》（*The Memory of Trees*，1995）等。从这些名称就可看出，魔法式的人与万物相通的精神方式正是其音乐幻想的基础。这种前现代的精神方式加上后现代的高科技录音术的处理，具有极大的召唤灵性功能；瑰丽神秘的乐声把人带入超现实的空灵美妙境界，受到乐评人和世界听众的热情追捧，多次荣登新时代音乐排

---

[1]Michael Tucker，*Dreaming with Open Eyes*：*Shamanism in 20 Century Art and Cultre*，London：Aquarian，1992，p.92.

行榜的冠军，乃至被誉为"New Age 音乐之后"。恩雅 1991 年 12 月访华，那出神入化的音乐语言，同样征服了中国听众，大批乐迷为之倾倒。1992 年《水印》在台湾创下四白金销售量，《牧羊人之月》更达到七白金的佳绩，充分体现了音乐无国界的魅力。就连 James Cameron 的歌曲《泰坦尼克号》也在无形中模拟着恩雅的曲风。

恩雅在下面的歌中唱出了凯尔特风格的灵性世界观：

> 每人都有自己心中的天堂。是记忆、希望、愿望和爱，创造这世界的美好。对我们每个人来说，拥有的珍藏不同——变幻的天空、深红色的"天堂的钥匙"花、童话带来的无尽欢乐、在诗中发现世界的不断变幻的图画。我们每人都有不同的爱，因为有不同的梦想。

罗琳虽然不像恩雅那样具有凯尔特族裔的出身，也没有给自己起一个凯尔特女神的艺名，但她却用文字再造出凯尔特的德鲁伊特教传统，让萨满—巫师形象以正面主人公身份登上文学前台。被基督教妖魔化的女巫的形象在哈利·波特的生母这里得到全新的诠释：她是为了救助自己的孩子才被伏地魔杀死的。是这位女巫的伟大的爱赐予了哈利·波特刀枪不入的坚强护身法宝。这个细节表明作者希望从前基督教的魔法世界找回现代性的商业社会中丧失了的精神力量。

哈利·波特购买魔杖的那家奥利凡德商店可以作证，其招牌上写着"自公元前 382 年即制作精良魔杖"。[①]这是作者故弄玄虚的游戏之笔吗？从罗琳的传记材料了解到，以她对欧洲历史和民间文化的丰富知识储备，这年代数字不会是信笔胡诌的。欧洲史学家认为："在公元前 387 年，凯尔特人甚至威胁到新兴的强大的罗马。这是伊特鲁利亚人强盛时期的终结，凯尔特人称雄于中欧、西欧，直至罗马将帝国势力扩展到阿尔卑斯山以西和以北时为止。"[②]由此可知，作者心目中的巫术传统比救世主基督降生人世以来的历史要久远得多。至于哈利·波特作为巫师父母的后代，他在精神上与猫头鹰、蟒蛇、挪威脊背龙等一系列动物的亲密沟通关系，实际上是以童话的魔幻想象方式恢复出凯尔特信仰的灵性世界观，其文学效果与恩雅的新时代音乐是异曲同工的。把哈利的魔幻想象的灵性世界与商人德斯礼一家的平庸现实相对照，对西方主流文化的批判与对非主流文化的寻根激情，就更加显现出来。

---

① J. k. 罗琳：《哈利·波特与魔法石》，苏农译，人民文学出版社，2001 年，第 49 页。
② 德尼兹·加亚尔等：《欧洲史》，蔡鸿滨等译，海南出版社，2001 年，第 72 页。